Lilli Gruber

Streghe

La riscossa delle donne d'Italia

Rizzoli

ISBN 978-88-17-02487-7

Prima edizione: ottobre 2008
Seconda edizione: ottobre 2008
Terza edizione: novembre 2008
Quarta edizione: novembre 2008

Realizzazione editoriale: Studio Editoriale Littera, Rescaldina (MI)

A mamma Herlinde,
modello di donna saggia e forte

INTRODUZIONE

LE FIGLIE DI BARBARA ZDUNK

L'ULTIMA «STREGA» D'EUROPA, ufficialmente, fu la svizzera Anna Göldi, decapitata nel 1782. Ma alcuni contano anche Barbara Zdunk, mandata al rogo nel 1811. Barbara aveva quarantadue anni ed era polacca. Nel 1806 il piccolo villaggio in cui abitava, Reszel, fu devastato da un incendio gigantesco. Barbara fu accusata di aver scatenato il disastro. Oltre che, come decine di migliaia di donne prima di lei, di essere posseduta dal demonio e avere oscuri e maligni poteri. Oggi non ha molta importanza stabilire se fu giustiziata per stregoneria o come incendiaria. Ma mi incuriosisce il suo stato civile: single e con un fidanzato molto più giovane. Una strega piuttosto moderna.

La cosiddetta «caccia alle streghe» nel suo momento più intenso, nel XVI secolo, aveva fatto 50.000 vittime ufficiali, ma probabilmente sono molte più del doppio, dato che gli atti dei processi finivano sul rogo assieme alle condannate. Uno dei grandi eccidi silenziosi della storia. E una persecuzione dalla forte dimensione sessuale: secondo gli inquisitori, le streghe avevano il potere di ammaliare gli uomini, di renderli pazzi d'amore o, al contrario, impotenti. Erano sospettate di preparare pozioni magiche usate per abortire, di conoscere gli elisir per evitare le gravidanze e di fornire in gran segreto erbe contraccettive. Alcuni storici sostengono che una delle ragioni fondamentali della «caccia» fu la paura di assistere allo spopolamento del continente in seguito all'ecatombe della Peste nera. Ai potenti dell'epoca, sotto la forte influenza delle gerarchie religiose, non faceva piacere pensare che le «streghe», un po' levatrici, un po' ruffiane, potessero controllare le nascite. E rappresentassero quindi un pericolo per la sopravvivenza dei popoli, decimati dall'epidemia, da Messina a Copenaghen.

Non è un caso che avessero natura sessuale anche le torture perpetrate per estorcere alle sospettate la «confessione» dei loro misfatti e del loro legame con il maligno. Si infieriva sulla loro femminilità, concentrandosi sui genitali: seni strappati con tenaglie roventi e dati in pasto ai figli, cunei metallici inseriti negli orifizi, vagine dilaniate con oggetti acuminati o introducendovi animali vivi. Ma si poteva anche essere chiuse in un sarcofago pieno di lame, la famosa «vergine di Norimberga», oppure impalate. Infine venivano bruciate vive, in un fuoco purificatore più ardente di quello del desiderio, maschile e femminile, che le aveva condannate.

C'era anche un supporto ideologico a tanta crudeltà. Alla fine del Quattrocento, papa Innocenzo VIII consentì in via ufficiosa l'adozione da parte degli inquisitori di un famoso libro redatto da due frati domenicani: il *Malleus Maleficarum*, martello delle streghe. Oltre a essere un vero e proprio «manuale» per i persecutori, spiegava anche i fondamenti dell'inferiorità femminile: la donna è per sua natura un essere incline alle seduzioni del male, creatura capace di minore fede (secondo loro l'etimologia di *femina* deriverebbe da *fe*, fede e *minus*, minore). Secoli prima, d'altronde, il re longobardo Liutprando aveva sancito che la donna, anello di congiunzione tra l'uomo e l'animale, valeva molto meno di un cavallo, mentre erano stati i Romani a coniare per noi l'espressione *imbecillus sexus*. Sembra offensiva ma la usiamo ancora oggi: significa «sesso debole».

Da che cosa si riconosce una strega? Da molti elementi: per esempio, in genere vive sola e si raduna con le sue sodali, spesso nei sabba, festini notturni e orgiastici. È una descrizione che si adatta a molte single metropolitane moderne, che siano o meno dedite a party scatenati. Certo, pare che non siano più in grado di distruggere i raccolti, invocare la tempesta e volare sulle scope, ma le si ritiene ancora ben capaci di causare impotenza: oggi si chiama calo del desiderio. Per generazioni insomma le «streghe» hanno incarnato la paura della donna libera, in grado di decidere del proprio corpo e di vivere senza bisogno di un uomo accanto. Fino al XIX secolo, è stata la loro brutale eliminazione fisica a ricordare chi erano i padroni. Oggi ci sono altri metodi.

Centoquaranta anni dopo quell'ultimo rogo, il 15 ottobre 1951, in un laboratorio del Messico, un giovane chimico faceva una scoperta che avrebbe riabilitato tutte le «streghe» del mondo. Luis Miramontes aveva solo ventisei anni il giorno in cui perfezionò la formula chimica della pillola contraccettiva. Senza esserne del tutto consapevole, aveva scritto una nuova pagina della storia femminile. Grazie a lui, le donne avrebbero potuto controllare il ritmo delle gravidanze senza rischiare di essere mandate al patibolo. Avrebbero conquistato una nuova dimensione della libertà, quella di gestire in modo autonomo la propria vita sessuale. Avrebbero potuto scegliere.

La rivoluzione della pillola non è stata permettere di fare l'amore senza restare incinta. I metodi di contraccezione, per quanto imperfetti, esistono fin dalla notte dei tempi. E dall'inizio del XX secolo, con la diffusione del lattice, i preservativi maschili hanno rappresentato un sistema facile ed economico. La pillola è stata rivoluzionaria perché ha dato il potere alle donne: erano loro che decidevano di prenderla. Disponevano – se volevano – della piena autorità sul proprio corpo, sui propri sentimenti e sui propri desideri. I contraccettivi femminili facevano così, in un certo senso, di ognuna una strega, investendola del potere di dare o meno la vita. Infatti, appena vent'anni dopo, il femminismo italiano avrebbe scelto per le sue battaglie sul corpo e sull'autodeterminazione proprio lo slogan «Tremate, tremate, le streghe son tornate». E al rogo ci sarebbero finiti i reggiseni.

Sono la strega, eccomi qua,
mi hanno bruciata tanti anni fa,
mi hanno bruciata i preti di allora
perché volevo decider da sola.
Donne incontriamoci, insieme possiamo
cambiar la vita se ci organizziamo.
I nostri problemi non son personali,
ma sono tutti problemi sociali.

Anni Settanta: è il tempo in cui le femministe dei collettivi esplodono la loro protesta nelle piazze, i cortei sono serpentoni colorati. La rabbia delle donne parla anche attraverso la fantasia, l'ironia delle rappresentazioni. Tracce di colore sui visi, mani alzate a disegnare triangoli con le dita, canzoni e slogan scanditi come colpi di frusta. Tremate, tremate, le streghe son tornate. Ci pensano da sole a descriversi come esseri indiavolati e spaventosi. Sembrano spuntate dal nulla, ora che sono venute fuori così, tutte assieme. Sono sempre state lì, solo che i tempi non erano maturi per aprire la porta che rende comunicante la cucina con la strada.

La stagione dell'amore libero e delle battaglie civili ha portato alle donne leggi più giuste, che hanno messo fine a certe discriminazioni. Ma la guerra non è stata vinta: si è spostata altrove. Nei parlamenti, nelle università, nei consigli d'amministrazione. *From the bedroom to the boardroom*, per usare un altro slogan. Bisogna ancora fare il passo che ci porterà dalla camera da letto alla stanza dei bottoni.

All'inizio del nostro secolo, secondo l'Onu, alle donne del mondo tocca il 70 per cento del lavoro, il 10 del reddito globale e appena l'1 per cento della ricchezza. Sono loro la vera risorsa non sfruttata del pianeta, il vero giacimento ancora da scoprire. Ho raccontato le loro battaglie in Paesi come l'Egitto, lo Yemen, l'Iraq, l'Iran, l'Arabia Saudita. Qui sono l'unico possibile motore del cambiamento, per un mondo islamico che rischia di rinchiudersi nelle interpretazioni più retrograde di una tradizione e di una religione millenarie. Ma nella realtà musulmana l'altra metà del cielo è un esercito in marcia per i propri diritti. Per loro spesso si tratta di richieste fondamentali: potersi difendere in un tribunale, non essere mutilate o costrette a sposarsi. Conquiste già acquisite per noi occidentali. Ma è così vero che abbiamo ottenuto tutto? Un'occhiata più da vicino alla realtà delle statistiche e delle situazioni internazionali mostra che la nostra battaglia non è vinta. È stata solo interrotta. E va ripresa.

In nessuno dei nostri Stati c'è parità di reddito da lavoro fra i due sessi. Il tasso di occupazione femminile è sensibilmente inferiore a quello maschile. Sulle donne pesano gran parte delle faccende domestiche e la cura di bambini e anziani. E la violenza contro di loro è, negli ultimi anni, in spaventoso aumento. Questo nonostante sia ormai chiaro che, proprio come nei Paesi islamici, dalle donne dipendono il cambiamento e il progresso economico per le nostre società. L'America, la più grande democrazia del mondo, ha spinto una candidata fin quasi sulla soglia della carica più importante. Con Hillary Clinton gli americani hanno cercato di esprimere il loro bisogno di una rivoluzione storica nella gestione del potere. Per mesi, nonostante le polemiche e le contraddizioni, la battaglia di una donna per accedere alla stanza dei bottoni più importante del mondo ha fatto sperare tutte noi.

Ma l'Italia?

Nel nostro Paese la situazione è grave. Secondo il rapporto del gennaio 2007 dell'Eurobarometro, siamo all'ultimo posto tra gli Stati europei nella classifica mondiale sulla parità tra uomini e donne. Le italiane sono oltre 30 milioni e in molti ambiti, dal lavoro alla politica, passando per l'informazione e il sindacalismo, sono quasi invisibili. Quando ci sono, guadagnano il 30 per cento in meno dei pari grado maschi.

Molte meno della metà hanno un lavoro retribuito e l'Italia è il penultimo Stato europeo per tasso di partecipazione femminile all'attività economica nazionale. L'ultimo è l'isola di Malta. In Danimarca quasi tre quarti delle donne lavorano e la media europea, con circa il 58 per cento, è di oltre dieci punti superiore al livello italiano che si attesta sul 46,3 per cento. Eppure, come a voler smentire i sostenitori di sorpassate teorie conservatrici, le italiane non fanno più figli delle altre. Al contrario, ne fanno di meno: con un tasso di natalità di 1,3 figli per donna fertile siamo indietro nella classifica mondiale. Considerando che il livello necessario per assicurare la stabilità demografica è 2,1, si può dire che il nostro Paese sta invecchiando a vista d'occhio. Nel 2020 saremo i più anziani d'Europa assieme alla Germania. Solo che i tedeschi se ne sono accorti e stanno correndo ai ripari, mentre a noi i media continuano a proporre come modello mogliettine felici e madri prolifiche, una rappresentazione della femminilità rimasta sostanzialmente invariata fin dagli anni Cinquanta. Invece le donne vogliono figli ma anche un lavoro. Quando si rendono conto che non possono avere entrambe le cose, spesso rinunciano ai pargoli. Una tragedia personale e una catastrofe per il Paese.

Fortunatamente il dibattito sull'ingiustizia di questa situazione sembra riaccendersi in tutto il mondo occidentale, sulle pagine dei giornali e nelle ricerche degli studiosi. Dal 1999, anno in cui Kathy Matsui, ricercatrice della società finanziaria Goldman Sachs, ha coniato il termine «*womenomics*», economia al femminile, l'ondata sta crescendo. Un esempio recente è il memoir di Dee Dee Myers, la prima donna a diventare addetto stampa della Casa Bianca, sotto l'amministrazione Clinton: si intitola *Why Women Should Rule The World*, perché le donne dovrebbero governare il mondo. È solo un caso, dal titolo particolarmente felice, tra i numerosi saggi e contributi su questo argomento.

In Italia, quest'anno, sono usciti almeno due libri da non perdere. Uno è la ricerca di Loredana Lipperini *Ancora dalla parte delle bambine*, che riprende e riporta ai nostri giorni il lavoro degli anni Settanta di Elena Gianini Belotti sugli stereotipi della femminilità. Lipperini dimostra che la nostra cultura, dai libri di scuola ai programmi televisivi fino alle pubblicità, si ostina a proporci un modello vecchio come il mondo. E che le bambine continuano a caderne vittime, imprigionate fin dalla tenera età di cinque anni in una tradizione che le vuole destinate al servizio e alla cura, non certo alla carriera e al potere. L'analisi dei testi scolastici delle elementari, ripresa da una ricerca del 2006, è particolarmente preoccupante. Non solo i protagonisti di gran parte dei brani di lettura (e di *tutte* le biografie) sono uomini, ma al 70 per cento lavorano, mentre per i personaggi femminili la percentuale scende al 56. E quali professioni? Per lui: re, cavaliere, mago, maestro, dottore, navigatore, architetto, giornalista, crociato, geologo e via dicendo. Per lei: maestra, scrittrice, nutrice, principessa, fata, casalinga, castellana e simili. Lui in giro per il mondo, lei in casa. Così l'immaginario proposto dalla nostra istruzione getta le basi di molte delle nostre nevrosi di adulte.

L'altro lavoro fondamentale è quello del sociologo Maurizio Ferrera, *Il fattore D*, dal significativo e forse ottimista sottotitolo *Perché il lavoro delle donne farà crescere l'Italia*. L'autore dimostra che se si portasse il livello di occupazione femminile in Italia al 70 per cento – comunque inferiore rispetto alla maggior parte dei Paesi scandinavi – il nostro Pil crescerebbe di oltre il 20 per cento. Basterebbe fornire alle donne servizi essenziali come asili per i bambini e centri di cura per gli anziani, e garantire pari opportunità nel mondo del lavoro retribuito. E la nazione farebbe un enorme balzo in avanti nella produttività e nello sviluppo. Maggiore di quello innescato da qualsiasi altra politica in favore dell'occupazione che possa venire in mente a un governante. Per ogni 100 donne che escono di casa per entrare in ufficio, osserva Ferrera, si creano 15 posti di lavoro. Per tacere della crescita dei consumi femminili, da sempre un fortissimo segmento del mercato. E non solo, sembra che in molti campi le imprenditrici funzionino meglio: un esempio per tutti la Nike, che dal 2000 ha ai suoi vertici una squadra di manager in rosa e negli ultimi due anni ha raddoppiato le vendite a dispetto della crisi economica.

Più lavoro alle donne vuol dire più ricchezza, più felicità e anche più bambini. Gli esempi di strategie intraprese da altri

Paesi non mancano. A Helsinki ci sono asili nido pubblici aperti ventiquattro ore su ventiquattro. In Francia esiste un «sussidio al costo d'assistenza ai figli» creato apposta per aiutare le neomamme a riprendere il lavoro. Il governo spagnolo ha investito 800 milioni di euro per creare servizi che sollevino le famiglie dal supporto ai non-autosufficienti. Idee che funzionano, è provato. E funzionerebbero anche da noi. La più grande opportunità del nuovo millennio è a portata di mano. Perché in Italia nessuno l'afferra? Perché da noi gli aiuti sociali – assegni familiari, asili, sostegni ai genitori – rappresentano solo l'1 per cento del Pil?

Forse perché non sono le donne a determinare le politiche sociali. Né quelle aziendali. La presenza femminile nei consigli di amministrazione dei grandi gruppi italiani viene valutata a meno dell'1 per cento dalla Commissione europea. In Norvegia questo tasso è del 35 per cento, in Gran Bretagna del 10 e in Spagna del 5. Nel nostro Paese sul totale dei dirigenti di impresa, solo il 5 per cento sono donne, contro il 22 norvegese. Alcuni assicurano che si tratta di un problema di competenze. Hanno torto: l'Italia è molto ben piazzata nella classifica mondiale dell'istruzione femminile: trentaduesimo posto. E uno studio di Fiorella Kostoris, economista della Sapienza, ha evidenziato che le società gestite dalle donne realizzano maggiori profitti.

Parlare della rappresentanza politica, poi, più che deprimente è inutile. Se osserviamo le classifiche, l'Italia la troviamo all'ottantesimo posto. Ma non serve: basta guardare i governi. Cambia il loro colore ma la percentuale rosa rimane più o meno la stessa: l'attuale governo Berlusconi, dopo aver promesso mari e monti, di donne ministro ne ha 4 su 21. Di più non ce n'erano, si è giustificato il premier aggiungendo al danno la beffa. Peraltro l'ultimo governo Prodi, celebrato come incredibilmente rosa, contava 6 ministri donne ma su un totale di 25. Siamo molto lontani dai Paesi nordici come la Finlandia, con 12 donne su 20 ministri, o come la Norvegia, con 10 donne su 19. Ma anche, come vedremo, dalla Francia e dalla Spagna: non abbiamo neanche la scusa del Paese latino. La situazione è ancora peggiore in Parlamento: poco più del 18 per cento di donne tra i deputati e 16,5 per cento tra i senatori, nonostante il Pd abbia coraggiosamente alzato al 30 per cento la sua quota. La chiamano «rappresentanza popolare» ma se dovessimo guardare solo il Parlamento si potrebbe quasi pensare che abbiamo ancora il suffragio universale maschile. E in un'Europa che avanza verso la parità, siamo ancora una volta tra gli ultimi: 47 per cento dei parlamentari sono donne in Svezia e 40 per cento in Finlandia, in Danimarca o nei Paesi Bassi.

La cosa più inquietante è che gli italiani tutto questo lo sanno benissimo. È chiaro a tutti lo squilibrio tra il peso demografico delle donne, i loro ruoli sociali, il loro apporto di competenze e il posto che viene loro accordato nello sviluppo economico e nella gestione politica del Paese. Di nuovo l'Eurobarometro rivela che il 56 per cento dei nostri connazionali ritengono che la discriminazione in base al sesso sia diffusa in Italia. Tra loro, però, evidentemente non ci sono i responsabili delle decisioni politiche. Enrico Giovannini, economista e responsabile del reparto statistiche dell'Ocse (Organizzazione per la cooperazione e lo sviluppo economico), che ho incontrato a Parigi, sull'argomento è stato chiaro: «In Italia i politici per decidere non usano le statistiche, non le vogliono neanche conoscere. Quindi non si parte dai fatti, che sono per definizione bipartisan. Questo vuol dire che non sappiamo chi siamo, e non siamo in grado di decidere dove dobbiamo andare». Di fronte a questo panorama desolante mi tornano alla mente le battaglie degli anni Settanta, le piazze piene di donne, le mie stesse lotte per affermarmi nella mia professione. Oggi guardo il mio Paese e me stessa e mi chiedo: dove sono le ragazze? Dove siamo finite?

Finalmente, infatti, torno a casa. Il mio viaggio è durato cinque anni e mi ha portata in Iraq, in Iran, in altri Paesi del mondo musulmano e negli Stati Uniti. Deputata europea e giornalista nell'anima, mi sentivo troppo spesso di passaggio in Italia. Era ora di rientrare, arricchita dalle mie nuove esperienze e più curiosa del mio Paese di quanto fossi mai stata.

Ai quattro angoli del mondo ho avuto la fortuna di incontrare donne eccezionali. Impegnate in battaglie che le hanno condotte alle porte del potere o in prigione, che hanno valso loro onori o umiliazioni. Ma come ci hanno dimostrato decenni di pace, non è necessario fare la guerra per andare avanti. La battaglia per la parità non è un faccia a faccia tra uomini e donne: è uno scontro tra il passato e il futuro. È una lotta per mobilitare tutte le forze vive dei Paesi moderni. E per risolvere quella condizione di invalidità permanente che costringe nazioni come l'Italia ad arrancare zoppicando verso il futuro, anziché entrarvi a grandi passi su gambe sane e ben allenate.

L'esplorazione di questi ultimi anni è stata appassionante e ho cercato di condividerla con i miei lettori. Nelle strade di Baghdad o nei bazar di Teheran. Nelle sale riunioni del Parlamento europeo o nei pub di Londra. Nei campus americani o nelle università di Riyad. Nelle chiese o nelle moschee. Dappertutto, ho incontrato una metà dell'umanità troppo spesso trascurata: le donne. E sono loro che oggi mi riportano in Italia. Per rispondere alla domanda «dove siamo finite?» voglio andare a trovare le combattenti di ieri e di oggi. Politiche e imprenditrici, avvocate e intellettuali, e naturalmente anche madri e figlie. Per costruire strategie comuni c'è bisogno di contarsi e incontrarsi, di mettere in comune le idee, di tessere una rete femminile di scambio, dialogo, progetto. Vittime o vincenti, sottomesse o guerrigliere, le donne non possono essere ignorate né ignorarsi fra loro. Questo libro nasce per parlare di loro, e con loro.

Capitolo 1

LA VIA DELL'AMORE

La Via dell'Amore è molto buia. Un nastro d'asfalto che corre tra piccole fabbriche e si allunga verso la provincia profonda. Stasera è anche meno popolata. Non solo è lunedì, ma l'Italia ha appena perso la prima partita dei Campionati europei e i tifosi si stanno consolando altrove. Strano, perché se c'è una merce in vendita sulla Via dell'Amore, è proprio la consolazione: costa tra i venti e i cinquanta euro. Una botta e via, a casa.

La prima «consolatrice» si avvicina all'auto, sa che non ci troverà un cliente, ma due amici che conosce bene: Roberto e Nicoletta di «On the Road», sulla strada. L'associazione, dal 1990, lavora per offrire una nuova vita in particolare alle tante donne e minori immigrati, vittime del traffico di esseri umani. Sono loro ospite in questa visita molto istruttiva a San Benedetto del Tronto. Il mio viaggio fra le donne d'Italia ho deciso di cominciarlo da qui: dal marciapiede. Dal lato più brutale dello stereotipo che ci vuole «o puttane o madonne». Dal punto più basso della nostra partecipazione alla vita del Paese: quello in cui siamo oggetto, merce senza voce e senz'anima. Come le ragazze accanto a cui sto passando in macchina.

Attirate in Italia con la promessa di un'esistenza migliore, hanno scoperto presto di essere state «importate» come tagli di carne, per essere usate come intrattenimento per i maschi nazionali.

Nicoletta si sporge dal finestrino offrendo una manciata di preservativi.

«Arianna, come va?»

«Bene! Ieri ho firmato per il mutuo!» Arianna, rumena, ha i capelli castano chiaro tirati indietro in una coda quasi severa, a scoprire un viso paffuto e deciso. Dimostra diciannove anni anche se ne dichiara quattro di più, e ha un largo sorriso stampato sulla faccia. «E ho fatto la carta d'identità, guarda!»

Ha anche la tessera sanitaria, e ora sta studiando per ottenere la patente. Non è facile conseguirla, per chi parla un italiano un po' traballante, tanto è vero che «On the Road» organizza corsi per affrontare l'esame di teoria.

«È costosa, poi. E coi prezzi così alti... Questa settimana sono arrivate quattro bollette. Quattro! Ti sembra possibile?»

Se chiudo gli occhi posso immaginare che a parlare sia una mia qualunque vicina di casa. Se li riapro però sono di nuovo sulla via Bonifica, a mezzanotte da poco passata. E nessuna mia vicina di casa indosserebbe mai una gonna di jeans così corta e una camicetta che è poco più di un reggiseno.

Nicoletta si informa sui documenti, si accerta che tutto sia davvero in ordine, fa qualche domanda sull'«amico» che ha garantito per il mutuo di Arianna. Sembra davvero ce ne siano tanti, di «clienti salvatori» disposti ad aiutare le ragazze. A volte sono loro che le portano via dalle strade o dai locali equivoci, tanto che a Roma sono stati attivati corsi per renderli più consapevoli, attenti, efficaci. Un bel controsenso: se non ci fossero i clienti, non ci sarebbe bisogno di salvatori. Ma per ragazze perse in un Paese straniero senza documenti né appoggi, spesso sono loro la migliore, o l'unica, via di scampo.

«Il mio amico nel weekend mi porta a Pietrelcina» sta dicendo Arianna tutta contenta. «A vedere Padre Pio.»

Il mutuo, le bollette e Padre Pio: più italiana di così, questa rumena.

Roberto riavvia l'auto e mi avvisa: «Adesso attenta, ci fermiamo da una mia amica». E appena la ragazza si avvicina alla macchina capisco il perché dell'avvertimento.

«Roberto, amore! Quand'è che ci sposiamo?»

Se mi sembrava che Arianna non avesse peli sulla lingua è perché non avevo ancora incontrato Clara. Nigeriana, con un viso largo dominato da occhi brillanti e da una bocca turgida di rossetto, quasi esplode da un corsetto rosso strizzatissimo. Guardo allarmata i gancetti temendo che da un momento all'altro succeda un incidente mentre Clara si china per infilare la testa nel finestrino e salutarmi, dopo aver afferrato la manciata di preservativi che le spetta.

«Ciao! Sei nuova del mestiere?»

Sono di mentalità aperta ma faccio un salto sul sedile. Poi capisco che non intende il mestiere di prostituta, ma quello di volontaria di «On the Road». Le rispondo che ho ancora molto da imparare.

«Sei venuta a vedere se il pacchetto sicurezza funziona?» Clara, come molte, è preoccupata per le nuove misure che dal momento in cui parliamo sono allo studio del governo e dei Comuni. Le chiedo la sua opinione.

«È una legge stupida, voluta dalla Lega, perché Bossi ha detto a Berlusconi: "Se no faccio cadere il governo"!» La sua imitazione di Bossi è meglio di molte tra quelle che ho visto in televisione. «Ma Berlusconi mi fa schifo. Vuole fare il padrone di tutti ma fa le leggi solo per sé.»

Le chiedo se c'è un politico italiano che le piace. «Prodi» dice dopo un attimo di riflessione. «Un bravo politico. Ma come uomo è un po' moscio.»

Un *endorsement* di cui forse Prodi non aveva bisogno. Provo a cambiare argomento e mi informo su come sta andando la serata ma so già la risposta, evidente dalle poche macchine sulla strada.

«Male, uno solo finora. Tra un po' vado a casa.»

«Ecco, brava, vai a casa, non stare alzata fino a tardi, che non c'è nessuno» annuisce Nicoletta, che con le ragazze ha un atteggiamento protettivo, quasi da sorella maggiore.

Se la serata è poco movimentata non è solo per via della

partita, ma anche per colpa dell'annunciato «pacchetto sicurezza». Il 5 agosto il ministro dell'Interno Maroni firmerà il decreto che darà ai sindaci ampi poteri di intervenire su comportamenti considerati dannosi per la salute pubblica: prostituzione e spaccio ma anche ambulanti, lavavetri, mendicanti, picnic e gruppi di amici con la chitarra. Saranno le singole amministrazioni a decidere cosa è pericoloso, e come punirlo. In un'analisi poco lusinghiera per il nostro Paese, Clara sostiene che aumenteranno le violenze perché gli italiani, malati di sesso, non avranno più la valvola di sfogo della prostituzione. Spero che stia solo difendendo la sua categoria. Sicuramente non si fa scrupoli ad attaccare, a modo suo, la Casta: «I politici hanno cinque amanti, ma l'uomo povero come fa? Non può venire a pagare cinquanta euro per una puttana. E io gliela do a venti. Ma se mi mettono in galera? Come fa l'uomo povero?».

La Robin Hood della prostituzione. Arianna di euro ne prende trenta: ecco perché dicono che le nigeriane rovinano il mercato. Quasi a conferma, dietro di noi accosta un enorme camion, così vicino che per un attimo sembra voglia travolgerci. Clara fa ampi cenni con le braccia e gli grida di andarsene, che vuole continuare a chiacchierare. Mentre il camionista scornato si allontana, riprende a parlarmi. Sono curiosa di sapere come sono, dal suo punto di osservazione, gli uomini italiani.

«Malati! Malati di sesso! Vogliono solo quello, tutto il giorno, sempre!»

Ma da Clara vanno anche quelli sposati, che potrebbero averlo dalle loro mogli. Perché?

«Perché le donne italiane non fanno i pompini» è la sua cruda analisi.

Forse potrebbe tenere dei corsi, come la prostituta in *Celebrity* di Woody Allen che insegnava tutti i trucchi del sesso orale usando una banana. Certo lei non era stata, come Clara e le altre ragazze nigeriane, portata via con l'inganno e tenuta in scacco con la minaccia delle botte e del vudù. Nonostante le sue risate e il suo straripante corsetto rosso, sono triste per

Clara, e quasi vorrei che potessimo portarcela via, mentre Roberto comincia ad accomiatarsi. La ragazza si sporge un'ultima volta nel finestrino e allunga una mano a stringere la mia.

«Bisogna andare in Parlamento, fare nuove leggi» dichiara. «Bisogna fare la lotta!» Non posso fare a meno di ridere con lei. Certo è facile, osservo, lasciarsi ingannare dall'allegria di queste ragazze, dal fascino superficiale della strada.

«Le nigeriane sono le più estroverse» annuisce Roberto. «Ma tutte loro sorridono. Devono sembrare divertenti per attirare i clienti. E poi se cominciano a fare il muso, la vita diventa insopportabile.»

Molte, come Clara, fanno le spiritose con lui.

«Mi chiamano il Richard Gere della Bonifica» fa una smorfia e si passa una mano fra i capelli brizzolati. In effetti, soprattutto di profilo, la somiglianza c'è. «Ma è un modo come un altro per mantenere la confidenza.»

Mi racconta la storia di una prostituta settantaduenne, appena andata «in pensione». «Faceva questo mestiere da trentacinque anni, da quando era morto il marito. La prima volta che l'ho vista sulla strada, non riuscivo a crederci. Mi sembrava assurdo che una donna di quell'età fosse lì a prostituirsi. Ma era anche improbabile che a quell'ora stesse aspettando un parente.»

Anch'io sono sbalordita. A settantadue anni aveva ancora clienti? «Quelli fissi, come no. Faceva quelli e basta.»

Trentacinque anni di onorata carriera e ora si riposa, con una piccola pensione privata e l'aiuto dei figli.

«Ne ha due» mi racconta Roberto. «Entrambi hanno frequentato l'università.»

Non sa, e non saprò mai, perché i figli laureati non abbiano tolto la madre dal marciapiede. Forse non hanno mai indovinato il mestiere che faceva, per quanto sembri strano. È un mondo così sotterraneo, soprattutto nei sacrifici, quello delle donne. Roberto fa inversione a U per spostarsi sull'altro lato della strada, dove una ragazza alta con un braccio al collo sta seduta sul muretto di una fabbrica. Guardo meglio mentre l'auto si ferma. Non è una ragazza, nonostante i lunghi capelli biondi.

«Ciao Miranda.» Nicoletta apre la portiera e scende. «Ci fumiamo una sigaretta?»

Ottima idea, ne ho bisogno anch'io. Balzo giù tirando fuori il pacchetto e l'accendino, e mi ritrovo seduta a fumare con un trans di nome Miranda. Che è vagamente convinta di dover sapere chi sono, ma non riesce ad associare un nome al mio viso. Tanto, pochi secondi dopo, arrivano correndo due sue amiche.

«Santo Iddio, ma è Lilli Gruber!»

Ora sul muretto ci hanno raggiunto anche Jessica e Dalia. Miranda è la più filosofa e un'accanita lettrice. Ha appena finito *Angeli e demoni* di Dan Brown, perché voleva «completare tutto il ciclo», e ha attaccato, e sa che sembra ironico, *Sulla strada* di Kerouac.

«Voglio leggerlo perché è un libro importante. Ma è difficile» si lamenta. «Vado avanti piano.»

Quando dico loro che ne sto scrivendo uno sulle donne italiane, e che vorrei sapere la loro opinione, Jessica interviene categorica: «Ti spiego tutto io. Il problema delle donne italiane, vedi, è che gli uomini italiani sono per il 98 per cento gay».

«No, dài» interviene Dalia, moderata. «Sarà il 94 per cento al massimo.»

Jessica è così attraente che non mi stupisce se la desiderano in molti. Ha un viso da bellezza del Sud con occhi neri di velluto, lunghi capelli corvini e un corpo perfetto fasciato in un abitino leopardato. Dalia ha invece un caschetto nero tipo Valentina di Crepax, ed è la più allegra del gruppo, oltre che la più conciliante. In mezzo a loro, altissime con quelle gambe interminabili, mi sento davvero sopraffatta. Anche se fossi un uomo credo proverei un po' di soggezione.

Negli ultimi dieci anni, mi racconta Jessica, il mercato è cambiato moltissimo. «I clienti sono sempre stati soprattutto uomini» mi racconta. «Ma prima erano attivi. Adesso come prima cosa si mettono così» e si gira in posizione inequivocabile appoggiando le mani contro lo steccato.

Anche Dalia conferma, ma non capisce il motivo.

«È vero! Non saranno il 98 per cento, ma sono molti più di prima. E dire che a me non piace, preferisco nell'altro modo.»

Le sue amiche la sommergono di battutacce, a loro piace molto di più il ruolo attivo. Chiedo il perché di questo cambio di orientamento e Jessica mi risponde spietata: «Guarda cara, o sono pigri o sono finocchi».

Loro tre non si sono mai operate per cambiare sesso, anche se Jessica a un certo punto ci ha seriamente pensato. Girano storie orribili di interventi sbagliati, persone sfigurate per sempre, vite distrutte dallo stravolgimento del corpo e degli ormoni. Parliamo di Thomas Beatie, il trans dell'Oregon finito nella primavera del 2008 su tutti i giornali. Era donna, si è fatto operare per rimuovere il seno e ha assunto ormoni maschili, ma ha mantenuto l'utero. A luglio partorirà una bambina, dopo un'inseminazione artificiale fatta in casa con una siringa. Storie così divertono le mie tre nuove amiche, che però hanno anche l'impressione di vivere in un mondo sempre più complicato.

«Di sicuro questa non è vita» commenta Jessica. «Io tra un anno smetto e me ne torno in Sicilia, cerco un qualche lavoro, sto con la mia famiglia.»

Smettere è un proposito che sento fare a tutte. Roberto mi ha confermato che lo dicono sempre, però è anche vero che, dopo in media cinque anni, lo fanno. Jessica e le altre sono sulla strada da molto più tempo. Miranda ha girato tutta l'Europa.

«Gli uomini più belli sono i greci» dichiara. «Ma anche gli italiani non sono male. Però io i miei ultimi anni li voglio passare in Spagna. È il Paese migliore e più libero dove sono stata.»

Si avvicinano le due di notte, e tutte e tre meditano di tornare a casa. Jessica ferma un'auto ma torna verso di noi scuotendo la testa: «Voleva una donna, poverino».

Uno di quel 2 per cento di eterosessuali. Risalgo in macchina. «Mi raccomando» mi grida la siciliana attraverso il finestrino. «Nel libro sulle donne italiane non dimenticare le puttane italiane! E i trans italiani!»

Non mancherò. Anche perché il successivo trans accanto a cui ci fermiamo, una brasiliana quarantenne, mi costringe a scendere dalla macchina per farci una foto assieme, con il suo telefonino.

«Se no quando lo dico alle altre non ci credono!»

È ufficiale: sono la giornalista preferita dai trans.

Anche lei pensa di abbandonare il mestiere.

«Di solito faccio sei mesi in Italia e sei in Brasile» mi racconta. «Ma sta diventando sempre più difficile. Non è come una volta. C'è troppa paura, troppa tensione.»

Ma i clienti chi sono?

«Oh, c'è di tutto. Voi credete che siano solo alcuni tipi strani, ma sono i vostri mariti, padri, fratelli. Una volta da noi venivano soprattutto gay, ora è diverso. Alcuni hanno il seggiolino dei figli sul sedile posteriore. Altri mi zittiscono mentre parlano alla moglie sul telefonino, dicono che sono per strada, di ritorno dal bar con gli amici.»

E non sono solo uomini maturi o anziani. «Mi sono appena fatta un ragazzo di ventiquattro anni» racconta. «Alla fine mi ha chiesto preoccupato: "Pensi che posso ammalarmi?". Gli ho risposto di no, perché abbiamo usato il preservativo. E lui: "Ah, meno male, perché, sai, non vorrei portare a casa delle malattie alla mia ragazza". Ma stronzo, e allora stai a casa con lei!»

Scuote la testa. È il suo mercato, il suo mestiere, ma il panorama sociale è cambiato e quel che vede non le piace più.

«Sta arrivando la fine del mondo» dichiara categorica.

Mi sembra un'ottima nota per concludere la mia visita guidata alla Via dell'Amore.

Roberto fa inversione e torniamo sui nostri passi, lungo la strada buia. Illuminano la notte solo i fuochi accesi dalle ragazze a lato della strada, per «segnalazione» o per allontanare l'umidità di questa serata piuttosto frizzante. Quello di Clara è a forma di cuore, nota Nicoletta mentre le ripassiamo accanto e la ragazza attraversa la strada per fermarsi a salutarci.

«Un altro solo cliente!»

«Vai a casa» la ammonisce Roberto. «Che se no arriva la polizia!»

«Per la polizia, gratis!» esclama impunita Clara, e la sua risata ci accompagna per un bel pezzo, nella notte.

Questa primavera, chissà se per il cambio di governo o per il risveglio ormonale dei cittadini, si è riavviato il dibattito sulla legalizzazione della prostituzione e sui bordelli, per chiamarli col loro nome, chiusi dalla ormai celebre «legge Merlin» nel 1953. Daniela Santanchè ha dato il via alle danze il 28 maggio depositando un quesito referendario per riaprirli. Con un doppio obiettivo: rendere più sicure le strade e liberare le prostitute «dai capi maschi che rubano loro anche i guadagni fatti vendendo il proprio corpo». Le professioniste del sesso potrebbero creare cooperative autogestite, dove esercitare sotto controllo medico. Si è scatenata una bufera di interventi: da Livia Turco a Vladimir Luxuria, da Filippo Berselli a Roberto Maroni, tutti hanno detto la loro.

Pochi giorni dopo questa mia visita, anche il ministro per le Pari opportunità Mara Carfagna avanzerà la sua proposta: che le ragazze si prostituiscano nei loro appartamenti, «purché in case isolate in modo da non dare fastidio agli altri condomini». Già mi immagino gli annunci «Cercasi» nelle pagine immobiliari.

A parte Daniela Santanchè, nessuno di quelli che sono intervenuti nell'acceso dibattito politico, inutile dirlo, si è mai visto sulla Via dell'Amore, almeno non in veste ufficiale. Vorrei sapere quindi cosa ne pensano delle varie proposte gli operatori che invece la percorrono ogni giorno.

Quelli di «On the Road» sono favorevoli alle case chiuse, ma soprattutto allo *zoning*, la creazione di aree a luci rosse con servizi per le ragazze, come bagni e presidi medici, in zone non residenziali dove non si rischiano troppi scontri con la cittadinanza. La formula delle cooperative dal loro punto di vista non basta, perché per aprirne una occorre essere soggetti giuridici e le clandestine rimangono comunque fuori. L'unica loro risorsa è la strada ed è quella che bisogna rendere vivibile. Di fatto, dicono, in tutte le nostre città le aree a luci rosse esistono già: parchi, tangenziali, quartieri industriali o fieristici. A che serve far finta di niente? A Venezia il sindaco Cacciari sta sperimentando lo *zoning* con successo, inasprendo la sorveglianza e le multe a chi opera fuori zona, ma offrendo servizi alle prostitute in quelle autorizzate. Anche le forze dell'ordine, grazie alla formazione mirata, diventano più efficaci nel gestire i complicati problemi di questo atroce «commercio».

«Tanto il mercato c'è» dice Marco, il coordinatore generale dell'associazione, occhi azzurri e un sorriso malizioso. Con i capelli castano chiaro un po' lunghi e la barba, sembra pronto per interpretare san Pietro in un remake di *Jesus Christ Superstar.* Spinge verso di me un fascicolo: «Guarda un po' la nostra "Bibbia" settimanale».

È un allegato al quotidiano locale. Lo apro, e sembra un normale giornaletto di annunci sentimentali. Ma nella seconda metà le cose cambiano e i fogli si trasformano in vetrine erotiche a tutta pagina: su ciascuna la foto, bella grande, di una ragazza, i servizi pubblicizzati e il recapito da contattare.

«Non te lo posso lasciare perché è l'ultimo numero uscito» mi dice Marco. «Ma è una pubblicazione legale e conosciuta da tutti. Per noi è molto utile: raccogliamo i recapiti e andiamo negli appartamenti a fare informazione.»

Mi sembra pericoloso: non credo siano bene accolti da prostitute e «protettori». E in effetti capita che siano cacciati o addirittura minacciati, confermano i miei ospiti. Ma più spesso vengono ricevuti con sorprendente disponibilità. Una volta hanno aiutato una ragazza a cui era appena morto d'infarto un cliente fra le braccia.

«Forniamo informazioni e servizi sulla salute» mi fa notare Marco. «Queste cose interessano alle ragazze.» E quanto ai loro cosiddetti «protettori», approfittano della comodità dell'assistenza gratuita. Per questo le unità mobili di «On the Road» sulla strada distribuiscono preservativi, creme lubrificanti e altro, e certe notti persino bevande calde e cibo. «Per loro è un risparmio, e ci lasciano fare.»

Dal 2000, anno in cui ha attivato il primo Progetto articolo 18 (dall'articolo del decreto del 1998 che riconosce lo status di vittime di tratta a migliaia di migranti), «On the Road» è già riuscita a venire in contatto con più di 7000 persone. Tante, se si considera che guadagnare la fiducia di questi interlocutori non è facile. A oltre 5000 ha offerto consulenza. Quasi 700 hanno trovato rifugio nelle strutture dell'associazione o presso famiglie disponibili mentre il totale degli inserimenti lavorativi è di 240 persone. Insomma, il loro metodo, pragmatico e non schiavo delle ideologie, a quanto pare dà risultati.

Incontro nella loro sede alcuni di questi «risultati», straniere che hanno smesso con la «vita» e si sono integrate nella società italiana. Anna è una ragazza snella dai capelli biondo chiaro e occhi grigioazzurri. La semplice camicetta bianca, le piccole perle alle orecchie e la faccia pulita la fanno sembrare più giovane e quasi severa. Unica frivolezza le unghie, laccate di nero e con uno stencil brillante. Viene da una città russa alle pendici degli Urali, dove è stata vittima della solita truffa organizzata da una «rispettabile» coppia. Stavano riunendo un gruppo di ballerine da portare in giro per i programmi televisivi italiani, hanno detto. Anna e una trentina di altre ragazze ci sono cascate: li avevano visti in tv, i nostri show, e non si stupivano che venissero richiesti costumi succinti e mosse provocanti. Per otto mesi hanno fatto anche le prove, in una palestra. Per ottenere l'ingresso in Italia, serviva dimostrare di essere ballerine professioniste, e qui Anna si lascia sfuggire un moto di esasperazione: «Come ha fatto l'ambasciata italiana a non accorgersi che non lo eravamo? C'erano anche due ragazze molto grasse!».

Il «corpo di ballo» appena arrivato in Italia si è ritrovato smembrato. Anna è finita in una villa con night, persa nella campagna modenese.

«Ballavo. Ma cercavano di spingermi a fare sesso con i clienti. La prima sera ero seduta al tavolino e mi si sono avvicinati un padre e suo figlio, offrendomi di farlo tutti e tre insieme per 250.000 lire.» Anna mi dice che in Russia era la classica ragazza di famiglia povera ma onesta, arrivata con sacrifici fino alla laurea in Lingue. «Nessuno mi aveva mai chiesto niente del genere. Mi sono sentita come un cane.»

Ora lavora in un centro per l'impiego, dove ha un punto di vista privilegiato sulla nostra nazione.

«Vedo tante donne della fascia d'età tra i quarantacinque e i cinquanta che si separano, hanno fatto solo la casalinga, non sanno affrontare la vita. Pensano di trovare chissà quale lavoro e non vogliono diventare domestiche, perché erano delle signore. Ma in realtà hanno servito un uomo per anni.» Non è tenera nel giudizio sulla situazione delle pari opportunità nel nostro Paese: «Da noi c'è più parità. Qui c'è ancora l'idea che le donne devono fare le serve».

Ha appena rotto con un partner che la picchiava e le rubava i soldi ed è piena di rabbia. Molte straniere sono nella stessa situazione, ma sopportano per non trovarsi sole in un Paese spesso ostile. «Ma io dico: ribellatevi!» negli occhi chiari brilla una vampata di orgoglio. «Le donne italiane e quelle straniere hanno lo stesso problema: gli uomini italiani! Dov'è scritto che loro vanno serviti e devono stare con i piedi per aria? Non hanno le mani?»

La maggior parte dei nostri connazionali che stanno con le straniere, dice, le sfruttano per lavorare, cucinare, aiutarli a pagare l'affitto, e perché hanno paura di restare soli a sessant'anni. Anna non crede più nell'amore. Quando le chiedo perché non torna in Russia scuote la testa: lo scandalo è stato troppo grande.

Anche per Linda, nigeriana, è lo stesso. Quando è arrivata qui a diciannove anni non sapeva neanche infilare un preservativo. «Me lo hanno spiegato usando una bottiglia» racconta. In confronto alla sua storia di violenza, quelle pure traumatiche di Anna e di tante altre impallidiscono. Eppure lei non ha perso il sorriso. Cicciotta, con una bocca generosa e uno sguardo allegro, ha nerissimi capelli lisci sotto cui brillano orecchini dorati. Indossa uno sgargiante top a strisce verdi che risalta vivace contro la pelle nera.

Linda, che lavorava in una fabbrica di vestiti, è stata chiamata in Italia con la proposta di continuare a fare lo stesso mestiere. Ovviamente all'arrivo la realtà era ben diversa. «Mi hanno picchiata quando mi sono rifiutata di prostituirmi» racconta. «Non sapevo dov'ero, non avevo documenti, avevo paura di restare e paura di tornare in Africa.» Così ha cominciato. Partiva col treno alle sei di mattina, era sulla strada alle dieci, mi racconta, e c'erano già clienti. Riusciva a guadagnare fino a 600.000 lire al giorno, con cui c'erano da pagare l'affitto della casa che divideva con altre cinque o sei ragazze – 400.000 lire per questa invidiabile sistemazione – e il «riscatto» dai suoi «protettori»: ben 80 milioni. Le chiedo come sono i clienti, questi miei connazionali che raccolgono ragazze sulle provinciali alle dieci di mattina. E soprattutto, se ha idea di come possono fare le loro donne a combattere certe abitudini. Ma Linda, pragmatica, scuote il capo: non prendetevela se il vostro uomo vi tradisce con le prostitute, ci esorta. «Per loro non significa niente, sono fatti così, è la loro natura» spiega, seria come un consulente di coppia. «Non è un buon motivo per rompere un matrimonio. Non si rovina una relazione di quindici, vent'anni solo per un momento di sesso.»

Linda rischia seriamente di vedersi erigere un monumento per queste parole concilianti. Soprattutto se consideriamo che, dati alla mano, il mercato italiano della prostituzione conta nove milioni di clienti ogni mese, e l'80 per cento sono sposati. Ma subito dopo aggiunge un'osservazione ben meno tenera. All'ossessione degli italiani per il sesso, puntualizza scuotendo il capo maliziosa, non corrisponde molto la dotazione fisica. «Un africano vale dieci uomini italiani» valuta, senza pietà. «Ma le donne italiane sono le più fortunate del mondo. Quando partoriscono, il marito le aiuta a tenere il bambino. Quando partorisce un'africana, il marito non vuole più vederla per mesi, sta a letto tranquillo con un'altra.»

Linda ha da raccontare storie strane e confortanti, come quella del tizio che una volta l'ha caricata alle due di mattina, l'ha fatta parlare di sé e dell'Africa fino alle sei e l'ha lasciata con 300.000 lire. Ma ne ha anche di paurose, come quello che l'ha raccolta alle nove e ha cominciato a portarla lontano per la campagna, terrorizzandola, finché lei non ha afferrato il volante. «La macchina ha sbandato, ha rallentato, mi sono buttata giù e nascosta nel bosco lungo la strada. Ho sentito che tornava a cercarmi. Ma sono corsa via.» E se l'è fatta a piedi fino a casa, dove l'hanno picchiata perché era arrivata tardi e senza soldi.

Le botte sono una costante della sua vita, come le intimidazioni. Le nigeriane sono sempre tenute sotto scacco con la minaccia del vudù, del male che può capitare alla loro famiglia in Africa. Lei, anche se le avevano prelevato sangue e peli pubici per ricattarla con la «maledizione», ha sfidato il sortilegio e ha cercato di andarsene. «Allora hanno rotto un braccio a mio fratello» racconta. «E mia madre mi ha telefonato supplicandomi di non smettere di lavorare.»

Dopo nove mesi di questa vita, da Linda sono arrivati i carabinieri. Non esattamente per salvarla. «Mi hanno accusato di sfruttamento della prostituzione, e mi sono fatta più di due anni di galera.» I volontari di «On the Road» infatti l'hanno trovata in carcere, le hanno procurato un avvocato, hanno cercato le prove della sua innocenza, e si sono occupati del suo reinserimento dopo il rilascio. Ma ora Linda ha perso il lavoro e per di più è incinta di due mesi. Il fidanzato non vuole tenere il bambino. Lei sì.

«È un'esperienza per cui sono pronta. Dopo tanto dolore è qualcosa che posso fare per me, una piccola gioia nella vita.» Ha nostalgia dell'Africa, dove sa che non tornerà. «Mi mancano le piccole cose: la pioggia che cade è musica, il profumo della sabbia bagnata è un sapore. A volte qui sulla spiaggia mi inginocchio e metto in bocca un po' di sabbia. E voi non capite.»

«Le nigeriane sono diventate la maggioranza» mi spiega Patrizia, una brava psicologa che lavora a «On the Road», cercando di aiutarmi a fare il punto sui racconti di queste ragazze, sui mutamenti del «mercato». Lavora qui da dieci anni e ha visto cambiare molte cose, mentre altre, purtroppo, rimangono identiche. «Vengono soprattutto dalle aree più povere del Paese, e da quelle cattoliche. Le donne islamiche sono molto più sorvegliate e protette.»

Un convegno organizzato a maggio dalla Caritas in occasione dei cinquant'anni della legge Merlin ha fornito nuovi dati sulla prostituzione. Per i nove milioni di clienti il mercato mette a disposizione 700.000 ragazze, di cui il 50 per cento straniere e il 20 minorenni. Il giro d'affari è gestito perlopiù dalle mafie internazionali. Le schiave del sesso vengono da sessanta Paesi diversi e svariati sono i meccanismi dello sfruttamento. I nigeriani sono i più brutali, gli albanesi per evitare guai con la legge hanno cominciato a offrire alle ragazze una partecipazione agli utili. Le cinesi sono vittime invisibili, rinchiuse nelle case. Patrizia mi racconta che di recente hanno cominciato ad aumentare le sudamericane. Molte sono trans, come pure molti ragazzi del Sud Italia.

Anche i clienti sono molto cambiati. Non esiste quasi più la figura classica del maschio solo, magari non più giovane, che si procura sesso a pagamento perché non può averlo in altro modo. Non è il «vecchio professore» cantato da Fabrizio De André a percorrere di notte la Via dell'Amore. «Negli ultimi anni sono arrivati i giovani, i ricchi, gli imprenditori» spiega Patrizia. «Trentenni che potrebbero trovarsi una ragazza semplicemente entrando in un bar.» Ma non vogliono l'impegno, le «grane». Preferiscono questa soluzione senza conseguenze. Almeno, non per loro. «Alcuni si innamorano disperatamente» aggiunge la mia ospite. «E allora portano la ragazza all'associazione. Ma quando lei completa il percorso di recupero, non li vuole più. E questo aumenta l'innamoramento. Da parte sua, la donna non li molla mai completamente, nel caso si trovasse nelle peste.» Si creano quindi dei circuiti di dipendenza inestricabili.

Chiedo a Patrizia se può spiegarmi perché il mestiere più antico del mondo non conosce crisi. Perché gli uomini, indipendentemente dall'età e dalle condizioni sociali ed economiche, trovano così irresistibili queste sirene.

«Uno dei motivi è che la strada risponde al bisogno della scelta fatta come al supermercato, o in una vetrina» mi risponde. «Però oggi non c'è più solo o principalmente la prostituzione di strada, è in aumento quella in appartamento.»

Per «sgombrare» le vie da questa imbarazzante presenza, le amministrazioni comunali italiane hanno ideato varie soluzioni. Il questore di Rimini ha scelto i fogli di via obbligatori. Il sindaco leghista di Novara ha vietato le passeggiate notturne nel parco se si è in più di due persone. Quello di

Vicenza, del Pd, ha fissato una multa, che può raggiungere la somma di 500 euro, per camper e roulotte che bivaccano nelle aree di sosta. Quello di Verona, anche lui leghista, ha alzato la multa per i clienti da 36 a 500 euro, e ci sta pensando anche il vicesindaco di Milano, Pdl. Questa è la soluzione che i volontari di «On the Road» temono, perché allora nessuno tra quelli che vanno con le ragazze avrebbe più il coraggio di uscire allo scoperto per aiutarle.

Qui a San Benedetto alcune trovate «deterrenti» sono state davvero surreali. «A un certo punto sono comparsi dei cartelli rettangolari bianchi con la scritta nera DIVIETO DI CONTRATTAZIONE» ride Patrizia. «E hanno ripescato un regio decreto contro il camuffamento per vietare l'attività dei trans.» Trovate ciniche quanto brillanti, che però non risolvono il problema. Molto più efficace l'articolo 18: «Riconosce la persona come vittima e attiva un percorso sociale, anche senza denuncia» mi spiega. «Non offre direttamente il permesso di soggiorno come "premio" per la prostituta che va alla polizia, ma un tentativo di inserimento indipendente dal percorso giudiziario.»

Resta ancora molto da fare e, secondo Patrizia, le donne italiane dovrebbero imparare a insistere per partecipare ai processi decisionali. «Ci disinteressiamo dei meccanismi politici, ma sono quelli che fanno muovere il mondo. Non allunghiamo la mano per afferrare le leve del potere, non riusciamo a vederne l'utilità. Concentrate sull'individuo, dimentichiamo il contesto.»

Anche perché nessuno ci incoraggia a guardarlo, anzi è una lotta che dobbiamo portare avanti da sole. La partecipazione femminile non è vista di buon occhio dagli uomini se non è, come qui sulla Via dell'Amore, passiva. Ma è vero, come dice Anna, che il problema sono i maschi italiani? O sono piuttosto le donne ad aver sbagliato qualcosa?

Capitolo 2

BELLI E IMPOSSIBILI

«L'Italia è un Paese di merda per le donne» gli occhi brillano azzurrissimi nel viso abbronzato di Gianna Nannini. Il termine «streghe» la riporta a un passato di slogan che, secondo lei, sono stati poi puntualmente usati contro le donne e la loro ribellione. A suo modo, è stata protagonista di quel periodo in cui si facevano fuoco e fiamme. «Ero un po' idolatrata da un certo tipo di femminismo» racconta. «Appena è nato, i media hanno pensato che fosse il solito discorso delle castratrici che vogliono uccidere l'uomo. Invece non era così. Ho partecipato, nei primi tempi. Si parlava di aborto, divorzio in una maniera etica, importante in quel momento.»

Poi però il movimento non è stato in grado di seguire le evoluzioni del costume. «Ha marchiato troppo la donna, l'ha bollata. Anche in un certo modo di travestirsi» ricorda i tempi delle gonnone, dei camicioni, delle ascelle incolte e dei capelli bruciati dalla sciatteria. «Non ci si prendeva cura del proprio aspetto estetico» riassume. Una critica che, venendo da una donna dalla zazzera spettinata, sprofondata nel divano a gambe larghe, suona paradossalmente ancora più sincera. Ammette però che il femminismo delle origini per lei è stato prezioso: «Uno sfogo ai miei problemi dell'infanzia e dell'adolescenza: invece di andare dallo psicologo andavo a fare autocoscienza di gruppo. Mi permetteva di dire tutto ciò che avevo paura di esprimere. Quando parlavi ti sentivi bene, per esserci riuscita». È un po' il meccanismo della confessione. Come esperienza a me è mancata: il massimo del mio percorso di gruppo sono stati gli incontri dell'Aied di Bolzano in cui ci insegnavano a usare i contraccettivi. Erano gli albori del diaframma, un'invenzione per i tempi geniale e rivoluzionaria, ma di una scomodità punitiva. Il dischetto, lo spermicida, l'incubo del posizionamento. Ho un nitido ricordo, che sembra la scena di un film di Almodóvar, di me e una decina di altre donne sedute a gambe larghe in uno stanzone, che impariamo a inserire il dannato diaframma. Non so se conti come autocoscienza, ma almeno eravamo sorelle che affrontavano tutte insieme un problema comune.

Forse però proprio la capacità di fare gruppo ha ridotto la nostra forza di azione collettiva, secondo Gianna: «Non c'è nella mentalità femminile l'idea di comandare, si fa sempre un gioco di squadra. Ma questo ci ha un po' limitato, perché sarebbe servita una guida più sicura. Invece c'erano troppe tendenze: chi ce l'aveva più con gli uomini, chi voleva fare l'aborto, chi il divorzio, chi aveva problemi col marito, chi quello dell'emigrazione».

Così, ciascuna si è dispersa ad affrontare il proprio aspetto della questione, perdendo interesse all'azione collettiva. E c'è chi ha combattuto anche per le altre e, al contrario, chi è tornata ai vecchi metodi «sotto la scrivania». Gianna scuote la testa: «Le donne stesse hanno alimentato un modo tradizionale di pensare il potere. Cosa si fa al potere? Un pompino. Così anch'io avrò qualcosa in cambio. Sono in molte a pensarla così: mi sposo, quello mi mantiene, mi fa fare carriera, mi compra i vestiti. Il problema è che se scendi così in basso per fare il pompino, poi tanto in alto non ci vai, capito?».

Quando si è trasferita da Siena a Roma per trovare il suo primo ingaggio discografico, anche a lei sono state proposte le solite tentazioni. Tutte le sere, racconta, la portavano a cena e poi a ballare, nell'attesa di «incontrare la persona giusta». Poi a un certo punto arrivava in qualche forma la fatidica domanda:

«Me la dai?». Con grande ironia mi offre la risposta perfetta: «Cioè, è parecchio brutto, se no te la darei anche». Un ottimo modo per rintuzzare le pretese dell'aspirante seduttore, fargli notare con garbo quanto è squallido, e farsi una risata.

«Ma insomma, è successo anche a me. Non è che per questo io ho fatto carriera perché l'ho data via. Anzi, nel mio caso, un po' per reazione a mio padre, ho sempre assunto un atteggiamento da maschio per cui nessuno mi rompeva tanto le palle. A volte mi vestivo tutta di pelle, una tuta da motociclista. Era la mia corazza.»

In effetti mi ricordo quando mesi fa l'ho praticamente costretta, a forza di pregarla, a partecipare a una serata di beneficenza del Fai, il Fondo per l'ambiente italiano. L'organizzatrice era la mia amica Silvia De Benedetti e il *dress code* era rigorosissimo: smoking per lui, abito lungo per lei. A un certo punto è entrata Gianna. Interpretazione del *dress code*: jeans, stivali alla texana e una giacca di pelle. Ma fatta come il frac, con le code dietro. La sala è stata percorsa dall'imbarazzo, rotto da Silvia che con disinvoltura le è andata incontro per abbracciarla.

Mi sono sempre sentita vicina a questa donna ribelle, e ho scoperto solo di recente che qualcosa in comune lo abbiamo: Janis Joplin. A me l'ha fatta conoscere mio fratello Winfried, nella mia famiglia quello che ha più talento musicale: oltre a essere architetto è diplomato in Teoria e Composizione. Gianna l'ha scoperta a metà degli anni Settanta, quando il suo impresario le disse che le somigliava. La cantante americana era già morta da due anni, e lei in un certo senso si prese a cuore il suo caso: «Volevo vendicarla, non volevo pensarla vittima né della droga né della società, capisci? Se cantava, era sicuramente una protagonista seria. È la figura che mi ha fatto scattare la molla dell'antivittimismo femminile: assumere un atteggiamento vincente».

Non per niente, ha tradotto e cantato in Italia una delle più famose ballate di Janis, *Me and Bobby McGee*. La interpreta con una partecipazione e uno struggimento speciali nella voce volutamente arrochita e dura. Come Janis, ha sempre voluto essere libera e ne ha pagato il prezzo. Con il distacco completo dalla famiglia, quando se n'è andata di casa, per non avere la tentazione di tornare indietro. Con una vita sempre in fuga, sempre in movimento. È la donna nomade: visto che non può avere tutto, almeno si riprende se stessa. E la sua musica. Le chiedo se è vero, come mi sembra, che la canzone italiana è ancora un mondo maschile, soprattutto se parliamo di cantautrici. Annuisce: «Fino al 1979, l'anno in cui ho iniziato a scrivere canzoni e ad avere il primo successo con *America* anche all'estero, eravamo in tre: io, una certa Roberta D'Angelo e Grazia Di Michele. Prima di noi in Italia c'erano solo interpreti, che cantavano canzoni scritte da altri. In genere uomini. Quindi le donne hanno mandato avanti per anni una visione della femminilità scritta da maschi. E i testi erano quelli: il lato sempre un po' perdente, vittima, che soffre per amore. Devo ammettere che, per esempio, questo è cambiato».

America, pezzo contenuto nel disco *California*, che l'ha lanciata verso il successo internazionale, è sempre stata considerata una canzone femminista. Complice la copertina dell'album, con il celebre vibratore a stelle e strisce impugnato come la fiaccola della Statua della Libertà. Ma non era proprio quella l'intenzione: «Il mio "fammi sognare", questo inno masturbatorio, è stato letto come femminista. Ma la canzone parlava del ruolo metaforico della parola "America". In Italia dopo la guerra ci nutrivamo tutti di rock'n'roll, di tutto ciò che ci hanno portato gli Stati Uniti». Certo, il messaggio sulla liberazione delle donne c'era: invece del pene vero ne prendiamo uno artificiale, quasi un giocattolo. «Fallocrazia di plastica, no? Era molto ironico, perché credo che l'arma dell'ironia al femminile sia fondamentale.»

Gianna può permettersi questo e altro, senza rischiare di essere accusata di odiare tutti gli uomini. Ha dimostrato da sempre di capirli. Sa parlare d'amore senza essere melensa, anzi, è quasi maschile. Paradossalmente, ha lo stile dell'uomo che non deve chiedere mai, capace di una ruvida e appassionata dolcezza. Con cui ha scritto alcuni dei versi più indimenticabili dedicati al genere maschile. *Bello e impossibile* è ancora il complimento che ognuno sogna. A lei almeno posso chiedere una parola buona su quelli che un suo titolo riassume come *I maschi*.

«Secondo me le donne devono essere più chiare con loro, smettere di portare una maschera, sia sessualmente che socialmente. Io non ho avuto mai grossi problemi con l'uomo come essere umano, li ho avuti con l'uomo come identità sociale. Nella mia famiglia patriarcale si privilegia ancora il maschio. L'educazione tramanda determinati ruoli e loro magari ci si stravaccano, anche quando non ne hanno voglia.»

Vittime delle circostanze, quindi. In realtà, dice, in Italia c'è un matriarcato di fatto, donne potentissime e nello stesso tempo soggiogate da chi ha paura del loro potere. La tormentosa battaglia tra i due sessi che si castrano a vicenda è un'immagine molto acuta. «Ti devi rendere anche conto che da noi ci si meraviglia se un uomo piange» aggiunge Gianna, ormai infiammata nella difesa del maschio nazionale. «E sono le donne. Che a loro volta hanno paura di manifestare il loro aspetto virile. Io dico sempre che sono libera in questo senso, perché non distinguo granché tra i generi. Credo che la differenza faccia la forza dell'essere umano, non l'appiattimento al ruolo.»

Seguendo questo ragionamento si finisce col concludere che gli italiani sono molto meno emancipati delle loro partner. Un po' forse è vero: spesso sono prigionieri degli schemi quanto noi. E li amiamo lo stesso. Quanto li abbiamo amati, in decenni di canzoni. Anche le sue. «L'amore inteso a due è sempre un dolore, porta sempre alla depressione. Si è tutti un po' ammalati d'amore, no?» osserva. «Forse perché l'abbiamo trasformato in una cosa piccola, sempre più ristretti nelle nostre piccole mura, piccolo ambiente, piccolo clan, dove puoi sentirti sicuro. Io non penso mai che una canzone d'amore che scrivo parli di un mio problema con qualcuno. Allargo la visione. Vorrei guardare più in là, oltre il sogno. E ho anche sempre pensato che la mia libertà conta quanto l'amore.»

Se tutte le donne fossero convinte di questo saremmo un bel passo avanti. Invece, dice, sembra che siamo piombate in un nuovo Medioevo. E uno dei motivi è l'influenza del Vaticano: «Quello che fa la Chiesa nei confronti delle donne è veramente, ora più che mai, un crimine contro l'umanità. Non si può pensare che debbano ancora stare con l'anello al naso, vivere sotto l'ala del potere del marito». Sono parole molto radicali: «Il corpo delle donne è sempre solo uno strumento di conquista. E la Chiesa aiuta a mantenere questo stato di cose. Per esempio l'aborto: siamo tutte contro, perché non ci piace farlo, ma non puoi impormi tu di scegliere. E se nella procreazione assistita non si può fare quasi niente, perché invece la chemioterapia si può fare? E perché mi avveleni con gli Ogm? Se c'è la tecnologia, può essere la donna a decidere se utilizzarla o no».

A volte le viene il dubbio che nel Medioevo fossimo addirittura più libere: «Forse rinchiuse le donne erano più creative, esercitavano le arti. Ma in molti casi non si sa, anche perché tutte quelle che giustamente si incazzavano poi le hanno bruciate». La caccia alle streghe ci ha fatto perdere un tesoro di talento ed esperienza femminile, osserva. E non esita a definirsi una strega moderna. «Perché dico tutto quello che mi viene in mente e faccio quello che voglio.» Il suo modello femminile è infatti la mistica medievale Hildegard von Bingen: «È lei forse ai primordi delle donne creative, perché sapeva contemporaneamente dipingere un quadro, scrivere una musica, curare le persone. Io mi vedo così, nel futuro». Intanto, oltre a cantare, vinifica: va in tournée accompagnata dal vino che produce nella sua tenuta toscana. Oltre che con un oggetto che sembra uno strumento di tortura medievale chiamato «reformer», per fare Pilates.

Le piacerebbe avere figli, dopo i due aborti, uno spontaneo e l'altro no. Oggi ha iniziato una pratica per l'adozione, ma per i single è molto difficile. Bisogna passare per l'affidamento e poi, dopo molti anni, forse si viene considerati degni. E tanto per cambiare anche nel suo lavoro conciliare carriera e famiglia non è facile. «Vai in tournée tutto l'anno, diventa un disastro. La vita di famiglia nel rock'n'roll al femminile è un po' difficile.» Alle ragazze, come ricetta per il successo anche coniugale, consiglia: «Innanzitutto nel rapporto con l'uomo, trovare la propria identità, la propria voce. E poi esprimere al massimo tutta la tua verità, qualunque sia, perché se fai compromessi fin dall'inizio, ti troverai castrato per la vita. Insomma: conoscere per poter dare. La cosa più difficile è imparare a stare bene, ci vogliono anni».

Intanto potremmo migliorare le possibilità di carriera introducendo le quote rosa, le propongo. Non solo è d'accordo, ma le metterebbe al 70 per cento. Ride buttando la testa all'indietro e gli occhi azzurri scintillano come gioielli. «Così si cambia la mentalità» dichiara, con piglio rivoluzionario. «Ci vuole un po' di ricambio, per vedere la differenza, no? Per cinquecento anni abbiamo sempre avuto in quei ruoli solo uomini. Quindi altri cinquecento anni di donne!» E dei maschi cosa ne facciamo? Altra risposta provocatoria: li emancipiamo. «Non credo che non ci sia bisogno di loro, ma devono trovare un nuovo ruolo nella società.» Devono insomma fare l'esercizio, finora molto femminile, di provare a immaginarsi in vesti diverse, anche insolite per il loro genere. «C'è una donna, non mi ricordo dove, che allena una squadra di calcio. Una sola, ma è brava. E se può far questo, allora può anche allenare un governo a capire i problemi, invece di imporre modelli di potere. Perché il conflitto maschio-femmina è solo un modo per fare il gioco di chi vuole legittimare le proprie prevaricazioni. Soggioga, dividi e impera: questa è la logica da combattere.»

Ad agosto vedrò il suo concerto a Cagliari: lo splendido sfondo di un anfiteatro gremito, la notte e lei che balla e suona e canta come un vero animale da palcoscenico. Ai suoi piedi, una platea in cui si contano femmine di ogni età, dalle adolescenti alle sessantenni. La canzone su cui si scatena un'apoteosi di fischi, grida e cori è, naturalmente, *Bello e impossibile.* Tutte si agitano e si sgolano: la musica fatta con la voce e col corpo. Uno strumento come gli altri, mi dice Gianna. Che ne conosce molti. Mi spiega che secondo lei gli strumenti ad arco sono più erotici di quelli a tastiera. «Quando studiavi violino, o ti scopavi il maestro oppure, dopo un po', non ti sfogavi abbastanza. Ti carica proprio sessualmente. Per come scorre l'archetto, perché c'è un'anima da far suonare... tutto sempre in tensione. Dà una grossa vibrazione al corpo. E quindi può succedere di trovarsi in uno stato di necessità immediata di masturbarsi.» Stavolta scoppio a ridere io. È un argomento ancora così poco discusso dalle donne, in tante sostengono di «non averne bisogno». Ma il rapporto tra musica e femminilità è così profondo che a quattordici anni una maestra di canto le insegnò a «mettere l'aria nelle ovaie». Gianna è convinta che bisogna cantare con l'utero, il centro della donna, del suo essere e quindi anche della sua voce. «Credo che nel canto l'endometrio riceva una forte vibrazione. Si respira dal diaframma, e da lì mandi l'aria all'utero e alle ovaie. La spingi giù e poi la fai risalire per il canto. Non sono in molte a saperlo fare.» Posso immaginare che serva un controllo spaventoso. Lo sforzo viene ricompensato: si arriva alla nota e si riesce a tenerla per molto più tempo, usando tutto il corpo come fosse la canna di un organo. «Ma non è importante dove arrivi, l'importante è emettere la nota giusta per l'emozione giusta.»

Anche nella vita.

L'Italia magari è un Paese di merda per le donne, come dice Gianna, ma in molte si sono adoperate per cambiare le cose. E in parte ci sono riuscite.

È il 1906, quando la giornalista Rina Faccio pubblica un libro sconvolgente: *Una donna*. Sostiene che una donna dev'essere autonoma, libera di seguire la sua strada anche se ciò significa rinunciare a un figlio, cosa che in effetti all'autrice toccherà dolorosamente fare. Il romanzo è firmato con uno pseudonimo che da quel momento sarà la vera identità della Faccio: Sibilla Aleramo.

In quegli stessi anni a Roma un'altra signora sta per rivoluzionare l'idea di istruzione e di infanzia: quella Maria Montessori che sorrideva nell'ultima versione delle banconote da mille lire. Maria, quasi coetanea di Sibilla, studia i problemi dell'infanzia in un dialogo a distanza con studiosi inglesi e francesi. È la prima donna medico d'Italia. Rappresenta le compatriote ai primi congressi femminili internazionali, dove si comincia davvero a parlare di diritti. Anche da noi infatti è cominciata la battaglia per il suffragio.

È dal 1863 che la Camera dei deputati discute la questione inutilmente e a più riprese. Nessun risultato. D'altronde le nostre attiviste politiche quasi non esistono: il movimento suffragista non ha nemmeno lontanamente la forza di quello inglese. Allora si va a lezione dalle straniere. Le donne d'Europa si riuniscono per la prima volta a Ginevra già nel 1870. Nel 1878 è la volta di Parigi e al centro del dibattito c'è la prostituzione, considerata come uno sfruttamento legalizzato, autorizzato dallo Stato. Si parla anche di aborto, ma con toni molto diversi da quelli utilizzati un secolo dopo: bisogna metterlo fuori legge, sostengono le attiviste francesi, perché dà al medico, maschio, un potere illegittimo sul corpo femminile.

Al Congresso internazionale di Berlino del 1896, e a Londra tre anni dopo, Maria Montessori si fa notare per la sua capacità di infiammare gli animi. Non ha ancora aperto la sua prima scuola (lo farà nel 1907) e non è ancora una stella della nuova pedagogia, ma a nemmeno trent'anni ha idee molto chiare: «Potrebbe essere giustamente affermato che in Italia non sono tanto l'uomo o le leggi a contrastare il progresso della donna, quanto la donna stessa». Per spiegarsi meglio con stupefatte ascoltatrici fa un esempio semplicissimo: ci sono molte donne medico molto brave, ma quando una signora ha bisogno di un dottore, chiama un maschio. A chi sostiene che il femminismo mina le basi dell'istituzione-famiglia risponde che la lavoratrice, consapevole delle sue responsabilità e del suo ruolo, non può che essere una compagna e una madre migliore. Dice che il matrimonio dev'essere un atto d'amore e non una necessità economica. La maternità, una libera scelta. Un anno prima era diventata madre di Mario, concepito fuori dal matrimonio e dato in affido per non destare scandalo.

La Montessori non è la sola a insistere su queste tesi: a Milano nel 1893 è nata la prima lega femminile e a Roma, nella primavera del 1908 si svolgono due differenti congressi, che vedono aprirsi una crepa nel fronte delle combattenti. Le cattoliche premono per avere voce, ma non sono provocatorie quanto le laiche-socialiste. Sono soprattutto loro a lottare per avere non solo diritto a un'istruzione paritaria e al voto, ma anche al divorzio.

Quest'ultimo tornerà alla ribalta molto più avanti. Quanto al suffragio femminile, è la stessa Montessori a promuovere una petizione per avanzare questa richiesta al Parlamento, nel 1907. Nulla di fatto, e oltre al danno anche la beffa: nel 1911 Giolitti concede, tra grandi esultanze pubbliche, questo diritto a tutti i cittadini maschi maggiorenni, anche se nullatenenti. Le donne erano escluse prima e rimangono escluse ora. Se ne occuperà anche Mussolini, con una proposta che oggi sembra una barzelletta. Dopo la Prima guerra mondiale, infatti, propone di concedere il voto alle vedove e alle madri dei caduti in battaglia: le donne valgono solo in quanto sostitute di un morto. Maschio.

«Nessuno lascia il potere volentieri. Certamente non lo faranno i maschi a favore delle donne.» È la prima, netta affermazione di Massimo D'Alema sul nostro tema. Se Gianna è la passione, lui è la razionalità, la logica. Mi riceve nel suo ufficio della Fondazione Italianieuropei a Roma in piazza Farnese, dove i divani nella sala d'aspetto profumano ancora di nuovo. Schiena diritta, passo deciso, mi accompagna nel suo ufficio. Siede dietro una grande scrivania coperta di libri, che riempiono anche gli scaffali della parete alla mia destra. Nel ripiano più basso, un'invidiabile collezione di civette di ogni genere, materiale, dimensione. «Il simbolo della saggezza» mi ricorda. «E anche un portafortuna.» Pare sia in grado di rimbalzare il malocchio verso chi ce l'ha lanciato, mi informa con il caratteristico sorrisetto. Si appoggia all'indietro sulla sedia e mi chiede cosa c'entra lui con un libro sulle donne. Non è un argomento di cui abbia mai parlato molto. Appunto: tutti gli altri hanno già ampiamente dato aria alla bocca. Lui ha appena cominciato e mi è subito chiaro che non ha alcuna intenzione di essere buonista.

«La lotta delle donne per affermare il loro ruolo non può contare più di tanto sull'appoggio maschile» ribadisce. «Quando gli uomini politici si entusiasmano, il più delle volte è una finzione. Ne ho conosciuti pochissimi che fossero veramente compresi dell'importanza della questione femminile. E quei pochi ne parlavano con timidezza.» Berlinguer, per esempio. Ricorda un comizio in cui l'allora leader del Pci esordì, davanti a una platea quasi interamente «rosa», dicendo che avrebbe parlato di temi legati alle donne ma aveva pudore a farlo, perché si rendeva conto che non spettava a lui. «Non era un femminista, ma un politico che ha avvertito profondamente, in modo non strumentale e senza civetterie, il valore della libertà femminile» sottolinea D'Alema. Certo, è importante costruire regole che valgano per tutti, garantire l'equilibrio nella rappresentanza dei generi, fare le riforme. «Ma civettare col fatto che le donne sono più brave degli uomini, questo non è un aiuto» dichiara, con disinvolto realismo. «Se c'è un conflitto, è giusto che si manifesti.»

Come d'abitudine, assume consapevolmente una posizione indigesta a molti. Ex comunista, fiero avversario di quasi tutto il giornalismo italiano, politico con fama di gelido realismo. Quindi odia anche il genere femminile? Al contrario, lo ama moltissimo. «Io ho avuto fortuna con le donne. Alcune mi hanno aiutato molto, ho avuto con loro un rapporto molto forte, molto intenso.» Deduco che non usa l'espressione «avere fortuna» nel senso corrente, ovvero averne possibilmente una diversa ogni sera. Fa un gesto spazientito: naturalmente no. «Avere fortuna vuol dire avere al proprio fianco donne con le quali si vive bene, ci si completa, si ha uno stimolo intellettuale. Trovare una che innanzitutto abbia una sua vita, cosa fondamentale, perché altrimenti non regge neanche la tua. Una che abbia una sua forte dimensione professionale, intellettuale, con la quale poter avere uno scambio vero. Quando si è in coppia non si vive una sola vita, se ne vivono due. Con mia moglie ci siamo scambiati le esperienze, le letture, le curiosità intellettuali, è uno stimolo vero, umano, questa è la cosa fondamentale.»

Tutto mi sarei aspettata in questa inchiesta, ma non che dovesse essere Massimo D'Alema a darmi la definizione del matrimonio perfetto. È vero però che non si è mai fatto scrupolo di dichiarare quanto sia legato alla sua famiglia. Descrive la sua casa come un luogo aperto e accogliente, brulicante di figli, amici, ospiti. Racconta la figlia Giulia, ventun anni e già laureata in Economia, come una ragazza cocciuta e libera: «Non ci pensa nemmeno a fare qualcosa di diverso da quello che le frulla per la testa» commenta con un'indulgenza che non sembra appartenergli in nessun altro campo. Col figlio diciottenne Francesco, invece, fanno gare di battute sarcastiche. «È simpatico, geniale, ma scombinato. Ed è un giovanotto molto bello, il che lo aiuterà nella vita.» Di solito questa cosa si dice delle femmine. Ma nella famiglia D'Alema gli stereotipi sono ribaltati. «Ci vuole un uomo, in casa» asserisce categorico, poi piega le labbra in un sorriso. «Ovvero: se bisogna cucinare o questo genere di cose, l'unico in grado di farlo sono io. Possiamo avere ospiti soltanto quando io ho del tempo libero per cucinare.» E lo stesso quando gli chiedo cosa apprezza di più della moglie. Linda è docente universitaria, brillante, compagna di avventure intellettuali: credo di sapere già la risposta. Lui infatti non esita un momento. «Che è bella» risponde con la decisione di chi enuncia un teorema. Linda è bella davvero ma è strano che lui scelga proprio questa caratteristica. Spalanco gli occhi, e stavolta ride apertamente. «Guai a dire a una donna intelligente, che sa di essere intelligente, che apprezzi la sua intelligenza» mi spiega. «Bisogna dire che apprezzi la sua bellezza.» Non si è mai strateghi solo in politica.

Si confessa preoccupato da tutta la generazione dei giovani e giovanissimi, che dimostra un rapporto così difficile con il futuro. «I ragazzi della nostra parte di mondo vivono in una condizione di insicurezza. C'è un bel libro che ha scritto Miguel Benasayag, uno psicologo francese di origine argentina: *L'epoca delle passioni tristi*. È proprio così. I nostri figli guardano al futuro con angoscia, non è mai successo a una generazione di pensare che il domani sarà peggio dell'oggi. Per noi era il contrario. Certo, avevamo anche delle idee sballate su questo futuro, la rivoluzione, il comunismo, ma comunque sarebbe stato migliore.» È vero: abbiamo vissuto stagioni straordinarie di cambiamento, di entusiasmo. Poche settimane dopo la nostra conversazione, un sondaggio Gallup confermerà che invece i nostri giovani sono, assieme ai tedeschi, i più pessimisti d'Europa: il 67 per cento ritiene che nel futuro «la vita peggiorerà». «I messaggi su ciò che incombe su di loro sono terribili: non ci sarà energia, aria da respirare» osserva D'Alema. «Una percezione che li può portare a scartare la dimensione pubblica, a pensare in definitiva che di fronte a questi rischi esistano soltanto salvezze individuali. E questo sarebbe molto doloroso. Un consiglio da dare a loro, ma anche un problema che dovremmo affrontare noi, è come restituire una missione alla nostra società, il senso di un futuro condiviso, qualcosa che possa appassionarli a un progetto comune.»

Un discorso molto caloroso, per l'uomo della Realpolitik. Anche sulla condizione femminile ha parole chiare e decise. La strada è ancora lunga prima di raggiungere il grado di civiltà dei Paesi del Nord, con il più alto tasso d'occupazione «rosa» e, nello stesso tempo, di natalità. Sa bene che non è una contraddizione. «Le donne sono messe di fronte all'alternativa devastante: cercare di lavorare o fare bambini. Quando poi sono forzosamente escluse dal mondo produttivo sono frustrate, non fanno neanche figli. Peraltro l'Italia è stata governata praticamente per sessant'anni dalle forze conservatrici, questo forse ha dato l'impronta.» Quando gli chiedo dov'erano i paladini della sinistra e delle pari opportunità durante tutto questo tempo, mi risponde che nell'intero dopoguerra hanno governato per soli sei anni. «Per introdurre cambiamenti profondi nella società dovresti avere un periodo più significativo. Ciononostante, ci sono stati momenti in cui la sinistra si è avvicinata di più all'area di governo, e si sono fatte riforme importanti che hanno inciso sulla vita delle donne.» Mi cita la legge 194, la riforma del diritto di famiglia del 1975 e anche quella sanitaria del 1978. «E la sinistra ha contribuito a lungo a portare le donne nella vita delle istituzioni, in una misura incomparabilmente maggiore rispetto alle altre forze politiche. Ma complessivamente questo è un Paese conservatore. È vero che la Spagna ha avuto il fascismo, ma ne è uscita a sinistra e ha avuto sedici anni di governo socialista. E poi, comunque, essendo un Paese relativamente giovane alla democrazia, è ancora più permeato di umori vitali di quanto lo siamo noi.»

Come mi confermeranno proprio in Spagna, non è tanto che noi italiani abbiamo politici peggiori, è che odiamo l'impegno in prima persona nella vita democratica. Annuisce. «Non voglio difendere la categoria, ma, insomma, conosco abbastanza bene i miei colleghi. Non è mica vero che noi siamo peggiori. Non è che in Spagna abbiamo Lenin, Trockij e Zinov'ev. Il problema è la diversità della società, la partecipazione.» Mi ricorda che lui non sarà Zapatero, ma nel suo governo c'erano 7 ministri donna su 21. «Ti informo che fu l'esecutivo con la più alta percentuale di donne nella storia della repubblica» puntualizza fiero. «E non in posizioni marginali: avevo la Iervolino agli Interni, la Bindi alla Salute, la Turco al Lavoro: dicasteri importanti.»

Alla mia domanda su cosa pensi delle nuove leve parlamentari scrolla le spalle. «La validità di certe scelte si misurerà nel tempo. È chiaro che un'operazione di svecchiamento richiede anche delle forzature.» Se donne, giovani e belle, che male c'è? «Abbiamo cooptato fior di maschi che non sapevano niente, dopotutto» commenta ironico.

Se la sinistra dovesse tornare al governo, a quali provvedimenti per le donne metterebbe mano? «Ne abbiamo molti che sono rimasti in sospeso. Ma penso che la cosa principale da fare sia un grande piano di servizi sociali e formazione, per portare il tasso di occupazione femminile nel Mezzogiorno al 60 per cento. Il nostro più grande problema è questo, anche perché il Sud rappresenta la parte più giovane del Paese: milioni di ragazze che non lavorano, la peggiore tragedia italiana. E cominciano a non iscriversi più alle liste di collocamento: è iniziata la resa.»

Al governo però c'è Berlusconi. Provo a chiedergli cosa ne pensa delle sue ministre e delle loro avventure ma ostenta ignoranza. Non le conosce, finge di non sapere quante sono, e ha prestato solo un orecchio distratto agli scandali, alle intercettazioni e alle polemiche. «Il numero della rappresentanza parlamentare è veramente molto ridotto» ammette però. «Parliamo di una legge elettorale che tutto sommato, nella sua nequizia, avrebbe consentito di allargare un po'. E quanto al resto non vorrei dare giudizi moralistici, non sono un moralista. Ma è nociva per le donne questa immagine che, in definitiva, per fare carriera devono circondare di attenzioni il sultano, diciamo.»

Ma certe situazioni grottesche sono un segno dei tempi o della qualità della destra italiana? «La seconda che hai detto» risponde con un lampo di umorismo negli occhi nocciola. «I tempi, anzi, sono cambiati, il mondo va verso un certo incivilimento. Non mi pare che ovunque siano questi i criteri per far fare carriera alle donne. Che uno dei nostri maggiori leader politici dedichi una parte notevole del suo tempo a sistemare le varie attricette, agli italiani magari piace, siamo in democrazia. Certo l'immagine del Paese ne è devastata, ma insomma. Però quando lo fa perché in questo modo compiace alcuni senatori, e li sposta nel dare il voto, la cosa comincia ad avere una dimensione pubblica e politica piuttosto sgradevole. Così come anche quando le nomina ministro.»

Ne usciamo male noi donne, alla fin fine. «Purtroppo, sì. E anche l'Italia. Quella larga opinione pubblica che sembra apprezzare, condividere o accettare queste condotte, e i grandi giornali cosiddetti di informazione.» In tutta questa vicenda si dichiara piuttosto disgustato dagli uomini, mentre le donne coinvolte tutto sommato gli appaiono più come vittime. A partire da Elisabetta Gregoraci. «Sui divanetti del ministero degli Esteri» commenta ilare, lui che è stato ministro degli Esteri, poi torna serio. «Forse sarà che, in modo paternalistico, un uomo tende a solidarizzare con le ragazze. Ma ho la sensazione che loro si ritrovino all'interno di un mondo maschile abbastanza volgare e finiscano con l'accettarne le regole.»

Gli dico che il titolo del mio libro sarà *Streghe*, ma mi manca ancora il sottotitolo. Resta un po' in silenzio poi un ultimo sorriso si distende sotto i baffi.

«Le streghe... Non sono in dovere di darla via» decreta.

Capitolo 3

MASCHI E FEMMINE (DIO LI CREÒ)

Non gli secca essere chiamato Eminenz, il soprannome che gli ha affibbiato Luciana Littizzetto nella popolare trasmissione *Che tempo che fa*. «Non è un problema, mi ha fatto pubblicità.» Camillo Ruini mi ha aperto di persona, tanto che per un attimo ho pensato si trattasse di un segretario sosia. Anche perché, sapendo che è la bestia nera dei laici italiani, mi aspettavo un prelato d'altri tempi, alto e autoritario, dal fare inquisitorio. Non un anziano signore cortese, i capelli radi e la voce bassa, appena un po' curvo, che riceve gli ospiti sulla porta in modo così poco consono al suo ruolo e alla sua fama di inaccessibilità.

Siamo soli al centro di una vasta stanza dai pavimenti lucidati a specchio e dalle alte finestre. Quasi completamente vuota a parte il tavolo in legno dorato e marmo, le pesanti poltrone su cui ci accomodiamo e un carrello degli alcolici. Cointreau, Courvoisier, Amaretto di Saronno e almeno due diversi tipi di whisky, strategicamente posizionati sotto un bianco bassorilievo incorniciato che rappresenta la Madonna. Su una parete si apre la voragine del camino monumentale, su un'altra sono impilati una trentina di scatoloni. Sua Eminenza sta facendo trasloco dall'appartamento di San Giovanni in Laterano per spostarsi nella sua nuova casa in viale Vaticano.

Può sembrare strano che per affrontare l'argomento delle relazioni tra donne e uomini io vada a scomodare un cardinale, e per di più uno che molti laici italiani sembrano aver bollato come il nuovo Savonarola. Ma nel nostro Paese la Chiesa non si può ignorare, nemmeno quando non coincide con parte del sentimento popolare. Sono in molti ad accusare il Vaticano, anche con forza, di ostacolare il corso di riforme necessarie: coppie di fatto, coppie omosessuali, divorzio rapido, procreazione assistita sono tutti temi su cui, si dice, saremmo molto più avanti se non ci fossero i vescovi. Vero. Ma è anche una scusa molto comoda per le pigrizie della politica. Il potere religioso, certo, ha sempre cercato di dettar legge sull'etica pubblica, e il Cattolicesimo non fa eccezione. Ma anche il potere temporale non sembra così ansioso di battersi per allargare la sfera dei diritti e delle opportunità, in particolare femminili. Piuttosto che fare ipotesi o accuse sulla misoginia ecclesiastica, tanto vale chiedere direttamente a Eminenz cosa pensa di uomini e donne.

Il cardinale mi si presenta come un signore dall'accento emiliano, deciso ma sotto sotto bonario. Un'inedita versione di don Camillo. Si è fatto mandare le domande via e-mail e mi rimprovera perché alcune, sostiene, rispetto al tema della donna «si allargano un po'». Seduto nella poltrona antica, si aggiusta gli occhiali per leggere meglio le risposte che si è preparato. A partire da quella sulle donne nella vita pubblica del Paese. Ce ne sono abbastanza, nella politica e nell'economia? «A me personalmente sembra che questo coinvolgimento stia crescendo, tuttavia c'è ancora molta strada da fare.» Una risposta piuttosto politica, ma non si tira indietro quando gli chiedo di precisare. La strada lungo la quale procedere è quella dell'istruzione: «La preparazione anche culturale delle donne ha raggiunto nelle giovani generazioni quella degli uomini, e per certi versi dicono l'abbia superata. Credo che questo sarà un fattore importante per la loro affermazione».

Un altro fattore importante, gli faccio notare, sarebbe il non essere costrette a scegliere tra famiglia e carriera. E il cardinale, difensore strenuo della famiglia, concorda pienamente. Non pensa che la donna debba stare in casa coi bambini e non ha esitazioni nel condannare la società che ancora la costringe al ruolo esclusivo di moglie e madre. «È un problema di organizzazione del lavoro e di servizi sociali. E anche di mentalità: affonda in radici antiche, ma non è qualcosa di inevitabile.»

Radici più antiche delle sue non riesco a immaginarle. Camillo Ruini ha scalato le gerarchie di un'istituzione millenaria, in cui la modernizzazione procede con una certa cautela. Ma mi fa notare che viene anche da una famiglia di campagna emiliana, una tradizione di donne forti, magari costrette in casa, capaci però all'occorrenza di lavorare quanto e più degli uomini. Oltre a reggere la famiglia con pugno di ferro. Oggi che invece vanno in ufficio, è possibile che le cure domestiche continuino a toccare a loro? Sua Eminenza scuote serio la testa: «Infatti anche questo è un fenomeno in corso: i mariti oggi lavorano più in casa di quello che facevano nel passato, anche se non certo quanto le donne». Lo incalzo: dovrebbero fare di più, no? Secondo un recente studio Istat, le femmine dedicano a casa e famiglia 5 ore al giorno contro l'1,5 dei maschi. In Svezia il rapporto è 3,5 contro 2,5. «Non sono marito, quindi sono un cattivo giudice in materia» mi fa notare, le labbra sottili piegate in un sorriso. «Però una mano più consistente devono darla, certamente.» Mi ritengo soddisfatta. Forse ho appena procurato alle massaie italiane la vera arma letale delle discussioni su chi deve lavare i piatti: «Tocca a te caro, lo ha detto il cardinal Ruini».

Ma a parte l'aiuto reciproco perché, secondo lui, da noi le politiche di sostegno sono sempre state così povere? «Penso che sia un retaggio specifico dell'Italia per due motivi: uno è che da noi la famiglia è sempre stata molto solida, forte e anche prolifica, quindi per lunghi anni il problema non è stato avvertito. Il secondo è un fatto specifico, che ricordo per esperienza personale. Quando ho cominciato a parlare di queste cose, quasi venticinque anni fa, i discorsi sull'andamento demografico della popolazione erano visti come un'eredità del fascismo. I famosi otto milioni di baionette, la demografia come fattore di potenza. Un argomento tabù, che poi è entrato nel discorso pubblico grazie anche alla Chiesa. Ma oggi, quando ormai quasi tutti hanno capito, si stenta ancora ad attuare provvedimenti concreti. Manca una politica organica, che credo sia necessaria per il Paese.»

Già che si preoccupa con un certo successo di tanti aspetti della nostra vita, dalla contraccezione all'eutanasia, d'altra parte, la Chiesa potrebbe metterci una buona parola anche sugli asili o sul tempo pieno nelle scuole. Tanto per sfruttare tutto il suo potere per una volta in nostro favore. Affondato nella poltrona, Ruini apre le braccia con fare mite. Non posso caricare il peso delle mancanze politiche d'Italia sulle sue spalle, sembra dire quel gesto. E neanche su quelle dell'istituzione a cui appartiene. «Un conto è quello che viene detto al riguardo, in maniera spesso polemica, nei confronti della Chiesa, un altro è la realtà del peso che essa ha nelle scelte politiche. Assai minore di quello che i giornali di solito scrivono.» Insomma, non può incaricarsi di obbligare i politici a mantenere le promesse, sostiene. Nemmeno quelle coniugali, aggiungerei, figurarsi quelle elettorali. «La Chiesa può proporre, richiamare, chiedere, soprattutto motivare.» E sul piano pratico, mi ricorda, i cattolici fanno molto per aiutare le donne a conciliare famiglia e lavoro: «Abbiamo creato tante scuole materne, adesso stiamo realizzando nidi per l'infanzia, per quello che possiamo, anche nelle parrocchie». A sentirlo parlare così sembra che all'improvviso il Vaticano sia molto più femminista di Palazzo Chigi.

Ma sulla parola «femminista» accusa il colpo agitando, come volesse scacciarla, una delle sue mani diafane, quasi troppo fragile per l'anello cardinalizio. Infatti la mia domanda su cosa sia la femminilità lo mette un po' in imbarazzo. «Posso dire questo: è una dote preziosa, come la mascolinità. Sono entrambe caratteristiche che investono tutta la persona.» E quando gli chiedo quale può essere il contributo specifico delle donne alla società fa rispondere papa Giovanni Paolo II, con il finale dell'enciclica *Mulieris dignitatem*: «Un contributo specifico della donna è rendere più umana la nostra comune umanità. Mi pare una bella formula». Solo una formula, però. Almeno spero: ci mancherebbe solo essere responsabili nientemeno che di umanizzare l'intera società.

Con un compito simile, però, non si potrebbe pensare di aiutarci introducendo per esempio il sacerdozio femminile? Sua Eminenza scuote deciso il capo. Non crede che succederà mai. «Il sacerdozio è concepito come specifica configurazione a Cristo sposo della Chiesa.» È la risposta ufficiale. All'atto pratico però, visto che non si tratta di un dogma ma di una tradizione, si potrebbe cambiare. E forse, come scoprirò nel mio viaggio in Inghilterra, le donne potrebbero essere interessate a una carriera ormai poco appetibile per i maschi, come quella di sacerdote. Oltre ad aiutare, con la loro sensibilità e predisposizione all'ascolto, a riportare i fedeli in chiesa. Non riesco ovviamente a convincerlo: le donne nella Chiesa secondo lui stanno bene dove sono. «Sono la maggioranza dei cattolici praticanti e ricoprono di fatto gran parte dei ruoli attivi» mi fa notare. In questo non c'è niente di nuovo: anche nella società ricoprono ruoli attivi, anzi spesso frenetici. Il problema è che non sono quasi mai posizioni di potere. «Non penso che il fatto di non ordinarle sacerdoti comprometta il rapporto tra la Chiesa e le donne. In Italia la frequenza alle celebrazioni è molto più alta che in Inghilterra, senza paragoni possibili» mi ricorda Ruini. Siccome Cristo era un uomo, «si è sempre ritenuto che il sacerdozio debba essere conferito a uomini». Questo è il motivo. E non si può, per una ragione funzionale, cambiare le strutture di fondo della Chiesa.

Non possiamo cambiare neanche le leggi dello Stato. È stato proprio lui, in occasione del referendum sulla procreazione assistita, a invitare i cattolici ad astenersi dal voto. Mi rimprovera severo dicendo che anche questa domanda non è pertinente al tema dell'intervista. Per la verità, gli faccio presente, tantissime donne hanno la vita rovinata dall'impossibilità di procreare, quindi insisto. «Non penso che le leggi dello Stato debbano conformarsi alla morale religiosa» risponde. «Credo però che debbano tener conto non soltanto dei desideri soggettivi di ciascuno, ma della realtà dell'essere umano e della società, che è qualcosa che viene prima delle nostre leggi.» E le modifiche proposte nel referendum sulla procreazione assistita, sostiene, andavano contro la realtà profonda dell'uomo. Una realtà decisa da chi? Si agita sulla sedia. «Per esempio riguardo al matrimonio sia monogamico. Le norme della vita comune hanno un fondamento oggettivo, che non è soltanto la soggettiva libertà di ciascuno, ma ha a che fare con la realtà dell'uomo stesso» dice corrucciato. Mi corruccio anch'io: mi sembra che il discorso si sia arrotolato su se stesso. Ruini taglia corto: non ha voglia di discutere, conclude secco. Ma mi sorprende ribaltando comunque l'argomentazione: non è la Chiesa che si intromette in faccende che non le competono, dice. È lo Stato. «Gli attuali dibattiti sull'etica pubblica riguardano spesso problemi che erano regolati in precedenza da norme in sintonia con la nostra tradizione religiosa e culturale, accolte pacificamente da credenti e non credenti.»

Ritengo, personalmente, che sia una fortuna se tradizione religiosa e leggi dello Stato restano distinte. La politica spesso penalizza le donne, ma le religioni in genere lo fanno ben di più. Da millenni cercano di controllare il nostro corpo e, da quando ci è stata riconosciuta, anche l'anima. «Su questo non sono affatto d'accordo, perché penso che, il Cristianesimo sia stato invece un potente fattore di elevazione della donna» ribatte Ruini. «Per rendersene conto basta andare in Africa, e vedere la differenza che c'è tra le comunità dove il Cristianesimo è arrivato e quelle dove invece no. Ho vissuto per un mese in Madagascar ventidue anni fa. C'erano molte donne che volevano diventare suore: per loro era anche una maniera per affrancarsi.» Inutile ricordargli che, se la situazione delle donne africane è talmente drammatica che prendere il velo rappresenta un progresso, non vuol dire che sia lo stesso per le europee. Questo, secondo Ruini, è ragionare in modo astorico.

Va bene. Qui e ora il Cristianesimo c'è, e non abbiamo contratti di unione civile alternativi al matrimonio. Perché? Risponde che si tratta, appunto, di scelte di fatto che non richiedono per forza di essere istituzionalizzate. Per quello c'è il matrimonio: «Chi vuole una forma giuridica può averla: c'è già. E non necessariamente religiosa: c'è quella civile». Potrei anche essere d'accordo, ma i gay? Annuisce paterno. «Ecco: questa è la vera questione. Se il matrimonio è l'unione di un uomo e una donna, non si vede perché bisogna creare qualcosa di simile al matrimonio, per unire invece due uomini o due donne.»

Ha eluso la domanda. Provo a chiedergli allora cos'è la famiglia. «È l'unione stabile e la donazione reciproca dell'uomo e della donna in ordine al sostegno e all'arricchimento reciproco e alla generazione e l'educazione dei figli. In questa unione i ruoli sono diversi, ma su una base di parità, di uguale rilevanza e responsabilità.» È molto istituzionale, ma almeno sull'uguale rilevanza spero che i giovani uomini l'abbiano sentito forte e chiaro. Sorride indulgente: «Per molti è ancora un discorso un po' difficile, è però un discorso che va avanti: i giovani, ormai, ne sono convinti». Vede ad esempio che quelli di oggi stanno molto più a casa coi figli, rispetto ai suoi tempi quando, ricorda, nei giorni di festa le mogli stavano in cucina e i mariti andavano in giro con gli amici.

Ma non crede nella figura del «mammo»: «È giusto che un figlio abbia con la mamma un rapporto e col padre un altro, altrimenti ne viene scompensato il figlio stesso. Ricordo bene che da bambino avevo un rapporto profondo con i miei genitori, ma percepivo che i ruoli erano diversi». Sua madre gli ha insegnato l'amore, dice, ed è un bel complimento. Anche le buone maniere, aggiunge. A vederlo ora, nel severo abito talare, forte dell'autorità del suo ruolo, cauto, controllato, credo non riconoscerebbe il suo monello. Immagino che ne sarebbe fiera anche se, mi confida il cardinale, né lei né il marito erano molto praticanti, anche se fondamentalmente credenti: «La mia formazione religiosa è nata per altre vie, in particolare attraverso la lettura dei Vangeli, a tredici-quattordici anni, e l'inserimento a sedici anni nell'Azione cattolica.»

La sua comprensione delle donne in tanti anni è cambiata: «L'impegno di vivere il sacerdozio e la castità non mi ha affatto impedito di essere davvero amico di molte donne, di avere per loro grande stima e di maturare una certa conoscenza dell'animo femminile, che credo abbia una grande capacità di accoglienza, solidarietà e tenerezza». Per questo anche a lui dispiace l'erotizzazione del corpo, corresponsabile delle cifre allarmanti che ha raggiunto il mercato del sesso. «È un po' ipocrita scandalizzarsi che ci sia la prostituzione. C'è uno squilibrio profondo nella nostra società, che da una parte è facile allo scandalo e dall'altra è molto incline a stimolare le pulsioni che portano a certi comportamenti» dichiara severo. «Quando le persone sono sottoposte normalmente a una specie di bombardamento riguardo alla sessualità, diventa abbastanza comprensibile che tendano a esercitarla a ogni costo, anche in umilianti forme mercenarie.» Sembra così comprensivo che gli chiedo se a questo punto non sarebbe meglio una versione moderna delle case chiuse. Mossa sbagliata: si rabbuia. Lo Stato non può approvare certi comportamenti, dice netto. E lui non ha certo soluzioni al problema.

Anche sulla doppia morale dei politici, che agitano la bandiera del buon costume ma rifuggono dalle soluzioni concrete, che predicano famiglia al singolare ma poi le praticano al plurale, si muove cauto. «È una cosa da cercare di evitare» sostiene, naturalmente. «La coerenza tra affermazioni e comportamenti è molto importante. A cominciare da quella degli uomini di Chiesa, da me per esempio, dato che è troppo facile parlare solo degli altri. Non mi piace però entrare nella vita privata delle persone a motivo del loro ruolo pubblico: rischia di essere una forma di falso moralismo.»

Non si riesce a fargli condannare alcunché. Se non la legge 194 che, in una puntata di *Otto e mezzo*, ha definito «intrinsecamente cattiva». Conferma questo giudizio: «Implica, si voglia o non si voglia, la fine, la morte di creature innocenti. Ritengo che anche chi considera l'aborto una libera scelta dovrebbe comunque preoccuparsi che sia davvero libera. Non indotta da difficoltà di ordine economico o sociale». Ma di organizzare un referendum per affossare la 194, aggiunge, non si parla affatto. «Anche perché lo strumento del referendum secondo me sarebbe controproducente. In Italia penso che non ci siano le condizioni, anzitutto culturali, per un'abolizione della legge. Ciò non significa che non si debba continuare a lavorare per introdurre precisazioni o modifiche completamente comprensibili alla gente. Non ci sarebbe nulla di strano se oggi, alla luce dei progressi della neonatologia, si anticipassero i termini dopo i quali l'aborto non è più consentito.»

Sono arrivata a questo incontro pronta alla lotta contro il «terribile» Ruini. Capisco cosa intende quando si definisce intransigente, ed è di sicuro un politico consumato. Tutto quello che era disposto a dirmi, lo ha detto: non è certo un prete da battaglia, di quelli che finiscono nei guai con le gerarchie. Eppure nel suo fare pacato, nel suo accento emiliano, nei lampi di umorismo dei suoi occhi azzurri, in queste ore mi è parso di riconoscere l'ombra del don Camillo che sarebbe potuto essere. Mi guardo attorno nella sala imponente, vuota di arredi ma piena del senso millenario del potere. Forse è un peccato che il monello trasgressivo di settant'anni fa sia finito qui. O forse no. Quando gli chiedo la «Ricetta del Cardinale» per le giovani determinate ad avere tutto mi dà un ottimo consiglio, che mostra come potrebbe essere più pastore di anime che mietitore di dogmi. «Accettare il rischio» mi risponde, quasi con calore. «Anche perché le situazioni impegnative come quella di conciliare lavoro, maternità, famiglia fanno crescere e a volte moltiplicano le energie e la creatività personale. È un consiglio che rivolgerei ai giovani in generale: accettate il rischio. Oggi il timore tarpa le ali.»

Natalia Aspesi è l'altra faccia della medaglia. Sulle relazioni tra uomini e donne nemmeno l'ombra di un dogma, ma tantissima esperienza sul campo. A vederla così, dritta e seria nel suo completo pantalone di lino bianco, seduta sul divano nel suo luminoso appartamento milanese, potrebbe essere benissimo un'esponente della schiera dei benpensanti pronti a predicare bene e, spesso, razzolare male. Invece è una delle penne più acute del giornalismo di costume italiano: una vera istituzione. Oltre che una donna dalle idee libere e sicure: sull'amore, sul sesso, sul tradimento. Su quello che sta diventando l'«unione stabile e la donazione reciproca dell'uomo e della donna» di cui parla la Chiesa: la Famiglia, così in crisi ora che le coppie esplodono e implodono con sempre maggiore frequenza.

La sua rubrica «Questioni di cuore» sul «Venerdì» della «Repubblica», inaugurata poco dopo la fondazione del supplemento nel 1987, accoglie ogni settimana i dispiaceri sentimentali degli italiani. E più passa il tempo, più la casistica diventa varia. Se una volta era soprattutto la confidente delle donne, presto al suo pubblico si sono uniti gli uomini, poi gli omosessuali. Le ultime sono state le lesbiche. E oggi potrebbe dividere i problemi più «di moda» in tre grandi categorie.

«Ricevo tante lettere di padri a cui viene negato, secondo loro, il completo accesso ai figli. Nella separazione le donne diventano feroci. Il marito magari non molla i soldi, ma la moglie a volte non ne ha bisogno. Allora si accanisce nella "spartizione" dei figli. E certi uomini ne soffrono molto.»

Poi c'è la vastissima categoria degli abbandoni sentimentali. Sono sempre di più le donne che se ne vanno. O che, anche più spesso, cacciano i mariti.

«Sono tante, anche di una certa età e senza avere un amante. Si stufano.»

Si stancano dei compagni, della casa, della vita. Anche del sesso. Perché la terza grande fonte dei problemi relazionali è la camera da letto: dopo trent'anni di matrimonio, la sposa non vuole più saperne. E allora ecco le professioniste della Via dell'Amore, ma anche le infatuazioni per le straniere, in genere dell'Est europeo o sudamericane. «Una delle attrattive è la grande disponibilità sessuale: non c'è niente da fare, da quel lato le mogli non si spendono. Dopo un po', parlando artisticamente, all'idea del pompino si buttano dalla finestra. E invece questa è la grande fragilità o il potere degli uomini: una donna che li eccita sessualmente è tutto per loro.»

Disattenzione, stanchezza. Le famose donne che amano troppo dove sono finite? Non amano più?

«Amano troppo e troppo poco» dichiara, seria come un oracolo sotto il suo inconfondibile caschetto biondo. «Ancora oggi ricevo lettere di signore sui cinquanta che dicono: "Non mi sono sposata per amore, ma perché mio marito è una persona con cui sto volentieri". Ma se non ti sposi per amore, poi gliela fai pagare.» Portiamo rancore ai maschi che non riusciamo ad amare, anche perché pensiamo di averne il diritto. I libri, i film, le pubblicità non si limitano a raccontarci storie color confetto: ce le promettono. Secondo lei, si tratta di pubblicità ingannevole. «Le ragazze ormai pensano che l'amore sia quello rosa. Così due anni dopo il matrimonio si separano, perché non è andata come pensavano: scopare, guardarsi negli occhi e lui che ti corteggia. Sono una fan accanitissima di *Beautiful* ma la vita è un'altra cosa. A loro nessuno lo ha detto e non lo vogliono accettare: non amano troppo, ma *desiderano* amare troppo. E quindi o divorziano o diventano quelle mogli a cui il marito fa schifo. E a me arrivano le lettere di uomini disperati.»

Beautiful è una soap-opera che ha fatto epoca e siamo in tante ad appassionarci ancora agli infiniti intrecci familiari dei Forrester, ma oggi i riferimenti culturali sono altri. Per esempio *Sex and the City*. In cui comunque, alla fine dei cocktail newyorkesi, delle scarpe tacco 12 e delle avventure di una notte c'è sempre lui, il principe azzurro. Non è più il primo, nemmeno il secondo, e forse neanche il dodicesimo, ma è comunque lui la meta. «Lei dalla prima puntata vuole Big e alla fine avrà Big» riassume Natalia, rovinandomi la sorpresa perché io il film non lo ho ancora visto, ma non importa. «La verità è che le ragazze non vogliono sentir parlare del dopo, perché in fondo lo sanno che sarà un disastro.»

Tra le molte cose che a quanto pare nessuno ha spiegato alle giovani generazioni c'è il femminismo. Natalia, una femminista storica, ha scritto forse il più bell'articolo sull'aborto di questa primavera di contestazione. Può capire e probabilmente condividere il mio sconforto nel vedere che nel 2008 a contestare sono state le stesse del 1974. L'8 marzo ho guardato reportage da molte città italiane, ho visto piazze più o meno piene, cartelli e striscioni più o meno incisivi e originali. Ma le ragazze non c'erano, a parte qualche trentenne infuriata. Dove abbiamo sbagliato? Non certo nelle battaglie, risponde Natalia che del movimento delle donne non condanna nemmeno gli eccessi: «Salvo totalmente il femminismo, con tutti i suoi errori. Alle ragazze nessuno, in primo luogo le madri, ha spiegato che tutto ciò che credono di avere, che a loro sembra normale, è stato conquistato grazie alle lotte delle donne, ed è stato ottenuto da pochissimi anni. Il diritto di sposarsi senza essere licenziata dal lavoro è una legge del 1966».

Nonostante la legge, sebbene oggi non si venga licenziata, dopo la maternità la carriera diventa una strada in salita. Senza contare che il lavoro, soprattutto femminile, è un altro grande fattore di stress nelle relazioni. Le racconto di una conversazione avuta, in attesa di un taxi, fuori dalla redazione del «Foglio» con tre giovani giornalisti. Non si aspettavano, poveretti, di essere aggrediti durante la pausa sigaretta con domande sul loro livello di femminismo, e si sono messi subito sulla difensiva. Con frasi del genere «Ma no, io in casa cucino», ormai la classica autodifesa del maschio italiano, convinto che indovinare il punto di cottura degli spaghetti faccia di lui una suffragetta. Una delle domande di questi ragazzi invece mi ha colpita: «Ma con tutta questa emancipazione, voi donne siete felici?». Non posso che girarla a questa grande esperta del benessere – e della depressione – nazionale. L'emancipazione porta necessariamente all'infelicità delle donne?

«L'emancipazione non c'è: è per quello che siamo infelici» ribatte seccamente Natalia. «Ci hanno detto che siamo emancipate, poi quando vivi con un uomo gli diventi immediatamente cameriera, nel giro di due mesi. Devi fargli da mamma, e da baby-sitter, e da cuoca. E lavorare, e vestirti, e scopare. Quindi sei schiavizzata due volte. Questi ragazzi con cui hai parlato non capiscono che l'emancipazione è proprio quello che manca alle donne, perché è vero che possono diventare anche generale, però i piatti non glieli lava nessun altro.»

E infatti negli Stati Uniti sta prendendo piede un movimento di ritorno, di lavoratrici che abbandonano carriere anche molto ben avviate per recuperare un modello più tradizionale. Manager pentite, oggi si dicono casalinghe soddisfatte di sfornare torte di mele invece che contratti di acquisizioni societarie. Era meglio quando lavavamo solo i piatti? «No!» scuote la testa. «Sarebbe meglio diventare generale e avere qualcuno che ti aiuta a farlo, mettiamo appunto il cosiddetto compagno. Io, che mi considero una signora di una certa età, emancipata, devo interrompere il mio lavoro, alzarmi e far da mangiare.»

Mi sento braccata. Persino una grande femminista come Natalia deve «alzarsi e far da mangiare». Davvero non c'è speranza. E in effetti non c'è, mi dice, perché certi non impareranno mai. Poi però con il suo solito gusto del paradosso ribalta la questione, e mi fa notare che il nostro non essere aiutate è anche pigrizia. Magari all'inizio cerchiamo di imporre delle regole, dei turni, poi al primo sbuffo, al primo malumore pensiamo che, in fin dei conti, si fa meno fatica a far da sole. Ed è l'inizio della fine. Lui sempre meno casalingo, lei sempre più frustrata. Fino a pensare che, sola per sola, forse del marito non si ha più molto bisogno.

«Le donne hanno sempre tradito, moltissimo, tant'è che la letteratura dell'Ottocento si basa molto sul tradimento delle mogli. Madame Bovary, Anna Karenina, erano figure esemplari. Adesso si tradisce di più perché il sesso è meno importante, più alla portata. Ricevo tantissime lettere di donne fedifraghe. Tra l'altro dicono sempre: lui è stupendo, buono, coccolato, ci adoriamo. Ma poi hanno l'amante. C'è da dire che l'amore serio, folle, arriva dopo i trentacinque, quarant'anni. C'è stato un periodo in cui le donne piantavano più frequentemente i mariti, mentre adesso di solito ci si innamora di un uomo a sua volta sposato, che difficilmente lascia la famiglia. E allora non la lasci neanche tu.»

E quindi si va avanti così: la sicurezza in casa e la passione fuori. La coppia italiana tanto decantata nei Family Day, la base della nostra società, è quindi l'unione di almeno tre persone, ma più spesso quattro, decise a preservare la sacralità di due legami matrimoniali. Lo dimostrano benissimo, d'altra parte, i casi che finiscono sui giornali. Pochi rispetto al fenomeno reale, ma sempre più pubblicizzati grazie all'attivismo dei paparazzi. Uomini potenti «sedotti e traviati» da belle ragazze disponibili. Per denaro, per cocaina, per un posto da valletta. Ma Natalia ha una parola buona, e originale, anche per questa categoria così maltrattata dall'opinione pubblica.

«Sì, le ragazze che fanno carriera sputtanandosi mi danno fastidio, ma non mi fa così effetto che lo facciano attraverso il letto dei potenti. Certo che se vai a letto con Berlusconi per fare la comparsa nel Padre Pio mi sembra un eccesso. Inutile fare del moralismo sulla pelle di queste disgraziate, è la vita che per me è miserabile. Ci sono mille questuanti per tre lavori, perché lo devono dare a te? E allora fai coi mezzi che puoi: sei più intelligente? Con l'intelligenza. Hai le tette più grosse? Con le tette più grosse.»

Il problema è che tra l'intelligenza e le tette grosse, vincono le seconde. Se fossimo un Paese più civile, e ce ne sono, forse anche le ragazze farebbero meno fatica a capire che è meglio studiare, impegnarsi, contare sulle proprie forze invece che sulle debolezze del maschio di turno.

«Ma perché devono studiare se non è richiesto?» controbatte provocatoria Natalia. «Guarda quelle che vanno in televisione: cosa chiede la tv, tutta in mano ai maschi?» Da critico cinematografico, un'altra delle sue specializzazioni giornalistiche, trova a questo proposito che la rinascita del cinema italiano sia dovuta anche al distacco dai modelli televisivi. Sempre più storie vere e persone autentiche, sempre meno immagini patinate. E molta qualità. Tornano i grandi attori di teatro, le grandi attrici come Piera degli Esposti. «Ma se hai fatto teatro hai studiato, hai faticato, e quindi magari hai cinquant'anni. Ti prendono in televisione, dove si chiedono tette e culo? È dura. Anche le giornaliste donne sono carine, mentre gli uomini sono dei cessi. E da una parte lo capisco, perché anche nell'informazione poter vedere un viso e un corpo gradevoli è meglio. Dall'altra preferirei che lo fossero anche i maschi: ci sono certi mostri...»

Io più che altro vorrei che anche gli uomini fossero costretti a presentarsi in video con generose scollature, visto che a quanto pare per le donne mezzobusto ormai è questa la divisa. Natalia, sempre controcorrente, sostiene che tanto ormai nessuno ci fa più caso. Troppa sovraesposizione del corpo femminile, mi dice. Ormai guardano quelle col chador. Non posso darle torto del tutto, se ricordo le mie prime esperienze col velo, per esempio in Iran, anni fa, durante le elezioni. Ero nell'ufficio stampa del ministero dell'Informazione e un collega americano, che conoscevo appena, mi disse all'improvviso: «Lilli, lo sai che sei molto sexy?». Gli risposi che forse aveva preso un colpo di sole: mi sembrava strano che un uomo occidentale potesse trovare sexy una donna col velo. Natalia ha avuto la stessa esperienza a un matrimonio al Cairo: «Arrivava di tutto: signore scollate e quelle con la palandrana nera. Queste ultime erano le uniche che gli uomini guardavano. Quella che passava con mezze tette fuori, no. E a Milano è come a Rimini: hanno tutte il costume da bagno, ma una totale mancanza di civetteria. Le donne hanno assolutamente perduto la capacità di interessare fisicamente gli uomini. L'esposizione della merce da sola non li incuriosisce».

Non sempre, ma a volte sì. Per esempio sulla Via dell'Amore, le ricordo. Sull'argomento Natalia vorrebbe soprattutto meno ipocrisia. Non riaprirebbe le case chiuse, né è favorevole ai quartieri a luci rosse. Non capisce perché la prostituzione debba essere confinata. La gente non vuole vedere? «E allora dicano agli uomini di non andare a puttane. I bambini? A mezzanotte spero siano a letto e non in giro per le strade buie. A me non fa effetto vedere le prostitute, come non mi fa effetto che sotto casa mia spaccino la droga. Mi offrono la cocaina? Se voglio la compro, se non la voglio non la compro, e lo stesso vale per le puttane.»

Aggiunge in una malevola parentesi che le più svestite sono i transessuali. «E allora diciamolo chiaramente che gli uomini fanno schifo, che la sessualità maschile è un pozzo senza fondo. Ma io non voglio che la prostituta sia una cittadina di serie B, prima di tutto perché ti puoi prostituire per un mese, un anno, dieci anni, e poi fare un altro lavoro. E poi perché non voglio che ci sia nessuna distinzione: io non ho fatto la puttana perché avevo le caviglie grosse, se no magari l'avrei fatta, che ne so?»

Il vero passo avanti per risolvere il problema sarebbe riportare un po' di entusiasmo nelle relazioni coniugali. E invece il tempo per il corteggiamento non c'è più. «Cosa pretendi? Una lavora tutto il giorno, torna a casa e il marito ha il muso, non le rivolge la parola, le sbatte il piatto lì da lavare e poi la vuole anche scopare? No! Non hai voglia e quindi non lo fai. Il punto è che gli uomini non collegano mai il loro desiderio quotidiano al fatto che invece una donna ha bisogno di un minimo di conquista. Cinque minuti di corteggiamento, una parola.» Altrimenti poi si innamorano del primo che quella parola la dice. E tradiscono. «In passato il periodo classico era quello della vacanza, perché allora le mammine facevano tre mesi al mare, con il marito pirla che andava tutti i fine settimana a trovarle a Rimini. La cosa è finita quando le mogli dei bagnini, o dei gelatai, hanno detto: "Basta, adesso si chiude bottega". Contemporaneamente le vacanze sono cambiate, ormai solo quindici giorni con il marito e i bambini. E allora fai sesso quando capita: sono molto disponibili i ragazzi giovani.»

Sarà banale ma in effetti è molto vero: fino a che non sarà socialmente e culturalmente accettato che una donna un po' *agée* possa avere un uomo più giovane, l'emancipazione è ancora lontana. Secondo Natalia, il fenomeno è già molto diffuso. «Io, presuntuosa come sono, non lo farei mai per il solo pensiero di dover mostrare il mio corpo anziano, però sino a quando ti senti in grado perché no, non hai mica bisogno dell'approvazione. Una cosa è più interessante se è nascosta, è sempre stato così. Una mia collega ha sposato un ragazzo che aveva quindici anni meno di lei, lui venticinque e lei quaranta. Poi l'ha piantato lei, perché ne ha trovato un altro. Io ho vissuto quattordici anni con Giorgio che aveva dieci anni meno di me, e l'ho piantato io.»

Femmine sempre più libere e maschi, però, sempre più aggressivi. Perché anche la violenza in famiglia è aumentata. Nel 2005 in Italia abbiamo avuto un omicidio in famiglia ogni due giorni. Sette vittime su dieci erano donne. Secondo lei questa escalation però non ha nulla a che vedere con le battaglie dell'emancipazione. «È legata alla fragilità maschile. L'uomo non è più il capo della famiglia, ha un insieme di frustrazioni che gli danno l'idea che l'unica cosa che gli resta è la forza fisica e il potere su chi sta in casa: figli e moglie. Per la maggior parte di quelle che vengono ammazzate il colpevole è il fidanzato abbandonato, o il marito da cui si è separata. Perché è un'offesa alla loro virilità. E anche le donne devono cambiare la loro visione dell'uomo, smettere di pensare che è lui la parte forte della coppia. L'uomo è la parte debole e quindi loro, come del resto fanno praticamente, devono farsi carico di tutti i problemi della vita. Dopo, ovviamente, scopano col fattorino.»

A me però questa storia delle Wonder Women continua a dare fastidio. Il lavoro, la famiglia e poi anche accollarsi la fragilità e la debolezza degli uomini. «Accollarsi no, ma devi sapere che a "lui" non ci si può più appoggiare, devi cavartela da sola anche se si è insieme. È un momento difficile da superare. Ai miei tempi uno si sposava una donna, e la prima cosa era che smettesse di lavorare, che facesse la signora, se no era un'offesa alla sua virilità. Oggi i mariti son ben contenti se le donne lavorano, però senza interferire con i doveri coniugali. I ruoli restano quelli, per cui comunque il mestiere importante lo deve fare lui così poi può tornare a casa a mezzanotte. E infatti la donna sposata difficilmente ha una carriera tanto libera. Ho rinunciato a molti servizi importanti senza mai dirlo. Mi avrebbero portato in luoghi lontani, per parecchi mesi. Uno anche innamorato della moglie non l'avrebbe fatto.»

E a un uomo raramente viene in mente, per lo stesso motivo, di promuovere una donna. Come sempre, la storia professionale di Natalia Aspesi fa eccezione. Lei è stata assunta al «Giorno» nel 1962. «C'era una sola donna su trecento uomini, Adele Cambria, e si licenziò per solidarietà al direttore Baldacci. Allora assunsero una femmina, per la democrazia, ed ero io. Chiaramente assunta come impiegata, però facevo la giornalista. Sette mesi dopo divenni professionista, ma inviato senza obbligo di redazione, perché siccome secondo loro avevo un bel sedere avrei potuto turbare i colleghi. C'era un mucchio di gente che da dieci anni aspettava il contratto da inviato, io l'ho avuto rapidamente in quanto donna, per non avermi tra i piedi.»

Una specie di quota rosa. E in sostanza Natalia è favorevole alle quote: l'unico modo per indurre gli uomini, a parità di curriculum, a non mandare avanti uno dei loro. Piano piano, con l'esperienza, forse si accorgeranno che le donne sono una risorsa preziosa. E che potrebbero riportare un po' di impegno anche in un campo che ne ha molto bisogno: la politica. «Sono riusciti a spegnere la partecipazione: allora che si arrangino. Abbiamo eletto Maroni, Borghezio, questa bella gente qui? Che facciano loro. Io ho capito che le rivoluzioni, positive o negative, da chi sparava a chi marciava, erano finite nel momento in cui la moda italiana ha cominciato a espandersi. I ragazzi hanno iniziato a pensare ad altro, non più alla giustizia, alla democrazia, all'ottimismo, ma ad Armani, Versace. È stato l'inizio del cambiamento nella struttura dei desideri, che mi sembra abbia colpito l'Italia più degli altri Paesi.»

Purtroppo, proprio Natalia non ha consigli da dare alle ragazze di oggi: «Il consiglio presuppone che io sappia, mentre io non so nulla, non ho fatto neanche il liceo. Ma direi che bisogna mediare, perché non puoi avere tutto al massimo. O ti dedichi con passione solo al lavoro, o ti dedichi con passione solo alla famiglia. Oppure farai entrambe le cose ma non benissimo. Se rinascessi oggi sceglierei il lavoro e avrei amanti occasionali, ma non penserei più alla coppia come alla soluzione della vita. Arrivata alla mia età, pur con gli affetti che ho, ho scoperto che io sono il mio mestiere, mentre non potrei dire che sono la mia famiglia».

E infatti non ha avuto bambini.

«Ma per me resta un mistero. Non so se sarei stata più felice coi figli, so che non sto male senza. Da anni si dice che oggi possiamo fare tutto, e invece bisogna avere il coraggio di dire che non è vero. Mi piacerebbe che le donne lottassero perché qualcosa cambi, ma mi pare che non lotti più nessuno, per niente. È sceso qualcuno in piazza per la storia dei bambini rom? No. E per i rincari bestiali? No. Scusa se ti faccio un discorso politico, ma a chi ha votato Berlusconi non fa effetto che lui, da quando è stato eletto, abbia pensato solo a sistemare se stesso e le ragazze della tv? Allora basta, va bene tutto, ma non colpevolizziamo le donne che non scendono in piazza, perché non sono le uniche.»

Capitolo 4

RED DISTRICT

Da secoli l'Olanda è un campo di battaglia per il controllo del poco spazio disponibile. Uomo contro terra. Terra contro mare. In questa lotta gli esseri umani non sono migrati in luoghi più sicuri, abbandonando le zone difficili da gestire, ma hanno lentamente imparato a dominare la furia del mare, creando uno Stato che si fonde con le acque. Con una battuta si potrebbe dire che erano troppo occupati a edificare dighe per mettersi ad arginare anche il progresso sociale. E hanno costruito una società basata sulla libertà del singolo di decidere per se stesso. A problemi come prostituzione, aborto, eutanasia il Paese ha cercato soluzioni certo imperfette, ma che tentano una pacificazione tra i vari interessi in gioco. Strumentalizzando il meno possibile queste delicate frontiere della convivenza.

Rebecca Gomperts ha fondato «Women on Waves», un'associazione che si batte per la libertà delle donne di abortire. La sede si trova in una stanza spartana, al primo piano di un edificio che fa parte di un complesso di villette a schiera in una zona multietnica a est di Amsterdam. Rebecca è una bella donna, magra, con grandi occhi azzurri e capelli brizzolati che nulla tolgono alla sua aria da ragazza. Indossa un vestito estivo bizzarro: ha stampato sul davanti il viso di Giovanni Paolo II. Un'ironica presa di posizione per una donna che dichiara senza mezzi termini: «Tutti i papi sono orribili. Il Vaticano è un'organizzazione criminale». Si riferisce al fatto che la Chiesa continua a ostacolare la promozione dei contraccettivi soprattutto in Africa, dove l'Aids è un'epidemia e i preservativi potrebbero salvare migliaia di vite. Su questo ha ragione: è una responsabilità terribile delle autorità religiose.

«Criminale» è probabilmente il termine che il Vaticano userebbe per definire Rebecca e la sua associazione, nata per «sensibilizzare le persone al tema dell'aborto». Lei e le sue colleghe, aiutate da volontari, organizzano campagne, finanziate attraverso donazioni, nei Paesi dove l'interruzione di gravidanza non è ancora legalizzata. «Sono molto lunghe da preparare e fino a ora ne abbiamo fatte quattro: la prima nel 2001 in Irlanda, la seconda nel 2003 in Polonia, la terza nel 2004 in Portogallo, poi Malta nel 2007.» Rebecca e le altre affittano una nave e la attrezzano con una clinica mobile, poi vanno a gettare l'ancora al largo delle coste del Paese prescelto e fanno salire a bordo le donne che vogliono abortire. Se lo chiedono, somministrano loro la pillola Ru486, non praticano altri interventi. Le portano per questo in acque internazionali, dove vige la legge dello Stato al quale appartiene la nave. Cioè quella olandese. «Per renderci accessibili apriamo un numero verde, per tutte le informazioni» aggiunge.

Raccontata così sembra un'idea semplice quanto originale, come il nome stesso «Women on Waves», Donne sulle Onde. Ma le difficoltà non sono state poche. La situazione più difficile l'hanno affrontata in Portogallo, dove navi dell'esercito le hanno fermate. Ma questo scontro non ha fatto altro che alimentare il dibattito. E nel 2007, dopo un referendum, Lisbona ha legalizzato l'interruzione di gravidanza entro la decima settimana.

Anche in Polonia, mi racconta, dopo la loro visita, la percentuale dei favorevoli a una legge meno repressiva è passata dal 44 al 56 per cento. Ma nel Paese ultracattolico e conservatore l'intervento continua a essere previsto solo se è in pericolo la vita della madre.

Il loro obiettivo primario, mi spiega Rebecca, non è far

abortire più donne possibili, ma rendere visibile il problema. Ritiene che il mondo occidentale sia affetto da un crescente moralismo: «Si tenta di criminalizzarci, facendoci credere che una donna è tale solo se vuole il bambino che aspetta». Anche per questo viene ostacolata la pillola Ru486, una soluzione che molti, non solo uomini, temono per la sua stessa «semplicità». Permette di abortire da sola e senza rischi, si può prendere a casa e non è necessario il ricovero ospedaliero. C'è chi la considera «diseducativa», sottovalutando il trauma che è sempre e comunque l'aborto. E fingendo di non sapere che il problema non è dare o meno una pillola, ma costruire una società in cui sia forte il senso di responsabilità per le proprie azioni. Da parte di entrambi i sessi.

Il suo commento è secco: «Non credo che ne abuseremo! E comunque la questione veniva posta negli stessi termini, decenni fa, riguardo ai contraccettivi per le donne sposate». Ricambiando la provocazione, chiede: «Chi dice che trent'anni di pillola contraccettiva siano meglio, per la salute, di due aborti in una vita intera?». Dal punto di vista della salute può anche darsi di no, ma la devastazione della psiche è incomparabilmente maggiore nel secondo caso. Meglio trent'anni di ormoni, trovo. «La Ru486 è contrastata perché toglie il potere sul corpo femminile ai medici, e lo restituisce alle donne» conclude Rebecca. Senza contare che il tema è diventato uno dei principali campi di battaglia per la Chiesa, da quando in Olanda ha perso altre sfide su argomenti come contraccezione e omosessualità.

«Questa lotta viene combattuta con un linguaggio manipolatore, che voi italiani conoscete bene, perché Giuliano Ferrara ne è l'esempio lampante. Controllare la riproduzione è fondamentale per il potere.» Secondo Rebecca gli aborti non si potranno mai eliminare del tutto. «Non bisogna criminalizzarli» dice. «Se le donne non possono farlo in modo legale, lo faranno con pratiche pericolose che possono risultare mortali.»

Il sito di «Women on Waves» riporta i dati di questo scenario drammatico. Ogni anno nel mondo almeno un quarto delle donne incinte sceglie di abortire: circa 52 milioni di interventi di cui 20 milioni illegali e a rischio. E le vittime di queste procedure sono annualmente 70.000. Con un aborto chirurgico praticato correttamente il tasso di pericolo è dello 0,6 per cento, meno di un'iniezione di penicillina.

Rebecca riassume la sua missione con poche parole: «Noi vogliamo restituire alle donne la loro vita».

Altrettanto chiare e dirette sull'autodeterminazione femminile le idee di Mariskaa Majoor, ex prostituta olandese, che nel 1994 ha fondato il «Pic», «Prostitution information center». Ovviamente ha sede nel centro del *red district*, il quartiere a luci rosse di Amsterdam. È una zona che non solo in Italia ha ormai assunto i contorni del mito. Anche per via di negozi come l'High Quality Seeds Bank, che vende ogni possibile tipo di semi di cannabis. Nelle lunghissime liste affisse in vetrina sono divisi per genere: semi femmina, che fanno crescere piante da fumare, e semi *regular* che servono per tutti gli altri scopi. Sono anche divisi a seconda dell'effetto che producono, che può essere rilassante, per la categoria *indica*, o energetico, per la categoria *sativa*. Entrando nella «boutique della canna» noto un tabellone con foto amatoriali, in cui le piante compaiono in compagnia di donne che di coperto hanno solo il viso. «Le ragazze comprano qui i semi» mi rivela il commesso rasta, Gijs. «E se mandano una loro foto nude assieme alle piante cresciute il sacchetto successivo è gratis!»

Poco più avanti si può consumare direttamente nel Bulldog Mack. È uno dei più famosi «coffee shop» di Amsterdam, locali dove il fumo si trova sul menu. Può essere acquistato sciolto, nel qual caso il cliente prepara il *joint* da solo. Con un costo aggiuntivo, te lo portano al tavolo già pronto. Tappa successiva nella città considerata la più trasgressiva d'Europa sono le altrettanto celebri vetrine, con le ragazze in mostra. Accanto trovo il «Pic». Ha una grande finestra bordata da tendoni di velluto rosso e l'interno è disordinato, pieno di opuscoli, guide, cartoline e piccoli gadget erotici. Alle pareti un paio di poster mostrano donne discinte che attendono i clienti.

Mariskaa Majoor mi fa accomodare a un lungo tavolo dietro il bancone, in una zona separata, dotata di angolo cucina, che funziona da ufficio. Si scusa per il caos come una vera massaia. Mi spiega che sta per aprire una nuova attività poco lontano da lì, un negozio di accessori a tema: tutti oggetti rossi.

Mariskaa indossa jeans, maglietta e scarpe da ginnastica. Bella, alta, quarantenne, ha lunghi capelli ramati legati in una coda e occhi azzurri da gatta. Porta la fede al dito: è sposata con un ex «mafioso» della zona, che ora fa l'imbianchino. Hanno una bambina di undici anni.

Mi racconta subito la sua storia. Se n'è andata di casa a quattordici anni perché la sua esistenza le stava «stretta». La ragione per cui è diventata prostituta è terrificante nella sua banalità: a sedici anni voleva comprarsi un cane. Per trovare i soldi una sua amica, che già faceva qualche marchetta, le suggerì di provare. All'epoca non era necessario essere maggiorenni, né possedere una licenza. Il cane lo pagò con i soldi del suo primo cliente: un settantenne.

«Mi piaceva l'idea di guadagnare tanto, facilmente. Per tutto il primo anno ho lavorato in una casa chiusa. I clienti guardavano un album con le foto delle ragazze e ne sceglievano una. Quando toccava a me, mi telefonavano o mi facevano cercare e io prendevo la bici e mi precipitavo sul posto. A volte si consumava lì, altre volte a casa di lui.» Poi è passata a un club privato, che però non le piaceva. Infine, ha provato la vetrina. «È la scelta migliore in assoluto, perché ti permette di essere indipendente e di gestire come vuoi soldi e tempo. Sei tu il tuo boss.»

Ma anche la spregiudicata Mariskaa, manager del suo corpo, dopo nove anni di lavoro senza soste, sette giorni su sette, ha cominciato ad avere problemi di salute. «Ho cercato un altro mestiere, ma è stato difficile perché non sapevo fare niente.» Nel primo anno di attività aveva anche rischiato grosso perché nessuno le aveva detto che bisognava proteggersi durante il rapporto. Le somministravano invece ingenti quantità di inutili antibiotici. «Quando ci ripenso mi vengono ancora i brividi!»

Nel 1994 Mariskaa ha deciso di fondare il «Pic». Obiettivo: informare la gente sul lavoro di strada e le lavoratrici del sesso sui loro diritti. Organizza anche presentazioni a gruppi di scolaresche o di adulti, per far capire cosa vuol dire essere una prostituta e diffondere il rispetto per questo mestiere. «Non sono persone di serie B, come le fanno sentire i turisti che vengono a guardarle come animali allo zoo. Io spiego che devono tenere la testa alta. È difficile però convincerle, finché sono viste solo come povere vittime.»

Ma è impossibile considerarlo un lavoro normale. «È vero, nessuna bambina sogna di fare la prostituta» annuisce echeggiando ironicamente una battuta di Julia Roberts nel famosissimo *Pretty Woman*. «Lo fanno per necessità o per voglia di guadagnare tanti soldi in fretta. Anche questi motivi vanno rispettati.»

Su questo non posso darle torto, ma continua a tormentarmi la domanda che mi sono sempre posta: come si fa a far sesso per lavoro? Come si può sopportare una simile invasione del proprio corpo? Mariskaa mi risponde secca: «Quando lo fai per lavoro non ci sono emozioni, ma capita a chiunque, anche nei classici rapporti coniugali». È come spegnere un interruttore che annulla la sensibilità, sostiene. Aggiunge che all'epoca non si poneva tutte queste domande, pensava solo ai soldi. Quando stai in vetrina puoi avere quanti clienti vuoi, da uno al giorno a trenta in una sola sera, come avviene spesso il sabato. Rimango sconvolta dai trenta del sabato sera e le chiedo quanto tempo si dedica a ciascuno. «Poco. Un rapporto deve durare al massimo quindici minuti, compreso spogliarsi e rivestirsi. In genere ne bastano la metà. Normalmente si lava il pene, poi si comincia con il sesso orale e, quando il cliente è già abbastanza eccitato, c'è la penetrazione, che a quel punto dura pochissimo.»

Una eventuale «seconda volta» costa di più, perché per la prostituta è più faticoso e impiega più tempo. Le chiedo quali erano i suoi limiti. Mi rivela che non è mai andata oltre il «basic sex»: niente sesso anale, niente gruppi né animali, niente sadomaso e neanche baci. Contrariamente a certe sue colleghe, non ha mai avuto richieste violente e non si è mai sentita in pericolo. Una volta, però, un uomo le ha fatto indossare un pannolino da bambino e lei ha accettato, sempre per soldi.

De Wallen, il più grande quartiere a luci rosse di Amsterdam, è molto frequentato anche di pomeriggio. Proprio nel cuore di questo mega-bordello, c'è il monumento più antico e sacro della città, la Oude Kerk, Chiesa Vecchia, costruita tra il XIII e il XIV secolo. Pare che Rembrandt ne fosse un assiduo visitatore e i suoi figli furono battezzati qui. Ma già nel Medioevo questa era la zona delle prostitute, perché gli uomini attraccavano le barche sul canale e cercavano compagnia. Tratto distintivo delle mercenarie dell'amore era il lanternino con il quale si aggiravano di notte.

«A ottobre del 2000, dopo anni di discussioni, finalmente il governo ha legalizzato tutti i bordelli, le case chiuse, i club e le vetrine» mi dice Mariskaa. «La legge olandese mira ad aiutare le prostitute, ma non è perfetta. Legalizzare il lavoro di strada è l'unico modo per controllarlo.» Ad Amsterdam, però, il Comune tenta di invertire la rotta e sta comprando sempre più edifici che affacciano su questa piazza dove si concentrano le prostitute africane. Erode pian piano lo spazio del *red district.* Quest'anno hanno già acquistato cento bordelli per riconvertirli ad altre attività.

Mariskaa mi vuol far provare l'ebbrezza del mestiere più antico del mondo, seduta ai posti di comando. Mi porta in una vetrina per il momento vuota perché senza licenza. Entriamo. Appena chiusa la porta il silenzio riempie lo spazio. Siamo come in un acquario, tutto appare ovattato. È una stanza lunga con due sgabelli alti, posizionati davanti alle vetrine. Sulla parete di fondo ci sono tre porte, due conducono alle stanzette dietro e una alla toilette.

L'ambiente mi dà una sensazione di estremo squallore. È sui toni del bordeaux, cupo come un deposito merci. E del resto è proprio destinato a contenere questo: merci. Per consumare si passa nella stanza sul retro. Sul fondo c'è un letto a una piazza e mezza, con un pesante copriletto rosso scuro, poi uno sgabello alto di legno, un lavandino con l'asciugamano appeso, un bidè, un frigo e un armadio chiuso da un lucchetto. Ovunque alle pareti specchi e coppie di lampade a forma di fiammella.

L'insieme è kitsch e desolante eppure Mariskaa mi dice che questa è una stanza molto curata rispetto alle altre, normalmente più spartane. A volte si fa tutto direttamente in vetrina, tirando una tenda.

Il prezzo di una «sveltina» è dai 35 ai 50 euro. Mi chiedo se mai una donna spenderebbe 50 euro per un rapporto sessuale di, al massimo, 15 minuti e mi rispondo di no. Un quarto d'ora in uno sgabuzzino per il prezzo di un flacone di profumo? Non scherziamo. Mariskaa conferma: «Noi non abbiamo bisogno di pagare, riusciamo abbastanza facilmente a trovare un uomo con cui fare sesso. Infatti quando ho provato a mettere in vetrina degli uomini, non ha funzionato». Doveva essere anche dannoso per l'autostima, poveri lavoratori del sesso. Mi immagino le strade percorse da donne che guardano i maschi in vetrina e ridono, fanno smorfie schifate o gli commentano la scelta della biancheria.

«Il modo in cui noi proviamo piacere» aggiunge la mia guida «è totalmente diverso, abbiamo bisogno di coinvolgimento. Per un maschio a volte sei minuti, compreso spogliarsi e rivestirsi, sono più che sufficienti. Alcuni arrivano già così eccitati che bastano pochi secondi e hai già finito.»

In questa atmosfera surreale riesce quasi a farlo sembrare un mestiere come gli altri. Mi invita a sedere su uno degli sgabelli in vetrina. Passa un cliente e si ferma. È un vecchio dall'aspetto repellente. Mariskaa lo allontana con un gesto imperioso.

Mi spiega che essere seduta lì è come stare davanti alla televisione: puoi studiare le persone che passano senza che loro se ne accorgano. «Impari presto a scegliere i clienti. Quando ne arriva uno troppo spavaldo, che può essere aggressivo, distogli semplicemente lo sguardo. A quel punto si allontanano, perché si sentono respinti.» Il tipo più pericoloso è quello che, nonostante il tuo rifiuto, insiste per entrare. «Ma nessuna è costretta a fare tutto con tutti, qui decide la prostituta.»

Esiste davvero la scelta libera e consapevole in questo mestiere? Mariskaa sostiene di sì: «Io credo che la prostituzione sia giusta solamente se non è forzata». Poi aggiunge: «Non bisogna considerare *triste* questo lavoro. Molte ragazze sono spinte dal bisogno di guadagnare soldi per sé o per la propria famiglia. Tra loro, solo alcune sono vittime, e non sono più del 20 per cento». Nutro seri dubbi almeno sull'attendibilità di questo dato. Sono d'accordo che a tutti debbano essere garantiti diritti e dignità, ma nessuno mi convincerà mai che questo sia un mestiere onorevole, e non un fallimento per tutte le donne.

Sta arrivando la sera, il momento migliore per chi vuole agire indisturbato. La notte fa sentire più protetti e liberi. Infatti il quartiere inizia a popolarsi di clienti. Ce ne sono di tutti i tipi: gruppetti di ragazzi stranieri, che si fanno le foto per poi raccontare improbabili avventure agli amici; uomini soli e dall'aria un po' disperata. Ma a colpirmi di più sono proprio quelli normali, come se ne incontrano ovunque. Alcuni persino attraenti, ben vestiti e a loro agio. Mariskaa scrolla le spalle: perché non dovrebbero trovare naturale ogni tanto fare sesso con una donna a pagamento? Perché dovrebbero trovarlo naturale? mi chiedo io. Per un motivo molto semplice. «Gli uomini, quando si tratta di sesso, sono stupidi» dichiara Mariskaa. «Puoi far fare loro quello che vuoi.» È il riassunto dell'esperienza accumulata in anni di carriera.

Eppure devo ammettere che anch'io ho pagato una prostituta. Nel salutarmi Mariskaa, giustamente, mi chiede 75 euro per il tempo che mi ha dedicato.

Non c'è solo la professione libera e consapevole decantata da Mariskaa. Per sentire anche l'altra campana ho appuntamento con Sanne Kroon, la responsabile di «BLinN», «Bonded Labour in Netherlands». Come i volontari di «On the Road», da anni si occupa di contrastare la tratta delle schiave e reintegrare le donne sfruttate come prostitute. La sede si trova a piano terra di un edificio in una tranquilla via di Amsterdam. Ci lavorano dieci persone e circa un centinaio di volontari.

«BLinN» fornisce supporto psicologico e legale. Una delle attività principali è aiutare gli avvocati delle vittime a ottenere il visto di soggiorno, per il quale sono necessarie prove concrete dello sfruttamento. Il più delle volte è molto difficile procurarne: le donne hanno paura di testimoniare, minacciate dalle organizzazioni criminali assieme alle loro famiglie. Tra i vari progetti c'è il programma «Buddy», amico, che affianca alle vittime un olandese, più o meno della stessa età, per instaurare un dialogo che aiuti la prostituta a uscire dal suo circolo vizioso di isolamento.

L'ostacolo più grande da superare è infatti trovare il coraggio di scappare e andare dalla polizia. Che le accompagna in un centro di «CoMensha», una delle nove organizzazioni di «La Strada International», dove trovano rifugio. Ma denunciare i trafficanti è fondamentale, obbligatorio per legge per ottenere protezione e un permesso di soggiorno valido per la durata delle indagini ed eventualmente del processo. Questo costringe le vittime a esporsi in prima persona. Poi verranno comunque rimpatriate: solo in casi eccezionali viene concesso il permesso di residenza permanente nel Paese.

L'Italia diventa una volta tanto un modello da seguire, come mi dice Sanne con invidia. È l'unico Stato in cui alle vittime di tratta viene concesso il diritto di residenza, indipendentemente dal procedimento penale.

Il business che ruota attorno al traffico di esseri umani è enorme e minuziosamente organizzato. Inviati delle varie mafie vanno a caccia di ragazze abbastanza povere o ingenue da credere alla promessa di un lavoro pulito e sicuro all'estero. Oppure usano i così detti *lover boys*, una sorta di falsi fidanzati che le spingono a seguirli in Paesi di smistamento dove poi le vendono. È molto complicato controllare la tratta, perché in genere le vittime entrano munite di passaporti con visti turistici ma, appena arrivate, i documenti vengono sequestrati dai «protettori». Una volta clandestine, sono ancora più vulnerabili.

Ci sono anche quelle che pur sapendo fin dall'inizio di venire avviate alla prostituzione in Europa, accettano comunque. A casa per sopravvivere farebbero lo stesso lavoro, ma per molti meno soldi. Sanne è favorevole alla legge olandese che legalizza il sesso a pagamento, perché rispetta la libertà dell'individuo. Ma realisticamente afferma che solo una piccola parte può davvero scegliere.

Spesso sono ingannate dall'idea di raggiungere il «paradiso» Europa. È un mito che «BLinN» cerca di sfatare già nei Paesi d'origine, distribuendo opuscoli informativi. Mi mostra due libretti, intitolati *Paradise Europe* e *Leaving Paradise*, nei quali sono descritte in modo chiaro e non moralistico, anche con disegni e fumetti, le situazioni in cui queste ragazze si possono trovare. La quarta di copertina elenca i consigli utili: «Custodisci il tuo passaporto come un tesoro», «Comportati con buonsenso», «Quando un'amica o un amico va in Europa, rimanete in contatto», «Fai una lista di motivi per cui restare in Olanda» e «Mettiti in contatto con "BLinN"».

L'associazione ha iniziato l'attività nel 1999. Nel solo 2007 hanno potuto aiutare 244 vittime. Ma il riscatto è davvero possibile? «Dipende molto dalla donna e dall'esperienza che ha vissuto» mi spiega Sanne, sobria. «È un doppio trauma: l'essere state schiave e, una volta libere, l'impatto con una cultura e una società che non conoscono e a cui devono adeguarsi.»

Le chiedo se gli sfruttatori sono sempre uomini. «No, anzi. Ci sono anche le aguzzine. Mentre ci sono casi in cui proprio il cliente aiuta la ragazza a uscire dalla schiavitù» mi risponde. Per questo le leggi che puniscono chi compra sesso, come quelle in discussione in Italia, sono dannose. «Chi vuole farlo, lo farà comunque» sostiene pragmatica Sanne. «E i pochi che potrebbero volerle salavare rinunciano per paura di essere puniti.» Per lo stesso motivo è inutile criminalizzare le ragazze. Nei bordelli, controllati regolarmente dalla polizia e dalle autorità sanitarie, se qualcosa non va è possibile scoprirlo. Per la strada sono più vulnerabili. Vietare questo tipo di commercio, per quanto nefasto, serve solo a ignorare un fenomeno che esisterà sempre. «C'è molta ipocrisia in giro» dichiara severa Sanne. Persino nella libera Olanda.

In questo Paese la politica è una battaglia quotidiana. E colpisce la combattività delle olandesi, che pure hanno ottenuto già molto. Non è solo la nazione delle vetrine, ma anche del potere al femminile: ha un Parlamento e un governo virtuosi con oltre il 38 per cento di donne alla Camera e 5 ministre su 17, il 30 per cento. E il tasso di occupazione femminile è al 65, quasi venti punti percentuali più del nostro. Non abbastanza per deporre le armi: molte sono le conquiste per cui continuare a impegnarsi.

«Sono qui grazie alle quote rosa, volute alla Commissione europea, dal presidente Barroso. Il mio governo ha preso sul serio la richiesta di candidare delle donne e ha proposto me.» Neelie Kroes è una di queste olandesi battagliere. Ha sfidato l'azienda di software più potente del mondo: il colosso dell'informatica Microsoft. È stata lei, successore di Mario Monti alla posizione di Commissario europeo per la Concorrenza, a comminare a Bill Gates la maxi-multa di 899 milioni di euro, per aver continuato ad abusare della sua posizione dominante anche dopo la condanna Ue del 2004. È la prima volta che viene sanzionato il mancato rispetto di una norma Antitrust europea.

Neelie Kroes mi riceve calorosamente nel suo grande ufficio. Dalla parete a vetri sulla sinistra entrano i raggi del sole. È vestita con un abito molto femminile sui toni del rosso e del verde, con un'ampia scollatura. Ha una collana di pietre dure in tinta e lunghe unghie perfettamente laccate di rosso. È una bella donna che dalla vita, afferma, ha avuto tutto. «Anche due divorzi» aggiunge con ironia. «Il prezzo è aver perso dei passaggi della vita di mio figlio ma, anche potendo tornare indietro, rifarei tutto.»

Nominata grazie alle quote, non per questo è meno competente o meno impegnata dei colleghi maschi. D'altronde si è sempre mossa in un mondo di uomini. Laurea in Economia, con solo altre tre ragazze in tutto il corso. «All'epoca per noi non erano aperte tutte le strade.» Suo padre le disse chiaramente che, mentre studiava, doveva mantenersi da sola. «Lavorai fin da matricola e appena laureata cominciai subito come assistente universitaria.»

Ma trovare un impiego non è sempre facile, per le donne. A questo servono le quote: «Bisogna dire alle nuove generazioni che è meglio esserci, anche grazie a una forzatura, che non esserci per niente. Certamente, però, una volta che si è scelte, bisogna dimostrare di essersi meritate il posto».

Come ha fatto lei. Che peraltro con questa nomina «in quanto donna» pareggia i conti della discriminazione subita quando «in quanto donna» ha dovuto lasciare l'università. Era incinta. «Era il 1965. Per me all'epoca è stato normale, oggi, invece, non sarebbe accettabile.»

Ma a volte sono le stesse ragazze ad autoescludersi dal mondo del lavoro, distratte da ambizioni amorose. «È molto importante che capiscano che il periodo della vita in cui si sogna una famiglia, l'amore, il principe azzurro perfetto, dura poco. Dopo questa fase si è ancora giovani e si possono fare moltissime cose. Quando i figli sono cresciuti e ti accorgi che il principe non è più tanto azzurro e il cavallo bianco se n'è andato, hai ancora molto da vivere e una grande parte di te da realizzare. Ma se non hai posto le basi negli anni precedenti, sarà troppo tardi.» Per questo dare la precedenza ai sogni d'amore sulla carriera è una tentazione pericolosa.

Anche perché si è scoperto che le aziende con donne al top conseguono risultati migliori. Già nel 2003 uno studio della Commissione europea evidenziava che il 57 per cento delle aziende che avevano avviato programmi di tutela e incentivo del lavoro femminile rilevava maggior soddisfazione fra i clienti. Il 58 per cento un miglior clima in ufficio. E il 69 un vantaggio d'immagine. «Le donne sono molto brave a lavorare in squadra, non pretendono di sapere tutto ma si circondano di persone capaci. Sanno dare il buon esempio, stimolando gli altri a esprimersi al meglio.» Un modello, secondo lei, è la Cancelliera tedesca Angela Merkel: «È umile ma non è per niente morbida e sa cosa vuole. Io vengo da una generazione che ha dovuto combattere contro la segregazione. Quando ho cominciato, ai posti di potere eravamo ancora meno e con la fama di "puttane o streghe", ma non ci siamo fatte intimorire».

Anche nel vicino Belgio c'è una ex ministra coraggiosa, da cui varrebbe la pena andare a lezione di pari opportunità.

Dibattito al Parlamento europeo per lanciare il network di donne in politica IKnow, voluto e presieduto da Madeleine Albright, ex segretario di Stato americano sotto Bill Clinton. Miet Smet, oggi senatrice del Parlamento fiammingo, ex parlamentare europea, figura di spicco del partito cristiano-democratico, durante il suo intervento a un certo punto lancia la provocazione: «Gli uomini sono molto emotivi». E il pesce che abbocca è un giovanotto che indignato si alza in piedi: come osa fare un'affermazione così generalizzata e ingiustificata sul genere maschile? chiede. Miet sorride senza scomporsi. «Ha visto come ci si sente?» ribatte soddisfatta. «Pensi che da secoli a noi donne toccano osservazioni generalizzate e ingiustificate come questa.»

Miet Smet è stata ministro per le Pari opportunità in Belgio dal 1985 al 1999 e la sua grande vittoria politica è la legge Smet-Tobback sulle quote rosa, promulgata nel 1994 ed entrata in vigore due anni dopo. Prevede che nelle liste depositate dai partiti non possano esserci più di due terzi di candidati dello stesso sesso. Se non è possibile, i posti liberi rimangono vacanti: non possono essere assegnati a persone del sesso più rappresentato. Alle obiezioni di chi diceva che non c'erano abbastanza donne capaci di assumere incarichi politici rispondeva: «Ho visto un sacco di uomini incapaci, che occupavano posizioni di comando solo per il fatto di essere maschi». Smet sostiene infatti che *loro* le quote le hanno sempre avute: con il semplice metodo di scegliere altri dello stesso sesso. Solo che non hanno mai avuto bisogno di una base legale per farlo. «Certo, passata una legge sulle quote rosa, fanno molto presto ad accusarci: "Tu sei lì perché sei una donna!". Ma basta rispondere sullo stesso tono: "Tu sei lì perché sei un uomo!".» Secondo lei il sistema delle quote deve essere allargato a tutti i settori, comprese le aziende private e le università. Soprattutto considerando che in Olanda il 52 per cento degli studenti sono donne, ma nei consigli di facoltà la rappresentanza femminile oscilla tra il 6 e il 15 per cento. In

Italia, il mondo dell'istruzione non è molto più equo: solo tra le insegnanti di scuola elementare la percentuale rosa è bulgara: il 95 per cento. Nell'istruzione superiore e universitaria, si scende al 33.

Dodici anni dopo la legge Smet-Tobback, nel Parlamento fiammingo le donne sono al 35,3 per cento alla Camera e al 38 al Senato. Nel governo federale raggiungono quota 31,8. Lo scopo di Miet Smet? Migliorare la legge portando le quote al 50 per cento. E nel marzo del 2008 assieme ad alcune sue combattive compagne di partito, alla Camera, ha mostrato in aula uno striscione senza mezzi termini: «Più donne al governo!». Prendiamo esempio.

Capitolo 5

LESSICI FAMILIARI

La famiglia tradizionale è in pericolo, ce lo dicono tutti. Da una parte è assediata dai nuovi modelli di convivenza: coppie di fatto, coppie omosessuali, forse un giorno triangoli. Dall'altra parte, a minare la famiglia sono proprio le italiane. Che non fanno più bambini, o li fanno sempre più tardi: l'età media si è alzata a trentun anni. Però non basta: nel 2005, solo l'8 per cento dei padri ha utilizzato il congedo parentale, contro quasi il 75 delle madri. Il 90 per cento degli uomini una volta uscito dalla sala parto, dove premurosamente e coraggiosamente assiste alla nascita del pargolo, mantiene gli stessi identici orari di lavoro. Anche perché passa il tempo, il nuovo avanza ma gli stereotipi rimangono: il 51 per cento degli intervistati da una recente indagine Istat è convinto che la carriera sia comunque più importante per un uomo che per una donna. Mentre un clamoroso 57 per cento dichiara che il lavoro femminile non ha fatto bene alla famiglia.

Ma che cos'è questa famiglia? E in particolare, che cos'è quella italiana, così unica e preziosa da essere ormai un luogo comune internazionale come la pizza e il mandolino? E così minacciata da meritare di essere difesa con i cortei pubblici del Family Day? L'ho chiesto a Chiara Saraceno, femminista storica, oggi docente ordinario di Sociologia della famiglia all'Università di Torino. Il suo lavoro, pluridecennale, con progetti e pubblicazioni internazionali, è una miniera di informazioni su donne, ruoli di genere, strutture familiari. Un osservatorio sulle politiche al femminile e, al contrario, sulle discriminazioni che ancora ci penalizzano. Non siamo riuscite a incontrarci perché da diversi mesi vive praticamente a Berlino, ma ha gentilmente risposto per e-mail alle mie domande. Sono costretta a riassumere in parte il suo pensiero, perché è stata più circostanziata di un saggio di costume, oltre che molto più spietata.

I grandi cambiamenti degli ultimi anni, secondo lei, sono di tre tipi. In primo luogo le famiglie, nei Paesi sviluppati, sono diventate più «lunghe e magre»: nonni e bisnonni in quantità, perché si vive di più, ma sempre meno nipoti. Secondo: è aumentata l'instabilità coniugale, e quindi le famiglie con un solo genitore, o con figli di un matrimonio precedente. E infine i rapporti tra le generazioni sono più paritari e quasi sbilanciati a favore dei pargoli, che sono diventati però più dipendenti. Banalmente: meglio usufruire di un servizio completo di cucina e lavanderia, senza responsabilità né divieti, e gratis, oppure pagare 500 euro per un posto letto e dover fare tutto da soli? Dal già citato recente sondaggio Gallup tra i giovani risulta che il 26 per cento degli italiani sotto i trent'anni non esce di casa per «comodità» e per vivere «senza alcuna responsabilità». Per Saraceno, lo Stato non aiuta: «Piuttosto che sostenere la loro autonomia tramite politiche che consentano affitti a prezzi abbordabili, e ammortizzatori sociali degni di questo nome, ci si aspetta che i genitori "facciano fronte"». Con il mercato del lavoro che non dà certezze, i figli marciscono nella loro cameretta fino ai quarant'anni. E le mamme li accudiscono come se ne avessero otto. Mentre si prendono cura anche di genitori anziani e, naturalmente, mariti.

Secondo l'Istat, infatti, oltre il 77 per cento del lavoro domestico è a carico di lei. Anche se le cose, mi garantisce Chiara Saraceno, stanno cambiando man mano che le donne cominciano a pretendere parità in casa e fuori. Si aspettano di stare sul mercato del lavoro, tanto più se sono istruite e se vivono nel Centro-Nord. I loro partner un po' partecipano alla vita di casa, specialmente se padri: «Si occupano molto più di un tempo dei figli anche piccolissimi, svolgendo tutte quelle attività di accudimento che tradizionalmente venivano considerate *non* maschili. Ma lasciano alla moglie il monopolio delle faccende domestiche». Non puliscono i pavimenti ma almeno cambiano i pannolini.

Comunque stiano le cose accanto al focolare, sul lavoro sono le donne a essere colpite dalla *child penalty*: il prezzo da pagare per fare un bambino. Lo pagano in termini di opportunità di carriera e quindi, sul lungo periodo, di ricchezza pensionistica. Nel 2007 un articolo su «lavoce.info» riportava che le neo-madri hanno il 46 per cento di possibilità di uscire dal mercato del lavoro. Le non mamme, solo il 6.

Per ridurre questo handicap abbiamo parecchio da imparare da altri Paesi europei. «La Francia è molto generosa verso le famiglie con figli, ma poco verso chi ha responsabilità nei confronti di anziani fragili» spiega la professoressa Saraceno. «Svezia, Finlandia e Norvegia tendono a sostenere l'occupazione femminile e a incentivare un riequilibrio nella divisione tra i sessi del lavoro di cura.» Ma se in Finlandia le donne possono prendere ben tre anni di congedo di maternità per ogni figlio, e di solito lo fanno, si trovano poi svantaggiate. Le stesse tutele di legge intralciano la loro carriera, perché non c'è azienda in cui un'assenza di trentasei mesi possa passare inosservata. C'è da dire che i servizi per bambini, giovani e anziani negli Stati scandinavi sono ottimi e non ci si aspetta che le famiglie, ovvero le donne, si facciano totalmente carico di figli sopra i diciotto anni o anziani bisognosi di cure. La Germania negli ultimi tempi sta andando nella stessa direzione. «Contemporaneamente quasi tutti i Paesi del Centro-Nord Europa hanno allargato il riconoscimento a diverse formazioni familiari: coppie di fatto, etero e omo. Sposati e non sposati, ma autodichiarati pubblicamente come coppia. Hanno allargato il raggio dei rapporti socialmente responsabili» mi ricorda la professoressa.

Per quanto riguarda le statistiche italiane sull'occupazione femminile, a dir poco punitive, ritiene che ci siano due problemi principali. «Uno è che la maggioranza delle donne sopra i quarantacinque anni non è mai entrata nel mercato del lavoro, o ne è uscita molto presto» e non ci rientreranno certo ora, quando anche per i coetanei l'impresa è diventata difficile. Il secondo motivo è che le politiche a loro favore sono scarse: pochi asili, orari scolastici scomodi, vacanze dei figli che non corrispondono alle ferie dei genitori eccetera. Non sono nemmeno incentivate dagli stipendi, perché sono spesso occupate al di sotto della loro qualifica e fanno meno carriera. «La mentalità dei datori di lavoro è incredibilmente vecchia e ottusa. Continuano a considerare le donne delle lavative» si indigna Saraceno. «Non dimentichiamo che al Nord è ancora molto diffusa la pratica della lettera di dimissioni in bianco, tirata fuori quando lei è incinta. Un 20 per cento continua a lasciare il posto durante il cosiddetto periodo protetto, ovvero durante il congedo di maternità, o immediatamente dopo.»

Correggerebbe il dato Istat dell'occupazione femminile al 46,3 per cento tenendo conto delle quarantacinquenni uscite dal mercato e mai più rientrate. Se si considerano le donne sopra i trentacinque, dice, la percentuale supera il 50. Quanto alla bassissima media di 1,3 figli pro capite, non c'è da stupirsi. «I Paesi con più donne al lavoro (gli scandinavi, l'Inghilterra, la Francia) sono anche quelli a più alta fecondità. Sono quelli in cui i servizi per la prima infanzia sono più diffusi, e il problema di come conciliare carriera e famiglia è esplicitamente affrontato. In Italia invece si rimane sempre ai discorsi elettorali.» In particolare in Francia, dove l'occupazione femminile ha raggiunto il 60 per cento, il tasso di fertilità è di due figli per donna. Interessante, mi racconta, il caso tedesco in cui la situazione era ancora più arretrata della nostra. Ma qui lo «sciopero delle ragazze» ha funzionato. Le giovani istruite hanno semplicemente deciso di non fare figli perché volevano rimanere nel mercato del lavoro. «La preoccupazione ha mobilitato molte energie e ha anche dato luogo a patti governo-imprenditori.» I problemi non si risolvono da un giorno all'altro, ma la questione viene discussa e si cercano soluzioni, invece di lasciare tutto all'eroismo delle singole.

In Italia invece siamo state lasciate sole, da tutta la politica. Quando la sinistra era al potere, sostiene Saraceno, non si è vista la differenza: «L'unica innovazione è stata istituire un inutilissimo ministero per le Pari opportunità, tanto per poter dare un posto in più a una femmina senza toccare le quote degli uomini. E per carità di patria glisso sullo sberleffo fatto alle donne da Berlusconi con la sua ministra». Definisce «vergognoso» l'ultimo governo Prodi che dopo grandi proclami non ha messo in agenda né la famiglia né le famose pari opportunità. Tutte le conquiste degli anni Settanta, la legge sul divorzio, la riforma del diritto di famiglia, la legalizzazione dell'aborto e della contraccezione, oggi probabilmente non passerebbero, neppure con un governo di centrosinistra, dichiara duramente. «Si veda che cosa è successo attorno al referendum per la legge sulla fecondazione assistita. Per non parlare della proposta di legge sulle coppie di fatto.»

Ma perché, secondo lei, l'Italia si è fermata e non accenna a ripartire? Innanzitutto il dibattito sulle quote rosa è stato impostato in maniera sbagliata. Bisognava presentarlo per quello che era: una lotta contro un monopolio. «Non si chiede una quota per le donne, ma meccanismi che impediscano il mantenimento della quota monopolistica maschile.» Un punto di vista più pragmatico che ideologico, che avrebbe aiutato a porre il problema per quello che è: una questione economica. L'abuso di posizione dominante è punito, in economia, anche nel libero mercato. Non si capisce perché si debba permettere a una metà del genere umano di abusare della sua posizione dominante per secoli. L'altro versante della questione, secondo la professoressa, è politico: «Mi sembra che siano soprattutto mancate le donne dentro ai partiti: divise in correnti, si sono combattute tra loro e non hanno affatto pensato di collegarsi alla società civile – salvo strumentali presenze a varie manifestazioni». Mentre i partiti si occupano fino all'assurdo del «voto dei cattolici», il «voto femminile» non interessa a nessuno. O piuttosto, sostiene la professoressa, «le donne dei partiti, decimate e umiliate, hanno accettato qualsiasi cosa, lasciandoci tutte nello sconforto e confermando ai loro capi che la "questione femminile" è meno cruciale e rilevante dei pronunciamenti di Di Pietro o delle minacce di Mastella».

C'è bisogno, anche secondo lei, di riprendere la lotta. I nuovi fronti di battaglia sono «la condivisione di tutto il lavoro necessario, pagato e non pagato, e la creazione di una società più amichevole sia verso chi ha bisogno di cure che verso chi le offre». Il campo più importante in cui intervenire è l'istruzione, che per le donne è sinonimo di potere negoziale e possibilità di ricoprire un ruolo da protagoniste nel mondo del lavoro. Ma Chiara Saraceno mette in guardia contro la divisione, che ha fatto tanti danni in passato. «È importante non affidarsi unicamente a pigmalioni maschi, ma costruire alleanze tra donne, nel pubblico e nel privato. Non perché tutte siano uguali e abbiano gli stessi interessi. Ma perché solo così l'agenda del cambiamento non sarà dettata da esperienze e visioni del mondo maschili. In cui le donne, i compiti loro assegnati, le loro priorità e bisogni sono insieme dati per scontati e marginali.»

Sei e mezza di una mattina di inizio giugno. Le figlie di Daniela si stanno svegliando e la colazione già le aspetta. In cucina il gorgoglio del caffè si mescola alla voce della radio che trasmette le ultime notizie, e Daniela è già ai fornelli per preparare il pranzo delle bimbe più piccole. Sul lungo tavolo apparecchiato con le tazze colorate troneggia una torta a forma di cuore che la padrona di casa ha fatto per me. Trovando il tempo nonostante sia una donna sola, che lavora in una grande città e che ha ben cinque figlie da tirare su.

Le prime che mi vengono a salutare sono Sofia e Beatrice, due bellissime gemelle di quattro anni, capelli biondi e occhi azzurri come la loro mamma: mi stampano sul braccio un tatuaggio di Hello Kitty. Ora sono a tutti gli effetti un membro del loro clan. Giulia, sei anni, supervisiona tutta l'operazione studiandomi da sotto le lunghe ciglia.

Daniela ci richiama all'ordine: non c'è tempo da perdere. «La mia sveglia suona ogni giorno alle sei del mattino, estate e inverno. Appena metto i piedi giù dal letto comincia la corsa» mi racconta mentre distribuisce latte e cereali alle piccole. Nel frattempo ci hanno raggiunto anche le grandi, Caterina di diciassette anni e Alessandra di tredici. La fase della vestizione è forse la più complicata: Beatrice e Giulia bisticciano per un cerchietto e Sofia non ha nessuna intenzione di andare a lavarsi. Daniela ha già preparato sui lettini i vestiti: «D'inverno, se sfortunatamente piove, è ancora più difficile: solo per mettere cappotto, sciarpa, guanti e cappello a ognuna ci vogliono dieci minuti!».

All'ingresso, invece, ci aspettano le cartelle e le borse della piscina per il pomeriggio: Daniela fa avanti e indietro portando asciugamani, cuffie, ciabatte e costumi. Sembrano non finire mai. Dopo essersi accertata che tutte le bimbe abbiano un paio di scarpe ai piedi, parte in motorino per il primo di una serie di viaggi: sono le sette e trenta e la sua primogenita va accompagnata al liceo. Una volta tornata montiamo tutte in macchina: Alessandra ci saluta alla fermata dell'autobus e noi procediamo verso la scuola elementare di Giulia comprandole una merenda lungo la via. Arrivate all'asilo delle gemelle le piccole non vogliono scendere e pretendono che la mamma le porti in braccio fino all'entrata. Piangono a dirotto, nulla sembra consolarle ma Daniela mantiene la calma. Dopo cinque minuti le affida a un'insegnante e si allontana a passi veloci: non è bello salutarle in lacrime ma c'è una rigida tabella di marcia da rispettare.

Daniela è assistente in un rinomato studio dentistico. In sette anni non ha mai chiesto un giorno di permesso o di malattia. È lei ad aprire tutte le mattine, ma per arrivare in tempo deve tornare a casa e riprendere il motorino. Ama il suo lavoro, che fa con entusiasmo. Ma dai tre figli in su, è una vera e propria impresa. «Ogni volta che sono rimasta incinta sono stata sistematicamente licenziata» mi racconta destreggiandosi nel traffico. «Quando i datori di lavoro vengono a sapere che ho cinque figlie si tirano indietro, danno per scontato che io non possa essere affidabile. Idem per la casa: per riuscire ad affittarla ho detto inizialmente di avere solo tre bambine. La gente è terrorizzata dalle famiglie numerose, figuriamoci se è una donna sola a mandarle avanti.»

Daniela ha alle spalle due storie finite male: dal primo matrimonio sono nate le figlie più grandi, dalla seconda unione le tre più piccole. Un nuovo compagno? Non sembra proprio pensarci. Eppure, sfrecciando tra le macchine col motorino, sono in molti gli uomini che le lanciano uno sguardo: col suo vestito a quadretti e i capelli chiari che fanno capolino sotto il casco sembra proprio una ragazza.

«Quando ho saputo di aspettare due gemelle ero al settimo cielo. La prima figlia l'ho fatta a venticinque anni: in me l'istinto materno è sempre stato fortissimo.» Dei padri uno la sostiene economicamente mentre l'altro, vergognosamente, no. È benestante ma ufficialmentre nullatenente, e non c'è modo di convincerlo a prendersi cura della sua prole. Ma Daniela, orgogliosa, scrolla le spalle: non pretende aiuti. «Vorrei solo non essere puntualmente penalizzata per aver messo al mondo più bambini della media.»

Paga 1200 euro di affitto, somma che supera il suo stipendio mensile. Per fortuna c'è un po' d'aiuto dal primo marito. Per ciascuna figlia riceve un assegno familiare di 150 euro al mese ma già l'anno prossimo, quando Caterina diventerà maggiorenne, ne prenderà uno in meno. Per la scuola può contare sul kit standard distribuito all'inizio dell'anno dalle cartolerie convenzionate. Non è molto, per una donna che ha aumentato con tanto eroismo le disastrate statistiche di natalità del Paese.

«Mi sento costantemente in colpa perché mi sembra di non dedicare mai abbastanza tempo alle mie figlie. Le grandi mi chiedono di seguirle nei compiti, ma quando arrivo a casa la sera sono a pezzi. Una volta messe a letto le piccole, la giornata è finita per tutti. Pago una persona che dà loro una mano, ma quest'anno non sono mancate le difficoltà.»

Arrivate sotto lo studio, Daniela è già in ritardo: lascia il motorino nel primo posto che capita e scappa via. Ci diamo appuntamento per le cinque.

Mi aspetta carica di buste: il venerdì porta a casa i camici da lavare per la settimana successiva e in più ha promesso un regalo a Giulia e alle gemelle. Non aver preso una multa per il parcheggio è già un'ottima notizia. «Il motorino lo sto pagando a rate, ma già se buco una ruota diventa un problema» mi conferma.

Arrivate sotto casa ricomincia la trafila: Caterina e Alessandra ci raggiungono, montiamo in macchina e andiamo a recuperare le bimbe per portarle in piscina. Le grandi vengono a dare man forte per fare la doccia alle altre tre. È solo nel bar del centro sportivo che Daniela riesce finalmente a sedersi per cinque minuti. «Quando saranno finite le scuole manderò le piccole al centro estivo. Quello delle gemelle, il più economico della zona, costa 55 euro a bambino ogni settimana. Lo frequenteranno fino a metà luglio, poi mi arrangerò fino all'inizio di agosto, quando andrò in ferie.» Caterina e Alessandra approfittano di un po' di calma per parlare del loro futuro, di viaggi e studi.

«L'università sarà il mio regalo per loro» interviene decisa la mamma. «Solo studiando potranno realizzarsi come donne e garantirsi l'indipendenza economica.»

L'ora di nuoto finisce in un soffio: Daniela riparte armata di shampoo e accappatoi alla volta degli spogliatoi. Le ragazze si danno da fare ma Beatrice pretende ben due lecca lecca per farsi lavare i capelli. Rimontiamo in auto. Le gemelle si rifiutano di cedere il posto alle sorelle maggiori: si arrendono solo alla prospettiva dei premi che Daniela ha portato e che le aspettano sul tavolo del salotto. Prima però bisogna passare al supermercato e comprare qualcosa per la cena. La spesa più impegnativa è programmata per il fine settimana, assieme alle lavatrici e alle pulizie. Daniela schizza veloce tra i reparti, ha già in mente il menu, ma le bambine sono stanche e si fermano continuamente: anche il posto sul seggiolino del carrello va conquistato.

Con due turni in ascensore riusciamo finalmente a varcare la soglia di casa: è il momento dei regali. Sofia, Beatrice e Giulia sono al settimo cielo: la mamma ha comprato gingilli e fermagli per i capelli. Mentre le piccole studiano il contenuto della mia borsa, Daniela e le grandi approntano la cena. Dopo qualche obiezione Giulia finisce il suo piatto di pasta, mentre le gemelle rischiano di addormentarsi con il viso nel piatto per il sonno. È stata una giornata intensa: la mamma le aiuta a lavarsi i denti e rimbocca le coperte. Scende un silenzio irreale: Alessandra si ritira in camera sua e Caterina esce a prendere un gelato con gli amici. Sprofondiamo sui due grandi divani del salotto. Daniela mi racconta che, come se non bastasse, la sua è una casa sempre aperta: non molto tempo fa hanno ospitato una ragazza olandese venuta in Italia per uno scambio culturale. «Quando è andata via piangevamo tutte, sono state le gemelle a insegnarle l'italiano. A volte le mie bimbe si vergognano di avere una famiglia così numerosa: per strada ci guardano come fossimo marziani. Alessandra è stata perfino vittima di un episodio di bullismo qualche tempo fa. Ma sono certa che, quando saranno più grandi, ciascuna di loro apprezzerà il fatto di avere delle sorelle così speciali.» E soprattutto una mamma così eccezionale.

Un davanzale pieno di orchidee, un pianoforte carico di fotografie e l'eco di risate in ogni stanza. Pareti rosso chiaro a grandi fiori gialli naïf nella cucina aperta sul luminoso soggiorno-salotto. Tappeti, ampie stoffe variopinte e un lungo cuscino per sedersi davanti al caminetto. Una parete stipata di libri. E il cartello: «Parla, affinché io possa vederti». Casa Littizzetto è il trionfo dell'allegria sul buonsenso. Lei, Luciana, avrebbe dovuto fare, e per un po' ha fatto, un mestiere normale: l'insegnante. Invece oggi è l'irrefrenabile spazio satirico di *Che tempo che fa*, oltre che attrice di successo con film come *Ravanello pallido* e il più recente *Se devo essere sincera.* Ha appena finito di doppiare a Roma un *Pinocchio* girato in Inghilterra e recitare in una lingua non sua è stato durissimo. Il compagno Davide ride: «Con l'accento proprio non ce la fa. Le chiedevano se era australiana». Ride anche Luciana, dritta e vivace nel fresco vestitino nero, un ciondolo al collo e i capelli biondo scuro sciolti sulle spalle.

La famiglia Littizzetto è una di quelle che lo Stato italiano non riconosce come tali. Figurarsi il Vaticano. «Sembra che l'interesse sostanziale della Chiesa sia quello che succede nelle nostre mutande» afferma Luciana. Lei, che ha creato per Camillo Ruini il soprannome-tormentone Eminenz, non fa mistero di quello che pensa dell'istituzione a cui il cardinale appartiene. «Dato che la Chiesa sta perdendo via via terreno, in qualche modo è entrata a gamba tesa nella vita anche politica degli italiani.» L'influenza delle gerarchie cattoliche sulle anime va diminuendo, e quella sulle leggi dello Stato va aumentando: è un controsenso. «Il paradosso è che sono sempre più distanti dalla gente, poi improvvisamente ti vengono a dire come devi comportarti.»

Luciana e Davide non sono sposati e quindi tra le cose che non possono fare c'è adottare dei bambini. Hanno aggirato il divieto con l'affidamento, consentito anche alle coppie di fatto e ai single, e si prendono cura di due ragazzini slavi, Vanessa di tredici anni e Jordan di undici. «È uno sport ancora più estremo dell'adozione» commenta Davide, senza amarezza. Fisico da motociclista, tatuaggi che gli percorrono le braccia, un anello col teschio al dito, ricci disordinati e allegri occhi castani, siede con noi al tavolo coperto dalla tovaglia gialla e dà il suo contributo alla conversazione. Musicista, suona la batteria con Vinicio Capossela e con gli Africa United. La sua dolce metà lo definisce «un po' scentrato», ma aggiunge generosamente che non sconfina ancora nella patologia. «Poi, magari, ogni tanto avrei bisogno di un bel pediatra, sai di quelli che non fanno bizze.»

Basta gettare uno sguardo nella casa di questa coppia per capire che il modello di famiglia tradizionale è da rivedere. Matrimonio in chiesa e figli partoriti col sudore della fronte non sono più l'unica via e nemmeno la principale. Sono altri, i sudori. Le ragazze di oggi, mi ricorda Luciana, hanno avuto sotto gli occhi madri che lavoravano, che magari hanno abbandonato i mariti o sono state lasciate, che si sono reinventate più di una volta. Un po' diverso da quello che avevamo noi: «Madri che magari si sorbivano il marito anche se era un rompipalle, anche se portavano le corna. E mariti che appendevano i piselli al chiodo a cinquant'anni. È tutto cambiato». Ma una cosa no: pensa che le giovani debbano continuare a cercare l'amore. «Senza volere il principe azzurro: se mai di mogano, ormai son tutti scurissimi, lampadati. E senza aver fretta di andare al sodo, rinunciando a tutta la parte del batticuore: se già subito quello ti fruga nelle mutande, ti perdi un sacco di roba.» Ritrovare il romanticismo le sembra importante quanto il passo successivo: sapersi assumere la responsabilità della relazione. «Mordere l'aglio e dire che è dolce» era il pittoresco consiglio di sua nonna per il successo coniugale. A lei sembrava terrificante. «Poi, col passare del tempo, ho capito che bisogna anche mediare, per far andare avanti una cosa buona. Invece, appena non ci piace, alè! Si sfascia tutto, si ricomincia e dopo un po' si ritorna da capo. Ora quando Davide mi fa molto arrabbiare guardo gli altri mariti e fidanzati e dico: "Va be', mi tengo quello che ho". Tanto ho capito che se sto con uno normale mi annoio.»

Peraltro ormai è difficile trovarne, di maschi ordinari. O almeno, non ci sono più quelli di un tempo. «Fanno la pipì seduti! Ma da quando?» In effetti c'è da disperarsi. «Sembra una cosa stupida» aggiunge, «però, una volta eravamo noi a stare di più in bagno: ti imbellettavi, ti facevi i capelli, il trucco, il pelo, la crema... Adesso ci sono uomini che stanno chiusi dentro dei giorni interi.» Anche le donne hanno le loro mancanze: abituate a essere le regine della conciliazione, capaci di mandare avanti la famiglia oltre ogni eroismo, ora che devono anche stare in ufficio otto ore al giorno non ce la fanno proprio più. «Sul lavoro diamo tantissimo. Poi quando torniamo a casa vogliamo che tutto sia perfetto, non una piega, non una grinza. Peccato che la nostra energia sia quella che è.»

Definisce le femministe «la nostra evoluzione della specie», ma aggiunge che le battaglie sono cambiate. Non è più il fronte del rapporto tra i sessi quello su cui schierarsi. È quello professionale, in cui per farsi ascoltare le donne spesso devono ancora un po' maschilizzarsi. «Farci crescere i baffi, la barba. Magari sulla prostata ci sarà ancora da lavorare.» Non c'è altra salvezza, nel Paese della Famiglia: «La nostra cultura è quella delle mamme all'infinito. Mi chiedo come cavolo fanno quelle che si occupano esclusivamente della casa, dei bambini... Per carità, è un lavoro a tempo pieno: però ti perdi, esisti solo per gli altri. Più dai e più ti chiedono. Sei una centrale sempre aperta, che crea energia per tutti quanti ma è accesa solo fuori, non dentro. Una centrale idroelettrica senza l'acqua».

E queste mamme che hanno chiuso, o a cui è stata chiusa, la finestra sul mondo si concentrano interamente sui figli, e allevano gli uomini che tutte conosciamo e amiamo: allergici a ogni lavoro di casa. Sempre meglio però, mi ribatte Luciana, dell'Uomo Nuovo, illuminato, su cui ha anche scritto uno dei suoi corrosivi commenti. Quello che per esempio insiste per partecipare alla nascita del figlio: «Il maschio già dà noia mediamente quando cucini, figuriamoci quando sei lì che partorisci e ti dice: "Respira". Ma cosa vuoi che faccia, messa così? Oppure ti fa il filmino. Una volta ti invitavano a vedere le diapositive della Corea, adesso tentano di propinarti la cassetta del parto».

Ce lo potrebbero risparmiare, in effetti. Dubito sia un momento che una donna è ansiosa di rivivere nella memoria. Invece di questo impegno documentaristico, sarebbe utile più aiuto nella fase successiva: quella in cui si tratta di svegliarsi di notte, placare crisi di pianto, scaldare biberon. Ma Luciana mi ricorda che non è tutta colpa loro: molte volte il loro intervento non è richiesto né desiderato. La sindrome di Wonder Woman è ancora molto forte. «Io da piccola me ne stavo a casa, oppure in cortile a giocare con i figli del panettiere, del macellaio e quelli del quarto piano. I miei genitori, che avevano una latteria, li vedevo alla sera o all'ora di pranzo. Non è che mia mamma stava lì tutto il giorno a portarmi a judo, catechismo eccetera. Invece adesso le madri sono continuamente a disposizione dei loro figli.» Non solo le sembra poco educativo, ma anche molto frustrante per la maggioranza, che «wonder» non è. Il giudizio sociale è violentissimo su quella che non prepara la torta, che arriva trafelata un po' in ritardo all'uscita da scuola, e magari come Luciana è appena scesa dall'aereo. All'inizio, confida, essere fuori standard la faceva stare male. «Poi mi sono accorta che una è madre come è donna, cioè siamo tutte diverse. Non c'è *un* modo, ma solo *il tuo* modo che ha pregi e difetti. Prima cercavo opinioni su come fare coi bambini in affido, ed ero alienata perché non corrispondevo a nessuno dei modelli. Quando finalmente ho capito che dovevo essere come sono, normale, mi sono un po' più rilassata. E guardandomi intorno ho anche visto che le imperfette sono le madri più giuste.»

La sua, di mamma, tutte le sere va a dire il rosario e si imbarazza quando la sente dire le parolacce in televisione. Il senso dell'umorismo, e una vena di follia, Luciana li ha ereditati un po' dal nonno paterno, un personaggio artistoide che suonava la chitarra e raccontava barzellette, e un po' da un bisnonno da parte materna che era il genio pazzo del paese: «Gli piaceva molto la corrente elettrica, allora ogni tanto si prendeva un po' di scosse perché diceva che gli dava la vita». È morto fulminato cercando di recuperare un ombrello rimasto impigliato ai fili dell'alta tensione. Sembra una scena di *Amore e guerra* di Woody Allen, commenta Davide. Ha sentito questa storia mille volte e ancora lo diverte.

Guardando questi due, è evidente che avere in comune il senso dell'umorismo è un legame fortissimo. Peccato che anche la satira sia in via di estinzione. «Nel comico, come in generale ovunque, c'è una mancanza di senso che mi spaventa.» Luciana si accalora, piegata in avanti come quando si arrabbia con Fazio. «Si fanno cose che non portano da nessuna parte, battute che non vogliono dire niente.» Paragona la nostra infanzia piena di ambizioni – farò la maestra, la ballerina, il pilota di astronavi – alle adolescenze confuse di oggi. «Questi al limite pensano: divento famoso andando in tv e facendo ciao. Però anche in video qualcosa devi pur saper fare e dire, se no sei come le piante grasse, che magari sono belle, ma marciscono da dentro e pac, vanno giù.»

Anche la battaglia contro la tv spazzatura è strenua. Qualche sera fa, Jordan le ha detto che *La sai l'ultima?* fa più ridere di lei: «È stata una pugnalata. Morta stecchita». Sua madre, che spesso tiene Jordan e Vanessa quando Luciana e Davide sono fuori, ha l'ordine metaforico di sparare a vista sul teleschermo appena vede comparire un programma comico di scarsa qualità. «Guai a lei se gli fa vedere Papi, piuttosto la morte. Che spenga il televisore.» Una volta cercavamo di tenerli lontani dal porno, oggi da Papi. Non per il comico in se stesso, ci tiene a precisare Luciana, ma in generale per la pessima qualità della tv. Non si salva nemmeno Disney Channel. E per cambiare le cose l'unica via è ricominciare a innovare. «I programmi che poi funzionano sono quelli che partono in sordina e man mano acquistano un loro spazio. È stato così per *Che tempo che fa* ma anche per *Quelli che il calcio*, *Avanzi*, *Mai dire gol*. Bisognerebbe dare la possibilità di sperimentare: anche agli uomini, ma alle donne soprattutto, perché ce ne sono di meno.»

Le quote rosa potrebbero essere utili: una necessaria parentesi educativa. «Se una cosa non viene spontanea, bisogna obbligarsi a farla. È come il cane che piscia in casa: gli dai la giornalata sul naso e alla fine capisce. E lì è uguale. Devi dare un po' di giornali sul naso a questi uomini, fargli capire che ci deve essere una percentuale di donne, poi pian pianino sapranno già subito cosa fare anche senza punirli.» Tanto, dice sbrigativa, con le buone questo tipo di concetto non passa. Le chiedo cosa pensa, per esempio, dei criteri di scelta delle donne in politica. Non ha niente contro le nuove ministre, mi risponde, ma trova che siano state «promosse» in modo un po' improvviso. Subito ministro, senza un minimo di gavetta, le sembra eccessivo. «Si passa dai vecchi bacucchi che sembrano pimpanti perché sono trasportati dalle tarme, a queste qua.» Carine e senza esperienza. «Mentre le donne potrebbero portare una forte dose di buonsenso» osserva. Le cito la sua stessa, celebre battuta secondo cui una presidentessa non sgancerebbe mai la bomba atomica, perché fa disordine, e annuisce. Non è una battuta. «Abbiamo la capacità di mediare, la pazienza. Che non è una mia dote, comunque.»

Davide conferma a gran voce, rientrando dalla stanza accanto con una macchina fotografica complicata come un'astronave. «Vi immortalo» dichiara. Dall'espressione indulgente di Luciana capisco che deve essere una specialità della casa. Chiaramente il ruolo di lui, anche coi figli, è quello del giocherellone. Ma com'è avere Luciana come compagna? «Ci vuole tanta pazienza» sospira lui con aria da martire. Intanto però in casa il 90 per cento delle faccende tocca a lei. «Le donne ordinate producono maschi trascurati. Le responsabili producono fancazzisti» afferma Luciana, come un oracolo.

«Mi trovo in una contingenza un po' particolare» si difende Davide. Tenta la carta della spiegazione scientifica. «È uno strano fenomeno di osmosi» spiega. «Io ero pignolissimo, ordinato e quadrato. Poi ho conosciuto lei, che ha un senso del dovere smisuratamente più grande di quello del piacere. E per reazione chimica io sono piombato tra i fancazzisti.» Anche perché, puntualizza, se decidesse di diventare anche lui ordinato, in Luciana scatterebbe la competizione, con un effetto di escalation dai risultati devastanti. È un'interessante teoria dei meccanismi di coppia, e molti uomini abituati a non alzare nemmeno da terra la biancheria gli saranno grati di averla formulata. «Poi ti mando delle mail di precisazione» aggiunge. «Io qua sono un recluso. Vedo te e penso a quando gli americani sono entrati a Roma.»

Rinchiuso e oppresso? Certo il matriarcato nella famiglia Littizzetto è una tradizione. La nonna materna Lucia, da cui ha preso in parte il nome, è una dei modelli di Luciana. «Rimasta vedova giovanissima con quattro figli e un albergo, è riuscita a fare tutto con una caparbietà e una forza pazzesche. Il fratello di mia mamma stava ai fornelli. Tutte le tre sorelle comandavano lui che cucinava.» E a cinquant'anni nonna Cia, siccome aveva problemi ai denti, se li è tolti. Le hanno messo la dentiera, ma lei non la sopportava, e ne faceva a meno. «All'inizio mi vergognavo un po' di avere la nonna senza denti. Ma ai miei compagni che dicevano: "Mio nonno fa l'avvocato" ribattevo: "E sai che mia nonna rompe le noci con le gengive?".»

Forse abbiamo appena trovato la soluzione a un problema.

A Luciana, come a me, non piace l'espressione «donna con le palle», che entrambe ci siamo sentite attribuire troppo spesso. «Ho le tette, che son palle, però un po' più su» protesta lei. «Ci tengo che stiano in quella posizione lì e che non scendano assolutamente.» D'altra parte «donne con le tette» sembra un po' banale. Ma grazie a nonna Cia adesso abbiamo la perfetta espressione sostitutiva: «È davvero una donna con le gengive».

Ridiamo. Ci sono molte risate in questa intervista, e in questa casa. E non è perché lei fa la comica, credo. Ma perché è una donna che, prendendo le cose con un po' di spirito, riesce a star bene con se stessa e a trasmettere serenità. Tanto che mi sono trattenuta ben più del dovuto e devo riprendere la strada. Loro invece devono andare a recuperare Vanessa e Jordan dalle loro attività estive del pomeriggio. Prima mi accompagnano sul grande terrazzo che gira tutt'attorno all'appartamento. Una vista incantevole sulle montagne e una profusione di rose, gelsomini, fiori della passione che Luciana cura con amore. Da un secchio fa capolino il loro animale domestico, che Davide mi presenta con orgoglio. È un ippopotamo di plastica. Allegri, coraggiosi, autoironici, responsabili. La perfezionista e lo scentrato e i loro due ragazzini accolti con generosità e un pizzico d'incoscienza. Come si fa a non chiamarli famiglia?

Famiglie allargate, monoparentali, alternative. Ma sarebbe ingiusto non riconoscere che ci sono anche quelle normali. Così mi faccio invitare a cena dai Boeri. Il marito, Tito, è economista e insegna alla Bocconi. La moglie, Silvia, è architetto, la figlia maggiore Bianca ha diciotto anni e frequenta il liceo classico e il figlio Carlo ne ha sedici e va allo scientifico. Sono perfetti, manca solo il Labrador. Ma in compenso hanno un bellissimo gatto grigio che si aggira languidamente per la casa con aria da proprietario. Oltre a essersi gentilmente prestati a interpretare il nucleo familiare modello, hanno invitato per me una coppia di amici: lui è il sociologo

Maurizio Ferrera, l'autore del libro sulle donne *Il fattore D* che mi ha tanto colpita. Sua moglie Ada è psicologa.

La serata è mite e ci sediamo sul terrazzo, lungo e stretto. Una spalliera fiorita ci protegge dal traffico che scorre qualche piano più sotto e dalla vista dalle finestre degli altri palazzi. Ribaltando ogni stereotipo, i maschi sono appena dietro di noi, nella cucina abitabile, a spadellare, mentre Silvia, Bianca, Ada e io sgranocchiamo grissini e parliamo di ciò che significa essere una famiglia.

«Mia madre mi ha insegnato la generosità» dice Bianca, seria. Sembra una piccola Audrey Hepburn, con i capelli lucenti, la pelle chiara ed enormi occhi scuri da cerbiatta. «È una persona capace di darsi completamente agli altri» aggiunge. «Ed è molto aperta, posso parlarle anche di cose intime.» Guardiamo Silvia, sprofondata in una sedia contro il verde profumato dei rampicanti. Allunga le gambe davanti a sé: è alta, elegante, con un bel viso sereno e un atteggiamento spigliato, da ex ragazza ribelle. Sorride. «Sono anche molto severa quando voglio» le ricorda. Bianca mi strizza l'occhio: «Riusciamo a intortarla abbastanza bene».

Sulle prime imbarazzata di dover rispondere alle mie domande, si accalora parlando della sua generazione. «Il luogo comune è vero! L'eroina di tutte è la velina.» Non la sua: non ha ancora le idee chiare su quello che vorrebbe diventare, forse giudice. Ma dichiara sicura: «Quando troverò qualcosa che mi piace e che voglio far bene, allora farò anche carriera». Una cosa a cui sua madre ha rinunciato. Ma non si è trattato di un sacrificio, puntualizza Silvia. Solo di una scelta. Non è mai stata una femminista. «Preferivo stare in mezzo ai maschi» scrolla le spalle. «E poi credo che esista davvero una differenza di genere per cui gli uomini sono più adatti a certe cose e le donne ad altre. Al di là di questo, ho sempre pensato che il gioco fosse alla pari.» Silvia è una donna di successo: è senior assistant delle due architette della Grafton Architects, lo studio autore del progetto di estensione della Bocconi. E sta dando gli ultimi ritocchi a una monografia su Mauro Galantino. Confessa però che, quando da giovane avrebbe potuto aspirare a un posto da docente, si è scontrata con l'ambiente chiuso dell'architettura, in cui la competizione è molto feroce. Da donna intelligente, sa bene che il mondo accademico è viziato da maschilismi e nepotismi. Ma non porta rancore all'establishment. «La carriera mi interessa, certo, ma il modo in cui la si fa, no» dichiara netta. «Non sono mai stata un'ambiziosa e credo sia giusto che io non diventi docente ordinario.»

Sarebbe giusto però che le giovani come sua figlia ne avessero la possibilità, e non a prezzo di fatiche improbe. Tanto più che, come Bianca mi conferma dalla sua esperienza personale, è vero che studiano più dei maschi. Però loro, aggiunge equa, sono più intelligenti. Spalanco gli occhi: come sarebbe a dire? «Sono più brillanti» si corregge lei. «Magari sanno meno, ma sono più capaci di sfruttare al massimo le proprie conoscenze, rielaborarle, e mettersi in vista.» Forse è anche una questione di autostima. L'idea strisciante che le figlie femmine devono impegnarsi molto perché sono «solo ragazze» è molto diffusa nella mente delle madri. Intanto i maschietti sono cresciuti sentendosi portare in palma di mano e quindi arrivati al liceo, con tutti i loro ormoni in circolo, fanno i brillanti. Mentre le ragazze studiano duramente, ma sentendosi un po' inferiori. E il ciclo ricomincia.

Non voglio sconfortare Bianca raccontandole queste cose. Tanto più che sua madre, invece, valorizza allo stesso modo lei e suo fratello. Cosa vorrebbe dalla vita, questa splendida diciottenne?

«Tutto» risponde sorridendo. «Mi piacerebbe mantenere lo standard di vita a cui sono abituata ed essere indipendente da mio marito.» Quindi ci sarà un marito. Bianca, i cui fidanzati succubi e adoranti sono un po' lo scherzo di famiglia, in amore è molto sobria: «Non sono una che si espone, non ho mai fatto grandi follie». Silvia butta indietro la testa e ride. «Io per amore ho preso tanti di quei treni» ricorda con una punta di nostalgia. Il futuro coniuge comunque Bianca se lo immagina indipendente quanto lei: «Un uomo pragmatico e capace di gestire le situazioni.»

L'importanza, nel rapporto, di saper stare in piedi da soli l'ha imparata dai genitori. «Io non ho seguito subito Tito nel suo lavoro» racconta Silvia. È sempre stata molto libera, fin da quando a vent'anni è andata via di casa per sfuggire a genitori molto autoritari. «Ma il mio benessere significava stare tutti insieme. Credo tra l'altro che nel mio mestiere l'esperienza della famiglia arricchisca: c'è una sensibilità, nell'architettura, che ti regalano soltanto i figli.»

Cosa si augura per Bianca? «Che abbia la massima autonomia economica. E poi» aggiunge improvvisamente dura, «di andarsene da questo Paese.» Avendo vissuto all'estero si rende conto di quanto sia tutto limitato, distorto. Vuole che i suoi figli diventino cittadini del mondo. E loro concordano. «Immagino di vivere fuori dall'Italia» annuisce Bianca. Magari a Parigi, dove i Boeri hanno abitato qualche anno quando era piccola. Di lotte femministe quindi non se ne parla. «Per ora non mi sento discriminata» risponde. «Probabilmente nella carriera futura avrò le mie battaglie da affrontare.»

Mentre parlava dell'importanza della propria indipendenza, Ada, la psicologa, annuiva convinta. Ora mi spiega che nelle sue pazienti il sentimento più frequente è proprio la frustrazione, il rimpianto di aver fatto troppe rinunce per un marito, che poi magari se n'è andato. La cercano per il 90 per cento donne. «Perché la scelta di mettersi in gioco è tipicamente femminile» mi spiega. Ma anche perché, dopo tanti anni passati nella famiglia d'origine, la crisi tra i trentacinque e i cinquant'anni è quasi inevitabile. «Vengono da me a elaborare una separazione, il lutto per la perdita di un genitore, la ribellione dei figli.» Problemi anche quotidiani, che però non trovano il tempo o la serenità di affrontare da sole o in famiglia, tra i ritmi di lavoro frenetici e la tensione di relazioni di coppia sempre più nervose. Ada scuote la testa, fa ondeggiare i capelli chiari. «L'Italia è ridotta così anche perché le donne non hanno fatto abbastanza» dichiara. «Credo profondamente nella superiorità femminile, ma da sole non ce la faremo. A questo punto sarebbe stato meglio introdurre le quote rosa.»

Chiediamo l'opinione dell'economista e del sociologo, cercando di non distrarli troppo dalla loro funzione fondamentale di cuochi. «Le quote? Per un po' sì» annuisce Tito.

«Come possiamo pensare di avere lo stesso Pil della Francia se da noi lavorano tre milioni di persone in meno?» Maurizio si siede con noi mentre Silvia rientra a dare man forte in cucina. Solidale nella buona e nella cattiva sorte, e nella cottura degli spaghetti. «Il *non*-lavoro delle donne è il problema principale dell'economia italiana. La Grecia ci ha già superato come tasso di occupazione femminile, e vedrai che presto ci supererà anche come ricchezza del Paese.»

Mi spiega un concetto che sembra ovvio: quando una donna va in ufficio ha meno tempo per occuparsi delle tante altre faccende tradizionalmente riservate a lei, dall'accudimento alle pulizie. Quindi, le deve fare qualcun altro. E questo crea servizi. Il che non accade per gli uomini. Ma più mogli fuori casa non significa meno bambini? Al contrario: «Negli anni Novanta la relazione tra *non*-occupazione femminile e tasso di natalità è diventata negativa». Prima se sceglievi di restare al focolare facevi più figli, oggi no perché con un solo stipendio non li puoi mantenere. Una famiglia con un figlio di sei anni ha bisogno del 42 per cento in più di reddito. Con il secondo bambino, la percentuale sale al 72. Bisogna lavorare in due, per poterselo permettere.

Ma perché l'Italia si è infognata in questa situazione? In parte è la nostra tradizione familista, mi spiega Maurizio. «C'è ancora l'idea che se state a casa in fondo è meglio.» E in parte è il mancato investimento sulla famiglia, che pur essendo al centro del dibattito ideologico poi in pratica viene lasciata sola, dato che le viene destinato meno dell'1 per cento del Pil. Contro il 15 per cento assegnato alle pensioni, per esempio. «Allora alziamo l'età pensionabile per le donne e aiutiamole di più all'inizio della vita, e non alla fine» protesta Maurizio.

Ma è inutile pensare che saranno i maschi ad avviare queste riforme. «I nostri politici appartengono a una generazione che ha ricevuto un'educazione maschilista.» All'estero premier come Blair o Zapatero, con le loro politiche incentrate sulle donne, sono riusciti a farsi votare da loro. «Da noi è risultato chiaro, nelle ultime elezioni, che un leader capace di affrontare questa questione non c'è.» E allora l'unica possibilità è votare direttamente le donne. «La massa critica è il 30 per cento "rosa" nelle istituzioni elettive» afferma. E una volta raggiunta, bisogna anche che le parlamentari di schieramenti diversi siano capaci di formare accordi trasversali sulle questioni di interesse comune. È un *modus operandi* tipico dell'altra metà del cielo, che infatti già anni fa aveva cominciato a lavorare in questo senso.

«Poi il network trasversale femminile in politica è stato distrutto dal bipolarismo. Va assolutamente ricostruito» decreta Tito, comparendo sulla soglia della portafinestra con un cucchiaio di legno in mano, e sua moglie sorridente alle spalle. Se abbiamo finito di discutere di faccende da donnette come l'economia nazionale, è il messaggio sottinteso, la cena è servita.

Non ci sono solo le famiglie felici, ma anche quelle spezzate dalla violenza, e sono tante. All'inseguimento di una bella storia arrivo fino in Sicilia, nella fabbrica di Andreina De Cesare, che sorge in un ex stabilimento per la lavorazione del tonno. Dal 1952 – anno della morte del vecchio proprietario – a oggi, gli effluvi che si spandono nella piccola via alle porte del centro storico di Palermo sono cambiati. All'odore del pesce si è oggi sostituito l'aroma di mandorle, pistacchi e cioccolata dei «peccatucci».

Andreina non avrebbe mai pensato di darsi agli affari, soprattutto nel mondo dei dolci, anche se sono sempre stati una sua grande passione. È nata a Cagliari ma è ormai siciliana di adozione. La mamma l'ha portata con sé a Roma quando aveva solo otto anni, per sfuggire a una grande miseria e soprattutto alla rabbia di un padre manesco. «Ho passato due anni in convento perché non poteva mantenermi. È morta quando avevo solo quattordici anni. L'anno dopo mi sono sposata e ho avuto la mia prima figlia, Daniela.»

Quello di Andreina non era certo un matrimonio d'amore,

e anche il suo uomo era violento. «Il mio secondo bambino è morto quando lo portavo ancora in grembo: lo ha ucciso lui con un calcio dopo l'ennesima lite.» Rivivendo quel tragico episodio gli occhi verdi si velano di lacrime. «Quella perdita mi ha mandata letteralmente fuori di senno. Perfino lui si è spaventato vedendo come ero ridotta. E mi ha dato il permesso di partire per coltivare la mia passione, il disegno. Ma non si è reso conto che mi stava regalando le chiavi della libertà.»

Così Andreina si trasferisce a Roma per frequentare una scuola di costumista teatrale. Per lei studiare è sinonimo di redenzione: non solo è la più brava della classe, ma comincia a lavorare prima ancora di finire il corso. Nonostante i dolori e le difficoltà, la voglia di riscatto che le ha trasmesso sua madre ha il sopravvento. «Ricordati sempre che la libertà delle donne è nelle loro mani» le ripeteva. Andreina si dà al teatro sperimentale. Non ha più nessuna intenzione di tornare a casa. Ma suo marito la minaccia di continuo. «Mia figlia era sempre con me, siamo davvero cresciute insieme. Lui però riusciva ogni volta a rintracciarci e mi telefonava per raccontarmi come mi avrebbe uccisa. Un incubo.» Di cui non vuole parlare. Procede velocemente. «Quando nel 1976 furono tagliati i fondi per il teatro, mi ritrovai costretta ad accettare un contratto con il Partinico di Palermo.»

È proprio il teatro a farle incontrare Giacomo, il suo secondo marito. Avvocato, frequenta un corso di mimo: per lei e la sua bambina è l'inizio di una nuova vita. Dopo il matrimonio nasce Giorgia, che oggi ha venticinque anni. E quando nel 1986 il teatro rimane definitivamente senza soldi Andreina volta pagina. «Mentre ancora riflettevo su cosa avrei fatto "da grande", fui invitata a una cena di Capodanno a casa di amici. Feci una torta "scenografica", di grande effetto, che riscosse un successo incredibile. Tra gli invitati c'era anche un ricco imprenditore che mi fece una proposta: avrebbe comprato ben 100 di tutti i dolci che sarei stata capace di proporgli. Accettai. Cominciai a lavorare nella veranda di casa mia: ne inventai ben 47 tipi e lui fu di parola: li acquistò tutti. Erano nati "I Peccatucci di Mamma Andrea".»

Con i primi 20 milioni di lire Andreina affittò un negozietto di 60 metri quadrati: era il 1989. La sua creatività e la passione per i sapori del passato le suggerirono di recuperare frutti della tradizione culinaria sarda e siciliana ormai andati perduti, come le lumie e il gelso nero. «Fu come fare un salto indietro nel tempo: le anziane della città venivano in negozio per svelarmi le loro ricette, desiderose di rivivere la dolcezza della loro infanzia.»

È arrivato il momento di andare a curiosare al primo piano del laboratorio, dove i collaboratori di Andreina sono al lavoro. A contrasto col bianco delle mattonelle e delle divise, il giallo, il rosa e il verde dei dolci ricoperti di zucchero brillano di vita propria. Scegliere non è facile: opto per un peccatuccio al cioccolato fondente ricoperto di pistacchi e cedo anche a diversi pezzetti di zenzero candito. Una vera delizia. Oltre ai dolci, Andreina produce marmellate, miele e gelatine, tutti confezionati in bellissime scatole che fino a pochi anni fa dipingeva a mano personalmente.

«In estate i miei collaboratori scendono a tredici, ma dal primo settembre fino a Natale arriviamo a una trentina: le richieste sono moltissime.» Quella di Andreina è un'eccezione nell'eccezione: nonostante il suo successo, nessuno mai ha tentato di ostacolare il suo cammino, mafia inclusa. In pochissimi anni la sua attività è molto cresciuta: quegli stessi palermitani che la guardavano con sospetto – perché era una donna e per di più non siciliana – oggi la stimano e la rispettano. «Certo» ricorda, «quando andavo al mercato generale alle quattro e mezza del mattino mi dovevo travestire da uomo per non dare troppo nell'occhio, e i fornitori mi trattavano come una pazza. Ma per il resto mi è sempre andata bene.»

Mi spiega che mandare avanti un'azienda è come crescere un figlio, che non rimane piccolo in eterno. «La mia giornata comincia all'alba: sono io a organizzare il lavoro di tutti. Mi sento imprenditrice e operaia allo stesso tempo.»

Il telefono sulla scrivania squilla e io ne approfitto per guardarmi intorno: il suo studio è tappezzato di foto di figlie e nipoti tutti bellissimi, che fanno capolino tra fiori secchi e calchi di statue in gesso realizzati quando ancora lavorava in teatro. «Voglio che il mio esempio sia un messaggio di speranza per le nuove generazioni di ragazze.» Grazie alla sua sensibilità, Andreina ha stabilito orari di lavoro insindacabili, come l'uscita alle cinque del pomeriggio per poter trascorrere un po' di tempo con la famiglia. Difficilmente un uomo lo avrebbe fatto, ma lei sa cosa significa dover conciliare figli e carriera.

Mi confida che nessuna delle sue due ragazze ha intenzione di prendere le redini dell'azienda: la grande è sposata e vive a Roma, dove fa l'insegnante, la piccola è ancora alla ricerca della sua identità. «Certo mi dispiace, ma penso che ognuno abbia il diritto di scegliere il proprio destino. I giovani devono svincolarsi prima possibile dalla famiglia, fare esperienza. Qui in Sicilia le donne hanno una gran voglia di dimostrare il proprio talento, di emergere: ci stiamo già dando da fare, è solo questione di tempo.»

Proprio in Sicilia è nata una delle esperienze femminili più interessanti e alternative dei primi del Novecento, quella della «Lucciola», che ha illuminato la vita di molte donne nella desolata, all'epoca, provincia italiana. La madrina del progetto è Lina Caico, che vive in provincia di Caltanissetta. Ha venticinque anni, ha fatto le «scuole alte» in Inghilterra, legge e traduce Tagore dall'originale, intrattiene corrispondenze con personaggi del calibro di Ezra Pound. È una ragazza curiosa e il suo paesino, Montedoro, dove il padre è proprietario delle zolfatare, le va stretto. Comincia a scrivere, e le sue più che lettere sono veri e propri articoli. Reportage dal bordo del niente, con occhi rivolti verso il mondo dove qualcosa di nuovo si muove. Lina mette assieme un po' di scritti e li spedisce a qualche amica di penna, altre giovani borghesi istruite come lei a cui non bastano un ricamo e un rosario all'ora del vespro per passare la giornata. Chi riceve legge e aggiunge del suo: un altro pezzo, un racconto di fantasia, pagine del diario di una storia d'amore, ma anche riflessioni sul ruolo delle donne.

Si costruisce uno sguardo diverso sul mondo che cambia.

Tra i paesi minori dello stivale le ragazze tessono una rete. Creano un blog prima di internet e lo fanno viaggiare sui postali. Da Caltanissetta a Serravalle Scrivia, da San Giovanni Lupatoto a Termini Imerese, da Torino ad Acquanegra Cremonese, da Napoli di nuovo a Montedoro. Sakuntala, Bluette, Rosa Sfogliata, Lorelay: si firmano con uno pseudonimo. Ricevono il plico di pagine una volta al mese, hanno un giorno e mezzo di tempo per leggere e accodare il proprio scritto, qualche volta un ricamo, un disegno, decori. La direttrice della rivista itinerante ha cura di rilegare l'edizione mensile: la cuce a mano, come a mano viene scritta. Copia unica.

Nei suoi due decenni di vita, la «Lucciola» è un esperimento interessante. Ci scrivono anche gli uomini, i «Luccioli», ma le azioniste di maggioranza restano loro, le ragazze. Lina ci cresce dentro, al diario collettivo a cui ha dato vita: si parla di sentimenti, di matrimonio. Anche di sesso, seppure in modo velato e considerandolo una sconsolante routine. Si parla di lavoro femminile: alcune pensano che non si debba uscire dalle pareti domestiche, che una brava compagna sia anzitutto una buona amministratrice della casa, che avere un impiego significhi umiliare il marito mostrando che non è in grado di mantenerle. Ma altre non ci stanno: raccontano che a Milano si promuovono petizioni a favore del suffragio femminile e che bisogna far sentire la propria voce. Discutono di guerra, di interventismo, di patriottismo. Molte descrivono la politica come un mondo che non possono capire e dal quale è meglio stare fuori. Lina risponde che il potere alle donne va dato: può essere che sbaglino, ma d'altronde anche gli uomini non sono perfetti.

Per quasi vent'anni, dal 1908 al 1926, le Lucciole tengono viva una trama di dialogo che copre tutto il Paese. Rinchiuse nelle case e nelle famiglie, fanno politica e sociologia senza nemmeno rendersene conto. Alla fine, tristemente, è proprio la politica a metterle a tacere: alcune cedono al fascino virile dell'ideologia fascista e alla retorica dannunziana. Per le donne che pensano, leggono, combattono scrivere e ricamare non basta più: dovranno proprio uscire di casa, e cominciare a urlare.

Capitolo 6

«TRA LA FIGA E LA FUGA»

«È una femmina e si chiamerà Diletta.» La frase che inaugura una vita. In questa mattina di sole la pronuncia un trionfante futuro padre di nome Giacomo, nella sala d'aspetto del reparto maternità all'ospedale Fatebenefratelli di Roma. Donatella, la mamma, sta aspettando che le assegnino una stanza. Il parto sarà indotto, perché il liquido amniotico non è più sufficiente.

Giacomo e Donatella si sono sposati un anno fa: lei ha trentasei anni ed è consulente aziendale, lui ne ha trentasette ed è architetto. È la loro prima figlia, voluta e attesa con gioia. «Parteciperò al parto perché voglio stare vicino a mia moglie. Sono emozionato: il mestiere di genitore non te lo insegna nessuno, ma sono certo che ce la caveremo» aggiunge.

Scopro che contano di «cavarsela» perché Donatella ha deciso di non tornare al lavoro. Stupita, chiedo subito perché, e la giovane donna mi guarda con diffidenza. «Lui a casa non c'è mai e io non voglio affidare la bambina a estranei» si giustifica un po' aggressiva, come se quella decisione fosse già stata criticata. «È inutile fare i figli per poi lasciarli crescere da altri.»

Giacomo mi sembra terrorizzato all'idea di questa dedizione totale. Dice che gestire le ore d'ufficio e la piccola non è impossibile. Soggetto sottinteso, comunque, sua moglie, che potrebbe accettare un part-time. Di farlo lui nemmeno e ne parla. Forse non dovrei stupirmi che lei non voglia sentire ragioni, nonostante l'ostentata ansia del marito. «Sono preoccupato di questa sua scelta così radicale, il lavoro l'aiuterebbe a distrarsi: non si può stare ventiquattro ore su ventiquattro con un neonato.»

«Comunque non sarebbe un tuo problema, visto che sarai sempre in cantiere» ribatte infatti lei.

«Appunto! Già mi immagino in che condizioni ti troverò rientrando a casa.»

Comincio a pensare che il mio viaggio nel reparto maternità dell'ospedale Fatebenefratelli di Roma, per incontrare le neo-famiglie felici d'Italia, sia partito con il piede sbagliato. Forse mi si legge in viso lo sgomento perché Donatella cerca di ripristinare l'armonia. «La verità è che mio marito è troppo impegnato e non ha tempo» mi spiega. «E anche se riuscisse a organizzarsi, io sceglierei comunque di restare a casa. Fortunatamente mi può mantenere. In fondo non ho mai avuto velleità di carriera. Capisco anche che per un datore di lavoro assumere una donna che poi resta incinta è uno svantaggio.»

Neanche mia nonna avrebbe detto una cosa simile. E le coetanee di Donatella darebbero molto per un contratto a tempo indeterminato come il suo, e avere un figlio senza perdere il posto. Non voglio rovinarle la festa ma devo chiederle cosa pensa di fare tra dieci anni, quando Diletta sarà cresciuta. «Se avrò voglia dirigerò lo studio di mio marito» dichiara disinvolta, senza il minimo dubbio che un marito sia per sempre, come i diamanti dell'anello di fidanzamento. «E poi io vorrei altri figli, sempre che non resti traumatizzata da questa esperienza!» ride spensierata. Penso ai «Cara, stasera faccio tardi» che suo marito potrebbe cominciare a propinarle tra qualche anno. Ho una stretta al cuore e cambio argomento. Giacomo pensa di approfittare del congedo di paternità, come già da tempo fanno i papà nel Nord Europa? Rimane sul vago: «Be'... non so... Certo, mi piacerebbe passare del tempo con i miei figli, ma come si fa?».

«Come fanno gli uomini in Svezia e in Norvegia» ribatte Donatella. «Se si desidera davvero una cosa, il modo si trova.»

Come per miracolo la situazione si è ribaltata: da uomo lungimirante e comprensivo, preoccupato per la salute psichica della sua compagna, Giacomo si è trasformato nello stereotipo del maschio italiano, che si defila con la scusa degli impegni professionali. E Donatella, da mamma entusiasta a moglie stizzita. Li lascio, augurando loro molta saggezza per affrontare il futuro. E vado a conoscere una signora davvero speciale. Seduta sul letto di una stanza ordinata e accogliente, Tiziana guarda i suoi piccoli con occhi innamorati. Alessia e Alessandro sono nati tre giorni fa e dormono beati nelle loro culle. «Quando mi sono resa conto che il ciclo tardava non mi sono certo preoccupata: avevo quarantasei anni e da tempo mi ero rassegnata al fatto che non avrei potuto avere bambini. Il test l'ho dovuto comprare due volte perché non riuscivo a credere ai miei occhi» ricorda ridendo. «Per non parlare di mio marito, che pensava fosse uno scherzo.»

Tiziana è sposata da ventidue anni: dice di non essersi mai accanita in cure per la fertilità. E che i gemelli sono stati un inatteso regalo del destino. «Alla mia età la percentuale di aborti spontanei è molto alta, ma io sono stata fortunata: ho lavorato fino a nove giorni prima del parto. Me lo ha consigliato il mio medico, visto che mi sentivo bene.» Tiziana si è sottoposta al cesareo e suo marito era con lei. A pochissimi giorni dall'operazione è tra le mamme più in forma e più disinvolte nel prendersi cura dei bambini. «Quando l'ha saputo il mio datore di lavoro è impazzito di gioia: ci conosciamo ormai da moltissimi anni ed è come se facesse parte della famiglia.» Tiziana lavora nell'amministrazione di un'azienda che vende macchinari e suo marito è un impiegato statale. Nonostante i dieci anni di differenza e un figlio in più rispetto a Donatella, non ha nessuna intenzione di restare a casa. «Quando hai due gemelli il permesso di maternità è doppio e si percepisce uno stipendio ridotto del 30 per cento. Ma io voglio assolutamente tornare in ufficio e mio marito è d'accordo con me.»

Dal letto accanto un'altra mamma approva le sue parole.

Si chiama Michela, ha trentanove anni e Gabriele è il suo secondo bambino. Il più grande, Giulio, ha tre anni e aspetta ansioso a casa dei nonni di poter vedere il fratellino appena nato. «Sono figlia unica e ho sempre desiderato una famiglia più numerosa. Le coppie giovani sono spaventate dall'idea di un bambino, hanno paura di sacrificare la loro libertà. Ma crescendo ti rendi conto che un figlio è anche molto altro.»

Michela e suo marito Andrea, impiegati, hanno sfidato molte difficoltà. A cominciare dalle infinite liste d'attesa dell'asilo nido statale, per il quale non hanno grandi speranze. In effetti, in Italia trova posto un bambino su dieci nelle città. Sei su dieci sono affidati ai nonni. Per i restanti tre, non è difficile indovinare. Aspettando che si liberi un posto al nido pubblico Michela e Andrea hanno dovuto ripiegare su uno privato, che costa 300 euro al mese per il più grande e ne costerà 390 per il piccolo. Possono detrarre solo 600 euro all'anno a bambino. «Da quando sono diventata mamma ho scelto il part-time e guadagno 1000 euro lordi al mese. Praticamente il mio stipendio serve solo a coprire queste e altre spese per i bambini» conferma Michela.

E l'ipotesi che a stare a casa sia Andrea? «Ci abbiamo pensato ma non ci conviene. Tra i due sono io che guadagno di più e abbiamo anche il mutuo da pagare» risponde il diretto interessato. «Poi mia moglie allatta e non potrebbe assentarsi da casa più di tanto.» E in ogni caso suo marito, racconta orgogliosa Michela, fa sfigurare tutti quelli delle amiche per la sua attitudine ai lavori domestici e alla cura dei piccoli.

«Lo Stato dovrebbe sostenere le famiglie "coraggiose" come la nostra» commenta Andrea.

«E le aziende dovrebbero sempre garantire alle donne il part-time» aggiunge Michela. «Ma per il datore di lavoro pagare loro i contributi e in più assumere qualcuno che temporaneamente le sostituisca è troppo costoso. La mia carriera, in questo senso, è finita. Con la maternità sono stata rimossa da una serie di incarichi. Se sei mamma sei automaticamente penalizzata, ti ritengono inaffidabile a prescindere dalle tue effettive qualità.» È un discorso che ho sentito da sociologi, avvocati, politici. Ma ascoltarlo qui è come essere catapultata nella trincea della vera battaglia femminile dei nostri giorni. Sulla linea del fuoco.

È arrivato il momento delle visite di controllo, e un autorevole pediatra in camice bianco mi invita gentilmente a lasciare la stanza. Mi allontano un po' più fiduciosa: le ultime due mamme mi sembrano determinate a difendere i propri diritti. Passeggiando per il corridoio intravedo quattro giovani donne sedute con le loro vestaglie colorate in una stanza luminosa con vista sul fiume. Accanto a loro sonnecchiano tre bimbe e un bimbo. Per tutte si tratta del primo figlio. Mi affaccio e chiedo come cambierà la loro vita.

«Continuerò a lavorare, ma sarò comunque io a prendermi cura della piccola» mi confida Silvia, ventisette anni, la più giovane. «Mio marito mi aiuta solo se glielo chiedo: è un mio coetaneo ed è piuttosto responsabile, ma non mi fiderei mai a mettergli in mano un biberon.»

Le altre ragazze ridono, ma in realtà non c'è da stare allegri: è anche questa cronica mancanza di fiducia nei propri compagni a incastrare le donne italiane in certe dinamiche, a convincerle di doversi sempre sobbarcare tutta la fatica e il lavoro della quotidianità. Qualcuno ha provato a chiedere a *lui* se gli va di tenere in mano un biberon? A vedere se magari è capace di farlo? Nel resto d'Europa, dove certi schemi non sono dati per scontati, le cose vanno diversamente. In Svezia, per esempio, da quando gli uomini godono del congedo di paternità, i divorzi sono diminuiti del 30 per cento.

Ho scelto il Fatebenefratelli anche perché il reparto maternità del centro romano, in attività dal 1581, è rinomato per la sua efficienza e modernità. Qui, nel 2007, sono venuti alla luce 4400 bambini. I nosocomi Fatebenefratelli, oggi circa 400 in tutti e cinque i continenti, sono nati nella prima metà del XVI secolo per volere di san Giovanni di Dio, laico spagnolo che si dedicò alla cura dei malati, dei poveri e delle prostitute. Invitava i benefattori alla generosità dicendo: «Fate del bene a voi stessi, fratelli, per amore di Dio». Oltre ai sacerdoti o laici consacrati, l'ordine conta 45.000 collaboratori stipendiati e più di 8000 volontari.

«Tutti si riempiono la bocca con questa storia della famiglia, ma in Italia la gestione dei bambini è ancora maschilista, ovvero quasi totalmente a carico delle donne» dichiara Maria Grazia Pellegrini, direttrice del reparto. «Per questo stiamo organizzando un servizio di puerperio domiciliare. Le mamme possono tornare a casa anche quarantott'ore dopo il parto, ma le assistiamo anche una volta uscite di qui.» Le donne alle prese con la nascita del primo figlio sono spesso disinformate e sole. Anche per questo è importante la partecipazione degli uomini. Già nel 1976 l'amatissimo professor Romano Forleo permetteva ai papà di assistere alla nascita. «In un giorno facciamo venire al mondo tra i dieci e i dodici bambini e nel 90 per cento dei casi i padri sono presenti, soprattutto per i cesarei. Se non ci sono è perché le donne non ce li vogliono.»

Maria Grazia è ostetrica da quando aveva venticinque anni, da trenta lavora al Fatebenefratelli: di bambini ne ha visti nascere tanti. «L'età del primo figlio si è spostata in avanti di oltre dieci anni: ventitré quando ho cominciato, oggi attorno ai trentacinque. Quando ovviamente è più difficile rimanere incinta. Infatti è aumentata l'ansia: dopo qualche mese si ricorre all'aiuto dei medici. Prima si aspettava almeno due anni.»

Il professor Elio Cirese, dal 2002 direttore del Dipartimento per la salute della donna e del bambino, si affaccia alla porta: ci conosciamo da molti anni e incontrarlo è sempre un piacere. Mi fa strada verso il suo studio, ricco di libri e foto, tra le quali spicca uno scatto con papa Giovanni Paolo II. Mi racconta che il parto è diventato sempre meno traumatico e doloroso: senza l'intervento del medico tra il 75 e l'80 per cento dei casi. Fino agli anni Cinquanta non era raro ricorrere a uno strumento traumatico come il forcipe. Oggi in questi casi si fa un cesareo: dal 6 per cento registrato negli anni Settanta, ora si attestano al 35 per cento del totale. Le «vittime» sono calate, anche se mai abbastanza: «Oggigiorno nei Paesi europei ritenuti più moderni una donna su 5000 muore di parto. In quelli dell'Est una su 3 400, in Africa una su 150. È una realtà purtroppo ancora attuale».

Nel 2007 il Fatebenefratelli ha salutato un'importante rivoluzione: la nomina del primo direttore generale laico, Carlo Maria Celucci. L'Italia era l'ultimo Paese rimasto, tra quelli che ospitano i frati di san Giovanni di Dio, ad avere ancora un responsabile religioso. Laico ma maschio. Qual è la percentuale di donne primario? chiedo al dottor Celucci. Non esaltante: solo 3 su 18 uomini, pari al 16,7 per cento del totale. I loro confratelli francesi sono arrivati al 40. Tra i dirigenti medici si raggiunge quasi il 50: 72 donne contro 147 uomini. Le cifre invece si invertono per i caposala: 23 su 30 sono femmina.

«A parità di specializzazioni, dopo i quarant'anni, quando arriva il momento di essere nominati primari, gli uomini sono sempre avvantaggiati» spiega la dottoressa Simonetta Draghi, ginecologa del reparto maternità. «A quell'età le donne hanno già fatto dei figli, la loro carriera ha subìto un rallentamento. Certo, le poche che riescono ad arrivare in vetta sono le migliori.» La lunga esperienza di Simonetta in questo ospedale è cominciata nel 1982. Ha due figli e, come tante, si destreggia tra lavoro e famiglia. «Il maschio è nato quando avevo trentasei anni, la femmina quando ne avevo quaranta: anche io mi sono decisa piuttosto tardi. E la mia vita lavorativa è cambiata: le guardie notturne non le faccio più, sono troppo stanca.»

Lo sfinimento non è l'unica insidia. L'adattamento alla maternità e la responsabilità del nuovo nato, mi racconta, possono a volte determinare quella che i medici chiamano *maternity blues*, ovvero una sorta di malinconia che colpisce quasi il 50 per cento delle primipare. Si ammalano soprattutto quelle apparentemente forti e capaci, sui trentacinque anni, con un compagno fisso, un lavoro stabile e un alto livello di istruzione. I campanelli d'allarme: lacrime facili, ipersensibilità, irritabilità e cattivo umore, ansia e un senso di vulnerabilità. Diverso è il caso della depressione post partum, una vera e propria patologia. Se non viene curata per tempo, può anche portare, nei casi più estremi, all'omicidio del piccolo. Dopo il primo impatto con il neonato le mamme hanno dichiarato per il 51 per cento «perplessità», per il 42 «familiarità» e per un preoccupante 4 per cento totale «estraneità» nei suoi confronti.

«Le donne di oggi, in Occidente, vivono male la gravidanza. Si fa un figlio per non ritrovarsi a rimpiangere l'occasione perduta, ma tormentate dai dubbi. Si preoccupano per la salute, per le conseguenze sulla loro carriera, per i cambiamenti nell'aspetto fisico, per gli equilibri di coppia, per il futuro della loro vita sessuale e per la responsabilità di una nuova vita che dipenderà da loro. Molte sono abituate a esercitare un pieno controllo sulla propria esistenza quotidiana mentre un figlio è in molti sensi un salto nel buio. Gli uomini le sostengono quasi sempre, ma già al secondo figlio diventano meno attenti e presenti. E comunque loro, una volta fuori di qui, riprendono la vita di prima.» Simonetta mi racconta che spesso, quando tornano al Fatebenefratelli dopo il primo mese, sono sfinite proprio perché i mariti alla fine non ci sono.

Esco dalla «fabbrica delle famiglie» piena di perplessità. Alcune di queste donne diventeranno «mamme italiane» di figli viziati. Altre, dipendenti frustrate e disamorate del proprio lavoro. Qualcuna ce la farà: quelle che possono contare su riserve di allegria, creatività ed entusiasmo. E spesso sull'aiuto delle loro madri. Ma visto che qua dentro la storia si conclude con la nascita del bambino, ora mi chiedo: e dopo il lieto fine?

«Non cambierei niente, ma mi dispiace di non aver avuto l'amore.» Anna Maria Bernardini De Pace si situa all'estremo opposto rispetto alle neo-famiglie felici. Quando vanno da lei, tanto felici non sono. È una dei più quotati divorzisti d'Italia. E ha dovuto lottare per la sua carriera: «Pensavo sempre: figurati se non mi daranno quello che mi spetta. Invece non è avvenuto. Le donne credono che il riconoscimento arrivi un po' come il principe azzurro. Prima o poi accorre a cavallo, ti prende e ti porta via. Ma non ti arriva niente se non te lo vai a cercare». Si è laureata a trent'anni, dopo aver interrotto l'università, a ventidue, per coronare il più classico dei sogni romantici studenteschi: sposare il professore. Poi, finito l'amore, si è rimessa a studiare per mantenere due bambine. «Autonomia e libertà: due princìpi che le donne sconfessano tutti i giorni, basta che si innamorino. E quindi continuano a coltivare l'ego maschile e invece di stimolarli al coraggio alimentano il loro senso di protezione. Rinunciano all'indipendenza di pensiero e a quella economica e si tengono un uomo malgrado tutto. Per che cosa abbiamo combattuto?»

Oggi Anna Maria combatte, e spesso vince, nelle cause forse più astiose al mondo: quelle di separazione. Ha alle sue dipendenze uno stuolo di giovani e praticanti e ha le idee molto chiare sulla leadership al femminile. «Dobbiamo comportarci da capo, non da madri o da sorelle» dichiara. Nel suo enorme studio su due piani lavorano 26 donne e 4 uomini. È un ambiente accogliente come una vera casa, il suo ufficio. Ha anche un angolo salotto in cui ci accomodiamo per un rapido pranzo giapponese. Si sente che è un luogo creato da una donna: un posto di lavoro che però non ha rinunciato al calore umano. Deve essere un grosso conforto per le persone tese e angosciate che vengono qui. Anche Anna Maria, seduta di fronte a me con la sua maglietta rossa e le lunghe gambe fasciate dai jeans bianchi, ha un'aria rassicurante, un viso aperto, abbronzato e sorridente.

Ovviamente, mi racconta, la gestione di così tante ragazze è complessa. C'è sempre qualcuna incinta, allattamenti, inserimenti scolastici, emergenze, malattie: il disagio organizzativo è notevole. Ma invece di lamentarsi o ghettizzare le mamme, trova soluzioni flessibili. Per esempio, spesso i bambini all'uscita dall'asilo vengono portati in studio, come faceva lei con le sue figlie. E incoraggia una sorta di *time sharing* per cui, quando una non riesce a venire, la sostituisce qualcun'altra. È più facile, perché lei stessa segue personalmente tutte le cause, anche se a ognuna associa un'altra avvocata. Al momento ne ha in corso circa 360. «Una al giorno» commenta ironica. Da questo ufficio sono passati più cuori spezzati che in un reparto di chirurgia. «Conosci la canzone di Ivano Fossati *La costruzione di un amore*?» Come no. *Dietro una porta un po' d'amore per quando non ci sarà tempo di fare l'amore*... «È bellissima» commenta. «Ed è vero. È una fatica costruire un amore. Oggi soprattutto le giovani coppie credono di poter avere tutto senza sacrifici. Non c'è più educazione dei sentimenti, solo sollecitazione al sesso.»

Nel corso dei 20.000 casi che ha affrontato, le donne sono cambiate eccome. I suoi primi dieci anni di attività sono stati dedicati a difendere mogli ignare dei loro diritti, vittime delle situazioni, che avevano semplicemente delegato la loro vita al marito. Oggi i ruoli si sono in parte invertiti: vengono da lei i futuri ex, inseguiti da dee trentenni della vendetta che portano le prove del tradimento subìto. Oppure le dee stesse: «Si presentano con dossier alti un metro pieni di file scaricati dal computer del marito, password, sms scambiati con le altre. L'avvocato non deve quasi muovere un dito. I maschi sono sprovveduti, confusi».

E se non è la moglie, è l'amante venticinquenne a far valere i propri «diritti». Arrivano nel suo studio, mi racconta, trascinando il valoroso sessantenne, determinate a farlo separare senza traumi. Almeno economici. «È una cosa imbarazzante. Le ragazze di oggi non sanno neanche fare le amanti, come una volta che restavano nascoste, ora vogliono essere legittimate, andare nella casa al mare, entrare nella Bentley.» Il signore distinto preso per mano dalla fanciulla in fiore di turno e accompagnato dalla divorzista: mi sembra una scena da commedia all'italiana. Ma è la realtà: «Lei sa tutto della moglie, riesce a trovare delle colpe a questa poveretta che magari ha cresciuto tre figli e per anni ha amministrato la casa in modo perfetto».

In questo caso, contravvenendo un po' al dovere della ferocia forense, lei invita gli uomini a essere giusti. A onorare un matrimonio di trent'anni, una storia condivisa. E intanto prega le mogli abbandonate di essere ragionevoli con la custodia dei figli. Ma è vero che le madri la ottengono molto più facilmente? Sono sinceri tutti quei padri disperati che scrivono a Natalia Aspesi? Non sono così comuni, secondo l'avvocato Bernardini De Pace. Ha appena finito di scrivere all'ex marito di una cliente per convincerlo a tenere i figli metà tempo, così lei può lavorare. «Mi ha detto di no. Fanno tanta scena, ma la verità è che non vogliono pagare, nutrono un senso di rivendicazione verso la donna, e lo riversano sui bambini.»

Tra mogli astiose e fidanzate avide, non stupisce che le cause di separazione e divorzio vengano avviate soprattutto dalle donne. Ma non più, come negli anni Novanta, per ottenere la libertà da un matrimonio stanco. Quella la vanno a cercare, ormai come i maschi, nelle relazioni extraconiugali. E sono molto più brave a nascondere le tracce. «Di mariti che si sono scoperti traditi ne ho avuti due o tre, il restante 97 per cento sono donne che hanno beccato le altre.» Il telefonino è un'arma letale, ha rovinato più adulteri del classico segno di rossetto sulla camicia. Sono peggio gli sms delle e-mail. A volte però cancellare accuratamente i messaggi compromettenti non basta. «L'unico dei pochissimi uomini ha avuto un'esperienza tremenda. La moglie aveva il telefonino nella borsetta e ha avuto un rapporto sessuale in macchina. Si vede che la borsa è caduta e il cellulare ha digitato l'ultimo numero chiamato: quello del marito. Lui ha registrato tutto, è durato un sacco di tempo, l'ho sentito io.» Alla fine della performance la moglie, probabilmente rivestendosi, dice: «Basta, devo andare a prendere i bambini a scuola». A lui aveva raccontato che andava dall'estetista. «Era totalmente rimbecillito, non ci voleva credere. Gli ci sono voluti nove mesi per riuscire a dirle che aveva scoperto tutto e lasciarla.» Le mogli invece fanno il percorso inverso: immediatamente reagiscono chiedendo la separazione, poi magari si lasciano convincere a restare, sedotte per esempio da un gioiello. «Ne è venuta una che quando finalmente ha deciso di separarsi, al decimo tradimento, ha dichiarato: "Non ne posso più di orecchini e brillanti".»

Una delle praticanti, Sofia, entra a portarci dei documenti. È una bella bruna di ventotto anni. Sono tutte così, mi racconta Anna Maria, e molte hanno vite sentimentali disastrose. Perché i maschi hanno paura. Anche della loro capacità di stare da sole e di non considerarlo una condanna, ma una conquista. Come è stato per lei. Ammette che nel suo divorzio si è comportata da pessimo avvocato. «Ho scritto la separazione, l'ho data a mio marito e gli ho detto: "Dammi quello che vuoi purché tu esca di casa". Per poco non gli spezzavo le gambe nella porta, dalla fretta che avevo di vederlo uscire.»

E si è ritrovata con due figlie da allevare, e al verde. Per dieci anni non è andata dal parrucchiere. Denaro per abiti e trucchi non ce n'era, così ha lanciato la moda di scarpe da tennis e abiti casual in tribunale. «La gente rimaneva scioccata. Ho avuto due giacche invernali e sempre gli stessi jeans per quattro anni. Avevo una serie di buste: affitto, luce, gas, spese straordinarie, e ogni volta che guadagnavo qualcosa ce ne mettevo dentro una parte, perché avevo l'ansia di restare senza soldi.» Anche per questo oggi è così feroce nel difendere i diritti economici delle sue assistite: gli alimenti si decidono in base al tenore di vita che si conduceva prima della separazione, e il suo è più che mai un lavoro da Sherlock Holmes. «Se tu come avvocato sei preciso, diligente e porti tutte le prove, puoi ottenere compensazioni proporzionali.»

Molti sostengono che oggi quelli sfavoriti, discriminati siano gli uomini. «Non è vero» scuote la testa con decisione. «Ci sono però alcune giovani che mi sconvolgono perché tengono copia di tutto dal primo giorno: mi portano le ricevute del viaggio di nozze alle Hawaii, dell'acquisto della borsa di Louis Vuitton a Parigi.» Così, quando si viene al dunque, possono dimostrare che la capacità di spendere di lui è diversa dalla dichiarazione dei redditi. È la generazione di *Sex and the City*. So che dovrei applaudire ma mi sembra così poco romantico tenere gli scontrini della luna di miele in vista del divorzio. «Sì, è brutto, è orrendo, non è il mio modo di vedere un rapporto sentimentale» annuisce Anna Maria. «Però oggi è così che si deve fare.»

Per la verità, si corregge, un certo tipo di ferocia è più tipico della generazione successiva, le venti-venticinquenni. Quelle che poi le portano il sessantenne in ufficio. «Se hanno la possibilità e un po' di fisico lo tirano scemo. Ovviamente non ho mai visto un lattaio sull'orlo del fallimento trovarsi in una situazione così» commenta ironica l'avvocato. «Ma sono narcisi gli uomini, credono che sia merito loro, non pensano di essere la preda ambita, la base di una vita futura da vedove allegre.» Sarà presto anche un problema per lo Stato, aggiunge con un lampo di sorriso. «Un conto è dare la pensione a una donna di settant'anni quando muore il marito, un conto è se lei di anni ne ha meno di cinquanta.» L'Inps rovinata dalle cacciatrici di dote, davvero un finale da operetta per il welfare nel nostro Paese.

All'altro estremo rispetto a questa generazione predatrice c'è la fascia d'età dai quarantacinque in su. Parlando di loro la punta di acidità sparisce dalla voce di Anna Maria e gli occhi le si riempiono di comprensione. Sono le mogli subordinate, acritiche, dalla mentalità sacrificale. «Quelle che pensano che la donna deve accettare le corna perché l'uomo è così... È così un par di palle! Si organizzi anche lui, noi abbiamo modificato il nostro modo di essere e ci è costato moltissimo.» A forza di stare sottomesse, a un certo punto si ritrovano sole, senza un lavoro e con una giovanissima arrampicatrice che le sfratta di casa. A loro Anna Maria cerca di spiegare che la storia è cambiata. Dalla riforma del diritto di famiglia del 1975, infatti, c'è pari dignità giuridica dei coniugi, e il lavoro casalingo vale come quello fuori casa che produce reddito. Chi sceglie di accudire al focolare dopo il matrimonio dovrebbe pretendere la comunione dei beni, per non ritrovarsi senza risorse in caso di separazione. Chi lavora può chiedere che il marito metta per iscritto la disponibilità a usufruire del congedo di paternità. «Lui non è d'accordo? Non te lo sposi. Le donne non possono essere totalmente azzerbinate perché hanno paura di parlare di denaro.»

Dal 1975, inoltre, marito e moglie hanno uguale diritto di potestà sui figli, è stata abolita la dote e introdotta la comunione dei beni. La legge 151 prevede altre novità: concede anche alla madre il diritto di disconoscere la paternità di un figlio, consente che si cerchi il padre naturale del proprio bambino, equipara i figli naturali a quelli illegittimi. Non toccava ancora il delitto d'onore, abolito solo nel 1981: fino ad allora se un uomo uccideva la moglie, la sorella o la figlia sorpresa per esempio a letto con l'amante, rischiava dai tre ai sette anni di carcere contro i minimo ventuno comminati per un omicidio «normale», senza attenuanti.

Anna Maria si accalora pensando che queste e altre rivoluzioni sono passate ben alte sopra la testa di molte mogli sfruttate e succubi. Elenca tutti i diritti che non sanno di avere. «Neanche l'articolo 143: viene letto in chiesa, e non ascoltano. È quello che dice che l'uomo e la donna hanno l'obbligo di solidarietà materiale e morale. Quindi non è che la mattina tuo marito ti allunga cinque o dieci euro. Devi pretendere di sapere quanto guadagna, dove ha i conti correnti.»

Le quarantenni di oggi sono la prima generazione che si è veramente dedicata alla carriera, rifiutando il matrimonio come unico obiettivo. «Hanno vissuto l'autonomia, ma sono state molto sfruttate, non hanno mai negoziato i loro stipendi, perché erano gratificate dall'essere donne in un mondo di maschi.» Quindi alla fin fine il femminismo ha fallito? No, ma a un certo punto si è fermato. Ha negato lo stereotipo della casalinga ma non ha ricostruito un modello di femminilità forte. «Se le donne sapessero rafforzare la consapevolezza del loro mondo interiore, rivalutare sentimenti come la nostalgia, che si sta perdendo perché tutti vogliono tutto subito... Allora sarebbero capaci di riportare nel dialogo con gli uomini qualcosa che non sia solo il sesso, la tetta e la gamba esibite, il tacco duemila.»

Da donna pragmatica, il suo suggerimento per aiutare a conciliare carriera e famiglia è fiscale: «Chiunque lavori ha bisogno di una persona che si accolli un po' di faccende di casa e vada a prendere i figli. E allora deve potersi detrarre quei 18/20.000 euro all'anno. Perché non te lo fanno fare? Anche solo al 50 per cento?». Per mettere le donne in una situazione di pari opportunità devono diventare detraibili le spese che riguardano in particolare loro, sostiene. Provocatoria, ci mette anche i cosmetici e il parrucchiere. Smettiamo di considerarle frivolezze femminili, sono strumenti professionali: «Per come siamo fatti, l'uomo basta che si metta una giacca e una cravatta ed è in ordine, la donna no».

Dopo migliaia di cuori infranti, urla in tribunale, devastazioni familiari e battaglie questa donna straordinaria è ancora capace di un romanticismo disarmante. Il suo sogno? «Perdere la testa per amore.» Ma quando le chiedo a che punto sono gli uomini italiani la risposta è poco incoraggiante quanto satirica: «Stanno tra la figa e la fuga» decreta. Posizione scomoda.

Capitolo 7

MORATORIA SUL MASCHILISMO

Alle 9.30 di mattina sono già in molte ad affollare la sala d'attesa, nell'ospedale Giovan Battista Grassi di Ostia, vicino Roma. Quando entro alcune mi osservano curiose, altre distolgono lo sguardo. Nessuna parla: tante donne tutte insieme in una stanza, eppure un silenzio che ristagna come l'aria di questa mattina senza vento. Le pareti bianche, dietro i seggiolini di plastica, sono coperte di scritte a pennarello che festeggiano i bambini nati negli ultimi anni: tanti piccoli Lorenzo, Giulia, Elisa, ma anche Mohammad, Amina e Iman. Un affastellarsi di lieti eventi che per le mie vicine di sedia devono essere come colpi di coltello. Loro sono qui per abortire.

La ragazza abbronzata, dai capelli scuri, seduta alla mia destra scambia due parole con l'uomo al suo fianco. Mi sorride e accetta di fare quattro chiacchiere. Ha ventiquattro anni ed è stato un incidente. «Il primo e l'unico, perché non succederà mai più. Qualche mese fa ho dovuto interrompere la pillola, avevo dei disturbi. L'ultima volta il preservativo si è rotto e sono rimasta incinta.» M. non si sente pronta per un figlio e per di più non ha nessuna sicurezza economica. La sua famiglia, per fortuna, ha reagito bene all'emergenza. L'uomo che le sta vicino è suo padre, che l'ha accompagnata a tutti i controlli necessari. Con il compagno, dopo sette anni, è finita. «Lui il bambino l'avrebbe tenuto, forse più per egoismo, ma ha rispettato la mia decisione.»

M. studia Scienze della comunicazione e lavora in una cooperativa che si occupa di disabili: non sa ancora cosa farà nella vita. «Appena ho capito che il mio ritardo non era nella norma ho tentato di farmi prescrivere la pillola del giorno dopo, ma niente da fare. Per ottenere quella abortiva sarei dovuta arrivare fino a Siena, senza nessuna garanzia di riuscirci. Ero terrorizzata: tutti mi dicevano che sarebbe stata una faccenda lunga e difficile. Per fortuna alla fine qui mi hanno aiutata.»

L'iter per l'interruzione di gravidanza in Italia prevede tre tappe: il colloquio con un assistente sociale presso un consultorio, la visita ginecologica per decidere se si può procedere, e poi l'aborto. «Io sono stata fortunata: l'assistente sociale non mi ha fatto pressione perché ci ripensassi e ha cercato di accelerare i tempi, anche se non l'ho potuto fare prima della decima settimana. Il mio corpo aveva già cominciato a trasformarsi: il seno era esploso, i fianchi si erano arrotondati. Incredibile.» Suo padre passeggia nel corridoio e mi controlla: ogni tanto si ferma ad ascoltare e studia le reazioni di sua figlia alle mie domande per accertarsi che stia bene. M. ha già abortito. Il feto è stato aspirato con un intervento in anestesia locale. È tornata a casa subito dopo. Alle quattro del pomeriggio è entrata in sala operatoria, alle sei e mezza è uscita dall'ospedale. Questa è la sua ultima visita di controllo.

Una ragazza seduta di fronte non riesce più a trattenersi ed esclama: «Allora sei stata proprio fortunata!». Per lei è stata molto più dura. S. ha trentun anni, non ha un compagno fisso né un lavoro. Giudica la sua scelta «inevitabile». «Ho fatto due test di gravidanza perché non ci volevo credere» racconta. «La decisione di avere un bambino va programmata, non può essere un incidente di percorso: un figlio è per sempre» aggiunge. Vive ancora a casa con la sua famiglia, che non naviga in buone acque: non può chiedere ai suoi di farsi carico anche di un piccolo senza padre. «Quando è successo non prendevo nessuna precauzione. È stato uno sbaglio, mi sono lasciata trascinare dagli eventi» scuote la testa, amaramente. «E adesso ne pago il prezzo.»

M. annuisce, comprensiva. «Nessuno si vorrebbe trovare in questa situazione e nessuno dovrebbe essere colpevolizzato se succede. In futuro penso di avere dei figli, ma non ho dubbi di aver fatto la cosa giusta in questo caso.»

Ancora oggi, nel 2008, fa effetto che ci siano giovani donne con una vita sessuale attiva così superficiali in fatto di contraccezione. Ma le campagne pubbliche di educazione sono poche e condotte a prezzo di opposizioni feroci. Basti pensare a quella recente per la diffusione dell'uso dei preservativi, che aveva Ambra Angiolini come testimonial, e alla valanga di polemiche che ha innescato. La madre di S., che ha accompagnato la figlia, esprime un parere del tutto in sintonia con le posizioni della Chiesa cattolica. «La cosa migliore per evitare complicazioni è astenersi.» Il problema è che non sta scherzando.

«Se mio padre lo scoprisse sarebbe una tragedia» aggiunge S. «Io stessa sono credente e ho versato molte lacrime prima di decidere. So che la Chiesa lo considera un peccato mortale, ma non potevo fare altrimenti.»

Il viavai nella sala d'aspetto aumenta. In piedi davanti all'ambulatorio delle visite ci sono anche diverse straniere: una famiglia di indiani con tre figli al seguito e tre polacche di cui una giovanissima, stupenda bionda con gambe interminabili. Sembra una modella. Che sia lei a dover abortire? Lo chiedo, cauta, all'unica delle tre che sento parlare in italiano con un'infermiera. «Deve fare un controllo» mi spiega brusca, evitando il mio sguardo, ma poi abbassando la voce ammette: «È incinta di sette settimane. È venuta in Italia assieme alla mamma per passare l'estate con il papà, che lavora qui ma che non sa niente». In Polonia è una pratica illegale, le ragazze «nei guai» sono costrette ad andare all'estero, naturalmente con un genitore, se minorenni. Il nostro sistema sanitario garantisce l'assistenza gratuita per urgenze, malattie infettive e interruzioni di gravidanza a tutti, anche a cittadini stranieri muniti di permesso di soggiorno e «stp», ovvero stranieri temporaneamente presenti sul territorio nazionale.

Nessuna delle mie interlocutrici riesce a pronunciare la parola «aborto» e tutte, all'unanimità, si dicono contrarie. Quando mi risiedo, al mio fianco c'è una donna con due bambine: la più piccola, di un anno, le sta sulle ginocchia, la grande gironzola per mano al papà. A un certo punto si ferma ad ascoltare il racconto della mamma. Mi chiedo cosa capisca di questa esperienza angosciosa. V., ventisette anni, non ha infatti nessun problema a parlare apertamente davanti alle figlie. «Il terzo? Proprio no! Non ho né la forza né la fantasia per tirarne su un altro. Non prendevo precauzioni quando mi sono accorta di essere incinta: aspettavo di trovare il contraccettivo giusto. Mio marito avrebbe potuto starci più attento. Se lo avessi capito subito avrei preso la pillola del giorno dopo. Al consultorio hanno cercato di convincermi a ripensarci, ma ormai avevo deciso.»

V. fa la commessa e non vuole restare a casa ora che ha superato il periodo più faticoso. La prima bimba l'ha avuta a vent'anni. Oggi non se la sente di ricominciare tutto da capo. «Non mi lascio influenzare da quello che dice la Chiesa, anche se non pensavo che mi sarei ritrovata in questa situazione. Il dibattito sulla 194 non l'ho seguito granché, ma penso che sia assurdo metterla in discussione.»

Dal fondo della sala due ragazze ascoltano silenziose, ma da sotto i berretti i loro occhi carichi di amarezza la dicono lunga. Vinta la diffidenza F. si avvicina. «A me, invece, l'hanno fatta proprio pagare, dall'inizio alla fine di tutta questa brutta storia» mi confida amara. «A cominciare dalla ginecologa che mi ha visitata la prima volta e che con un misto di ironia e disprezzo mi ha detto: "Il preservativo no, eh?". Per finire con l'anestesista, che mi ha trattata come un'assassina.» Aveva sempre preso la pillola fino a quando ha dovuto smettere per un problema al seno. Nonostante la giovane età di figli ne ha già uno, da una relazione precedente, e col suo lavoro di operatrice ecologica è già difficile mantenere quello. Ma non c'è stata comprensione né offerta d'aiuto. «Il mio compagno mi ha detto che dovevo essere io a decidere, e quando l'ho fatto mi ha assalita gridando che facevo schifo.»

Ha abortito da una ventina di giorni e non scorderà mai l'odore del camice e la sensazione provata al risveglio. «Se possibile» aggiunge con occhi cupi, «quando si è già mamma è anche peggio.» Ha cercato almeno di fare in fretta. «Non volevo assolutamente che il feto soffrisse. Quando sono andata al consultorio volevano che aspettassi fino alla decima settimana. Ho avuto una crisi isterica. Sono riuscita a interrompere la gravidanza a sette. Spero che sia servito.»

La sua amica, ancora più giovane, le tiene la mano. «A me per fortuna non è successo e spero che non mi capiti mai. Quello che so con certezza è che, potendo, chiunque lo eviterebbe.»

Storie di ordinario dolore e solitudine. Vorrei che le ascoltasse chi propone moratorie sull'aborto. Chi è contro la pillola Ru486 perché ritiene che diventerebbe tutto «troppo facile». Chi si dichiara contrario alla contraccezione.

La porta davanti a noi si spalanca per l'ennesima volta: la folla di pazienti è andata via via scemando e la dottoressa Elisabetta Canitano riesce finalmente a uscire per prendere una boccata d'aria. Mi viene incontro sorridente: è una donna esile e vitale. Ci concediamo un succo di frutta al bar dell'ospedale. «Qui ogni giorno è la stessa storia: nel Lazio non sono poi tante le strutture dove poter abortire, e spesso non riescono a far fronte alle richieste. In questo periodo, per esempio, i colleghi dell'ospedale di Gaeta sono in ferie, quello di Fondi non ha anestesisti e quello di Latina sarà chiuso per un mese.»

Elisabetta è medico per vocazione, non certo per convenienza. Assieme a un gruppo di colleghe e ostetriche ha fondato l'associazione no-profit «Vita di donna», che ha sede a Roma nella Casa internazionale delle donne. Lì ha avviato un centro di assistenza e un ambulatorio aperto tutti i giorni delle 9.00 alle 19.00, dove rivolgersi per una visita ginecologica, per essere assistite nel periodo della gravidanza, per prepararsi al parto e informarsi su contraccezione, menopausa e su tutti i disturbi di natura sessuale. Fanno anche consulenze on-line.

«Purtroppo sono sempre meno i medici non obiettori di

coscienza, per cui alla fine chi come me pratica le interruzioni di gravidanza si ritrova con un carico lavorativo, e soprattutto emotivo, non indifferente.» Elisabetta scuote la testa. Nel 2007 i ginecologi che hanno scelto l'obiezione hanno raggiunto quasi il 70 per cento, contro il 58,7 del 2003. Percentuali in aumento anche per gli anestesisti, 50,4 per cento lo scorso anno, e per il personale non medico 42,6.

Gli aborti in Italia, come ha confermato Livia Turco a pochi giorni dalla fine del suo mandato di ministro della Salute, sono in calo: circa 131.000 nel 2006, poco più di 127.000 nel 2007. Tra le immigrate, invece, sono aumentati del 4,5 per cento rispetto al 2005. Nel nostro Paese è possibile abortire solo nelle strutture pubbliche e su appuntamento: in una giornata la dottoressa Canitano visita dalle dodici alle quindici pazienti, poi passa ai controlli post-operatori. Le interruzioni di gravidanza sono il lunedì e il venerdì pomeriggio, cinque al giorno. «È importante evitare che restino di nuovo incinte senza volerlo: per questo a partire dalla sera stessa dell'intervento diamo loro la pillola, che costa sei euro e che quindi possono permettersi tutte.»

Ma anni di esperienza le hanno insegnato che l'istinto riproduttivo femminile è colpevole di molti presunti «errori». All'improvviso nella loro mente, mi spiega, «lampeggia l'ipotalamo della riproduzione». Anche perché in Italia l'idea che ci può essere sesso senza figli ancora, in certe zone, fatica ad affermarsi. È l'eterno problema della sacralità della famiglia. Quando vent'anni fa lavorava ad Acilia, una borgata alle porte di Roma con un alto tasso di immigrati calabresi, «partorire con il cesareo era considerata una vergogna: ti rinfacciavano di non essere neanche capace di mettere al mondo un bambino. Per non parlare delle suocere, che quando i figli erano lontani per lavoro pretendevano di vedere gli assorbenti delle mogli macchiati di sangue, a conferma della loro fedeltà. E poi ci stupiamo degli stranieri!».

Quella che mi descrive, in effetti, è un'Italia in pieno Medioevo. In cui di questioni come l'aborto non si parla, lasciando la responsabilità alla singola «inguaiata». Tutte sono infelici, tutte sono combattute ma lo fanno. Quelle che rinunciano sulla soglia della sala operatoria alla fine sono meno dell'1 per cento. Elisabetta e i suoi colleghi cercano di attenuare il più possibile il dolore che accompagna queste scelte: non fanno vedere l'ecografia e non forniscono informazioni non necessarie. Se una insiste per averle, fermano l'intervento. Si tenta il più possibile di tenere separate la fase del consultorio, in cui le donne devono cercare di capire cosa vogliono veramente, e quella dell'operazione, in cui invece ci si occupa esclusivamente dell'aspetto clinico.

Quelle che faticano di più a riprendersi sono le più adulte, che non hanno figli e temono che non li avranno mai. Le giovani cercano di tornare alla normalità il prima possibile. In generale, dice Elisabetta dall'alto del suo quarto di secolo di esperienza ginecologica, la situazione è peggiorata: «La nostra è l'unica generazione che ha visto quella successiva andare indietro invece che avanti». Ma non crede che l'Italia intera retrocederà sull'aborto: «Sono ottimista, perché mi ricordo come ce la passavamo quarant'anni fa».

Le donne di una volta dovevano scusarsi se lavoravano trascurando la famiglia, quelle di oggi se partoriscono trascurando il lavoro. E spesso persino gli uomini non se la sentono più di chiedere: «Si sono resi conto che è con questo genere di partner che devono fare i figli. Femmine che hanno soppresso il loro istinto in nome del "dover essere", schiacciate da pesantissime pressioni sociali». Elisabetta le chiama le «figlie di Minerva», la dea della saggezza che nacque non in modo naturale, ma da un'emicrania di suo padre Giove. Di sicuro, di mal di testa alle dee di oggi ne toccano molti. Per tacere del cuore.

Giuliano Ferrara mi riceve nel suo ufficio del «Foglio» in una torrida giornata romana. Arriva in ritardo di quasi un'ora, stravolto dal caldo e profondendosi in scuse. Nonostante la fronte imperlata di sudore è impeccabilmente in giacca e caratteristico farfallino verde.

Giuliano è uno dei pochi uomini che intervisto per questa

inchiesta, e uno dei molti che si sono sentiti in diritto di dire la loro su cosa significhi uccidere il figlio che si porta in grembo. La lista «Aborto? No grazie», con cui ha partecipato senza successo alle elezioni politiche dell'aprile 2008, secondo molti, ha fatto regredire di circa quarant'anni il dibattito sui diritti delle donne. Violentemente contestato già nelle manifestazioni dell'8 marzo, durante i comizi della sua campagna elettorale è stato addirittura aggredito fisicamente. Gli hanno lanciato uova, pomodori, a Bologna una sedia.

Vorrei sapere innanzitutto se è contrario all'autodeterminazione femminile in generale, o solo quando si tratta di vita e di morte. Dichiara di non essere competente in materia di *empowerment* e partecipazione economica delle donne, ma mette subito le mani avanti sul concetto di «parità». «Non credo che significhi omologazione della figura maschile e di quella femminile» chiarisce. Un'affermazione in cui qualunque femminista storica, come per esempio sua moglie Selma, vede un tranello. Sa benissimo, aggiunge, che è spesso un modo di promettere uguali diritti da una parte per poi aggiungere vilmente, «però ciascuno a modo suo», e ritrattare. Ma su certi aspetti è convinto che la parità sia doverosa, per esempio che sia «innaturale» pagare meno una donna rispetto a un uomo per la stessa mansione. Ciò detto, ci sono ambiti in cui l'uguaglianza non vale: «Per essere chiari, io credo che la maternità sia una specifica ma decisiva prestazione, che ha una dimensione non solo privata, ma eminentemente pubblica. Lì non ci sono parità possibili».

Sostiene che la maternità deve essere robustamente finanziata dallo Stato: «Non è possibile che si abortisca per cause materiali, è una cosa primitiva, barbarica». Le «cause materiali» non sono soltanto non avere i soldi per mantenere un bambino, ma anche non avere la possibilità di partorire e proseguire lo stesso gli studi, avanzare nella carriera, avere una vita sentimentale. «Perché la maternità è considerata una prigionia, una segregazione, una forma di riduzione del potere femminile. Io dico invece che la donna in maternità è un soggetto sociale privilegiato così come la gestante e poi la madre.»

Oggi molte non si sentono così privilegiate. Chiuse in casa oppure condannate a una vita di corse affannose tra un asilo, un supermercato e un ufficio dove le possibilità di carriera si sono definitivamente dissolte. Ma secondo Ferrara la donna, in quanto tale, vuole essere madre anche quando non lo ammette.

«Il potere che la donna moderna chiede non è quello che io sono disposto a darle. Io vorrei sostenerla a essere ciò che è. Invece lei vuole essere diversa da quello che è, perché vuole autodeterminarsi anche dal punto di vista del suo ruolo sessuale.»

Bizzarra, la donna moderna, con questa mania di protagonismo nella sua stessa vita. Quindi non è possibile che una femmina decida di non avere figli? Magari di privilegiare il lavoro? Di non legarsi a un maschio dominante? A quanto pare, no: Ferrara ammette di pensarla «come i vecchi conservatori, come i preti, come i cardinali e come tanti filosofi e sociologi, che non ritengono sia quella la strada». Bontà loro che ci illuminano. Mi viene da dirgli che di uomini che hanno cercato di spiegarci come siamo, o come dobbiamo essere fatte ne abbiamo conosciuti troppi.

«La donna, vedi, è un soggetto attivo, autonomo, pensante» mi spiega Ferrara, didattico. «Ma, in quanto immagine ideologica della modernità, è anche una bandiera. Quando io polemizzo contro il significato, nel mio tempo, della donna e della sua emancipazione come conformazione al maschio, non me la prendo con lei. Ma con la nostra cultura.»

Troppo buono. Veniamo alla sua ultima impresa, la proposta della «moratoria sull'aborto». Un colpo di genio mediatico: pochi giorni prima era stata approvata dall'Onu la moratoria sulla pena di morte, ovvero la sospensione delle esecuzioni. Accomunando la pena di morte all'aborto, di fatto si trattavano le donne come assassine. Forse non è sorprendente che poi non lo abbiano votato. «Io non ho mai detto che le donne sono assassine e non ho mai detto che bisogna vietare loro di abortire o incarcerarle se abortiscono, però questo è quello che è passato e non c'è niente da fare.»

Mi stupisce che un uomo di comunicazione come lui non avesse previsto questo cortocircuito, ma si dichiara innocente.

Contava su una certa stanchezza del dibattito pubblico sulla 194, ormai in vigore da tanti decenni. Non immaginava che la reazione sarebbe stata così veemente. Io ricordo di aver pensato che non lo era abbastanza. Credo che su temi drammatici come questo non debbano esserci tabù: la discussione va tenuta viva e l'attenzione di tutti ben desta. Ma toni accesi come quelli usati da Ferrara non servono a niente. Solo a esacerbare gli animi, soprattutto quelli delle donne che questa tragedia la vivono nelle proprie viscere. La soluzione non è colpevolizzarle: è informarle e aiutarle, rendere consapevoli soprattutto le giovanissime delle conseguenze, pratiche ma anche etiche dei loro comportamenti. E mostrare le vie, dato che esistono, per evitare catastrofi inutili.

Ma Giuliano non ha vissuto la sua proposta come un attacco alla 194 e tantomeno alle donne, bensì proprio all'aborto. «Essendo liberi e potendo fare il bene o il male, abbiamo fatto il male, un miliardo di aborti. E abbiamo corrotto, snaturato profondamente il nostro tempo. Quindi ho detto: correggiamo questa strada.»

Purtroppo alcune delle armi che portava in questa battaglia erano destinate a ferire proprio noi. Per esempio, la pretesa di chiamare «bambino» il feto. E la richiesta di seppellirli. «Così vedrai che l'aborto diventa un'altra cosa nella coscienza pubblica e dunque anche in quella privata, senza per questo essere illegale, senza che tu vada in galera. Però la tua coscienza è messa di fronte a un'alternativa di verità, non di menzogna.» In che modo ciò può «sconfiggere» l'aborto, non è chiaro. Sarebbe utile se normalmente ricorressimo a questa violenza sul nostro corpo e sul nostro cuore senza pensarci, convinte di sbarazzarci solo di un fagotto di cellule. Ma quando protesto che invece questa scelta è sempre un trauma, mi risponde citando liberamente Freud: «Il trauma è anche qualcosa che si cerca, di cui si ha bisogno, è un accompagnamento ai propri incubi». Cioè dobbiamo ringraziare anche del trauma.

Ma allora perché non affrontare il problema a monte e mettere in piedi una politica di prevenzione seria, un'educazione alla sessualità, alla contraccezione? Giuliano alza le mani al cielo, inorridito. Già che ci siamo, è contrario anche a questo. «Mi sembra un'altra grande menzogna» dichiara, e si rifà alla posizione espressa dalla Chiesa nell'enciclica *Humanae Vitae*, che condannò definitivamente l'uso dei contraccettivi. «Sono il viatico dell'aborto, e lo posso dimostrare coi numeri. In Italia, che è il Paese dove vengono usati di meno, sono diminuiti gli aborti. In Francia, dove sono a disposizione di tutti e la pillola del giorno dopo è gratuita, l'aborto è rimasto fermo alle cifre di trent'anni fa, anzi è lievemente incrementato.»

Ma allora la grande rivendicazione degli anni Settanta, il sesso libero, la possibilità di fare l'amore in maniera responsabile e consapevole con chi si vuole? Un'idea mortifera, secondo lui. «Tra nessuno con nessuno e tutti con tutti ci sono altre idee regolative. Per questo è stato inventato il matrimonio, mica per altre ragioni.» Cioè non si fa l'amore se non con il proprio marito e, per di più, solo se si è disposte ad avere un figlio? Ma neanche la più bigotta delle donne appoggerebbe quest'assurdità.

Persino semplicemente il termine «sessuale» irrita molto il mio interlocutore: «Una delle parole più generosamente sprecate della cultura contemporanea. Anche la Chiesa parla sempre della sessualità, ma che cos'è? È una cosa barbarica, animalesca, riproduttiva: serve per gli allevamenti. L'uomo non è fatto per la sessualità. L'uomo è fatto per l'amore» continua, lirico. «È fatto per un destino di specie, per riprodursi e parlare delle lingue, comunicare razionalmente.» Mi vedo nitida davanti agli occhi l'immagine di questa casta umanità che parla le lingue. Una specie di Pentecoste globale. Questa non la sottoscriverebbero neanche gli uomini: credo che abbiamo raggiunto lo zero per cento dei consensi potenziali. Ma dobbiamo ancora arrivare al divorzio.

È di oggi la notizia che Berlusconi ha chiesto di poter fare la comunione con l'ostia benedetta anche se è divorziato. Ferrara, divertitissimo, mi annuncia che domani sul «Foglio» titolerà *L'ostia piena e la moglie ubriaca.* Non condivido quasi nessuna delle sue posizioni, ma la sua genialità provocatoria quando è ben applicata mi riempie di ammirazione. Peccato davvero che a volte metta una mente così brillante al servizio di idee completamente disconnesse dalla realtà. Ma sono d'accordo almeno su una delle sue convinzioni: che la Chiesa, la quale permette le separazioni quando un matrimonio è in crisi, faccia bene a non cedere sul divorzio: «Siccome c'è scritto nel Vangelo ed è il prodotto di una cultura, tra l'altro di tutela della donna, contro il ripudio, la dottrina cattolica dice che non si può sciogliere il vincolo sacramentale del matrimonio. Se uno sceglie la cerimonia religiosa, si suppone che lo sappia. C'è la tesi per cui la Chiesa deve chiedere scusa ai divorziati risposati, ai quali aveva negato la comunione per tanto tempo, e ridargliela. Ma sarebbero loro a doversi scusare».

Vero. Ma perché, gli chiedo, in un Paese dove tutti si riempiono la bocca con la tutela, la promozione, i valori della sacra famiglia, nella pratica la si aiuta così poco? Questo per me è un mistero della fede. Abbiamo avuto decine di presidenti del Consiglio che si sono dichiarati cattolici, democristiani, e nessuna politica coerente con queste loro ideologie. E anche lui, non poteva impostare la sua battaglia in modo più pragmatico e più politico, chiedere aiuti, anziché punizioni, per le donne? Mi risponde senza rispondermi: «Anche il Family Day era una battaglia di simulacro. Il problema era il matrimonio omosessuale e la possibilità di adozione per coppie dello stesso sesso. La Chiesa ha dato battaglia, e stavolta non c'era la Dc a fare da mediatrice laica, se no adesso avremmo i Pacs firmati da Andreotti».

Qual è il futuro della sua campagna? Dopo il fallimento della lista antiabortista continuerà a occuparsi delle donne? «Volevo prendere un sacco di avvocate e dire: "Bene, una questione concreta c'è: andiamo contro quelli che licenziano le dipendenti incinte".» È il primo passo per garantire quelli che continua a definire i «diritti del concepito». Perché parliamo di essere umano fin dal concepimento, vero? No no, «fin dal corteggiamento» sostiene Giuliano regalandomi gentilmente una battuta conclusiva. «Fin dallo sguardo.»

Chiamiamolo «bambino» fin dal primo sbattere di ciglia della madre e del padre al di sopra del fatidico terzo mojito.

Giuliano sa bene, mentre le ragazze che ho incontrato a Ostia forse no, che il dibattito sull'aborto è solo il capitolo più recente di una lunga storia di sofferenza, ma anche di diritti riconosciuti. Comincia a metà degli anni Settanta, quando il femminismo italiano è già una realtà importante. Le donne hanno bisogno di incontrarsi e discutere, di far circolare non solo idee ma anche informazioni. In primo luogo sul loro corpo. In tutta Italia fioriscono collettivi e gruppi autogestiti, si comincia a parlare di contraccezione, di libero amore. La libertà di cui parlano le donne è quella di svincolare il sesso dalla maternità: una possibilità che storicamente non hanno mai avuto.

Nel 1971 una sentenza della Corte costituzionale legalizza i contraccettivi: la diffusione della pillola è lo spartiacque da cui non si torna più indietro. Il passo successivo sul fronte di «l'utero è mio e me lo gestisco io» è chiaramente una nuova norma sull'aborto.

Gigliola Pierobon ha diciassette anni quando abortisce clandestinamente nel 1967. È una ragazza in difficoltà sul tavolo di una mammana, ma per la legge è una minorenne che compie un reato penale. Viene denunciata e, sei anni dopo, processata a Padova. Convinta dalle militanti, accetta di rendere pubblica la sua causa: finisce sui giornali e diventa un caso nazionale. I giudici la risolvono con un «perdono giudiziale», perché era minorenne all'epoca dei fatti. Non si rendeva bene conto, insomma.

Gigliola invece si rendeva conto fin troppo bene di cosa volesse dire rimanere incinta per sbaglio, non avere un compagno, affrontare l'onta sociale di un figlio fuori dal matrimonio nella provincia veneta di fine anni Sessanta. Casomai ha capito solo in seguito di essere stata strumentalizzata come simbolo della causa femminista. In una delle rarissime interviste, che ha rilasciato nel marzo del 2008, trentacinque anni dopo, confessa di essersi sentita tremendamente sola, sul banco degli imputati: «Secondo le statistiche una donna su cinque aveva abortito, eppure toccava solo a me raccontarlo. Ci sarà pure stata una mamma, una sorella, una vicina di casa, una zia nelle condizioni di dire: "L'ho fatto anch'io". Eppure nessuna si è fatta avanti». È vero che in un certo senso le femministe nel 1973 la «sacrificano» per la battaglia collettiva: la sua esperienza diventa quella di tutte. È il primo processo politico del movimento femminista italiano. Anche quelle che sono in prima fila a scandire gli slogan, di fatto, vengono fermate e denunciate.

Nello stesso anno Adele Faccio, militante radicale, fonda assieme a Emma Bonino il Cisa, Centro informazione sterilizzazione e aborto. Vuole aprire ambulatori gratuiti, la possibilità per tutte di interrompere la gravidanza, senza pagare, senza dover ricorrere a ferri da calza e infusi di prezzemolo, senza finire in prigione. Vuole che l'aborto diventi un diritto per poter essere sconfitto. Vuole luoghi in cui le donne siano accolte e dove si faccia prevenzione.

Adele, che ho conosciuto a Bolzano quando l'ho intervistata nei primi anni Ottanta, aveva sul viso una specie di dolcezza triste. Nella piega dell'ampio sorriso e in quegli occhi volti all'ingiù c'era una nota di severità. La stessa che metteva nella sua lotta instancabile. Avevo poco più di vent'anni e mi fece un'impressione di forza e affidabilità: una donna che sapeva di cosa parlava e con cui si sarebbe potuti andare in capo al mondo.

Nel 1974 il Cisa apre un ambulatorio a Firenze, che sopravvive nonostante le soffiate perché anche le mogli dei carabinieri non hanno i soldi per abortire, ma pure loro ne hanno bisogno. Il 26 gennaio del 1975 però Adele viene arrestata durante una manifestazione politica al Teatro Adriano di Roma: ha dichiarato pubblicamente di aver abortito. La interrogano per oltre venti ore: lei pazientemente racconta quello che fa per le altre. Lo ritiene un dovere, un diritto che lo Stato continua a negare. Quando l'arrestano, Adele ha superato la cinquantina. Ed è stata una femminista della prima ora. Ha un illustre precedente in famiglia: è nipote di un'altra famosa Faccio, Rina. Quella che aveva cambiato il suo nome in Sibilla Aleramo.

Ci vogliono altri tre anni e altre battaglie prima che, nel 1978, la legge 194 consenta l'interruzione di gravidanza.

Anche in questo caso, come per il divorzio, qualcuno non ci crede e chiede il referendum, convinto che le donne si siano sbagliate: non possono aver chiesto il diritto di essere infanticide. La Chiesa pensa che alla fine voteranno per l'abrogazione, sono buone cristiane. Invece il 68 per cento dell'Italia dice no: la legge la si tiene così com'è. È il maggio del 1981. Tre mesi dopo viene abolito definitivamente il delitto d'onore. Trent'anni dopo, il dibattito sull'aborto tornerà, con uno spaventoso colpo di coda, là da dove era cominciato. All'equazione: «donna che abortisce uguale assassina».

Tra i molti oppositori dell'idea della «moratoria sull'aborto» di Giuliano Ferrara, uno ha scritto un pamphlet, *Contro Giuliano. Noi uomini, le donne e l'aborto*. È Adriano Sofri, che vado a intervistare nella sua casa di Tavarnuzze, piccolo borgo toscano alle porte di Firenze. Al telefono mi descrive un percorso che tra rotonde, viadotti, serpentoni e incroci sembra infinito. Invece dura solo quattro minuti. Capisco che sono vicina quando vedo una scritta a lettere cubitali sul muro di un sottopassaggio: «Randi ti amo». La norvegese Randi Krokaa è stata la compagna di Sofri per trent'anni. E per venti ha condiviso le peripezie di condanne e assoluzioni di vario grado del suo uomo, ex leader di Lotta continua, nel «processo Calabresi».

Arrivata a destinazione sono accolta dalle feste di Brina, una simpaticissima bassotta che mi scorta verso la porta. Il padrone di casa mi aspetta sull'uscio, visto che a quell'ora non è autorizzato a uscire. Per una rara malattia che colpisce l'esofago, dal gennaio del 2006 si trova agli arresti domiciliari in regime di sospensione della pena. Ovvero può stare a casa sua, ma non può scontare lì il resto della condanna. Quest'uomo cocciuto probabilmente sarebbe tornato già parecchio tempo fa in galera, ma voleva stare vicino alla partner malata, morta nell'agosto dell'anno scorso. E ora, stato di salute precario a parte, c'è da curare anche il capolavoro di Randi, una specie di orto botanico colorato e profumato che trasforma quel luogo tranquillo sulla collina in un vero e proprio paradiso di pace.

«Come posso fuggire dal compito di tenere in vita questa meraviglia?» mi chiede con disarmante semplicità. Non ci vuole molto a capire quanto profondo fosse il legame che ha unito questa coppia.

«Cosa posso fare per te?» esordisce, facendo finta di non saperlo.

«Parlare, tra le altre cose, di Ferrara» gli rispondo.

«Mi ha fatto arrabbiare l'insieme della cosa. Ma ho l'impressione che lui fortunatamente abbia in parte corretto la sua prima reazione, spostando l'attenzione sul destino delle neonate in India e in Cina.» Ci sarebbe da scrivere un altro libro, sulla considerazione di cui godono le donne in quelle zone del pianeta. In India quello contro le figlie femmine è un pregiudizio sociale, non solo delle classi più basse, mentre in Cina c'è un vero e proprio «divieto» di averne, che fa parte della politica demografica. Col risultato che le donne, là, sono il 20-25 per cento in meno degli uomini, che restano scapoli. Oppure «comprano» una moglie in Corea.

«Ferrara è partito con un piglio da crociato sulla questione della 194, e sulla colpevolizzazione delle donne occidentali e in particolare delle italiane. Il tono a me sembrava inaccettabile da un uomo, chiunque fosse.» E così, vista la sua amicizia con Giuliano, ha deciso di prendere il toro per le corna e di dirgli pubblicamente quel che pensava. «Credo che abbia capito, benché non l'abbia mai ammesso, di avere calcato la mano in una maniera insopportabile. Sia per alcuni argomenti, sia in particolare per la veemenza, tanto è vero che durante questa campagna si è arrampicato un po' sugli specchi. Se l'aborto è un omicidio, ma la donna non è un'assassina, è solo un gioco di parole. E quelle che sentono dire che è un assassinio, avendo abortito e pensando alle altre che lo hanno fatto, si sentono offese, ferite.»

La discussione, ritiene, è comunque servita. Dolorosamente, ci ha ricordato che le conquiste non sono per sempre. «La gente aveva smesso di pensarci» scuote la testa. «Le donne che l'avevano vissuta come una delle battaglie più importanti della loro vita l'avevano messa da parte, perché sembrava un diritto acquisito, e si è scoperto tutt'altro.» Trova incredibile la quantità di obiettori di coscienza negli ospedali. E preoccupante che le più giovani non si fossero mai poste il problema. «Dunque è una scossa positiva, tutti quanti ci abbiamo ripensato. Ma quel che ho cercato di dire a Giuliano è che questo modo così aggressivo, estremista, di inserire il tema nella campagna elettorale non avrebbe giovato a nessuno.»

C'è anche un aspetto negativo della polemica, però: la provocazione ha dato alla Chiesa la possibilità di un affondo. «Di chiedere l'abrogazione della legge 194, spalleggiati da Carlo Casini del Movimento per la vita, da tante voci, in modo più o meno strumentale.» Ma l'offensiva è stata respinta e non è più, secondo lui, il problema principale. «Questo estremismo che ha vinto, ebbro di potenza, di autorizzazione a dire qualunque cosa, io lo temo meno su punti come questi e molto di più per la xenofobia, per esempio. Diciamo che si tratta di facce toste. Pensa a una sparata come quella sulle prostitute.»

Gli racconto della mia esperienza sulla Via dell'Amore. Io, che pure penso di conoscere abbastanza gli uomini, parlando con quelle ragazze ho avuto la netta sensazione che esista un mondo sommerso, una psicologia e una vita maschile che in realtà ci sfugge. Ogni tanto si apre una finestra, come la risposta della classe politica a Cosimo Mele, parlamentare dell'Udc, trovato con le squillo e la cocaina in albergo: chiediamo più soldi per poter far abitare le famiglie dei politici a Roma, e allontanare la tentazione. Questi stessi deputati poi agitano lo spauracchio del pacchetto sicurezza per spaventare le prostitute, che di altre paure proprio non avrebbero bisogno. Adriano ha un'opinione molto sensibile su questo argomento: «Il vero punto della situazione è il coraggio, che ormai diventa temerarietà, di tutte queste donne. Vanno per strada sapendo che in quel momento la loro vita non vale niente, può arrivare qualunque assassino, qualunque torturatore. E si aggiunge l'idea che sei braccata dall'opinione pubblica, dalla legge, dalla polizia, dal governo, da questi uomini politici che sono uomini non-politici».

Personalmente, credo che l'opposizione questa volta stia facendo un grande errore a non farsi avanti e proporre una soluzione. Per quanto imperfetta. Per quanto impopolare. «La sinistra affronta il problema da molto tempo semplicemente in modo quantitativo, cioè dicendo le stesse cose che dice la destra ma meno» dichiara Sofri, durissimo. «Un po' per l'assenza di autonomia intellettuale, culturale, e un po' perché sono problemi difficili da maneggiare per opportunismo, per demagogia, per paura. La sinistra dovrebbe essere anche qui meno ipocrita.» Esattamente come la destra, direi.

Il problema non è solo la prostituzione, aggiunge Sofri. Sono gli articoli allarmanti sugli italiani che sposano le ucraine o le polacche. Sono le badanti che lasciano i loro bambini per venire a prendersi cura dei nostri vecchi. «Siamo un Paese in cui i corpi maschili vengono trattati da donne di importazione.» Che sia per sesso, per cura o per amore. Tra un paio d'anni saranno le ventenni italiane, pronostica, a cercare marito in Polonia. Non so quanto andrebbero a star meglio, è forse l'unico Paese europeo più conservatore del nostro. Che pure abbiamo il Vaticano. «Come è potuto succedere» si chiede Sofri, «che la distinzione tra credenti e non-credenti sia intervenuta in Italia come un tema quotidiano, quasi drammatico, di discussione? Nella realtà non è così, non c'è una trincea tra il marito religioso e la moglie no, o tra il figlio che non crede più e la sorella. Ma nella vita pubblica sembra che questa cosa sia diventata essenziale. Le gerarchie religiose sono maschiliste, patriarcali in modo tremendo, hanno fatto malissimo alle donne. Viceversa penso che lo spirito religioso sia essenzialmente femminile da sempre.»

A cominciare naturalmente dalla vita, dalla capacità di crearla, dall'abitudine a custodirla. Gli uomini distruggono e le donne riparano, ricostruiscono. Sento l'eco della voce di Luciana Littizzetto secondo cui nessuna governante lancerebbe mai l'atomica per non dover poi rimettere tutto in ordine. Pensa alla vita primitiva, mi dice Sofri con molta ironia: «Con la caccia si riempiva tutte le serate il bar della tribù, coi maschi a raccontare quanto erano valorosi, cosa avevano fatto al leone. Poi con la carne del leone si mangiava un giorno su tre mesi, mentre per il resto le donne pigliavano semi, radici, verdure, borragine e facevano il risotto».

L'immagine del bar della tribù con i cavernicoli che trincano vantandosi come allo stadio, mentre le mogli girano il risotto, è davvero formidabile. È anche però il ritratto della più grande truffa mai esistita dalla notte dei tempi, quella che ci ha ridotte ai margini, a rappezzare la vita nostra e altrui, ai bordi del campo, ossessionate dal complesso della crocerossina. Ma Sofri ha un'espressione gentile anche per questo, lo chiama «il mondo salvato dalle bambine».

E lui di salvatrici ne ha incontrate tante. Compagne di strada e di impegno, per cominciare. Afferma candidamente che senza politica non sarebbe mai riuscito a trovare una ragazza decente e invece «ne ho trovate molte, meglio di quelle che mi sarebbero spettate». Gli occhi gli si riempiono di nostalgia mentre aggiunge: «Ho trovato la più bella di tutte, ci ho vissuto». Il suo modello, da vero intellettuale, è la Grecia classica di Atena e Antigone: «Le donne della tragedia, le dee e le eroine, sono creature terribili, fatali, pericolose. Sono amazzoni, dee vendicative, mogli che uccidono i mariti, mangiano i figli. Altro che sesso debole, diventano deboli solo in quanto sono state debellate, sottomesse, umiliate e imprigionate, chiuse in casa da un patriarcato. Per la semplice ragione che hanno vinto i maschi. Tutta la civiltà greca conserva la memoria di donne molto forti, che sono state un nemico temibile. Come se i grandi greci che le tengono in casa, e poi fanno l'amore con i ragazzi, cantano l'arte della guerra e della caccia, si ricordassero che non bisogna però mai dare le spalle alla propria donna, perché una coltellata ti può arrivare da un momento all'altro». Non è proprio la ricetta per condividere serenamente il letto coniugale. E infatti la rappresentazione delle relazioni sentimentali è cambiata, oggi tutto è molto diverso: «La donna è ormai un animale addomesticato definitivamente, dal quale non ci si aspetta più una rivolta. Il rapporto di coppia non è più di competizione, di sopraffazione, ma di tenerezza. E si può essere tenero solo con chi è debole».

Ed ecco l'amor cortese, con la fanciulla nobile e angelicata per cui l'uomo uccide il drago. Lo stesso amore romantico di cui sono pieni i film di Hollywood. Ma ormai, nel romanticismo, le donne cominciano a fiutare la trappola. E gli uomini tornano ad avere paura. Il cerchio si chiude. «Ristabilita la giusta distanza di rispetto tra uomini e donne, penso che oggi non sarebbe male una vigorosa ripresa dell'amore. Spogliato, se possibile, dell'elemento di violenza e di inganno, può diventare un legame sacro che riempie la vita delle persone. Anche provvisoriamente, non dico ci debba essere per forza la monogamia. Tu guardi i film porno?»

Bella domanda. Ammetto di non essere una grande amante del genere, anche se in questa inchiesta ho imparato qualcosa di nuovo. Lavorando sul tema delle donne una delle prime cose che colpisce è la qualità di sollecitazioni sessuali di cui siamo protagoniste e vittime, e a volte consumatrici. E non si può evitare di interrogarsi sull'impatto che hanno sul nostro modo di stare al mondo oggi. Anche Sofri è un neofita perché il porno lo ha scoperto in internet, che tra le altre cose pullula di siti «per adulti»: «Ho l'impressione che la rappresentazione ossessiva della soggezione di una donna beata di essere umiliata sia la chiave di tutta questa pornografia impressionante». Anche mio marito Jacques sostiene la stessa cosa, cioè che la pornografia è fortemente diseducativa, soprattutto per i giovani. Perché rappresenta la realtà in modo troppo distorto. «Credo che se da ragazzo avessi visto queste cose, poi avrei pensato che il sesso da fare con la compagna di scuola di cui ti innamori fosse riempirle il viso di sperma e lei lo beve entusiasta. Da questa polarizzazione nei rapporti sessuali contemporanei sembra impossibile trovare una via d'uscita. Da una parte l'amore romantico che finge di vergognarsi della sessualità, e poi si va a puttane, e dall'altra parte questa abominevole riduzione della donna a oggetto di piacere.»

In carcere ha conosciuto anche uomini che hanno ucciso le loro donne, e forse è lo stesso tipo di violenza. Un oggetto da usare o da distruggere. «Sono i disgraziati che non hanno retto alla sfida della libertà del nostro tempo. E a un certo punto, quando hanno visto troppi film, si sfogano un po' sulla moglie, la figlia, la cognata, l'ex fidanzata, la madre. Episodi a cui assistiamo tutti i giorni.» Anche lui legherebbe l'aumento della violenza tra le mura domestiche – e non solo – all'emancipazione femminile. «Non ce la fai, tu da solo, a seguire nell'arco della tua vita quelle infinite rivoluzioni che stanno cambiando la società patriarcale e agricola italiana.» E la sinistra, a cui abbiamo sempre chiesto di educare, di cambiare il mondo in meglio, perché su questi problemi non dice nulla? «La politica italiana è dominata oggi, come nella decadenza dell'Impero romano, dalla selezione alla rovescia: si scelgono i peggiori e si ostruisce il passaggio ai migliori. E se l'ingresso alla promozione delle donne è molto ostruito, bisogna farsi largo a gomitate. Ma non molte sono disposte a farlo, salvo episodi tipo Santanchè.»

E non è mancanza di coraggio, ma eccesso di senso critico. «È forse il disprezzo per questi meccanismi e per questi luoghi. Ma per esempio nella composizione delle liste elettorali della sinistra, in queste elezioni, la cooptazione delle donne è stata talmente mediocre da essere irritante, controproducente.» Un giudizio tanto impietoso da essere ingiusto: andrebbe almeno spalmato su tutte le formazioni politiche. Nessuna si è distinta per la reale valorizzazione dei talenti femminili. Ma nonostante la sua durezza Sofri è, in generale, ottimista: «Secondo me, se oggi le donne decidono di farcela, ce la faranno. È solo questione che ci siano e che ne abbiano voglia».

Capitolo 8

«MICA CI FUCILANO!»

«Ingrao, Rossana Rossanda, e poi ci vuole una donna.» Rossana oggi ricorda sorridendo questa battuta, seduta a un tavolino del Café de Flore a Parigi. Corti capelli bianchi, lunghe mani affusolate, «la ragazza del secolo scorso», per chiamarla con il titolo della sua biografia bestseller, è ancora vivace e decisa nonostante gli ottantaquattro anni di età. Ex partigiana, iscritta al Partito comunista fin dalla fine della Seconda guerra mondiale, è una delle donne che hanno fatto la storia. Fu Palmiro Togliatti a nominarla responsabile della politica culturale del Pci. E nel 1969 fu radiata dal partito, nonostante l'opposizione di Enrico Berlinguer, per aver denunciato la violenza della repressione sovietica nella Primavera di Praga. Rossanda fondò con Lucio Magri il quotidiano «il manifesto», che diresse a lungo assieme a Luigi Pintor. Ancora oggi vi contribuisce con i suoi lucidi e appassionati interventi.

Impossibile riassumere in poche righe una vita così ricca. Basta dire, ricorrendo alle sue stesse parole, che «ha fatto una carriera da uomo», in un partito che non è mai stato noto per il suo profondo femminismo. Nonostante l'omaggio formale pagato alle «compagne», le donne del Pci dovevano lottare per farsi sentire. Ma Rossana non ha sofferto discriminazioni: «Non ho mai avuto problemi. Ero anzi molto antipatica con le altre, sono venuta su con l'idea che non si davano abbastanza da fare, dicevo sempre: "Datevi il passo, insomma!"». Ricorda le campagne elettorali in Sicilia, con gli annunci al megafono: «Tra poco parlerà l'eminente marxista...». Si radunavano stormi di uomini tutti neri, mi racconta. «E i compagni mi si mettevano attorno con occhi minacciosi, per dire: "Se uno tocca la nostra compagna facciamo una strage".» Anche i comunisti erano quindi piuttosto macho. «Il più maschilista in senso tradizionale era Amendola, che come prima cosa ti diceva di non aver mai tradito sua moglie. Un altro era Pajetta, che pensava di essere un gran seduttore. Il più femminista era Ingrao» elenca. E in quegli anni i maschi di sinistra si erano ritrovati in mano l'arma perfetta: accusare le militanti di non essere moderne se rifiutavano le loro grazie. «Nel Sessantotto durante le occupazioni le ragazze erano invitate a fare l'amore sul ciclostile. Certe giovani hanno nutrito, credo, una forte antipatia per la cosa» commenta Rossanda sorridendo.

Tutto sommato però la scuola del Pci, per altri versi dura, dava anche alle donne la possibilità di emergere. E quando le è capitato di avere degli scontri, anche violenti, è stato solo per le sue idee. Ma nella vita del partito le competenze femminili sono state sfruttate, nota, soprattutto nei ruoli di maggior responsabilità e minor prestigio. «Sai dove sono? Nelle amministrazioni locali. Moltissime. Hanno fatto un magnifico lavoro. E hanno qualcosa in più, o chissà, forse in meno: quando smettono di fare il sindaco, non ci piangono su tanto. Tornano alla loro professione, esistono anche a prescindere dalla carica che hanno occupato.»

I ruoli di potere continuano a essere presidiati dagli uomini perché il pregiudizio antifemminile è ancora molto forte. E anche, aggiungerei, perché i posti sono limitati e quelli che li occupano non hanno alcuna intenzione di mollarli. Rossana osserva che su certe cose si sta andando all'indietro, come per esempio nell'ossequio della politica al Cattolicesimo. Le sembra che l'influenza della Chiesa sia ancora più forte che ai tempi della Democrazia cristiana. «De Gasperi non è mai andato in Vaticano in qualità di presidente del Consiglio» mi ricorda. «Adesso appena il papa dice una parola, si inginocchiano tutti. C'è stata una retrocessione nella laicità.» E gli anticorpi contro questa malattia sono di nuovo le donne. Da sempre bollate come le prime vittime della propaganda clericale, facili a lasciarsi terrorizzare e convincere dal parroco sotto casa, in realtà secondo lei hanno saputo essere un baluardo di laicità. «Se tutte, nel '45-'46, avessero votato Democrazia cristiana, noi avremmo avuto altri risultati elettorali. Invece aveva il 35-36 per cento, è arrivata al 40 molto tardi. Quindi le donne non hanno votato come diceva il prete.» Certo tutti abbiamo presenti le immagini dei funerali di Giovanni Paolo II, con folle di femmine a mani giunte. Ma i luoghi di preghiera, osserva, sono vuoti. «Tutta questa fede degli italiani mi lascia molto perplessa. Mi sembra che la Chiesa abbia più ruolo fra i politici che nella società.» Anche perché il campo di battaglia sul quale ha le posizioni più arretrate, e più intransigenti, è proprio quello del sociale, che tocca di più l'altra metà del cielo. «E le donne non ci stanno» afferma netta Rossana Rossanda.

Adesso, aggiunge confortante, le più giovani cominciano a riavvicinarsi al movimento. «C'è una generazione di mezzo che proprio non ne ha voluto sapere. Alle riunioni femministe hai donne di cinquant'anni e di venticinque: le trentenni e quarantenni non le vedi.» Sono là fuori a combattere ciascuna per se stessa: sul posto di lavoro, con i partner, con le altre donne. Ma di lotte organizzate non se ne parla. «Siamo un Paese arretrato, fermo nelle teste» dichiara dura Rossana. «E lo siamo anche perché le donne restano in grandissima parte fuori. Ma la domanda non cambia: perché lo accettano? Io non trovo una risposta univoca. Perché non si può dire che siano obbligate. Una battaglia si può fare, mica ci fucilano!»

L'unica spiegazione che riesce a darsi è che anche nel rapporto schiava-padrone ci sia, per quella che sta sotto, un certo tipo di potere. Ci adagiamo in quello. Siccome il sesso è una forma di influenza che siamo abituate a usare da secoli, è difficile rinunciarvi. È un po' l'equivalente femminile della forza fisica: ciascun genere sfrutta le debolezze dell'altro. Il coraggio di uscire da queste dinamiche, quindi, è reciproco, mi fa notare Rossana: «Se fossero solo schiave, se patissero solo, prenderebbero un bastone e lo tirerebbero in testa al loro compagno. Ma secondo me, ed è un'idea inaccettabile per le femministe, nella soggezione c'è un vantaggio. Perché non è solo oppressione, ma suddivisione delle responsabilità. Lui va a caccia del leopardo e io sto nella grotta».

Gli stereotipi di genere hanno ancora un forte impatto in politica, nota. Non le è piaciuta la campagna elettorale di Ségolène Royal, ma trova ingiusto che l'attenzione sia stata puntata sulle sue gonne o sulla sua pettinatura. «Nessuno dice a un uomo: "Che cravatta!". Oppure: "Chi si occuperà dei bambini?". E uno dei motivi per cui Sarkozy è diventato molto impopolare, ha solo il 36-37 per cento dei consensi, è perché ha sposato Carla Bruni. Perché è bella, si è fatta fotografare nuda e allora non è degna di stare all'Eliseo. Ma se l'avesse ricevuta nottetempo, come tutti i presidenti, da un'entrata secondaria del palazzo, sarebbero stati tutti d'accordo.»

D'altra parte è impossibile salvarsi dai luoghi comuni, assediate come siamo dalla televisione delle veline. «Vendono un po' di tette e sederi» dice, ma aggiunge che la colpa non è tutta loro: sono bombardate da ogni lato da messaggi contraddittori. «Il papa dice che devono essere madri, la società maschile che devono essere un sostegno e un aiuto, l'auditel che prima di tutto sono donne e devono essere attraenti... Poi arrivi a cinquant'anni e cosa sei? Quante veline possono arrivare ad avere un minimo di professionalità che le salvi? Mi fanno rabbia, ma anche pena.» Nel modello sociale di oggi la donna è intrappolata fra tentazioni, speranze, illusioni che si basano tutte sul suo corpo. Oltre che in una dipendenza sentimentale dal maschio di cui sembrano soffrire anche le più emancipate.

Non ha, però, parole troppo dure per gli uomini, altrettanto confusi e disadattati e in più incapaci di confidarsi i problemi, le malinconie. «Non sanno bene che cosa fare di se stessi. Sono ancora lì a misurarsi la lunghezza del pisello, come al liceo quando io ero piccola e tu non eri ancora nata. Le donne hanno una cosa: che fra loro si parlano, mentre gli uomini no.» Ha più che ragione. È chiaro che anche la loro identità, non solo la nostra, è legata a stereotipi, e che da quando il modello dominante è stato messo in discussione fanno fatica quanto noi a crearsene uno diverso. Bombardati anche loro: «Con tutte le palle che si dicono sulla sessualità, sono convinti che devono assolutamente procurare un orgasmo meraviglioso, ossessionati dal fatto che lei può anche fingere mentre lui questa via d'uscita non ce l'ha» osserva Rossana in tono spazientito. «Il rapporto tra i sessi è pasticciato dalla non sincerità della comunicazione. E invece nei film: due si vedono, si abbrancano ed è la felicità suprema!»

Lei si è sposata due volte. Il primo matrimonio da giovane, per le pressioni familiari, per poi separarsi amichevolmente molto presto, e poi Karol. Non ricorda neanche bene la data delle nozze, non festeggiano anniversari. Ma visto che stanno insieme dal 1964 ne hanno fatti sicuramente parecchi. Ai figli non ha mai pensato, anche prima di subire l'asportazione dell'utero per un tumore. Ed è talmente allergica a qualsiasi retorica del focolare che protesta anche contro l'espressione «aiuto alle famiglie». «L'aiuto deve essere dato alle persone. Penso che a diciotto anni uno debba essere in condizioni di poter fare quello che vuole. Certo, magari *non* vuole: sembra che adesso i ragazzini preferiscano stare in casa. Mentre io, che ho amato moltissimo i miei genitori, volevo andare, volevo essere libera.» Incoraggiata anche dal fatto che, come sua sorella, non si è mai sentita dire «Quando ti sposerai», ma «Quando sarai laureata». Certo oggi laurearsi è più facile, ma farsi strada è sempre più difficile. I tempi sono cambiati da quando lei trovò lavoro alla Hoepli il giorno dopo essere uscita dalla facoltà di Lettere e filosofia.

Insomma giovani reclusi nelle loro camerette di bambini, donne chiuse nella schiavitù del corpo e uomini confusi asserragliati nella stanza dei bottoni, quelli che però possono far esplodere il mondo. Come diceva Lenin: che fare? «Impegnarsi tutti» risponde decisa. «Primo: laicità assoluta, cioè che il Vaticano non metta mano nelle leggi dello Stato. Perché la Chiesa interviene sempre sulla base di una inferiorità femminile. Secondo: le donne devono darsi anche da fare. Il pensiero, introiettato da tutte, di dover essere riscattate, liberate, riconosciute da un maschio, è da secoli dentro di noi. Questa è una battaglia che bisogna intraprendere.»

Le leggi ci vogliono subito. «Serve l'assoluta "messa in pari" dei due sessi nelle istituzioni rappresentative. Voglio che le donne possano decidere in politica quanto gli uomini e in questo contano anche le maggioranze. Direi di più: ci sono alcuni punti in cui secondo me, in una assemblea composta da maschi e femmine nella stessa percentuale, si potrebbe dire che certi temi sono le donne a deciderli. Come la maternità, la fecondazione assistita. A me ripugna l'idea che i vescovi guardino nella mia vagina. Che avranno da dire, loro, su queste cose?»

Il suo consiglio alle ragazze di oggi non è diverso da quello che dava alle compagne di un tempo: «Darsi una mossa, capire che l'emancipazione che viene loro offerta è una mercificazione del loro corpo. Non è che io inviti a diventare monache: per niente. Facciano l'amore quanto gli pare, se è una generazione che ne ha molto bisogno. Io non ho passato la vita saltando da un letto all'altro, a dir la verità, ma la sessualità secondo me deve essere assolutamente libera. Però non bisogna essere un oggetto da voyeur» ribadisce severa, come se parlasse con una figlia a cui lasciare la sua vasta, appassionata eredità. «Perché invece è questa la strada che vi stanno offrendo.»

C'era la Resistenza quando a Roma nasceva l'Unione donne italiane, Udi. La dirigerà anche la reggiana Nilde Iotti, prima donna a diventare presidente della Camera dei deputati. Danno vita all'Udi tre signore dai cognomi, acquisiti, molto eloquenti: Rita Montagnana Togliatti, Maria Romita e Giuliana Nenni. Per ironia della sorte, la compagna Rita, tanto attiva, come le altre, nella lotta partigiana, viene scaricata dal marito Palmiro, nel 1948: scampato all'attentato di cui doveva restare vittima, confessa pubblicamente la sua relazione con la Iotti, trent'anni più giovane di lui. È uno scandalo, e non solo per la differenza d'età: il Partito comunista, moralista e bigotto quanto la compagine cattolica, non perdona a Togliatti l'abbandono del tetto coniugale. Il 1948 è un anno fondamentale per ben altro motivo: si tiene a battesimo la Costituzione. Ventuno donne partecipano alla Costituente.

Nel 1946 le donne hanno ottenuto il suffragio universale. Non è stato semplice: molti Paesi d'Europa lo avevano già concesso, ma in Italia la Chiesa era contraria. Si è convinta pensando che l'85 per cento delle italiane va a messa la domenica e si schiererà dalla parte del Bene, barrando lo scudo crociato e impedendo anche ai mariti di votare comunista. Che la Chiesa abbia sbagliato i suoi calcoli si vedrà benissimo una trentina di anni dopo, quando le donne, armate del loro diritto di voto, partecipano al referendum sul divorzio, nel 1974. Ma nel frattempo in Italia devono succedere ancora molte cose.

Nel 1968 i figli del boom economico hanno vent'anni, vanno all'università. Il benessere ha mosso le coscienze: i giovani sanno, vogliono e chiedono con più decisione. La rivolta studentesca parte dagli atenei: i ragazzi occupano le facoltà con le loro proteste rumorose. E le ragazze? Ci sono anche loro. Alla Statale di Milano Annalisa Nappi decide che l'occupazione non è una cosa solo per maschi. Se dobbiamo fare un mondo nuovo, non può mancare l'altra metà del cielo. Molla i libri, riempie uno zaino, saluta i genitori e va ad accamparsi coi compagni nelle aule dell'università. È la prima a farlo. Le altre ci mettono poco a realizzare che la lotta politica è anche cosa loro. Fra i 488 studenti denunciati in quella occasione, 165 sono femmine.

Nel 1971 sembra che la rivoluzione sia rientrata. Più che altro, sono rientrati a casa gli studenti, forse convinti di aver già cambiato abbastanza. Di fatto, qualcosa si è mosso: nel 1968 è stato abolito il reato di adulterio femminile, secondo cui solo la donna traditrice commetteva un crimine, e sancito il diritto alla separazione. Nel 1970 è passata la legge sul divorzio. Quasi tutte le altre nazioni europee l'avevano da tempo inserita nei codici civili. La Chiesa protesta, spinge per il referendum. Ma ci vogliono quattro anni per organizzarlo e nel frattempo la controinformazione ha lavorato. I radicali si sono attivati, le femministe anche.

Le donne che erano uscite allo scoperto nel '68 non sono mai davvero rientrate, né a casa né nei ranghi. Hanno imparato dai compagni come si fa la mobilitazione e ne sono diventate maestre. Ci sono molti diritti che non hanno ancora ottenuto e non sono secondari. Dietro alla possibilità di divorziare c'è quella di essere autonome, di avere una vita e un'identità senza dipendere da un uomo. Al referendum del 1974 il 60 per cento dell'Italia vota no: la legge sul divorzio si tiene. E votano tutte: le ragazze, le madri, le nonne, ma anche i mariti, persino quelli cattolici.

Emma Bonino in quegli anni era già una protagonista. Ma oggi per riuscire ad attirare l'attenzione dei media deve ricorrere ad argomenti molto meno nobili di quelli di allora. A giugno sui giornali è circolata una notizia shock: aveva dichiarato a una cronista di «Diva e Donna» di essere innamorata. Ma in poche ore è arrivata la smentita della stessa Emma: «Una bufala, dovuta a un dato di irritazione, oltre che a una riflessione che faccio da tempo sugli stereotipi femminili» ha dichiarato. Voleva dimostrare che ormai l'unico modo per scatenare l'interesse dei media italiani è la frivolezza, lo scandalo. Il settimanale le aveva chiesto un'intervista alla vigilia del vertice Fao sui temi della povertà e della fame nel mondo. Poi, puntuale, la domanda sulla vita privata, sulla relazione con Pannella. Così, tanto per provare, si è inventata un fidanzato. «E vedo che su questo i quotidiani scrivono, importanti firme imbastiscono ragionamenti sociologici, fanno grandi ricerche d'archivio, mi telefonano. È un bel test sul giornalismo italiano, credo» ha osservato.

Questa è la donna che incontro nel suo ufficio romano di piazza Nicosia, negli ultimi giorni del suo mandato da ministro del Commercio internazionale. Emma è di buon umore, luminosa nella sua vivace giacca arancione. Mi saluta affettuosamente e mi fa accomodare. Una parete tappezzata di fotografie racconta gli anni della sua militanza nel Partito radicale, a fianco una raccolta delle vignette a lei dedicate ripercorre le tappe salienti della sua lunga vita politica.

Va subito al sodo. «La situazione delle donne in Italia è molto preoccupante» esordisce accomodandosi sulla sua poltrona. «A cominciare dalla loro partecipazione al mercato del lavoro: i dati sono a dir poco scoraggianti.» Tra gli obiettivi principali della Strategia di Lisbona per il rilancio dell'Unione europea, quello dell'occupazione femminile è uno dei più importanti. Si auspica il raggiungimento del 60 per cento di occupate entro il 2010. Ma rispetto alla media europea del 57,4 l'Italia si conferma il fanalino di coda. Con circa 7 milioni di donne ancora fuori dal mercato del lavoro, mi ricorda la senatrice.

«Nel Paese stesso la situazione è molto differenziata» sottolinea. «Secondo i dati Istat 2006, nella fascia di età 33-44, quella caratterizzata dai più alti livelli di attività, al Nord lavorano 75 donne su 100, al Centro 68, al Sud solamente 42.» Il Sud non è riuscito nemmeno a trarre beneficio dalla forte crescita avvenuta a partire dalla seconda metà degli anni Novanta: dal 1993 al 2006 le lavoratrici sono cresciute di 1.469.000 unità nel Centro-Nord e solo di 215.000 nel Sud. Dove in molti casi le donne, soprattutto una volta diventate mamme, hanno smesso di cercare un impiego. «In Italia sono esclusivamente loro a occuparsi dei figli e spesso anche degli anziani.»

Emma, nella sua battaglia contro i luoghi comuni sulle donne, ha analizzato a fondo il problema dei modelli femminili proposti dalla società. «Il gentil sesso accetta passivamente gli stereotipi più deleteri, senza ribellarsi» commenta amara. «Pensiamo alla Rai, per non parlare della tv commerciale. Nei programmi, nelle pubblicità troviamo essenzialmente tre modelli: la velina-valletta, la casalinga-mamma e la donna in carriera, generalmente odiosa e con una vita sentimentale disastrata. Come è possibile che milioni di italiane si identifichino in categorie così limitanti e così lontane dalla realtà?» Anche su questo fronte avremmo molto da imparare dalla Spagna di Zapatero, che per la tv pubblica ha predisposto un osservatorio permanente e un codice di condotta.

«A partire dagli anni Ottanta le donne si sono "sedute": la maggior parte dei movimenti legati al femminismo è stata risucchiata dai partiti, e le veterane hanno finito per riproporre in casa gli stessi vecchi modelli contro i quali avevano combattuto.» Anche per questo Emma ha scelto i radicali, che sulle competenze femminili hanno sempre scommesso. Non è un caso che, nel corso della sua storia, il partito di Marco Pannella abbia avuto quattro donne segretario: la leggendaria Adelaide Aglietta, la stessa Emma Bonino, Rita Bernardini e la neo-eletta Antonella Casu. «Marco, che più di tutti incarna l'essere radicale, ha sempre fortissimamente creduto nelle donne» conferma la senatrice. «È stato lui a sostenermi alle Europee del 1979, e di nuovo nel 1999 quando ci siamo presentati per la prima volta con la Lista Bonino. E a perorare la mia candidatura a ministro della Difesa nell'ultimo governo Prodi. Sai cosa mi sono sentita dire? Che non avevo il fisico! Come se Parisi fosse un corazziere alto due metri!»

Il leader radicale si è fatto anche promotore di «Emma for President», la campagna del 1999 per l'elezione a presidente della Repubblica. Tutti i sondaggi confermavano che la maggioranza degli italiani, con il netto consenso dei quotidiani internazionali, avrebbe eletto volentieri questa radicale di ferro, in lizza con Carlo Azeglio Ciampi. «Pannella è la mia assicurazione contro la mediocrità» sorride Emma. «Siamo assolutamente complementari.» A lui l'accomuna la capacità di coniugare passione e astuzia politiche, audacia e pragmatismo, riuscendo a restare sulla scena per decenni senza mai ritrovarsi assimilata alla Casta. Il messaggio radicale è sempre stato fortemente alternativo, anche quando hanno condiviso il potere. «Marco ha sempre pensato che su temi cruciali come il divorzio, l'aborto, la libertà di scelta in generale, le donne siano un elemento non solo centrale ma "scatenante" rispetto a un risveglio, a una messa in moto della società. Peccato che il resto della classe politica non lo abbia mai capito.»

E nemmeno la classe economica, visto che il cosiddetto «soffitto di cristallo», che tiene l'altra metà del cielo schiacciata su posizioni di secondo piano, è ancora difficilissimo da sfondare. Nel 63 per cento dei consigli di amministrazione delle aziende italiane le donne sono assenti: in totale, su 2217 consiglieri solo 110 sono femmine, ovvero il 5 per cento. Ma alle quote rosa Emma è fermamente contraria, da sempre le considera un modo di autoghettizzarsi. Mi infervoro: come può una politica così combattiva e consapevole rifiutare qualche meccanismo correttivo del monopolio maschile del potere? Alle mie insistenze scuote la testa e taglia corto. «Facciamo un accordo» propone con un lampo di ironia nei lucenti occhi azzurri. «Tu ti occupi delle quote e io del resto.»

Per esempio della legge 194. Da convinta sostenitrice della maternità consapevole, anche su questo Emma ha le idee molto chiare: la 194 non è in pericolo, ma l'influenza del Vaticano e la disonestà intellettuale dei politici, che usano l'aborto per fini elettorali, non promettono bene. Era il 1975 quando, dopo la fondazione del Cisa, Emma si autodenunciò per aver interrotto una gravidanza, e finì in carcere. Da quel momento sarebbe diventata una delle protagoniste della campagna per la legalizzazione. Il resto è storia: lo stesso anno il referendum abrogativo, lanciato dai radicali in collaborazione con «L'espresso», raccolse 800.000 firme, imponendo definitivamente la questione all'attenzione dell'opinione pubblica. La 194 venne definitivamente pubblicata sulla «Gazzetta Ufficiale» il 22 maggio 1978. Per le donne, e non solo, fu una conquista storica. «Come ho già detto altre volte, il Paese è vittima di un'afonia laica che, appunto, vuole rimettere in discussione perfino l'aborto. A questa offensiva antiliberale e clericale non si riesce a contrapporre una risposta chiara e netta, che ribadisca l'inviolabilità dell'autonomia di ogni essere umano. A partire dalla libertà di ricerca scientifica e dalla possibilità di scegliere come morire.»

Emma non si è mai pentita di aver abortito, eppure ha allevato due bambine non sue, Aurora e Rugiada, che ormai sono donne adulte. Le ha cresciute con i figli della compagna di battaglie Adelaide Aglietta, assieme alla quale ha vissuto per diversi anni. «È stata un'esperienza bellissima ma non avrei avuto il coraggio di fare un figlio mio: non sono capace di dire "per sempre". E un bambino è una responsabilità ancora più impegnativa del matrimonio, che peraltro non ho mai cercato affannosamente. Non per questo mi sono mancati l'amore e l'affetto: io ho due famiglie, quella naturale e quella dei radicali. Certamente nella vita ho ricevuto più di quanto abbia dato.»

La lucidità e la coerenza delle scelte di Emma hanno sempre messo in crisi chiunque avesse a che fare con lei. Quando qualche anno fa si trasferì al Cairo per imparare a conoscere meglio il mondo arabo, il portiere del suo palazzo non riusciva a rassegnarsi vedendola rientrare tutte le sere da sola.

«Nel corso di ogni intervista puntualmente le domande vanno a parare sulla mia vita privata e sentimentale, alla ricerca di qualcosa di torbido nel mio passato. Con un politico maschio pensi che un giornalista oserebbe fare lo stesso?» domanda ironicamente. Sono certa di no. Ma ho anch'io una domanda personale: da chi ha ereditato questa tempra indistruttibile? «Sicuramente da mia madre Catterina, che si chiama così perché hanno sbagliato a registrare il suo nome all'anagrafe. Prima ero legatissima a mio padre, ma quando è morto ho riscoperto il rapporto con lei. È sempre stata presente nella mia vita, da dietro le quinte. Mi ricordo che quando l'ho chiamata per avvertirla che sarei stata arrestata per la faccenda dell'aborto, lei non si scompose e mi chiese: "A che ora?". Alle nove, risposi, e lei sollevata: "Meno male, ho un impegno alle undici!".»

In tutti i suoi viaggi, sua madre è sempre riuscita a raggiungerla per telefono, per incoraggiarla e sostenerla, ricorda. Anche se urlava a squarciagola, convinta di dover parlare più forte perché lei era lontana. «E quando mi veniva a trovare si portava sempre dietro uno strumento per fare gli gnocchi. Mi ha trasmesso un forte senso del dovere, e mi ha insegnato che bisogna lavorare sodo per ottenere ciò che si vuole. Mi ha anche insegnato il rispetto delle regole e delle leggi che, nella mia militanza politica, ho violato spesso con l'obiettivo proprio di una loro piena e corretta applicazione.» Le brave ragazze vere sanno quando è il momento di disobbedire.

«L'Italia soffre di un vero e proprio blocco di potere, che è saldamente custodito nelle mani di persone ormai anziane.» La casa di Lucetta Scaraffia, storica e giornalista, trabocca di libri. Anche suoi: ha curato con Eugenia Roccella i tre volumi di «Italiane», 247 ritratti di donne che hanno fatto la storia del nostro Paese. Cattolica praticante, è vicepresidente nazionale dell'associazione «Scienza & vita» e membro del Comitato nazionale di bioetica. Quando ci incontriamo sono passati pochi giorni dalle elezioni politiche, e commenta con me l'ennesima disfatta bipartisan delle rappresentanti femminili sia di destra che di sinistra. «È il sistema stesso a essere sbagliato, perché schiera immancabilmente i tetragoni da una parte e le donne e i giovani dall'altra. Oggi le ragazze sono tante, e tutte in carriera. In genere sono anche più brave, ma per arrivare devono superare il doppio degli ostacoli: gli uomini, appunto, e anche i vecchi. È fondamentale riuscire a tirare via il "tappo" dei maschi anziani.»

Dunque è il mancato ricambio generazionale a penalizzare l'altra metà del cielo? Ne è assolutamente convinta: «Il giorno in cui riusciranno finalmente a mandare a casa i senior a oltranza, le donne si riveleranno in tutta la loro forza. Le ragazze sono più determinate, sanno cosa vogliono: quelle di oggi hanno perso la coscienza femminista, ma hanno una maggior consapevolezza di se stesse».

Secondo Lucetta il movimento degli anni Sessanta si è lasciato sfuggire una grande occasione: identificandosi esclusivamente con una certa sinistra ha finito per sposare solo le sue cause. Così ha allontanato le moderate e tagliato fuori altre donne che avrebbero avuto tanto da dire: «È stata Lina Merlin, una socialista, a rivendicare ad esempio il diritto alla maternità, e le cattoliche si sono fatte carico di molte battaglie. La sinistra è stata la tomba del femminismo». Stavolta sono io a dissentire: il divorzio e l'aborto sono state conquiste della sinistra e dei radicali. Ma è vero che molte femministe dell'epoca si sono chiuse in un forte settarismo, senza preoccuparsi troppo di comunicare in modo chiaro con le altre. Oggi comunque ciò che serve sono i fatti: interventi e modelli alternativi. Come l'immagine di Carme Chacón incinta, che passa in rassegna i soldati spagnoli schierati sull'attenti. Per moltissime donne – e non solo per loro – quel gesto è stato più efficace di mille parole. Ma c'è chi, come la stessa Lucetta, quel comportamento non lo ha apprezzato. Dalle colonne del «Riformista» ha criticato duramente la ministra spagnola dopo averla vista in tv. «Non l'ho trovato giusto» mi spiega. «È stata costretta a fare una cosa da uomo pur essendo incinta! Per anni i movimenti sindacali hanno lottato affinché alle donne fosse garantito il diritto di non lavorare negli ultimi mesi di gravidanza. Dobbiamo avere il coraggio di ammettere la nostra diversità.» È convinta che quella di nominare una donna, e per di più in dolce attesa, a capo di un dicastero tradizionalmente maschile sia stata una scelta astuta da parte di Zapatero, ben consapevole dell'effetto mediatico che avrebbe provocato. «Carme Chacón non aveva alcuna esperienza in questo senso» rimarca. «Il premier poteva sceglierne un'altra: perché proprio lei?»

Al momento in cui parliamo il nuovo premier italiano non ha ancora formato il governo. Suppongo che la professoressa Scaraffia abbia poi avuto occasione di rivolgergli la stessa domanda. Nel caso di Zapatero, almeno una ragione c'era: incoraggiare tutte le altre donne, e dichiarare al mondo che la gravidanza non è una malattia e le future mamme possono lavorare proprio come gli uomini.

«Ma è un'idea sbagliata di emancipazione» obietta Lucetta. «Qui da noi, come nel resto del mondo, la gravidanza è una scelta che ti fanno scontare fino alla fine: se vogliono dedicarsi alla carriera le donne devono dimenticarsi di avere i figli. Mettere al mondo un bambino, invece, non è solo un regalo per la mamma ma per l'intera società. Io mi ritengo una donna competitiva, ma quando è nata mia figlia sono stata a casa per tre anni. È stata un'esperienza unica, cui non avrei rinunciato per niente al mondo.»

E se invece di stare per tre anni solo con la mamma, la piccola avesse trascorso anche un po' di tempo col papà? L'ipotesi non sembra essere mai stata presa in considerazione: «È inutile che ci raccontiamo storie: fare i figli è una cosa che non riguarda gli uomini. I nostri compagni dovrebbero invece aiutarci di più per tutto il resto, come ad esempio le faccende domestiche».

Secondo lei la società italiana ha già fatto passi da gigante, con conquiste di cui dobbiamo andare fiere: «Prima di tutto il diritto all'istruzione. Poi quello al voto e la possibilità di accedere a tutte le professioni, incluse quelle di prestigio. I progressi fatti sono enormi, però hanno anche scombussolato l'assetto delle famiglie». E aggiunge: «I ragazzi sono disorientati, non riescono a identificarsi più nel modello maschile rappresentato dai loro padri. Non è più la famiglia a farsi carico della loro educazione: ci si istruisce a vicenda tra coetanei, con effetti che si riveleranno problematici».

Maschi confusi, immaturi, spaventati. Maschi che tuttavia continuano a ricoprire ruoli chiave, come ad esempio nella Chiesa cattolica. Lucetta non la pensa così: «La Chiesa è sempre stata dalla parte delle donne, che rivestono un ruolo cruciale. Il Cristianesimo è l'unica religione che professa l'uguaglianza tra i sessi e la democrazia, valori che si riflettono anche negli ordini religiosi. I Paesi che nel mondo sono più progrediti sono proprio quelli di fede cristiana».

Mi guardo attorno: nel salotto ci sono molte immagini sacre, di diversa epoca storica, alcune ritraggono sante. La professoressa mi racconta la storia di santa Francesca Cabrini alla cui vita ha dedicato molti anni di studio: era un'insegnante nata nel lodigiano nel 1850 che, una volta presi i voti, fondò la congregazione delle missionarie del Sacro Cuore di Gesù, la prima comunità religiosa femminile a impegnarsi sul fronte delle missioni in sette Paesi, con ottanta istituti. Una donna autonoma, non priva di umorismo e spirito imprenditoriale, che mise a servizio degli altri.

Molto bene. Però, obietto, nel mondo protestante esistono anche le donne prete. «Sì, da soli dieci anni. E comunque noi cattolici abbiamo le badesse, che sono altrettanto importanti. Sapevi che Caterina da Siena, venerata come santa e dottore della Chiesa, si rivolgeva a papa Gregorio XI prima e a papa Urbano VI poi da pari a pari, permettendosi anche di rimproverarli?»

Non lo sapevo, e l'idea francamente mi piace, ma so invece che il Cristianesimo non è l'unica religione che, se interpretata in modo favorevole alle donne, potrebbe dar loro più spazio e potere. Anche le femministe islamiche si stanno battendo per rivalutare il ruolo femminile attraverso una rilettura del Corano, che parla di uguaglianza e complementarietà. «È vero che la Chiesa ha bisogno di un ricambio» ammette la mia ospite. «Resta il fatto che due terzi dei religiosi che oggi vi militano sono donne: sono loro a sobbarcarsi il lavoro più duro, dalle missioni all'assistenza negli ospedali. Se la Chiesa va avanti non è grazie al potere, ma grazie alle donne. E se non ci fossero le suore chi darebbe retta al papa?»

L'attuale pontefice non pecca certo di troppa indulgenza verso l'altro sesso. Wojtyla, ammette la mia ospite, era più marcatamente femminista. Ma ci sono confini da non superare e uno di questi è prendere i voti sacerdotali. «È giusto che le donne non lo facciano e che svolgano i propri compiti, di pari dignità. Pensa alle congregazioni: sono strutturate come una multinazionale. Le suore prendono decisioni, fanno investimenti, viaggiano, si relazionano al resto del mondo proprio come dei manager. E spesso sono più brave dei colleghi maschi. Quelle comboniane, per esempio, sono eccezionali: in Etiopia stanno facendo un lavoro davvero prezioso con le africane sulla presa di coscienza di se stesse e dei loro diritti.»

Forse dovrebbero aprire una missione anche in Italia. Dove fra i diritti in discussione rischia di finire anche l'interruzione di gravidanza. «È fondamentale non toccare la

194, ma è altrettanto vero che su alcune cose bisogna riflettere. Trent'anni fa l'aborto terapeutico serviva alle mamme malate, in pericolo di vita, oggi viene effettuato per evitare i figli malati: si tratta di selezione genetica, di infanticidio. Come membro del Comitato nazionale di bioetica ho votato a favore della rianimazione dei bambini abortiti ma nati vivi. Il fatto che il 70 per cento dei medici faccia obiezione di coscienza, però, è un consistente ostacolo a un diritto sancito dalla legge.» Mi ricorda che in Francia anche i sindacati hanno preso posizione: chiedendo per esempio che medici e infermieri che si occupano delle interruzioni di gravidanza si diano il cambio, con una certa frequenza, per poter sostenere psicologicamente una realtà così difficile.

In Italia il dibattito mi sembra a uno stadio meno progredito, con le donne bollate come assassine e un argomento così delicato usato come arma elettorale.

«Non approvo la deriva maschilista» dichiara severa. «E comunque non giudico le donne che abortiscono. Io stessa sono stata una femminista e rispetto il loro dolore. Ricordiamoci che la Chiesa già le perdonava quando lo Stato italiano le puniva penalmente. L'aborto deve essere legalizzato, ma non dev'essere usato alla stregua di un metodo contraccettivo. La pillola Ru486, ad esempio, viene dipinta come un metodo facile e indolore, ma non è affatto così: le donne soffrono molto e spesso affrontano tutto questo in completa solitudine.»

Ed è giusto che su questa grande angoscia la Chiesa si pronunci? Fa il suo dovere, mi risponde, e deve avere diritto di parola tanto quanto lo Stato laico. «Se i governi discutono di vita e di morte e finiscono per scadere nella bio-politica, perché non dovrebbe farlo la Chiesa? Preferisco sicuramente le religioni alle ideologie» aggiunge. «Sono state già messe alla prova da secoli di storia.»

Capitolo 9

SENZA UN UOMO

A febbraio 2008 un gruppo di donne ha firmato un duro «richiamo» a Walter Veltroni, Fausto Bertinotti e a tutti i dirigenti della sinistra. «Ora basta! L'offensiva clericale contro le donne, spesso vera e propria crociata bigotta, ha raggiunto livelli intollerabili» recitava l'appello lanciato dalle colonne della rivista «MicroMega». «Con l'oscena proposta di moratoria dell'aborto, che tratta le donne da assassine e boia, e la recente ingiunzione a rianimare i feti ultraprematuri anche contro la volontà della madre (malgrado la quasi certezza di menomazioni gravissime), i corpi delle donne sono tornati a essere "cose", terreno di scontro per il fanatismo religioso, oggetti sui quali esercitare potere.»

Tra le firmatarie di questo appello, che ha avuto sui media un'eco così scarsa da far gridare al boicottaggio, c'erano Natalia Aspesi, Cristina Comencini, Margherita Hack e diverse altre. Tra cui la professoressa Simona Argentieri, che mi accoglie nella sua grande casa con un bel sorriso e un ricco carrello di succhi di frutta. Mi basta poco per capire che dietro i suoi modi pacati si nasconde una donna molto energica.

«Non pensavo che l'aborto sarebbe tornato alla ribalta. Le femministe si sono illuse che le conquiste fossero acquisite per sempre, ma sono conquiste ereditate, non ereditarie: bisogna continuare a difenderle. La libertà rispetto al proprio corpo o alla propria sessualità, ad esempio, non viene percepita come qualcosa di prezioso dalle ragazze di oggi, che la ritengono una cosa scontata.»

Mi ricorda che fino a non molti anni fa la contraccezione era considerata un reato contro la stirpe, punibile penalmente. Oggi invece dobbiamo ancora cercare di convincere i nostri giovani a proteggersi, e sono loro a sembrare poco sensibili e poco interessati al messaggio. È perché siamo stati incapaci di comunicarlo?

«Non hanno vissuto i nostri stessi travagli. Tutto il dibattito sollevato da Giuliano Ferrara con la sua lista pro-life, ad esempio, ha ottenuto risposte empatiche, ma superficiali: certi temi non sembrano interessare la nostra società.» Le ragazze di ieri, sostiene, sulla tragedia dell'aborto erano preparate: gruppi di autocoscienza, battaglie. «Quelle di oggi non ci pensano proprio. Così adesso arriva Ferrara e scopre che è doloroso. E si infila dove c'è il nulla», dove cioè manca la consapevolezza e la proposta politica. Dove i giovani sono lasciati soli con il dato brutale della realtà, e con la pesante responsabilità di crearsi da soli nuovi modelli di ruolo e di coppia.

«Con la rivoluzione sessuale maschi e femmine hanno potuto tirare fuori aspetti nascosti della loro personalità. E riscoprire, nel caso degli uomini, tutta la bellezza legata alla paternità» mi spiega la psicoanalista, che sul tema ha scritto uno dei suoi libri più famosi, *Il padre materno*. «Ma mi chiedo: se anche gli uomini finiscono per fare le mamme, chi farà la parte del papà? La verità è che oggi non lo vuole fare più nessuno, perché l'esperienza della paternità o meglio delle genitorialità implica svolgere la funzione adulta, accettare il conflitto.»

In una coppia in cui non c'è separazione tra i ruoli, mi spiega, si regredisce in un'indifferenziazione che comporta confusione e ambiguità. Diminuiscono così le pulsioni e la passione, inevitabilmente, si dissolve. A questo discorso – la confusione nel linguaggio, nella politica, nella sessualità, nei comportamenti pubblici e privati – ha dedicato anni di studio e un altro libro, *L'ambiguità*. Dove affronta anche il discorso dell'assunzione di responsabilità, uno dei problemi che la prossima generazione non si rende conto di avere. Non parlano più, non elaborano l'informazione. E non sono solo loro: la società è afflitta da una «sciatteria intellettuale e culturale» che causa l'eterno ritorno dei luoghi comuni. «Pensiamo ad esempio ai modelli femminili proposti dai media: sono fuori dalla realtà, ma non solo per colpa dei mezzi d'informazione. È una questione di pigrizia intellettuale: gli stereotipi sono più facili da recepire per tutti.» Capire costa fatica. Non siamo più in grado di leggere il giornale, figurarsi interpretare le pulsioni profonde, nostre e degli altri. Anche per questo, secondo lei, la violenza è in aumento. Non ci sono istinti più incontrollabili di prima, solo persone meno capaci di controllarli.

Conformismo, perdita di identità, ambiguità. Sono queste le nuove patologie del Terzo millennio? «Diciamo che oggi non ci sono più le nevrosi di un tempo. Chi viene da me vuole essere rapidamente sollevato dal malessere, solo in un secondo momento vuole approfondire e migliorare il rapporto con se stesso e con gli altri. Si tratta spesso di forme "fluide" di malessere, di disagio, con sintomi variabili non specifici. Manca una struttura solida dell' "io" quindi, di conseguenza anche le patologie – nel bene e nel male, sono meno rigide e strutturate.»

Mi domando quanto sia stato difficile per lei costruire la propria carriera: oggi è membro dell'«International Psychoanalytical Association» e didatta dell'«Associazione italiana di psicoanalisi», oltre che autrice di molti saggi.

«In realtà la psicoanalisi è una delle poche professioni di prestigio in cui le donne sono state ben accette fin dall'inizio» rimarca. «In molte partecipavano ai famosi mercoledì di casa Freud, che riunivano il meglio della Mitteleuropa dei primi anni del Novecento: Marie Bonaparte, Lou Andreas Salomé, Helene Deutsch, Janine Lampl de Groot e la stessa figlia di Sigmund, Anna. Ma furono loro, non Freud, a scrivere le cose peggiori sulla natura femminile.»

Nella Vienna di quei tempi affondano alcune radici della misoginia femminile. Che però è diffusa ovunque. «Non si riscontra solo nelle donne e non in tutte, ma solo in quelle che sono intrappolate in un'identità sottomessa» precisa la psicoanalista. «Dipende dalla mancata costruzione dell'identità femminile: le donne davvero libere, emancipate dal rapporto conflittuale con le loro madri, infatti, non hanno bisogno di attaccare il loro stesso sesso.»

Purtroppo, per farsi strada, devono ancora rinunciare a parte di se stesse. «Penso che i motivi siano molti. Alcune hanno polemicamente rifiutato il modello vincente perché lo hanno ritenuto un modello maschile, "fallico", fatto di potere, sopraffazione, sfida e rivalità per raggiungere un obiettivo». Talvolta le donne si sentono in colpa se raggiungono un successo, come se acquistare potere significasse usurpare un ruolo che spetta all'uomo. «Le lacrime non hanno sesso» aggiunge. La liberazione delle donne è avvenuta secondo modelli al maschile: mi domando se sia ciò che molti considerano il fallimento del femminismo e come se ne esce. Continuando sulla strada dell'emancipazione, è la risposta. Il primo passo è capire gli strumenti di cui disponiamo, il secondo è rifiutare l'alleanza con meccanismi distorti e nevrotici nelle relazioni umane. «La complicità con certe dinamiche non fa bene all'essere umano né, quindi, alle donne. Anche in questo caso si tratta di una forma di ambiguità.»

Di professioniste arrivate in cima alla carriera ne ho conosciute diverse, ed è vero che alcune hanno accettato le vie maschili al potere. Hanno dovuto imparare a essere dure. Ma anche così conservano un atteggiamento diverso rispetto ai colleghi, credo. «È vero: hanno bisogno che si voglia loro bene. Vogliono il consenso, soprattutto dai sottoposti. È un problema di autostima: una donna per avere successo ne deve necessariamente possedere una solida. Per gli uomini è il contrario: l'autostima è il frutto dei traguardi tagliati.»

È un punto di forza o piuttosto una debolezza?

«Di forza, se si riesce a integrare l'ambizione con la dimensione affettiva. Le donne sono meno scisse degli uomini, che funzionano a compartimenti stagni. Anche le più impegnate riescono ad avere in testa contemporaneamente mille cose.» Approviamo il bilancio dell'anno e mentalmente risolviamo il problema delle vacanze della badante, sistemiamo in agenda l'appuntamento con il parrucchiere, calcoliamo quanti mesi mancano prima di estinguere il mutuo e ci chiediamo se sia il caso di riprovare a imparare lo spagnolo. Un tipico momento qualunque della vita di una donna in carriera. L'equivalente maschio si concentra sul bilancio, poi va a giocare a golf e durante la partita non riesce neanche a rispondere al telefono.

Cito alla professoressa i risultati della recente indagine McKenzie, secondo la quale quando l'altra metà del cielo riesce a raggiungere posizioni al vertice, nelle aziende migliorano sia la produttività sia il clima lavorativo. La sua professione, mi ricorda, è già molto «rosa».

«Siamo molte più donne che uomini. L'insegnamento, la magistratura, la psicologia sono sempre stati mestieri "femminilizzati", dove le donne sono anche riuscite a ottenere il potere.» E qui, a proposito di stereotipi, va detto che su di noi ancora oggi sembra aleggiare una sorta di malaugurio: se fai carriera perderai certamente l'amore. D'altra parte, mi fa notare con ironia, non c'è nessuna garanzia di avere l'amore se rinunci alla carriera. Ma vale comunque la pena di inseguire la parità. «Certo: tanto nella vita pubblica quanto in quella di coppia. Però non dovrebbe essere una battaglia, ma un processo naturale.» Lei nel suo piccolo ha cercato di avviarlo: ha un matrimonio che dura da oltre quarant'anni con un medico, è madre di un figlio geologo che cucina e fa la spesa. Anche i suoi nipoti giocano con pentole e padelle. «La politica fatica a tenere il passo con la vita reale, così come la cultura rispetto alla società. Quindi non occorre più sprecare energie per affermare l'ovvio, ovvero che le donne valgono.»

Non mi sembra purtroppo così ovvio, e una dimostrazione è la quantità di donne che finiscono in analisi cercando di tenere in piedi tutto contemporaneamente. Certo, ci finiscono anche gli uomini, anche se non lo dicono in giro. «Hanno paura di ammettere una debolezza» mi spiega. Dal suo osservatorio sulle nevrosi può garantire che sono molto più insicuri. Si lamentano delle femmine aggressive, ma anche questo è ormai diventato un luogo comune, che usano per evitare di affrontare paure più profonde. «Stiamo ancora aspettando un'autentica risposta dei maschi alla rivoluzione femminista, cioè la volontà anche teorica di rimettersi in discussione. Il loro consenso al femminismo è stato troppo rapido: lo hanno accettato acriticamente. Oppure si sono arroccati su posizioni opposte, dicendo che noi siamo le streghe.»

Ma è proprio vero che le nuove generazioni non si pongono il problema? Per scoprirlo, la mia prossima tappa è Napoli. Dove incontro Valeria Parrella, una delle giovani scrittrici più brave e brillanti oggi in Italia. Il suo ultimo libro, rimasto per settimane ai primi posti della classifica, è l'ironico e intenso *Lo spazio bianco*. La storia di Maria, un'insegnante quarantaduenne che si trova a vivere un'estenuante attesa di fronte all'incubatrice del suo bambino, nato prematuro. È in questa sorta di non-dimensione che la protagonista riscopre la sua forza interiore e soprattutto una grande verità: è possibile ricominciare da capo.

Quando mi apre la porta in un palazzo un po' decadente ma pieno di fascino, capisco subito che c'è molto di Valeria nelle sue protagoniste. L'appartamento è inondato di luce e di colori sgargianti, diversi in ogni stanza: dai balconi, che profumano di piante mediterranee, riesco a scorgere la cupola del Duomo che si staglia immobile nel cielo di luglio. Lo studio di Valeria è pieno di libri, ma a colpirmi è un grande manichino che fa la guardia alla sua scrivania. «Per anni qui, tutto solo, ha vissuto un sarto. Siccome la casa era molto grande, si era confinato in due stanze, lasciando tutte le altre con la porta chiusa. Quando sono entrata cadeva letteralmente a pezzi, ma con un po' di buona volontà sono riuscita a rimetterlo a posto.»

Ci sediamo a un lungo tavolo, con un piccolo vaso di fiori estivi. E mi racconta l'esperienza personale che in parte ha dato origine al romanzo: la nascita di suo figlio Andrea, prematuro, a sei mesi e mezzo. «So cosa vuol dire cercare di resistere aggrappati a un filo, sospesi tra la vita e la morte» commenta.

Lo sguardo color carbone, le spirali dei ricci, il fisico scattante di Valeria trasmettono una straordinaria energia. Che si trasforma in collera quando parla della sfumatura kafkiana della sua esperienza con gli ospedali italiani. Oggi il suo bambino ha due anni, ma l'eccesso di ossigeno dei macchinari collegati all'incubatrice gli ha provocato una retinopatia irreversibile, che gli ha danneggiato gravemente un occhio. «La cosa che mi fa più rabbia è che io sono una mamma "attrezzata": cercando in internet ho subito scoperto che si tratta della principale causa di cecità del mondo, e che è una malattia tipica dei prematuri. Se solo qualcuno si fosse degnato di spiegarmi cosa stava succedendo, avrei potuto fare qualcosa.»

Valeria si gingilla con una lunga collana colorata: nel suo sguardo non c'è disperazione, ma rimpianto per l'occasione perduta. Il suo spazio bianco è l'impossibilità di interagire con gli apparati di uno Stato contro cui lotta ogni giorno, in molti modi. Innanzitutto per la qualità della vita di suo figlio. «In Italia non si riesce ad accettare che la malattia, così come la vecchiaia, fa parte della vita. Ci si ostina a negarle. Rassegnarsi all'idea di un figlio con un handicap non è facile per nessuno, e come se non bastasse mancano le strutture per sostenere le famiglie.»

La voce di Andrea che sta rientrando a casa con la babysitter risuona improvvisamente dal pianerottolo: in un attimo è con le braccia al collo della sua mamma. Vedendolo così pieno di vita mi riesce difficile immaginare che avrebbe potuto non farcela. «Quando sei davanti a un'incubatrice ti senti dare sempre due tipi di risposte: quelle rassicuranti, di cui non ti fidi, e quelle vaghe, che ti disorientano ancora di più.» Valeria oggi è felicemente sposata e ha conquistato la sua serenità, ma ha dovuto soffrire prima del lieto fine. Il padre di Andrea aveva dato il bambino per morto. Quando ha saputo che sarebbe sopravvissuto, mentre lei era in clinica, è scomparso. Il calvario, che in parte racconta nel libro, lei lo ha vissuto da sola.

«Sono comunque le donne a farsi carico dell'impegno materiale ed emotivo che impone la vita di ogni giorno, ad assumersi le responsabilità e a organizzare strutture capaci di accogliere le gioie e i dolori di ciascuno, a cominciare dal microcosmo che ricreano tra le mura di casa» dichiara Valeria. Ma attraverso le generazioni il modo in cui vivono la famiglia è cambiato. «Mia nonna è stata costretta a sposarsi per avere la sua libertà, mia madre ha sempre lavorato, anche se non riesco a immaginarla a crescere i figli senza mio padre accanto. Le ragazze della mia generazione, invece, sono indipendenti perché non danno mai niente per scontato. Sanno che devono fare tutto da sole, sono vere e proprie monadi autosufficienti.» La donna secondo Valeria Parrella è una coi superpoteri. L'uomo, tutto il contrario. «Non ce la fanno, hanno bisogno di essere accuditi: io faccio in modo di non aspettarmi nulla da loro, così se decido di starci è davvero per amore e non per necessità.»

Un atteggiamento comprensibile, ma dal punto di vista dell'autoconservazione molto pericoloso. E forse anche ingiusto: perché valutare i propri compagni così poco da non chiedere assolutamente nulla? È come se certe giovani italiane, figlie della rivoluzione sessuale, fossero passate da un eccesso all'altro: dall'essere dipendenti dai maschi in tutto e per tutto al ritenerli più inutili di un soprammobile. Spesso è un modo per non soffrire, una barriera che si erige dopo molte delusioni sentimentali. E leggo nelle profondità dei suoi occhi e nel suo stesso piglio deciso che a Valeria queste non sono mancate. Ma anche l'uomo inutile, in fondo, è uno stereotipo.

«Non parliamo di stereotipi!» fa un gesto come per difendersi. «Mi perseguitano dal mio primo racconto con la combinazione "giovane-scrittrice-napoletana".» Non ha un modello di riferimento: le piacciono Agota Kristof, Alda Merini e Christa Wolf perché, mi dice, della loro scrittura si fida. Non crede che esistano temi spiccatamente femminili in letteratura, ma saprebbe immediatamente riconoscere se l'autore di un libro è un uomo o una donna. Per quanto sensibile, un maschio non riuscirà mai a penetrare fino in fondo i segreti dell'animo femminile, e viceversa. Per questo lei scrive di donne, personaggi forti ma vere «femmine» allo stesso tempo.

Come la protagonista di *Ciao maschio*, l'opera teatrale alla quale sta lavorando e che debutterà al Teatro Nuovo di Napoli: una donna che, per una serie di coincidenze che la scrittrice non vuole svelare, si ritrova faccia a faccia con tutti gli uomini della sua vita. «Il luogo simbolico che ho scelto per questi incontri è, non a caso, il letto. La mia eroina si ritrova a confronto con i suoi amori del passato, uomini che lei ha tentato, forse superbamente, di categorizzare: quelli dell'accoglimento, sinonimo di tenerezza, famiglia e sicurezza e quelli della libertà, sinonimo di passione, trasporto e sesso.» Per tutta la durata dello spettacolo questa donna cercherà di affrancarsi dall'accusa che i suoi ex le muovono: essere diventata proprio quella che non avrebbe mai voluto essere. «Alla fine ci riuscirà e in qualche modo riabiliterà i suoi interlocutori.» Valeria tiene a precisare che il suo non è un lavoro femminista, ma femminile: in fondo sono proprio i maschi che si alternano sul talamo a fare esistere il suo personaggio, a dargli un senso.

«Ciò detto per me il femminismo resta qualcosa di primigenio, impossibile da svincolare dallo stesso fatto di essere donne. Io non sono vissuta negli anni della rivoluzione sessuale, però mi rendo conto che ci sono ancora tanti temi "scottanti" che vanno sviscerati. La battaglia delle donne oggi è uno strumento prezioso sul piano dei diritti umani. Di tutti.» Per esempio, la strumentalizzazione dell'aborto proprio non riesce a tollerarla: come fanno a parlarne i preti, si domanda ironicamente, che di figli ufficialmente non ne possono avere? Ma bisogna tenere sveglie le donne. Per questo anche Valeria ha sottoscritto l'appello promosso dalla rivista «MicroMega» all'indomani della proposta per la moratoria sull'aborto. «In una settimana abbiamo raccolto 50.000 firme, roba da referendum, ma questo non ci è valso neanche un passaggio televisivo. Ci hanno letteralmente imbavagliate.»

Il clima culturale che si respira nel Paese le fa temere il peggio. Un esempio lampante secondo lei è la nomina di Mara Carfagna a ministro per le Pari opportunità. «Come è stato possibile eleggere una deputata che dovrebbe fare gli interessi dei più deboli e si dice apertamente contraria ai Pacs? Possibile che invece di andare avanti l'Italia scelga sempre di tornare indietro? E la cosa più grave è che ci siamo assuefatti a certe dinamiche. Che cosa potranno mai imparare di buono le ragazze di domani?»

La seconda istituzione del Paese che contribuisce a deteriorare il clima nazionale, secondo lei, è la Chiesa cattolica. «È una portentosa produttrice di stereotipi negativi, di mortificazioni e sensi di colpa: è riuscita perfino a negare una normale vita sessuale alla Madonna, scelta per diventare la madre di Gesù. Ci sono religioni e filosofie per le quali il corpo umano riveste una grande importanza, soprattutto quello femminile, considerato sacro perché può a sua volta dare la vita. La Chiesa invece è sessista, usa il suo potere per comprimere la sessualità e appiattire le differenze. Tutto ciò che è diverso fa paura e va represso.»

Se queste sono le nuove generazioni poco impegnate, posso stare abbastanza tranquilla: la nuova Resistenza è appena cominciata.

Le librerie delle donne, centri intellettuali delle battaglie degli anni Settanta, esistono ancora. I centri per incontrarsi, discutere e ottenere assistenza sono state una delle grandi costruzioni del femminismo. Mi chiedo quante ragazze frequentino oggi quei luoghi.

Nel 1975 Lia Cigarini e Luisa Muraro, che oggi è una delle più eminenti filosofe italiane, aprono a Milano, al numero 2 di via Dogana, la prima Libreria delle donne. Presto ne vengono inaugurate altre in tutte le principali città: raccolgono saggi spesso inediti in Italia di femministe straniere, pubblicano in proprio quelli delle studiose italiane.

L'anno dopo le femministe romane occupano Palazzo Nardini, in via del Governo Vecchio. Le pareti rivivono dipinte di colori sgargianti, piene di slogan a caratteri cubitali, le stanze risuonano di musica, canzoni, voci. Ne fanno un centro di ritrovo e di ascolto: ambulatori e luoghi di riunione. È la Casa delle donne, la casa di tutte, in un edificio che era stato sede della Pretura. Anche oggi che ha traslocato in via della Lungara il posto non è meno simbolico. L'ex convento del Buon Pastore è stato per secoli un carcere femminile. Con stile di vita monacale, si tentava di rieducare quelle giovani che avevano commesso l'imperdonabile peccato di voler vivere libere, per esempio, rifiutando un matrimonio combinato.

Qui si organizzano le manifestazioni pubbliche, i grandi cortei degli anni Settanta. Dal '68 le ragazze hanno imparato come si fa la mobilitazione: ognuna chiama tre numeri di telefono e, attivando la catena, in poche ore fanno quello che oggi si farebbe con un invio di sms: si riempie una piazza.

Sono le otto e mezza di sera del 27 novembre 1976. A piazza Esedra, a cinquecento metri dalla Stazione Termini di Roma, si danno appuntamento 20.000 donne. È una delle zone più pericolose della capitale, soprattutto quando scende l'oscurità. Stasera, però, il buio è illuminato dalle fiaccole del corteo femminista: un impressionante fiume colorato, come tanti se ne vedono in quegli anni. «La notte ci piace, vogliamo uscire in pace» gridano. D'altronde la manifestazione si intitola proprio così: *Riprendiamoci la notte.* Protestano contro la violenza domestica, tutta sommersa – come del resto è ancora oggi. E contro la violenza pubblica, di strada, fatta di aggressioni urbane, stupri consumati in angoli bui.

Il corteo sfila davanti al Volturno, un cinema a luci rosse. Alcune ragazze strappano le locandine dei film porno. Non vogliono più essere considerate oggetti sessuali, a disposizione delle voglie anche brutali dei maschi.

Il torrente umano taglia tutto il centro storico e sfocia in piazza del Popolo: girotondi, piccoli spettacoli, canzoni. Un'onda anomala di rumore, colore, allegria ma anche di grande rabbia. Portano pantaloni a zampa d'elefante e calze colorate, minigonne e maglioni slabbrati e scarpacce senza forma. Non c'è un laccio che le trattenga.

Non è solo una coincidenza che nel 2006 3000 donne, sempre in una notte di novembre, si diano appuntamento alla

Stazione Centrale di Milano. Un anno dopo, 24 novembre 2007: 100.000 sfilano in tante città d'Italia: Bologna, Torino, Padova, ancora Milano. A Roma il corteo è affollatissimo. Tutte le esponenti politiche presenti vengono contestate e fischiate: le onorevoli di destra Carfagna e Prestigiacomo. Le manifestanti si scagliano anche contro le ministre di sinistra: Pollastrini, Turco e Melandri. A guardare certi visi giovani, capelli scompigliati e gonne larghe, sembra di essere tornati indietro nel tempo. Ma queste sono le figlie: le femministe di allora ci sono, ma hanno il viso segnato e gridano di meno. È allarmante che gli slogan siano gli stessi, trent'anni dopo.

Sembra che il femminismo non sia riuscito a sopravvivere al suo decennio d'oro: a partire dagli anni Ottanta il dibattito è rientrato nelle accademie. Perché non c'è mai stato ricambio? Le madri, forse, non hanno saputo parlare alle figlie? È mancato il racconto, oppure negli anni Settanta è nata una generazione di ragazze sorde?

«Vogliamo anche le rose.» Era uno tra gli slogan più fortunati del femminismo e oggi è il titolo di un documentario uscito nelle sale, non a caso, l'8 marzo 2008. La regista è Alina Marazzi che dichiara: «Secondo me dovrebbero guardarlo soltanto gli uomini». Non è stato così. In realtà, si corregge la regista, le basterebbe «che le donne portassero i loro padri, fratelli, compagni per condividere questo pezzo di storia».

Seduta dritta sul divano rosso del suo salotto, gonna a fiorellini e maglietta marrone, è seria e risponde alle mie domande con rigore e un certo riserbo. Moltissime donne le hanno scritto dopo il suo primo documentario di successo, *Un'ora sola ti vorrei*, la sua storia privata e dolorosa di ragazza in cerca della madre, morta suicida quando Alina aveva solo sette anni. Le dicevano di essersi riconosciute nella sua opera e le hanno fatto nascere la curiosità di scavare in quegli anni. Di scoprire quali battaglie politiche combattevano le altre, mentre sua madre Liseli Hoepli perdeva la propria, personalissima lotta.

Vogliamo anche le rose raccoglie molto materiale d'archivio: interviste, fotografie, filmati e tre diari, testimonianze vere di ragazze alle prese con problemi legati al sesso e alla famiglia. Anita, una giovane della buona borghesia, soffre per l'ambiente repressivo e per la propria inibizione. Alla passione erotica non riesce nemmeno a pensare. «Un'educazione che insegna sin dall'infanzia a evitare il piacere porta risultati come il mio, cioè la sessuofobia» scrive. Teresa, politicamente impegnata ma cresciuta nel Sud tradizionalista, abortisce clandestinamente. Questa parte del film è un pugno allo stomaco: panoramiche di ambienti freddi, terribilmente quotidiani, e la voce della ragazza che descrive il tavolo operatorio, le cannule, il risucchio. «Ho sofferto troppo e non credo di aver meritato tanta sofferenza» è il suo sconsolato, rabbioso commento. Più positiva la vicenda di Valentina, femminista matura e convinta, che ha il coraggio di lasciare il marito per un nuovo e più felice amore. Ma quando la lotta si fa violenta e sente che hanno gambizzato un ginecologo rinuncia, amaramente, all'impegno politico. «È come se tutto quello che è successo di concreto, di nuovo si fosse cancellato di colpo» conclude disillusa.

Non è certo tenera, Alina Marazzi. E la grande dote del suo film è, infatti, saper individuare stereotipi e pigrizie mentali di entrambi i sessi e di tutte le parti politiche. Gli spezzoni di intervista variano dallo spassoso al terrificante. C'è la famiglia alto-borghese in cui le figlie non possono uscire di casa la sera, il gruppo di giovani i cui maschi dichiarano che per le coetanee non è bene andare a lavorare perché non è nella loro natura, i mariti secondo cui mandare le donne in fabbrica è antieconomico, perché poi tocca mangiare tutte le sere in trattoria. E i raduni hippy con il sesso libero, con le ragazze che si lamentano dei ragionamenti pretestuosi dei loro compagni: l'idea che se non la diamo via non siamo buone rivoluzionarie è un po' una fregatura. Quello che ricordava Rossanda, di prima mano.

Le strumentalizzazioni e gli equivoci sono stati molti, in quell'epoca appassionata e confusa. E ancora oggi, secondo Alina, le donne non sanno cosa vogliono. Pensa che l'obiettivo non dovrebbe essere l'eccellenza di Wonder Woman, ma «un contesto familiare che ti sostiene, con un compagno che condivide le responsabilità, avendo tempo per te, per i figli e per il lavoro. Per poter eccellere in tutto le donne italiane e occidentali "rubano" il tempo di quelle straniere, a cui delegano alcune funzioni. E l'uomo rimane sempre fuori da questo processo».

Valentina nel suo diario dà un giudizio che vale forse per l'intero film: «Siamo sconfitti, uomini e donne, dopo il '77, e penso che i veri effetti saranno lenti a insediarsi nelle nostre coscienze».

Forse anche per questa valutazione impietosa il film non è piaciuto alle femministe. Ma credo abbia avuto il merito di recuperare un pezzo della nostra storia che per le nuove generazioni sembrava perduto. «Da parte delle più giovani c'è molta curiosità, voglia di sapere» dice Alina. «Anche gratitudine, un coinvolgimento positivo.» Negli anni Ottanta e Novanta, nota, si è passati dalle grandi idee collettive a una forsennata individualizzazione. «Quello che era interessante era il passaggio dal privato al politico» osserva. Ma ora tutto è semplicemente diventato pubblico: «Ognuno vuole emergere, dire la sua, ma senza una reale condivisione». Certo che il femminismo tra i suoi molti meriti ha delle colpe, e le protagoniste di quelle lotte lo sanno bene. «Alcune ammettono di non essere riuscite a tramandare la pratica politica alle ragazze che sono venute dopo.» Queste hanno goduto i vantaggi ma senza conoscerne davvero la storia. Oggi guardano stupite le immagini di repertorio della manifestazione in Campo dei Fiori con le donne insultate e trascinate via dalla polizia. Una testimonianza visiva più forte di ogni racconto.

«"Femminismo" è diventato una parolaccia, bisogna trovare un nuovo termine» dichiara Alina Marazzi. Purtroppo è vero: è una parola di cui abbiamo paura. Ha assunto significati negativi che non sembriamo capaci di cancellare. Forse però non bisogna trovarne un'altra, ma riscoprire la forza di questa. Ricordarci quanto le dobbiamo. Film come il suo sono un passo in avanti. «Bisogna trasmettere una passione» annuisce.

Capitolo 10

TE QUIERO, ZAPATERO

Sulla copertina della mia guida di Madrid c'è un errore: nella foto, i due che si baciano sono un ragazzo e una ragazza. Ma la capitale spagnola, per noi italiani, è invece il paradiso delle famiglie alternative. Già dagli anni Novanta le amministrazioni regionali avevano regolamentato le «unioni stabili» al di fuori del matrimonio: la prima era stata la Catalogna nel 1998, nonostante l'opposizione del governo Aznar. D'altra parte sono molti i Paesi d'Europa che riconoscono diritti alle cosiddette «coppie di fatto»: tra gli altri Francia, Belgio, Paesi Bassi, Germania, Danimarca, Svezia, Norvegia, Finlandia, Portogallo, Regno Unito, Ungheria e Repubblica Ceca. L'Italia, in compagnia di Russia, Grecia, Moldavia, Turchia e molti Stati non europei, non ha ancora ritenuto necessario occuparsi delle unioni alternative.

L'avvocato Manuel Ródenas Pérez e suo marito Javier Gómez sono stati la prima coppia omosessuale unita in matrimonio dal sindaco di Madrid, esponente del conservatore Partito popolare di cui entrambi sono tesserati. Oggi, mentre stringo la mano a Manuel, noto che non porta anelli.

«È troppo prezioso, per me» dice quando glielo faccio notare. «Non voglio rischiare che me lo rubino, o di perderlo.»

Detta da qualunque altro marito, è una frase che mi farebbe ridere o indignare, ma a lui posso credere. È un diritto davvero recente quello di portare la fede. La legge che equipara il matrimonio omosessuale a quello tradizionale, compresi diritti come eredità, pensione, adozione, è stata approvata in Spagna nel 2005. Nello stesso anno anche divorziare era diventato più facile: possibile già dopo tre mesi, anche senza il consenso di entrambi i coniugi e senza un periodo di separazione. I matrimoni omosessuali nel primo anno dall'approvazione della legge sono stati circa 4500 e la norma è stata perfezionata per includere anche coppie formate da uno spagnolo e uno straniero, o due stranieri residenti in Spagna.

Manuel Ródenas è il responsabile del «Programma di informazione e aiuto per gli omosessuali e i transessuali». Istituito dal Comune, si trova sulla Gran Vía, al limitare del quartiere «arcobaleno» della città, Chueca. Nato nel 2002, è l'unico del suo genere in tutta la Spagna. I suoi impiegati e volontari lavorano per dare ai gay assistenza psicologica, sociale e legale nella strada ancora in salita dell'accettazione di se stessi, e della piena partecipazione alla vita pubblica. Nel 2007 al «Programma» si sono rivolti in 2900.

Fino a poco tempo fa anche Manuel, che sembra ancora così giovane coi suoi grandi occhi azzurri dietro agli occhiali e i capelli castani un po' lunghi sul collo, era nel pieno della sua battaglia di emancipazione. Tanto per cominciare quando lui e Javier hanno comprato le loro fedi nuziali, non credevano che avrebbero mai potuto avere un vero matrimonio. «Eravamo in America, e ci siamo trovati proprio da Tiffany» ricorda un po' timidamente. «Di sposarci non si parlava ancora, allora, in Spagna. Ma abbiamo comprato lo stesso gli anelli. E anni dopo, nel 2005, li abbiamo usati. È stato il momento più bello della mia vita.»

Era da molto tempo che non sentivo una storia così romantica. Forse bisognerebbe vietare per un po' il matrimonio eterosessuale, per restituire alle coppie il senso di quanto sia prezioso e speciale.

La cerimonia che ha unito lui e Javier è stata l'occasione di mille polemiche all'interno del partito a cui appartengono sia loro sia il sindaco Alberto Ruiz-Gallardón di Madrid. Molti hanno chiesto di fare chiarezza: può la destra nazionale, di orientamento cattolico, avallare il matrimonio omosessuale? Gallardón ha semplicemente risposto che come funzionario pubblico non poteva certo rifiutarsi di assolvere a un obbligo di legge.

«La città e la provincia di Madrid sono di destra» mi fa notare Manuel. «Ma la destra spagnola è a sinistra, per esempio, della sinistra francese, non parliamo poi di quella italiana. Non è straordinario che abbia messo in piedi un progetto come questo?»

Mi accompagna a visitare il centro. È un grande appartamento con pareti giallo canarino e pavimenti di parquet, mobili moderni, semplici e funzionali in legno chiaro e acciaio. Dalle tende filtra una luce calda. Gli uffici sono ampi e ordinati. Ad accogliere gli ospiti all'ingresso c'è una signora bionda dalla mascella a dire il vero un po' virile. Nell'ufficio di consulenza psicologica incontro un giovanotto dalla pelle morbida e dalla voce dolcissima e un altro bruno, con occhi verdi e splendidi bicipiti. Mi spiegano i progetti di assistenza. È attivo un servizio di informazione telefonico, e gruppi di aiuto psicologico che arrivano a contare anche venticinque o trenta persone. Bisogna assistere chi subisce discriminazioni sul lavoro, le coppie che adottano bambini, i vecchi gay traumatizzati dalla dittatura franchista, i genitori, o a volte anche coniugi, che non riescono a capacitarsi della «scelta» di figli e partner.

«Credo che la chiave di tutto sia stato il coraggio di chi ha avuto la forza di dire: "Sono così e pretendo di essere rispettato per quello che sono"» mi spiega Manuel quando gli chiedo com'è stato possibile ottenere questa rivoluzione sociale. «Ma ci hanno aiutato molto i media e il mondo della cultura. Grazie a loro abbiamo acquisito visibilità e creato consapevolezza. E allora i politici hanno cominciato ad ascoltarci. Anche quelli del Pp.»

Certo in Zapatero hanno trovato un alleato. «Zapatero si è trovato tutto il lavoro già fatto.» Dimenticavo che Manuel è pur sempre membro del Pp, e suo marito un attivista. «Non si è buttato alla cieca: aveva il supporto del 70 per cento della popolazione, e di tutto il movimento. E anche con lui non è stato facile: sulle prime per esempio era d'accordo sul matrimonio gay ma non sulle adozioni.»

In Italia non si riescono a far passare nemmeno i Pacs, e qui ci si lamenta che il primo ministro non ha afferrato subito la penna, quando gli hanno chiesto di firmare una legge che affida i bambini in adozione alle coppie omosessuali. Ma non era un Paese cattolico, la Spagna?

«Credo che la società spagnola sia molto più aperta di quanto pensa la gente all'estero. Siamo religiosi, lo sono anch'io, ma non per questo dobbiamo essere d'accordo con tutto quello che dicono i vescovi.» Non commento questa osservazione. So, e Manuel me lo conferma, che la Chiesa in Spagna ha perso molto potere negli ultimi anni. «Nel Partito socialista alcuni vogliono rescindere completamente gli accordi tra Stato e Chiesa» mi spiega il mio ospite. «Ma non sarà facile.»

Racconto a Manuel che in Italia si pensa che i gay dovrebbero accontentarsi, in caso, delle unioni civili o addirittura di contratti di diritto privato. Mi guarda serio. «Nella storia, il matrimonio è sempre stato vietato alle categorie sociali disprezzate: ai neri perché razza inferiore o, nel Medioevo, agli attori in quanto promiscui e inaffidabili. Noi non vogliamo più essere cittadini di serie B. E per questo è necessario che ci siano gli stessi contratti, e le stesse parole per definirli. Possono essere più importanti dei fatti: ricevo moltissime telefonate di gay italiani che vogliono venire a sposarsi qui anche se sono residenti in Italia. Li avverto che questo non avrà alcun valore legale nel loro Paese. Ma arrivano lo stesso.»

L'anno scorso all'Europride di Madrid uno degli striscioni del nostro Paese recitava «Vogliamo un italiano Zapatero / per ripulire l'Italia dal clero». Ma secondo Manuel esportare il loro primo ministro dagli occhi azzurri non è la soluzione: quello che ci occorre è un risveglio di coscienza e di impegno politico. Uno dei motivi per cui siamo così indietro in fatto di conquiste civili, dice, è che la partecipazione democratica non ci interessa più. «In Italia la gente rifiuta la politica» mi spiega. «In Spagna la usa per cambiare le cose. Non è vero che abbiamo politici migliori, ma abbiamo una popolazione più partecipe e più organizzata.»

Hanno anche avuto una dittatura, e questo li ha aiutati ad apprezzare di più certe libertà. Nei decenni della dittatura, fino alla morte di Francisco Franco nel 1975 gli omosessuali venivano schedati e incarcerati senza processo. Bastava che un poliziotto fosse preso da un momento di irritazione nel vederli passeggiare per strada, per arrestarli. E a dire il vero, la legge che colpiva l'omosessualità come reato contro la morale pubblica – un gay seduto in un bar poteva essere perseguito – è stata abrogata solo nel 1986.

In vent'anni però sembra che abbiano riguadagnato il tempo perduto. Ormai hanno ottenuto tutto: quali sono le prossime frontiere?

«L'eutanasia, l'aborto libero e l'abolizione dei privilegi della Chiesa.» Manuel mi ricorda che in Spagna l'aborto è legale in tre soli casi: stupro, grave rischio per la salute della madre e per quella del bambino. «Nel campo dei diritti degli omosessuali, bisogna ancora battersi contro le discriminazioni sul lavoro.»

Mi racconta il caso di una dirigente di un'azienda privata che si è rivolta a loro proprio il giorno prima. Nel momento in cui si parlava della sua promozione, negli uffici hanno cominciato a circolare mail minatorie e offensive, in cui si chiedeva se davvero la compagnia aveva intenzione di promuovere una lesbica. «Abbiamo indagato, e scoperto che era stata una sua collega. Un'altra battaglia da combattere è quella per la visibilità delle lesbiche.» Per loro, tanto per cambiare, è più dura. «Sono doppiamente discriminate: in quanto donne, e in quanto omosessuali. Trovano molto più difficile fare *coming out.*»

Una lesbica è considerata ancora più viziosa di un gay e vale lo stereotipo secondo cui, se preferisce le donne, è solo perché non ha ancora incontrato l'uomo capace di convertirla. «Non ha ancora provato me» dicono con una lasciva strizzata d'occhio i maschi etero. E così, discriminate e disprezzate, le ragazze tacciono, e spesso finiscono per sposarsi con esiti disastrosi.

«L'*empowerment* è necessario per tutte le donne, ma per le lesbiche di più» annuisce Manuel, convinto.

Me lo conferma Ana, sociologa e psicologa, che lavora insieme a lui per il «Programma di informazione». «Da un lato» mi spiega, «per noi è più facile perché la donna in generale vive la propria esperienza sessuale in maniera più ambigua.» Dall'altra parte, una volta presa coscienza le donne soffrono di più quella che si chiama «omofobia interiorizzata», ovvero l'accettazione involontaria degli stereotipi negativi che la società getta loro addosso. Come sempre, insomma, se si sentono dire che non valgono niente ci credono. E infine tendono a fare una scelta molto più netta e quindi più difficile e dolorosa. «Gli uomini possono vivere una doppia vita anche per decenni» continua Ana. «Le donne no.»

Ana è anche autrice di uno studio sui figli delle coppie omosessuali, dai risultati rivoluzionari. Almeno per l'Europa, dato che in America questo tipo di ricerche esiste da oltre trent'anni. Smentisce una delle convinzioni più diffuse: che i bambini cresciuti dagli omosessuali siano destinati a «scegliere» lo stesso orientamento dei genitori adottivi.

«Assolutamente no» risponde Ana, quasi offesa. «Perché l'omosessualità è un dato naturale, non sociale. Non si sa da cosa dipenda, ma certo non dall'educazione. Altrimenti sarebbe vero che è una malattia da curare.»

Però qualche differenza ci sarà, in chi si vede intorno per tutta l'infanzia «solo papà» o «solo mamme». Di nuovo, Ana scuote la testa.

«No. I bambini di coppie gay diventano ragazzi e poi adulti normalissimi» afferma. «Forse l'unica differenza è una maggiore tolleranza, più flessibilità rispetto ai ruoli sessuali. Si stupiranno meno di veder stirare un uomo, o una donna aggiustare la caldaia.»

Se questo è l'unico effetto, diamo i figli in adozione *solo* alle coppie gay, penso uscendo dall'edificio per tuffarmi nel quartiere vicino.

Chueca è vestito a festa, stasera. La settimana dell'orgoglio gay che culminerà tra due giorni nell'Europride porta musica nelle strade e bandiere arcobaleno drappeggiate da un palazzo all'altro, negli stretti vicoli acciottolati. I locali traboccano di clienti e le strade sussultano di passanti. Coppie omosessuali ed eterosessuali mano nella mano, gruppi di amici venuti a godersi l'atmosfera. Mi faccio largo assieme alla mia amica spagnola, Angela Rodicio, e penso che sembriamo una coppia come le altre.

Ho appuntamento con un connazionale, Massimo, cognato di un'amica di Milano, che da tre anni vive a Madrid con il suo compagno, Jesus, avvocato.

Dobbiamo incontrarci all'ingresso del parcheggio del quartiere, realizzato da un'italiana e diventato giustamente famoso. Teresa Sapey in patria era una tra molte, imprigionata in una Torino convenzionale con troppi architetti e poco spazio per farli lavorare. Specie se donne e giovani. Così se n'è andata via, seguendo in parte l'ispirazione e in parte, come spesso accade, un amore. Oggi regna su una casa di assoluta eleganza, dai pavimenti lucidi e bianchi, arredata solo con pezzi unici, molti dei quali disegnati da lei. Generosa e cordiale, riceve spesso e ieri sera mi ha invitata a cena con un gruppo di donne davvero interessanti.

«In Italia non avevo nessuna possibilità» mi ha confessato al di sopra di uno spiedino di fragole e formaggio. «Il mondo culturale è dominato dalle conventicole, naturalmente quasi tutti uomini. Non c'è spazio per l'innovazione, non ci sono progetti.» Il triste declino del Paese del design.

Il parcheggio di Chueca le ha dato notorietà, oltre a fare di lei in qualche modo una specialista in questo tipo di spazi urbani solitamente trascurati e degradati. «*We design spaces with feelings*» è il motto del suo studio: disegniamo ambienti con sentimento. In un quartiere ancora difficile, che non manca di discriminazione e violenze, ha creato un inno all'amore dai muri rosso fuoco, istoriati con versi del V canto della *Divina Commedia.* In spagnolo, naturalmente. «Amor, ch'a nullo amato amar perdona» traduco alla luce dei faretti verdi e gialli. In un angolo, una vera e propria fontana pubblica in metallo offre un servizio in più a cui solo una donna poteva pensare: lavarsi, rinfrescarsi, godere di un momento di quiete tra il rombo delle macchine, appena sotto la frenesia di questo quartiere allegro ma ribelle. Non mi stupisce che le commissioni piovano ormai su Teresa da ogni parte: negozi, alberghi, ancora parcheggi. Un'altra italiana che ha trovato la sua fortuna solo lontana da casa, come il mio nuovo amico Massimo che mi conferma: «Preferisco la Spagna e non solo per il clima e per la lingua. A Madrid c'è un'atmosfera libera».

Ci rifugiamo in un vicolo laterale, in un bel locale dai soffitti alti che, mi dice Angela, era frequentato fino a non molti decenni fa dal dittatore Franco e dai suoi collaboratori. Ora è tranquillo, si riempirà solo dopo l'una: le notti spagnole, che cominciano con la cena alle undici, si allungano sempre nelle ore piccole.

«La comunità italiana è vastissima» mi conferma Massimo. «Non solo gay. Arrivi e hai almeno un connazionale al lavoro, che ti presenta degli altri, e pian piano ci si conosce tutti.» Non sono manovali e gelatai, i nostri giovani che scelgono di rifarsi una vita nell'aperta e vivace Madrid. «Sono avvocati, scrittori, architetti, ingegneri» elenca Massimo. Una fuga di cervelli spaventosa. L'Italia li educa e la Spagna approfitta di talento e istruzione, perché sa garantire diritti e apprezzare le competenze che portano.

Ci sono anche donne, in questa migrazione?

«Certo» annuisce Jesus. «Però per le lesbiche è più difficile, anche qui. Faticano comunque ad accettarsi.» Perfino nell'isola felice della diversità, i maschi sono meno diversi delle femmine.

Quando finiamo le nostre chiacchiere e usciamo, mi guardo ancora un po' attorno nella notte calda di Chueca. Un giovanotto molto ben fatto fasciato in aderenti calzoncini bianchi e cappello da marinaretto sta ballando sul bancone di un bar all'aperto. Una ragazza bionda ne tiene sottobraccio un'altra, alta, che dalla mancanza di cellulite dev'essere un trans. Due giovanissimi si baciano, con più passione di quelli sulla copertina della mia guida: quasi mi sconvolgo perché sono un maschio e una femmina. Chueca stasera è una festa di strada, un anticipo della parata del Pride che riprodurrà, più in grande e colorato, le stesse scene.

«Non è sempre così, il quartiere» mi assicura Jesus, guidandomi attraverso la folla. Peccato.

E peccato anche che io non sappia abbastanza bene lo spagnolo, perché la visita del mattino dopo mi metterà a dura prova. Per fortuna accanto a me c'è Laura, la mia giovane interprete. Siamo al Tribunale per la violenza sulle donne, istituito nel dicembre 2004 e aperto sei mesi dopo. Ha cominciato con sei corti e oggi, appena tre anni dopo, ne ha dieci. Possibile che la violenza sia tanto aumentata?

«È solo emerso quello che non si vedeva» mi spiega la magistrata María Gracia Parera, del tribunale numero tre. Grazie alla facilità delle denunce, alla rapidità del servizio di protezione – 72 ore al massimo per un ordine cautelare – e al servizio di emergenza per i casi, ad esempio, di omicidio, le vittime si sentono più tutelate. E motivate a chiedere aiuto invece che soffrire in silenzio. Certo questo dà alla Spagna il triste primato delle violenze domestiche, dato che le denunce sono aumentate.

«Ma l'importanza di questa legge» mi spiega la mia interlocutrice «è che permette ai giudici di specializzarsi. E un tribunale dedicato può emettere più velocemente l'ordine di protezione, e mandare la polizia a controllare che venga rispettato.» Una volta avviato il programma è il servizio sociale a occuparsi di aiutare la donna, se necessario, a cambiare casa, a trovare un lavoro, la scuola per i figli e tutto ciò che può servire quando l'uomo che la manteneva smette di occuparsi di lei.

La legge ha modificato il codice penale, introduce aggravanti per i delitti commessi dagli uomini ai danni delle donne, e nuove fattispecie di reato come la *coacción*, ovvero la costrizione a fare o non fare qualcosa. Per esempio, quando un partner geloso ti impedisce ripetutamente di telefonare agli amici, o far visita ai familiari. Quest'ultimo è considerato un delitto se commesso da un uomo, e solo infrazione lieve per una donna. Altri reati sono tali per entrambi, ma cambiano le pene. Non mi sembra del tutto giusto: se è vero che nella violenza fisica i maschi sono molto avvantaggiati, potrebbe scoprirsi che nella coazione psicologica invece siamo più brave noi. Perché punirci meno se roviniamo la vita a qualche disgraziato?

«Ma il reato più frequente è il maltrattamento, fisico e psicologico» spiega María Gracia. «Spesso l'immigrazione complica le cose, anche quella dai Paesi sudamericani. Sembra che parliamo la stessa lingua, ma in realtà ci sono grossi problemi di traduzione, anche culturale.» Fino a cinque anni fa una «torta» in faccia – ho scoperto divertita che qui «torta» è uno schiaffo – era in Spagna una trasgressione lieve, oggi si va in prigione. Punibile anche tirare una scarpa. Ma in America Latina non è nemmeno una stranezza.

«Quando cerchi di spiegare ai mariti sudamericani che hanno commesso un reato, non capiscono» dice. In ogni caso, la violenza si annida anche tra le mura domestiche degli spagnoli purosangue. Lo scoprirò tra poco, nel corso delle udienze a cui mi ha cortesemente permesso di assistere. Nella sua toga nera con il rigido pizzo bianco ai polsi, questa donna non molto alta, rotondetta, dai luminosi occhi verdi e lunghe onde di capelli biondi mi sembrerà all'improvviso severa. Autorevole. Investita di una missione. Ha solo trentanove anni, ma ne ha passati tredici lavorando come magistrato, e sa di cosa parla.

Cominciano le udienze.

Natalia è giovane, magra e bionda, coi capelli legati in una coda di cavallo. Indossa scarpe da ginnastica e una maglietta bianca e parla a voce bassa, piana. Ha denunciato sei volte il suo compagno, Julio, per maltrattamenti psicologici ma poi ha sempre rifiutato di deporre. Anche oggi la sua testimonianza non è molto convincente. Sostiene che lui l'ha aspettata per strada, seguita fin dentro un portone, insomma perseguitata, violando l'ordine di protezione emesso mesi prima dal tribunale. Julio, che entra dopo di lei, ha i capelli quasi completamente rasati, le orecchie un po' a sventola, pantaloni militari. È scortato da due poliziotte perché viene dalla prigione, dove ha passato dieci giorni in seguito alla denuncia. Fa notare alla corte che lui e l'ex partner abitano a poche vie di distanza, che stava portando a spasso il cane e che appena l'ha vista è corso a costituirsi, perché sapeva che lei avrebbe chiamato la polizia. Alla fine degli interrogatori, a porte chiuse, María Gracia annota che Natalia è poco *centrada* e risolve il caso a favore di Julio. Che intanto però si è fatto dieci giorni di galera.

Il secondo caso è quello di Patricia, trentacinque anni, che «si sente psicologicamente maltrattata» dal suo partner. È aggressivo e lei ha paura che possa ucciderla, denuncia torcendosi le mani. È tesissima, parla in modo esitante, si stropiccia la gonna di jeans tra le dita nervose. Non sa se vuole separarsi o divorziare ma vuole allontanare Victor dalla sua vita e da quella del loro bambino. Descrive con emozione crescente le angherie di lui – impedirle di telefonare, di andare in visita agli amici, insultare sua madre ex tossicodipendente e prostituta, minacciare di toglierle il figlio – e a un certo punto scoppia in lacrime. Neanche lei sembra molto *centrada*.

Lui molto di più. Camicia bianca e jeans, aria da brav'uomo lavoratore, Victor sostiene che quello maltrattato psicologicamente è lui, negli ultimi tre anni, fin dalla gravidanza di Patrizia. Lei, racconta, cercava di far male al bambino colpendosi la pancia. E dopo il parto la sentiva spesso urlare col figlio. Ha appena trovato un nuovo lavoro dopo che aveva lasciato il precedente per occuparsi della moglie incinta, e non può assentarsi dal turno. Ma quando telefona e lei non risponde, si preoccupa per il bimbo.

C'è moltissima tensione, nell'aula. Non invidio María Gracia che deve decidere cosa fare di questa coppia in crisi. Sembra che Patricia esageri, ma è così difficile documentare una violenza psicologica: se invece non esagerasse? Se diamo ragione a Victor, lo lasciamo libero e lui poi l'ammazza? L'interrogatorio degli avvocati però renderà chiaro che in questo caso è forse Patricia a doversi prendere una pausa di riflessione. In seguito a una trattativa condotta fuori dalle porte, il bambino verrà temporaneamente affidato al padre mentre lei si rimette in sesto i nervi. E speriamo che sia la decisione giusta.

I casi di questa mattina quasi fanno sorgere dubbi sul Tribunale per la violenza sulle donne. Non sarà che svolge le funzioni di ascolto e composizione del conflitto che, in una società meno nevrotica, toccherebbero alla famiglia, alla suocera o al limite a un consulente di coppia? Ma il caso successivo conferma che di questa istituzione c'è bisogno: Amparo, di origini peruviane, ha un referto medico a testimoniare che Abdul l'ha davvero picchiata. Già da un po' le telefonate del suo fidanzato marocchino erano una vera e propria persecuzione: 20-25 al giorno. Non sempre rispondeva. E un giorno, tornando dal parco con la sorella e i figli, se lo è trovato in casa, inferocito. Ha minacciato di scaraventare dal balcone i bambini, che lei ha avuto con il partner precedente. Quando Amparo ha cercato di scappare l'ha sbattuta contro il muro con un ceffone, trascinata in camera per i capelli assieme ai figli e l'ha chiusa dentro, senza telefono. Lì l'ha trovata sua sorella, ore dopo.

Per denunciarlo Amparo ha aspettato una settimana, poi ha approfittato del fatto che lui era tornato in Marocco per procurarsi i documenti necessari a sposarla. Il referto medico è risultato compatibile con la storia che lei ora racconta. La polizia, decide María Gracia, aspetterà alla frontiera Abdul per sentire la sua versione dei fatti. Per ora viene emesso un ordine di protezione. La cosa più inquietante è che Amparo è già al secondo di questi ordini: ne aveva collezionato un altro con il precedente fidanzato, il padre dei suoi figli. Il vizio di noi donne di ripetere sempre gli stessi errori davvero non conosce confini di nazionalità o di cultura.

Ma in Italia un tribunale che ci difenda dal machismo, nazionale o internazionale, non c'è.

Mi tornerà in mente il machismo questo pomeriggio, assistendo alle prove per il «Certamen de coreografía» di danze tradizionali spagnole che deve svolgersi questo weekend al Teatro Albéniz. La direttrice di questa rassegna è americana.

Karen ha sposato uno spagnolo e vive qui da trent'anni. Bionda, coi capelli lunghi fino alle spalle, indossa un vestito rosa fucsia e scarpe rosa chiaro. L'idea del *certamen*, la gara tra ballerini soli o in gruppo, mi spiega, è nata per incoraggiare un approccio più audace e sperimentale ai balli tipici, coinvolgendo le giovani generazioni. È aperto solo ai professionisti, che vanno lì per farsi conoscere.

«Vent'anni fa la gente voleva sbarazzarsi del cliché spagnolo, che corrispondeva un po' all'immagine del Paese propagandata da Franco» mi spiega. Posso immaginarlo: tori e sangue caliente. Un po' l'equivalente di Mussolini a torso nudo sul trattore. Per la verità il flamenco, che per noi è sinonimo di Spagna almeno quanto le nacchere e la sangria, è una forma d'arte minoritaria, in cui non tutta la nazione si riconosce. Ma tra i giovani sta tornando di moda, come anche la corrida.

Entro nel grande teatro buio e quasi vuoto. Sul palco c'è un folto gruppo di donne vestite interamente di nero, che sta provando uno spettacolo. Gli abiti sono austeri, modellano la figura dal collo alle caviglie, le maniche lunghe a coprire le braccia. Anche le pettinature sono rigidamente tradizionali, severi chignon con i capelli tirati indietro senza un solo filo fuori posto. Unica nota di colore le labbra accese di un rossetto scarlatto. La prima ballerina ha un abito più bello delle altre, con una lunga spaccatura dietro da cui trabocca una ricca sottogonna di tulle e pizzo bianco. È anche, noto, la più bella e sensuale, con un viso scuro, sottile, giovane e intenso, pelle d'ambra e ardenti, enormi occhi neri.

La danza si sviluppa in tre parti. Nella prima le donne, tutte in fila, formano una specie di coro di gesti ripetuti. Lo sfondo luminoso di un rosso uniforme le fa sembrare ombre proiettate sul muro. La musica è una cantilena arabeggiante. Davanti a tutte, tre delle ballerine compiono un delicato movimento di attrazione e repulsione. La sintonia è perfetta, le mani battono all'unisono, in levare rispetto all'accompagnamento di tamburi. È un esercizio ritmico difficilissimo e ogni tanto devono interrompersi per ricominciare da capo. Ma infine il pestare dei loro piedi, nelle scarpe speciali con le suole costellate di chiodi di metallo, diventa un rombo uniforme come un unico cuore, o un unico temporale. E poi la prima ballerina si ritrova sola sul palco, preda di un tormento interiore che si esprime in tensioni che inarcano il suo corpo sottile nel vestito nero, fino a sembrare che debba spezzarsi. Scoppi di furia che fanno balenare le sottogonne bianche contro la scenografia color sangue.

C'è una femminilità orgogliosa e antica in questa coreografia. Sembra quasi che racconti una storia di nascita, relazione e morte vecchia quanto il mondo. Ma dopo la terza prova le donne in nero devono lasciare il posto al numero successivo. Che con mia grande gioia è un uomo, solo. Dopo una simile esibizione di forza vitale femminile, mi sembra giusto vedere l'equivalente maschile.

Sul palco si presenta un giovanotto dal viso truccato e dai capelli unti di gel. Dalla vita in giù, calzamaglia e calze di seta. Dalla vita in su, un panciotto ricamato da torero. Nacchere nelle mani. L'inizio del numero è un testo recitato da una voce di uomo fuori campo. Parte una musica dolce e lui con secchi colpi di nacchere si mette a saltellare da un capo all'altro del palco tracciando tipiche figure da ballerino classico. Ogni tanto si ferma per aggrovigliarsi in una posa intenta e sofferente. Sono un po' sofferente anch'io. Altro che controparte virile, penso mentre esco sbuffando dal teatro.

Fuori mi aspetta Carmen, la prima ballerina e coreografa del numero che ho tanto apprezzato. Il ballo, che si chiama *Shadows. Radici dell'essere*, vuole raccontare la sua nascita e il suo passaggio all'età adulta. Ha ventun anni, ha cominciato con la classica a quattro e poi a dodici si è innamorata del flamenco. «Perché è difficile. È forte» mi spiega con gli occhi appassionati. «Devi sentirlo davvero.»

Carmen si esercita per almeno quattro ore al giorno. Vista da vicino è bella come Catherine Zeta-Jones ma più giovane, e più delicata. Anche così, è quasi più virile lei del ballerino che ora sta provando sul palco. Le chiedo quale sia la differenza nel flamenco tra donne e uomini.

«Gli uomini ballano con più forza fisica. I più vigorosi, ma anche quelli con meno tecnica, sono gli zingari. I più tecnici e intellettuali sono quelli del Balletto Nazionale di Spagna.» Probabilmente il povero innamorato infelice dai cui tormenti sono appena fuggita fa parte di questa categoria. In effetti, per rendergli giustizia, la tecnica l'aveva. Ma nonostante tutto forse avrei preferito vedere gli zingari.

«È una questione di personalità» continua Carmen, infervorandosi. «Io cerco di combinare la forza e la tensione drammatica con la dolcezza e la lentezza. Cerco di conciliare gli estremi.»

È un ballo femminista, il flamenco? Come molte giovani, fa una faccia strana alla parola «femminismo» e ci pensa un po'. «Arriverà un nuovo femminismo» dice infine. «La vita è una spirale di progresso e regresso.»

La lascio alla sua saggezza e alla sua passione ed esco nel sole del tardo pomeriggio madrileno. Spero di non aver avuto una lezione sul futuro dei sessi. Donne tormentate e fiere e uomini petulanti e deboli. Sono sicura che non sia così, ma nella Spagna della parità, del politicamente corretto e dei diritti degli omosessuali mi manca un po' di virilità. Che forse recupererò domani, quando andrò fuori città ad affrontare un altro cliché machista.

La mia prima corrida è un pugno allo stomaco. I miei amici spagnoli mi spiegano che la tauromachia è un'arte raffinatissima e io non la capisco. Nell'afosa serata d'estate nell'arena di Guadalajara non riesco proprio a entusiasmarmi. «Per un *toreador* è come un orgasmo» afferma sicura Cristina Sánchez, una delle rarissime «torere matadore» nella storia di Spagna, ovvero in grado di duellare e uccidere tori di quattro anni nel pieno della loro forza fisica, che pesano anche oltre seicento chili. È l'unica il cui curriculum, in fatto di quantità e importanza dei duelli affrontati, sia equiparabile a quello di qualunque uomo.

Cristina ha trentasette anni e da otto non si esibisce più

in questo spettacolo di antica tradizione popolare. Ora commenta le dirette televisive e radiofoniche. È molto carina, bionda, occhi castani, minuta e muscolosa, un generoso seno strizzato nell'abito di maglina verde. Difficile immaginarla alle prese con animali possenti che ti possono facilmente uccidere. Invece ne ha finiti oltre un centinaio nella sua pericolosa carriera decennale. Rende bene l'enormità dell'impresa un commento della mia amica Angela: «È come se ti venisse addosso un autobus».

Ma cosa ha spinto una bella ragazza a misurarsi con un mondo e un mestiere per definizione estremamente macho? «Mi ha attratto fin da piccola» mi dice. «Ho imparato da mio padre che era un *banderillero.*» I *banderilleros* arrivano nella seconda fase della corrida, per infilzare nel dorso dell'animale asticciole di legno coperte da nastri colorati che terminano con un arpioncino d'acciaio. La loro funzione è di rendere furioso l'animale. Prima, i *picadores* a cavallo lo hanno già sfiancato colpendolo varie volte con una lancia nel muscolo dietro il collo. Ma la fase calda comincia dopo. «Ho frequentato la scuola taurina ed è diventato come una droga» continua Cristina. «Mi allenavo in media otto ore al giorno. Ho rinunciato alla mia giovinezza, fatta di disciplina ferrea più che di discoteche con gli amici, ma ne è valsa la pena!» La giovane, ormai madre di due figli, che ha vissuto anche l'umiliazione di «colleghi» che si rifiutavano di toreare con lei perché donna, cerca di spiegarmi il fascino ambiguo della corrida. «Quando il toro e il torero si affrontano e si capiscono è un'opera d'arte che si compone sotto gli occhi del pubblico, che diventa tutt'uno con te. Senti l'adrenalina della paura, perché si vive e si muore sul serio» prosegue con gli occhi che le brillano. Le chiedo cosa ci fa una donna in un'arena con un toro. «Poterlo dominare non con la forza, ma con il coraggio e la prontezza di riflessi, è una sensazione unica. Se osservi bene, ci sono molti gesti femminili di grande eleganza nel combattimento.»

È vero. Osservo il torero che veste il *traje de luces*, l'abito tradizionale color rosso e oro, «danzando» con l'animale, quattro anni, 582 chili. Tutti i passaggi sono lenti, armoniosi, sobri.

«Niente trucchi e niente mistificazioni. E neanche gesti bruschi» come ha scritto Ernest Hemingway nel suo romanzo *Fiesta*.

Siamo nell'ultima fase e il toro è già indebolito dopo essere stato colpito prima dai *picadores* e poi da tre paia di *banderillas* conficcate nel dorso. Perde molto sangue. Si è accasciato due volte per poi rialzarsi e caricare il *matador*, armato di un drappo di flanella scarlatta, che dietro la schiena già impugna la spada per il colpo mortale. La musica della banda tace, anche la folla tiene il fiato sospeso. La tensione è altissima. «Si mise di profilo esattamente di fronte al toro [...] e Romero attese la carica [...] il toro aveva seguito la flanella svolazzante, che sparì quando Romero saltò d'un balzo a sinistra; e fu la fine. [...] Il toro giaceva nero e pesante sulla sabbia, con la lingua di fuori.» Ancora Hemingway che descrive il culmine di una corrida. Il mio spettacolo a Guadalajara finisce con il pubblico entusiasta mentre reclama il premio: l'offerta di un orecchio dell'animale ucciso che viene prontamente tagliato.

Il torero esce fiero tra gli applausi generali. Il trofeo più prestigioso è ottenere due orecchie e la coda. Il toro viene trascinato fuori dall'arena per essere macellato. Altri cinque stanno aspettando la stessa sorte. Dopo la seconda toreada decido che può bastare. Mi sembra più una tortura legalizzata che una performance artistica. «È quello che temevo» mi dice un po' delusa Cristina. «La prima volta succede spesso così.» Mi complimento comunque con lei che ha aperto la strada in un mondo durissimo per le donne, come ammette. «Il mio successo non è servito alle altre, forse perché si spaventano di fronte ai tanti sacrifici e rischi. Io sono stata ferita tre volte in modo serio. Ma come in tutte le cose della vita, bisogna conquistarsi con la battaglia il proprio posto nell'arena.»

Tutt'altro ambiente è quello in cui incontro Isabel Tocino. La hall dell'hotel Wellington sembra uscita da un film degli anni Quaranta. Dorature, velluti e specchi, un pianoforte a coda non lontano dal tavolo a cui ci sediamo. A un certo punto una giovane pianista si metterà a suonare, appunto, classici jazz degli anni Quaranta e Cinquanta. Forse dovrei mettermi a sorseggiare un Negroni ma è il pomeriggio di una calda giornata madrilena e ho bisogno di acqua tonica. Isabel Tocino anche.

È una bella donna, dall'ossatura delicata e la pelle sottile da bionda, gli occhi truccati di nero e ombretto azzurro. I capelli chiari sono tirati indietro in un apparente disordine. Contro la poltrona rosso scuro quasi brilla, compreso il rapido sorriso che si apre nell'abbronzatura uniforme. La sua storia è eccezionale quanto il suo aspetto. Tanto per cominciare, ha avuto sette figli: «Ho deciso di averne molti, e di continuare a lavorare» afferma. «E tutto ciò che una decide, lo può fare.»

Laureata in Giurisprudenza, è stata docente universitaria di Diritto civile e fino al 1976 ha lavorato come esperta di diritto per la Asociación de energía nuclear. Non era esattamente un lavoro part-time: dalle 8 alle 17 all'Aen, poi un paio d'ore di insegnamento all'università. Alla fine però su qualcosa ha dovuto cedere: dopo il primo figlio, all'Aen non è più tornata. In compenso si è buttata in politica, nelle fila del Partito popolare.

Nel 1986, «quando l'intero Parlamento spagnolo conta solo due donne e per di più sulla sessantina», dice Isabel, ottiene un seggio alla Camera dei deputati. Tre anni dopo viene nominata, unica donna, tra i sei vicepresidenti del Pp. «Ero più popolare, e hanno pensato che potevo prendere i voti delle donne» spiega. I giornali ovviamente diranno che è stato merito delle sue gambe – oggettivamente splendide sotto la gonna grigia. «Ma la verità è che piacevo più di Aznar. Avrei potuto correre io come primo ministro, ma ho scelto di aiutare lui a vincere le elezioni.»

Un uomo non l'avrebbe mai fatto. Ma la mancata prima ministra sostiene che in quel momento non era la sua ambizione. In effetti solo l'anno prima la sua bambina più piccola era morta in un incidente, cadendo in piscina e affogando.

«Quando ti muore una figlia capisci cosa è importante nella vita, cosa puoi governare e cosa no» dice con gli occhi pieni di una sofferenza che non se ne andrà mai. In quell'anno terribile, la figlia più grande era appena undicenne. Non era il momento giusto per un testa a testa alla Hillary-Obama contro Aznar, anche se Isabel insiste che lei era più preparata e più informata. Ma il marito non avrebbe potuto appoggiarla in questo momento difficile, permetterle di giocarsi la corsa?

«Lui capiva e accettava che io volessi continuare a lavorare. Ma io non gli ho mai chiesto niente. Magari non avrebbe voluto così tanti figli, non lo ha mai detto.» Così, lei li ha cresciuti da sola. In certi periodi senza nemmeno un aiuto domestico, perché anche le cameriere ogni tanto alzavano le braccia al cielo e se la davano a gambe. E non ha mai preteso che lui desse una mano coi piatti e i pannolini.

«Libertà responsabile» è il motto dell'ex ministro Tocino. «Scegli la tua strada, prendi le tue decisioni, cambi percorso quando è necessario. Ma se vuoi vivere e lavorare nello stesso mondo degli uomini non puoi dire: "Non posso fare questo perché ho sette figli". Non puoi usare il tuo privato come scusa.» Rimane il fatto che «lei» ha i figli di cui occuparsi e «lui» invece no.

Il segreto della super mamma, oltre al comandamento supremo «non dormire» – al massimo cinque ore per notte – è organizzare la famiglia come un consiglio d'amministrazione. «I miei figli sono sempre stati molto indipendenti. Ogni quindici giorni li riunivo a merenda e assegnavo i compiti e la tabella di marcia, cambiandola ogni volta. C'era qualcosa per tutti. I più piccoli magari raccoglievano da terra gli asciugamani, le maggiori pettinavano le minori, e tutti quando mancava qualcosa prendevano un appunto nella lista della spesa affissa nella credenza. Una catena di montaggio.»

Alle donne di oggi tanto temerarie da voler seguire il suo esempio consiglia la flessibilità. «Non fate piani. E sappiate essere sole anche in compagnia. Tutte le grandi decisioni si prendono da sole.» Non riesce a immaginare che si possa essere obbligate a scegliere tra la casa e la famiglia, lei che è riuscita a fare tutto. Non le viene in mente che il suo grado di eroismo non dovrebbe essere necessario. Che a nessuno, femmina o maschio, si dovrebbe chiedere tanto. Dopo il regime di Franco, mi racconta, per le donne il lavoro è una tale conquista che rinunciare non è pensabile. In quegli anni dovevano restare a casa per non rubare il mestiere agli uomini.

Ma quando pronuncio le parole «quote rosa» spazza via la domanda con un solo gesto della mano elegante, adornata da un bellissimo anello su cui brillano due ametiste. «Quelle abili e competenti arrivano» dichiara. «Se non ci sono donne al vertice bisogna forse domandarsi se lo vogliono davvero. Certo occorre dar loro la stessa istruzione, le stesse opportunità e gli stessi doveri domestici rispetto agli uomini. Ma le quote sono solo un altro modo per discriminarle.»

Non riesco a convincerla che a lei non sono stati dati *affatto* gli stessi doveri, ma molti di più. In un certo senso, soffre di quel delirio di onnipotenza così pericoloso per la causa femminile. Le donne più anziane che ce l'hanno fatta vogliono che le più giovani affrontino la stessa loro fatica. Convinte che, solo perché loro hanno dovuto scavalcare le montagne, non sia il caso di cercare di spianarle. Ma io, che pure rispetto a Isabel ho avuto quasi una vita facile, non voglio che le nuove generazioni debbano subire le stesse discriminazioni. Vorrei pensare che invece sono servita loro a qualcosa.

Non pensa che questo governo abbia fatto avanzare i diritti femminili, d'altra parte sarebbe strano il contrario dato che è un'avversaria politica di Zapatero tra le più feroci. «È tutto solo marketing» dichiara. «L'unica cosa in cui questo governo è bravo.»

Ma le nove ministre? L'immagine esaltante di Carme Chacón col pancione che passa in rassegna le truppe? «È stata usata come strumento di propaganda» ribatte, secca. «Usata in quanto donna e in quanto incinta. Non ha potuto neanche prendersi per intero il suo congedo di gravidanza.» Questa, da una sostenitrice della libera e responsabile scelta contro tutto e tutti, mi sembra un po' forte. «Sono a favore di Chacón se fa bene il suo lavoro, ecco tutto. Ma quanto alla parità tra i generi, è un cammino cominciato dal primo ministro socialista Gonzales, continuato da Aznar, di cui Zapatero è solo l'ultimo erede.»

La conversazione si sta trasformando rapidamente in un comizio e non voglio neanche pensare a quello che potrebbe dire sul nuovo diritto di famiglia, sulle unioni e adozioni omosessuali. Le chiedo notizie della sua militanza nell'Opus Dei, potentissima istituzione religiosa che non è certo un esempio di pari opportunità tra uomini e donne. Mi guarda male. «È una questione privata, di fede» dice, con l'abilità di un vero politico nello sviare le domande. Ma perché una donna come lei accetta di far parte di un'organizzazione di cui non può diventare il capo? «Cos'è il capo dell'Opus Dei?» chiede inarcando un sopracciglio altezzoso. «Siamo tutti parte della comunità. Non capisco.»

Lascio correre, anche perché la giovane pianista in canottiera verde sta pestando sui tasti con un'intensità ormai eccessiva. Ha dei rimpianti, la Wonder Woman della destra spagnola?

«Solo uno» risponde con voce morbida, quasi annegata dalle note di *As time goes by*. «Che la vita passa così in fretta.»

Nei giorni in cui sono a Madrid, vi si svolge il 37° Congresso del Partito socialista operaio spagnolo, Psoe, con il motto «La forza del cambiamento». Sono invitata come osservatore straniero.

Qualunque cosa affermino le polemiche, le dietrologie e le opposizioni, è con il governo socialista che la Spagna, partita da posizioni molto più conservatrici di quelle italiane, ci ha scavalcato così platealmente in materia di diritti e riforme. Tutti, da Massimo D'Alema alle prostitute di San Benedetto del Tronto, da Emma Bonino a Lucetta Scaraffia, mi hanno citato questo Paese.

Nel Campo de las Naciones, cittadella modernissima degli affari e dei congressi, la grande platea che ospita l'evento è strapiena. Guardo giù dalla galleria. Almeno la metà dei presenti sono donne. Tante giovani. Aspettiamo l'inizio dei lavori per una quarantina di minuti, intrattenuti dal megaschermo e da musica pulsante, compresa Madonna. E l'ingresso di Zapatero sembra proprio l'avvio di un concerto: folla in delirio. Non volano reggiseni, ma l'applauso sembra non finire mai. Da questo congresso ci si aspetta l'annuncio di nuove politiche «rivoluzionarie». E così sarà.

Il premier è circondato dai membri più vicini del suo staff. Capitanato da Elena Valenciano, ex collega del Parlamento europeo e oggi responsabile per il Psoe delle relazioni internazionali. È bionda, carina, sulla quarantina, e indossa una giacca verde e una gonna corta. Non lontano da lei, un'altra che non riconosco ha un abito ancora più femminile, corto e rosso, e tacchi a spillo. C'è naturalmente Carme Chacón, quasi per niente appesantita dalla gravidanza.

Chi dice che il femminismo zapateriano è solo un trucco da illusionista della propaganda politica vorrei che venisse qui. Non è solo che l'occupazione femminile in Spagna è ben oltre il 50 per cento. Non è solo che la percentuale rosa nel Parlamento qui supera il 36, e le ministre costituiscono oltre il 50 per cento del governo, 9 su 17. È l'aria che si respira a essere diversa. Ci saranno grazie al marketing, ma intanto qui le donne ci sono. Sul palco come nei corridoi a discutere in capannelli finalmente non solo maschili, sono dappertutto e non hanno la cartellina da segretaria e l'aria di scusa. Non sono hostess. Sono dirigenti, con pari dignità di parola, con il diritto di aspirare ai posti di potere, di ricoprire incarichi di prestigio. Qui i numeri hanno fatto la differenza. La fanno ovunque. Proprio per questo gli uomini non vogliono sentir nominare le quote.

Zapatero, che prende la parola nel tardo pomeriggio, non ha bisogno di farlo. Dritto sul palco, alto e bello, spazza la folla con i luminosi occhi azzurri e il largo sorriso. Mi viene un po' di magone ma ricaccio con decisione dalla mente le immagini dei congressi di casa mia. Mi consolo pensando che, almeno, non è un oratore trascinante. Però sembra non averne bisogno. José Luis ribadisce la laicità dello Stato. Parla di immigrazione e della necessità dell'accoglienza, sottolineando che i migranti «che contribuiscono, con il loro lavoro, al benessere collettivo, hanno diritto di partecipare a questo benessere». Affronta naturalmente a lungo la crisi economica spagnola, che molti lo incolpano di non saper arginare, descrivendo gli interventi in programma. Dichiara guerra all'analfabetismo in molte aree rurali, che impedisce alle donne di accedere alla vita pubblica. E non ha paura dei temi etici. Tocca il problema dell'interruzione di gravidanza, asserendo che «nessuna donna che abortisce può essere incriminata», e quello dell'eutanasia, ribadendo il diritto a «una morte degna». Vuote parole? Non pare, a giudicare dai fatti che finora ha fatto seguire alle affermazioni di principio.

La Spagna di Zapatero non ha nessuna vergogna a proporre politiche femministe. Per loro non è una brutta parola, anzi risuona ancora di forza rivoluzionaria. E riescono a usarla senza necessariamente creare scontro con i maschi, ma tenendoli presenti, con tutte le loro crisi. Hanno ben presente l'esigenza di una riconciliazione che limiti gli effetti peggiori della battaglia tra i sessi. Non a caso la ministra dell'Uguaglianza, Bibiana Aído, trentun anni, ha lanciato la proposta shock di una «linea verde», un telefono amico non per le vittime ma per i carnefici, puntando sulla prevenzione. Lo scopo è aiutare i maschi sull'orlo di una crisi di nervi a incanalare la loro aggressività invece di ricorrere alla violenza. Per le moltissime maltrattate, oltre 126.000 nell'ultimo anno, per il 95 per cento donne, la ministra Aído ha annunciato che sarà eretto un monumento. Anche i gesti simbolici sono importanti.

Molto meno simbolica l'elezione, che chiude il congresso, del nuovo numero tre del partito, responsabile dell'organizzazione del Psoe. Viene scelta Leire Pajin, pasionaria trentunenne che nel 2003 organizzava le marce contro la guerra in Iraq. Molti già la indicano come la Zapatera del futuro. È donna anche la numero due di Zapatero, María Teresa Fernández de la Vega, prima vicepremier donna di Spagna. Non riusciamo purtroppo a incontrarci con calma durante il congresso: troppa folla, fretta e giornalisti. Risponderà cortesemente alle mie domande in seguito.

La prima cosa che vorrei sapere è quali sono i tre interventi più importanti compiuti da Zapatero contro la discriminazione di genere. Naturalmente mi risponde che non è facile estrapolarne tre soltanto, dal momento che il problema della parità è stato al centro dell'agenda politica degli ultimi quattro anni di governo. Ma ne cita due: la legge che introduce le misure contro la violenza di genere e quella per le pari opportunità. Tra le innovazioni introdotte da quest'ultima ci sono le quote rosa in politica: «È un meccanismo semplice, già messo in atto con ottimi risultati in altri Paesi, attraverso il quale si garantisce nelle liste elettorali una presenza equilibrata di entrambi i sessi, come minimo del 40 per cento». Applicato nelle elezioni amministrative del 2007, ha aumentato del 7 per cento la presenza femminile nelle amministrazioni locali. «È molto importate che le donne siano presenti nei luoghi dove si prendono le decisioni politiche, che la loro voce possa essere sentita» sostiene De la Vega. La loro presenza produce cambiamenti. C'è un diverso «stile» nell'esercitare il potere che, a suo parere, forse è dovuto anche al ruolo storico della donna. «Nel corso dei secoli ha rappresentato il nucleo della famiglia, ha dovuto mantenersi sempre aperta al dialogo, mediare in caso di conflitto. Credo che una simile competenza acquisita nella sfera privata possa avere un peso fondamentale in quella pubblica.»

Anche in Spagna è stato istituito un ministero per le Pari opportunità, mi ricorda, «incaricato di promuovere nuove e ancora più ambiziose misure». Un po' diverso dal nostro, dunque. E nei programmi ministeriali per le scuole è stata inserita come tema la parità tra i sessi, nell'ambito dell'insegnamento di Educazione civica. Era un po' che non sentivo nominare questa disciplina, spesso considerata vaga o inutile. Grave errore. Se oggi c'è una speranza di sradicare il maschilismo dal terreno di abitudini e tradizioni in cui affonda le radici, è solo grazie all'istruzione. Su cui il governo italiano peraltro sta pensando bene di risparmiare.

Il machismo in Spagna non è affatto sconfitto: un'inchiesta realizzata nel 2007 tra i giovani dai quindici ai ventinove anni ha mostrato che per un 20 per cento il modello ideale di famiglia è quello in cui lei lavora meno, o per niente, mentre poco meno del 50 è convinto che la donna in carriera rinunci a qualcosa nella qualità del rapporto con i figli. Quasi il 36 per cento sostiene che, anche se è importante che «lei» sia economicamente indipendente, la sua principale missione e il suo reale desiderio è costruire un focolare, fare bambini e prendersene cura. Nonostante questo, De la Vega è ottimista sulle nuove generazioni. «Bisogna considerare che le donne portano sulle spalle secoli di discriminazione. Le idee e i costumi sociali sono difficili da sradicare» mi ricorda. «Ma stiamo facendo piccoli passi verso più uguaglianza ed equilibrio, tanto negli scenari pubblici che in quelli privati. L'attuale generazione di giovani è la più preparata che abbiamo avuto nella nostra storia, e quella che meglio comprende quanto sia importante la parità di diritti e doveri tra i due sessi.»

Certo ha ragione di essere ottimista sul futuro, se consideriamo la sua storia personale. Lei, donna in un Paese con residui di maschilismo, è diventata vicepresidente del consiglio. De la Vega paga un tributo sincero e sentito alle battaglie delle molte che l'hanno preceduta: «È toccato a me essere la prima, ma per arrivare a questo punto non dobbiamo dimenticare le donne che hanno sudato lacrime e sangue, mettendo a repentaglio la loro stessa vita. Ci tengo a ripeterlo: quando una donna fa un passo avanti, è un traguardo per tutte». Quando Zapatero l'ha chiamata nel suo studio per comunicarle che aveva pensato a lei per ricoprire quella carica, racconta, è stata una emozione grande. E dalle molte sfumature: «L'onore di lavorare per migliorare la vita dei cittadini, la responsabilità di ricambiare la fiducia riposta in me, e lo stupore perché proprio non me lo aspettavo». Tanto per cambiare: per quanto intelligente, impegnata e competente possa essere, quando a una lavoratrice vengono riconosciuti i suoi meriti come prima cosa pensa che ci sia un errore.

E invece nessuno sbaglio, ma la decisione di un premier che si autodefinisce «femminista». Fare politica con lui è molto stimolante e gratificante, conferma la vicepresidentessa. «Immagini come deve essere lavorare con qualcuno a cui non è necessario spiegare tutte le cose di cui stiamo parlando, perché le comprende immediatamente e le fa proprie. Il presidente Zapatero è un femminista convinto, lo ha dimostrato con i fatti, sempre» dichiara. Al di là del suo legittimo entusiasmo per il capo del partito e del governo, è vero che sono le politiche, e non i discorsi del governo spagnolo ad averci fatto tanto sognare. «È convinto che lavorare per la parità tra i sessi significa lavorare per il progresso del Paese, e che la parità è il principale motore per la trasformazione della società.»

Anche a costo di far arrabbiare i vescovi. Molte riforme varate da questo governo, matrimonio omosessuale in testa, hanno provocato scontri con il clero spagnolo e anche ammonizioni dal Vaticano. In una nota diffusa cinque settimane prima delle ultime elezioni, la Conferenza episcopale spagnola ha rivendicato «l'obbligo e il diritto di orientare il discernimento morale dei cattolici», e li ha invitati a non votare un partito colpevole, secondo i vescovi, di dialogare con i terroristi. Il Psoe ha prontamente ribattuto che allora non si poteva votare nessuno dato che, nel tempo, tutti i governi spagnoli hanno dovuto in qualche modo confrontarsi con i nazionalisti baschi dell'Eta, responsabili di molti gravi attentati. Alla fine, a giudicare dai risultati elettorali, i cattolici al di là dei Pirenei non si sono fatti «orientare» facilmente.

De la Vega non si sbilancia su questi e altri attacchi del clero. Sa bene che la Spagna è uno Stato laico, ma la religione maggioritaria è il Cattolicesimo. «Le due cose sono perfettamente compatibili e di fatto la Chiesa e lo Stato convivono in armonia e democrazia» sostiene. Se anche fosse stato vero finora, è evidente che i futuri argomenti all'ordine del giorno, aborto ed eutanasia tra i primi, sono destinati ad aprire altri fronti di lotta. Ma anche lei, come l'avvocato Ródenas, conta molto sulla maturità dei cittadini: «Credo che sappiano distinguere perfettamente i due piani. La Chiesa cattolica, così come lo stato di diritto, hanno certe regole che vanno rispettate». Elenca il rispetto, l'autonomia e la collaborazione come princìpi fondamentali nelle relazioni tra il potere religioso e quello temporale in Spagna. «Abbiamo svolto il nostro programma di governo ma abbiamo cercato compromessi quando i problemi andavano affrontati assieme. Altre volte, invece, non è stato possibile e ci sono state prese di posizione molto diverse» ammette. «Ma da parte nostra abbiamo mantenuto sempre il rispetto istituzionale.» Il rispetto, non la genuflessione.

Invita le donne italiane, che lottano per emergere in un sistema politico determinato a lasciarle nell'ombra, a tenere sempre presente il percorso di battaglie che le ha portate dove sono ora. Ma non si sente così «arrivata» da poter dare suggerimenti. «In realtà l'unica cosa che posso consigliare, con grande umiltà, è di non fermarsi mai, perché in un mondo come questo fermarsi significa fare un passo indietro. Perché non ci hanno mai regalato nulla e non dobbiamo aspettarci che lo facciano in futuro.» Per realizzare riforme sempre più necessarie, ricorda, è indispensabile l'impegno di tutte. «In Spagna ci sono. Donne forti, solidali, impegnate.» Ci sono anche in Italia: si facciano avanti.

Dal congresso del Psoe, tra parentesi, esce rieletto segretario Zapatero, con una percentuale più bulgara che spagnola: lo vota il 98,5 dei 995 delegati presenti. È perfino riuscito a migliorare il 95,6 con cui trionfò quattro anni fa.

Forse perché ha detto qualcosa di sinistra. Parlando a tutto il Paese, femmine comprese.

Capitolo 11

DUE CUCINE

La mia amica Loredana giura che alla nostra destra c'è il lago d'Orta. L'ho sentito descrivere come il più romantico d'Italia.

«È soprattutto il più piovoso» commenta secca. È anche il più invisibile, al momento, nascosto dietro le fronde fitte degli alberi che fiancheggiano la strada. Stiamo salendo verso Soriso, in provincia di Novara, per incontrare la protagonista di una storia femminile davvero speciale: Luisa Valazza, proprietaria, assieme al marito, e chef del ristorante Al Sorriso. È una delle uniche tre cuoche in Italia (e in tutto solo cinque in Europa) a cui la guida Michelin ha concesso l'ambìto riconoscimento delle tre stelle.

«Buongiorno.» Luisa scende quietamente le scale mentre suo marito ci accoglie sulla porta. Tutto in lei emana sicurezza e serenità. Dal pratico taglio corto dei capelli castani, schiariti dai colpi di luce, ai grandi occhi nocciola, fino ai mocassini che indossa. Dorati, noto: unica concessione alla frivolezza. Nulla potrebbe essere più lontano di questa donna dalla classica macchietta del grande cuoco geniale, capriccioso, collerico. Anche la sua storia è tutt'altro che ordinaria.

«Quando lo chef all'improvviso se n'è andato, sono cominciati i guai» racconta. Lei e suo marito avevano appena comprato questo ristorante, vendendo quello di Borgomanero dove avevano ottenuto la loro prima stella e portando con sé il loro chef, uno svizzero. Che però li ha lasciati quasi subito per tornare in patria. Abbandonata in balia di una sfilza di cuochi che arrivavano, restavano pochi mesi in prova e ripartivano, la coppia era disperata.

«Troppi sconvolgimenti, troppi cambi nel menu. Ma non potevamo permetterci un periodo di chiusura.» Ed è così che Luisa ha indossato il grembiule. «Mio marito Angelo ha detto: "Se ti metti in cucina tu, chiudiamo". Ma eravamo giovani e un po' incoscienti, soprattutto io, e ci abbiamo provato.»

Bell'esempio di appoggio coniugale, come faccio notare un po' indignata anche a lui. Che, con un sorriso negli occhi azzurri, ribatte che dal punto di vista professionale una dilettante in cucina era un azzardo non da poco. Sua moglie aveva una bambina piccola e come unica esperienza quella di qualunque donna abituata a sfornellare per la famiglia. Nel ristorante aveva lavorato in sala, a volte aiutava lo chef e preparava qualche dolce. Ma un locale di alto livello, anche se con solo trenta coperti, è un'altra cosa.

«Sulle prime mi limitavo a riproporre i piatti che avevo visto preparare dallo chef» racconta Luisa. «Poi pian piano ho cominciato a sperimentare, leggendo i libri, le ricette sulle riviste, persino manuali.» Per fortuna abita in una regione dove le materie prime sono ottime: i contadini fornivano carne e uova, i suoi genitori hanno organizzato un grande orto per darle una mano con le verdure. E così, da autodidatta con molta creatività, ha cominciato a ideare i suoi menu. Ma come inventa un piatto Luisa Valazza? «In fretta, tanto per cominciare. Avevo molti clienti che venivano anche due, tre volte la settimana e volevo che trovassero sempre una carta differente. Perché accontentare i clienti è la cosa più importante.»

Anche le donne a tre stelle sono condannate a voler far contenti gli altri a ogni costo. E a occuparsi di cento cose alla volta. Così alla fantasia culinaria Luisa doveva riservare i pochi spazi lasciati liberi dalla spesa, dalla caccia ai prodotti migliori, dall'organizzazione e dalla cucina – per tacere della famiglia.

«Per ridurre i tempi, cercavo di pensare il piatto così come doveva essere, nella mia mente. E poi lo riproducevo. Ho sempre fatto pochissimi tentativi. E se una cosa non va non mi accanisco, vuol dire che non mi riesce e basta.» È un approccio molto razionale, progettuale che, ammette, ha qualcosa di maschile.

«Le donne ci mettono più sentimento, più passione, più calore, anche più colori. Un cuoco ti dirà "100 grammi", mentre una cuoca "quanto basta". Però anch'io metto il sale poi, magari, ne aggiungo un altro po'... Assaggio pochissimo ma non uso le misure esatte. In questo sono molto femminile.»

Una filosofia maschile e un cuore di donna, ecco forse il segreto del suo successo. Un mix rispecchiato dalla sua cucina, che ci accompagna a visitare: una stanza di medie dimensioni, piastrellata in azzurro chiaro, dove tre ragazzi si muovono con estrema efficienza attorno all'isola centrale dei fornelli, e su e giù per le scale che conducono alle celle e ai magazzini. Sono gli assistenti di Luisa, tutti maschi. Di uno, il più lontano, voltato di spalle, non riesco a vedere i movimenti. Un altro sta pulendo una rete di scalogno e il terzo, il più vicino a noi, affetta del sedano. Anche questo è un fenomeno bizzarro: da millenni la donna è l'angelo del focolare, ma quando si tratta di farne un lavoro – e a maggior ragione, una carriera – ecco che il nostro posto viene preso dagli uomini.

«Ho avuto anche delle ragazze, è un caso se in questo momento sono tutti maschi» spiega Luisa. «È vero però che è un mestiere da uomini, fisicamente pesante. Ci sono pentoloni da sollevare, carichi da portare, stai sempre in piedi e lavori parecchio di braccia. Forse per questo ci sono poche donne chef.»

Anch'io ho fatto un mestiere da uomini. Come inviato di guerra avevo pochi comfort. Lei mi legge nel pensiero e si corregge un po': «Forse le donne non sono state incoraggiate a esprimersi, rimangono sullo sfondo. D'altronde per loro la cucina è sempre stata una condanna, una cosa che dovevano fare in quanto femmine, e forse hanno cominciato tardi a viverla come una scelta».

Non ci avevo mai pensato, ma in effetti dev'essere un po' come un condannato ai lavori forzati che scelga di far carriera nel campo delle palle di piombo e catene. È anche vero però che l'obbligo di essere la cuoca di famiglia non è più così rigido, e io che so mettere insieme al limite due uova al tegamino, un marito l'ho trovato lo stesso. Uno che, tra l'altro, è bravissimo in cucina, e si mette volentieri ai fornelli con efficienza e senso pratico. Quasi invocato dai miei pensieri, Jacques sceglie proprio quel momento per la telefonata serale da Baghdad. Gli racconto dove mi trovo e sospira con invidia che vorrebbe essere lì, e fermarsi almeno una settimana per imparare tutti i segreti di Luisa.

Quando torno, a telefonata conclusa, lei riprende il discorso. «Per le donne è anche più difficile dare la loro impronta personale a un piatto. Sono abituate a stare in disparte, sono più umili. Anch'io quando ho fatto questa scelta ero sollevata di non dover più stare in sala, di rifugiarmi dietro le quinte.»

E invece anche lì il mondo l'ha scoperta e premiata, sorprendendola con l'annuncio che aveva ricevuto l'ambita terza stella. «Sulle prime ho pensato: "Ma perché la danno proprio a me? Non hanno nessun altro? Gliene avanza una? Forse hanno assolutamente bisogno di scegliere una donna?".»

Luisa saprà anche ragionare come un uomo nella progettazione dei piatti, ma è tipicamente femminile nel pensare subito di non meritarsi onori e promozioni. Mi fa venire in mente mia madre Herlinde, ottima cuoca, che da decenni a ogni portata che posa sulla tavola dichiara: «Temo che stavolta non sia un granché». E chiaramente è sempre buonissima.

Ora che ci penso, quando dico che so a malapena cuocere un uovo dimentico il periodo che ho passato a sperimentare coi dolci, durante l'adolescenza. Ne avevo fatto una vera mania e producevo torte e biscotti a getto continuo. Sono arrivata a preparare un'intera Saint-Honoré: pastafrolla, glassa, crema pasticcera, bignè fatti a mano e tutto il resto. Lì però mi sono fermata. Decisa a imparare qualcosa da questo incontro, chiedo al ragazzo più alto cosa sia la massa grande e spugnosa che sta affettando finemente. Un fungo?

«Uno stomaco, in realtà» mi risponde con aria di scusa, come se fosse colpa sua se non distinguo i funghi dalla trippa.

Per mascherare un certo ribrezzo, gli chiedo come sia lavorare per una donna.

«Ci mette in riga» dichiara. «Se ci distraiamo o chiacchieriamo in cucina, sono dolori. Adesso siamo andati a regime, ma all'inizio erano calci negli stinchi.»

«Io sono dell'idea che se chiacchieri non ti concentri, e in cucina la concentrazione è fondamentale» interviene Luisa. «Ed è vero che quando scoprono che vanno a lavorare per una donna, all'inizio mi prendono sottogamba. Ma imparano in fretta.»

«È un po' teutonica» commenta un altro aiutante. Non posso che approvare. Certo una donna che comanda a bacchetta in una cucina dev'essere il peggiore incubo di un uomo – o forse un sogno erotico? Domando alla chef cosa ne pensa del rapporto, oggi tanto di moda, tra sesso e alimenti. Assume un'espressione imbarazzata e ci riflette un po' su.

«Certo il cibo può essere fondamentale per la riuscita di una serata» dichiara infine. «Una brava moglie di casa che cerchi di essere originale, di fare qualcosa di speciale, ha sicuramente una marcia in più.» Io per conquistare il cuore di Jacques mi sono fatta bastare fragole e champagne. Sarà una scorciatoia, e neanche molto originale, ma ha funzionato. In ogni caso si capisce benissimo che per Luisa la famiglia è la cosa più importante nella vita anche dal fatto che, in una scena di seduzione, tra le mille varianti possibili si immagina una donna e suo marito. Penso che un pomeriggio con lei trasformerebbe persino la redazione di «Cosmopolitan» in un gruppo di educande tutte casa e chiesa. E cucina.

«Credo fino a un certo punto a tutta quella storia sui cibi afrodisiaci» aggiunge. «Basta un bel risotto e una bottiglia di vino per creare l'atmosfera. Poi, se si vuole che la serata... duri più di una serata, gli ingredienti fondamentali sono altri: la pazienza e la sopportazione.»

Oggi però molte non sono nemmeno disposte a sedersi davanti a un risotto, convinte che qualunque cosa più elaborata di un'insalata col tofu rischi di farle ingrassare.

«È vero, stiamo più attenti a tenerci leggeri. Qui usiamo

le erbe piuttosto che i grassi per dare sapore, e cerchiamo di rivisitare i piatti della tradizione in modo che non siano così impegnativi per la digestione» annuisce Luisa. «E le clienti magari scelgono un dolce alla frutta piuttosto che alla crema. Però quando vengono qui mangiano.»

Posso capirle. La cena che ci offrono è sontuosa, ma non c'è traccia di ostentazione, di quell'esagerazione che capita di trovare nei ristoranti di lusso. Niente architetture alimentari degne di Las Vegas né accostamenti acrobatici tipo agnello, banane e gorgonzola. Un ottimo champagne, senza frammenti di oro zecchino dentro. I piatti di Luisa non sono costruiti per far scena, ma per far star bene chi li mangia. Roba da donne, proprio. E nella loro semplicità sono composizioni impeccabili, nel sapore e nei colori. Non prive di umorismo: un mezzo gambero spunta dritto dal piatto degli antipasti, troneggiando sulla propria coda arrotolata accanto alla mousse delicatissima di formaggio. Il famoso porcino dal gambo ripieno, uno dei vanti della cucina di Luisa, sembra un luogo comune tanto è perfetto.

«Costano molto più di 40 euro al chilo» mi spiega Angelo, che con discrezione da professionista va avanti e indietro intento al suo lavoro, e si ferma a parlare quando non abbiamo la bocca occupata. «Ma li scelgono apposta per noi, uno per uno, perché abbiano una forma impeccabile.» Lo è anche il sapore: fungo, niente di più e niente di meno. Mentre si susseguono le portate penso che davvero la cucina di Luisa è come lei: semplice, rispettosa, precisa. Pervasa di un genio che non è eccesso né prevaricazione. Che non cerca di stupire ma di mettersi al servizio di chi sta «dall'altra parte del piatto». È priva di arroganza, ma sa tirar fuori il meglio, dare risalto a quello che vale, pur eliminando senza pietà quello che non è all'altezza. Questa eccellente cena è anche una preziosa lezione di carattere. Nonché un caso classico di come le donne accettano i complimenti. Quando la cuova esce dalla cucina dove ha sgobbato tutta la sera le facciamo un meritatissimo applauso. E lei arrossisce, e scuote la testa. Deve aver fatto così anche quando le hanno dato la terza stella.

Non vedo il lago d'Orta neppure al ritorno, stavolta è anche buio. Abbiamo con noi i cioccolatini di fine serata, fatti a mano anche quelli. Dopo la sfilata di sapori e di ottimi vini, proprio non avevo la forza di mangiarli. Loredana se li è portati via in una scatolina e ha cercato di usarli per sedurre il nostro autista, il signor Enrico, che però è integerrimo. Sportivamente, lei allora li sbocconcella accusandomi di non sapermi godere la vita. Ma io guardo passare le foglie degli ippocastani a bordo della strada, ripenso al fungo che sapeva di fungo, alle scarpe basse e al sorriso orgoglioso e allegro di Luisa. E mi dico che saper apprezzare è meglio che godere, a volte.

Pochi giorni dopo sono a Roma, in un'altra «cucina», stavolta editoriale. Nonché un altro dei fortini del potere maschile conquistati di recente. Flavia Perina è dal 2000 una delle poche direttrici di un quotidiano nel nostro Paese. E qui al «Secolo d'Italia», una piccola redazione nel cuore della capitale, in via della Scrofa, ha dato il via alla sua personale rivoluzione: adeguare i ritmi lavorativi del giornale alle esigenze delle colleghe. Che spesso, oltre a essere giornaliste più o meno in carriera, sono anche mamme e mogli. Come Désirée Ragazzi, Gloria Sabatini, Annamaria Gravino, Antonella Ambrosioni e Annalisa Terranova, che lavorano con lei ormai da diversi anni.

«Gli uomini considerano il posto di lavoro alla stregua di un club, ma non è così» esordisce il direttore senza troppi preamboli. Le colleghe, che siedono accanto a lei attorno al lungo tavolo delle riunioni, annuiscono.

La camicia di Flavia è rosa. Ma ha un taglio maschile. La perfetta conciliazione degli opposti. «Per i giornalisti è consuetudine, per esempio, discutere di lavoro a pranzo o a cena, davanti a una partita di calcio, o direttamente allo stadio. Questa dilatazione dei tempi lavorativi finisce inevitabilmente per penalizzare le donne, che invece hanno anche altri impegni.»

Flavia non crede che esista un modo «femminile» di fare giornalismo, ma è assolutamente convinta del peso femminile in ruoli dirigenziali per riscrivere le regole del gioco. «Qui la riunione di redazione comincia sempre alle 13.30 e se io non ci sono, fa niente. Stessa cosa per la chiusura delle pagine: ci sono scadenze ben precise. Ammetto che il fatto di essere un piccolo giornale aiuta.»

Ma l'avvento delle giornaliste non è bastato a darci sufficiente autorevolezza all'altra metà del cielo nei media. Lo conferma un'indagine pubblicata nel 2006 dal Censis sull'immagine della donna nella televisione italiana. Nei programmi di approfondimento la conduzione è saldamente in mano agli uomini. Quando intervengono delle «esperte» è soprattutto su argomenti come l'astrologia, con un ricco 20,7 per cento, e poi la natura, l'artigianato e la letteratura. D'altra parte, in Italia le direttrici di quotidiani non raggiungono il 2 per cento del totale dei direttori. La recente nomina di Concita De Gregorio alla guida dell'«Unità» ha alzato un po' la percentuale, che però rimane scoraggiante. In confronto i periodici sono un'isola felice: quasi il 38 per cento, ma sono quasi tutti femminili. In una redazione possono ancora verificarsi episodi disgustosi come quello che mi ha confidato una giovane amica, trentatré anni, capo cronista di un noto quotidiano. Lei aveva «causato guai» intraprendendo una battaglia contro un taglio di costi deciso dalla dirigenza. Il grande dirigente l'ha fatta chiamare. Lui e lei, soli nella stanza. «Non mi piacciono le donne troppo assertive» le ha detto, lamentandosi di aver dovuto rinunciare ai tagli per colpa sua. «Non mi interessa che donne le piacciono» ha risposto lei. «Faccio comunque il mio lavoro.» Punto sul vivo, l'uomo di potere si è avvicinato, minaccioso. Non usasse quel tono con lui, ha intimato. «Perché io sono il tipo che le mette le mani sotto la camicetta e la fa urlare. Ma di piacere.» Quando racconto questa storia allucinante tutti mi chiedono perché lei non l'abbia denunciato, limitandosi invece a uscire sconvolta, dall'ufficio. La risposta è ovviamente che anche le giornaliste offese da un capo becero e violento devono comunque mangiare e pagare l'affitto. Come tutte noi.

Non racconto questo deprimente episodio alle mie ospiti,

ma faccio notare che nel video e sulla carta stampata il gentil sesso sembra ancora costretto ad accontentarsi delle briciole. Peggio ancora sul fronte della politica. Flavia, militante storica del Movimento sociale italiano e oggi parlamentare del Popolo delle libertà, mi spiega che nel 2006 è stata eletta deputato alla Camera nelle fila di Alleanza nazionale grazie al sistema delle quote rosa volute dal partito, che ha compilato liste con una donna ogni tre uomini: «Però ritengo che l'Italia soffra di un eccesso di ideologismo sulle questioni femminili: il tema delle politiche di genere ha viaggiato solo attraverso l'élite della classe dirigente, senza arrivare alla base e senza tener conto del fatto che questo resta un Paese a vocazione "familista"».

Dunque le donne di destra sono contrarie alle quote? «Non tutte» ribatte Annalisa Terranova, caporedattore politico. «Ma il rischio è quello della cooptazione dall'alto, di donne capo che promuovono le altre solo in quanto tali, e non per i loro effettivi meriti.» Esattamente come hanno fatto gli uomini per millenni, come ricordava la belga Miet Smet. E in ogni caso quello che nessuno mai ricorda è che le quote non obbligano ad assumere una donna incompetente, ma a sceglierla se l'alternativa è un maschio di pari qualifiche.

Secondo le colleghe del «Secolo d'Italia», dopo gli anni Ottanta l'altra metà del cielo si è allontanata dalla politica per lo scoraggiamento di fronte alla difficoltà di emergere. Le donne in gamba, che hanno voglia di fare, concentrano le proprie energie altrove, dove trovano un po' più di spazio. «E poi non mi sembra che quella della partecipazione in politica, e più in generale nei ruoli decisionali, sia la prima preoccupazione delle italiane» specifica Flavia. «I loro problemi sono quelli che gli altri Paesi europei hanno affrontato e risolto negli anni Sessanta: conciliare con successo carriera e famiglia.»

Non sono d'accordo: è senz'altro vero che i nostri primi problemi sono quelli pratici del lavoro e della maternità, peraltro non del tutto risolti nemmeno negli altri Stati d'Europa. Ma senza donne in politica è vano pretendere che qualcuno li affronti. Gli uomini non lo hanno fatto finora e, come notava D'Alema, non è nel loro interesse. Non lo faranno. Come dimostra anche l'organizzazione di questo giornale, le aziende dirette da donne sono spesso più avanzate quanto a orari flessibili, asili per i figli delle dipendenti e politiche di genere. Lo sono anche i Paesi «diretti da donne»: sarà un caso se quelli scandinavi, con record assoluti di partecipazione femminile ai governi, hanno anche migliori servizi per le famiglie?

«Il nostro approccio al lavoro è comunque differente» aggiunge Annalisa. Dissento vigorosamente: da quel privilegiato osservatorio sul Vecchio Continente che è il Parlamento europeo, ho avuto modo di verificare che da altre parti le donne si rapportano alla carriera esattamente come gli uomini, se adeguatamente valorizzate, sostenute e remunerate.

«È qualcosa di insito nel nostro Dna latino» insiste la direttrice. «È una cultura profondamente radicata e diffusa. A mio parere, prima ancora delle posizioni di rilievo, la politica dovrebbe offrire alle donne servizi sicuri ed efficienti. In Italia hanno dovuto imparare a fare tutto da sole. Pensiamo ad esempio alla diffidenza nei confronti del servizio pubblico: alla fine si preferisce fare da sé perché si sa in partenza che le cose non funzionano.»

Mi chiedo se la nostra destra oggi possa esprimere un suo femminismo, dopo aver partecipato in qualche modo ai fermenti degli anni Settanta. Annalisa, che sul tema ha scritto il libro *Camicette Nere*, si affretta a precisare: «In realtà noi ci battevamo proprio contro la ghettizzazione della sezione femminile voluta dal Movimento sociale. Per noi era importante la complementarietà dei ruoli».

In quegli anni la stessa Annalisa Terranova, Flavia Perina, Isabella Rauti e le altre attiviste missine avevano fondato la rivista «Eowyn» – dal nome dell'eroina del *Signore degli Anelli*, libro cult per i giovani militanti – che raccoglieva le prime esperienze di coordinamento femminile di destra. «Il nostro simbolo era proprio il tao, in cui lo yin e lo yang rappresentano la reciprocità dell'universo maschile e femminile. La definizione di "femminismo" di destra applicata dagli studiosi all'attività politica del nostro gruppo non è affatto corretta. Per anni ci siamo indignate, adesso non ci importa più molto.»

A proposito di indignazione, le scelte del governo Berlusconi in fatto di ministre hanno suscitato parecchie polemiche. Cosa ne pensano le «ragazze di via della Scrofa»? «Niente da dire. La stessa Mara Carfagna, che sembrava partita col piede sbagliato, ci ha fatto ricredere. Anche se» fa notare Annalisa, «le nostre rappresentanti politiche sono ancora poco emancipate rispetto al modello maschile. Manca l'autostima decisionale.»

E le altre non aiutano. La collaborazione e la complicità femminili sono merce rara nel mondo del potere. «Siamo noi per prime a giudicarci reciprocamente» aggiunge Flavia. «È come se fossimo "sorvegliate speciali".» Siamo divise anche sui temi che dovrebbero unirci: quote, procreazione assistita, aborto fra gli altri. «La linea che il giornale segue da sempre è quella dell'applicazione integrale della legge 194» spiega il direttore. «Rivitalizzare i consultori, sostenere le donne in difficoltà e fare prevenzione. Questa è sempre stata la posizione storica della destra. Certo, il conflitto sull'interruzione di gravidanza finisce comunque per gravare sulle spalle delle donne, ma alla fine gli italiani fanno comunque quello che vogliono: convivono, divorziano e abortiscono se necessario. È la sinistra ad aver esasperato un presunto scontro ideologico con le gerarchie ecclesiastiche, anche se l'eccesso di clericalismo è innegabile.»

In realtà l'influenza della Chiesa sulle decisioni della nostra classe politica incide profondamente anche sulla libertà di scelta delle donne. Se oggi abbiamo una delle leggi più restrittive d'Europa sulla procreazione assistita è anche grazie ai buoni uffici del Vaticano. Così chi può permetterselo va a farsi aiutare dalle strutture inglesi e spagnole, mentre chi non può rinuncia ad avere i figli tanto desiderati. Non mi sembra una questione ideologica. Annalisa concorda che sono gli uomini – vescovi, politici e Giuliano Ferrara tra i più convinti – gli interlocutori puntualmente interpellati su questioni come procreazione, prostituzione, aborto.

Eppure di donne in grado di dire la loro ce ne sarebbero. «Ci piacciono molto la lucidità intellettuale di Adriana Poli

Bortone, la determinazione di Emma Marcegaglia e lo spiccato senso pratico di Renata Polverini, ma anche le emergenti vanno messe alla prova.» Piacciono anche a me. La Polverini è una pioniera: unico segretario di un'organizzazione di lavoratori, l'Ugl, un sindacato di destra. Nelle occasioni in cui l'ho vista all'opera ho sempre apprezzato la sua lucidità e la sua decisione. Del curriculum di alcune ex soubrette che oggi siedono in Parlamento, per esempio, invece non posso fare a meno di diffidare. Nel resto d'Europa sono proprio le competenze a fare la differenza, nel caso di una competizione alla pari per la stessa carica. Non riesco a pensare che nell'intero schieramento di destra non si riuscissero a trovare donne con un curriculum migliore. Flavia e le altre non sono disposte a seguire il mio ragionamento: «Stefania Prestigiacomo era una semplice speaker di Forza Italia prima di essere nominata ministro per le Pari opportunità» ribattono. «Eppure ha dimostrato serietà.»

Eleggono all'unanimità come Zapatero italiano nientemeno che Gianfranco Fini. «Un vero politico "emancipazionista", che ha accuratamente evitato di scadere nelle forme caricaturali di altri, prestando sempre molta attenzione al tema dei valori, che per la destra restano importanti.»

Flavia e le sue collaboratrici sono tutte madri di famiglia, tranne una ancora molto giovane. E per conciliare la cura di marito e figli con la vita professionale adottano una celebre ricetta nazionale: «L'arte tutta italiana di arrangiarsi. A cinquant'anni andiamo ancora in giro col motorino per risparmiare tempo. E lì dove non arriviamo subentrano i nonni. Ma siamo comunque mamme presenzialiste». Ovvero affette dal morbo del «faccio tutto io», in cui all'uomo, anche se fosse disposto a collaborare, si concede poco spazio. «Il padre dei miei figli fa quello che io gli lascio fare» ironizza Annalisa.

«Io sono preda di ansia da controllo: mio marito si presta per i vari accompagnamenti a scuola, dal dentista o in piscina, non molto altro» ammette Flavia.

Forse anche la sindrome di Wonder Woman è «insita nel nostro Dna latino».

Capitolo 12

QUATTRO POTERI

«Il mio bilancio personale? È che non ho più un personale.» È solo la prima delle battute fulminanti, quasi aforismi, con cui Franca Sozzani mi farà sorridere e riflettere durante la nostra intervista. Ho fatto un po' di anticamera nel corridoio della redazione di «Vogue», in centro a Milano, e mi sono stupita. Non sono vestita con grande ricercatezza, ma sono quasi la più elegante. Anche questo, mi spiegherà la direttrice editoriale di Condé Nast Italia, fa parte della politica aziendale decisa da lei. «Non voglio che la segretaria si senta inferiore perché non può permettersi gli abiti firmati» dice, seria.

La sala riunioni accanto al vasto ufficio di Franca Sozzani è ingombra di pacchi e oggetti. Qui vige l'obbligo di accettare solo cibo, cioccolata, prodotti deperibili. Niente orologi o agende e altri articoli di lusso. La temuta numero uno italiana della rivista di moda più famosa al mondo è stata paragonata alla mitica direttrice dell'edizione americana, Anna Wintour. Che a sua volta ha ispirato il personaggio di Miranda Priestley, la cattivissima protagonista del *Diavolo veste Prada.* Miranda, Anna e Franca: stessa eleganza, intuito editoriale e anche spietatezza. L'opinione della mia ospite sulle giovani leve delle collaboratrici infatti non fa prigionieri: «Le ragazze hanno voglia di lavorare, ma solo perché questo è un mondo glamour. Poi pretendono la business class per un volo di un'ora per Londra. Appena vedono che c'è da fare sacrifici, cedono. Quelle che sopravvivono alla gavetta diventano direttori».

Ammette volentieri di essere autoritaria. «Nel senso che solo uno decide. Si prende le responsabilità, i meriti ma anche i guai. L'angoscia è tutta mia: soltanto io so che ci sono i problemi, e non ne carico gli altri.» Non nega che per fare il suo mestiere si debba diventare un po' uomini. Per esempio, essere immediate in scelte dove magari una donna si prenderebbe un po' di tempo per riflettere. Certi aspetti femminili, però, non si possono eliminare. «Ancora oggi entro in ufficio e penso: "Speriamo di farcela". Ma bisogna osare, rischiare. Sbagli? Ti alzi e riparti.» Un altro aforisma.

L'altra dote virile che bisogna avere è la forza. Proprio fisica. «Le sfilate cominciano alle dieci di mattina e finiscono alle due della mattina dopo, e poi si ricomincia.» In mezzo ci sono quelle occasioni che tutti considerano la parte gratificante, e che non lo sono affatto: «Le feste, le serate. Dove devi essere sempre sorridente. E sempre sana: non interessa a nessuno se non sei presente perché malata, conta solo il fatto che tu non ci sia». Raccontata così è peggio che stare in miniera. Ed è un altro caso in cui il mito delle donne deboli va decisamente sfatato.

Eppure Franca Sozzani lo sembra, debole. «Non si è mai né troppo magre né troppo ricche» pare dicesse Chanel, ma forse lei lo è, troppo magra. Minuta, con enormi occhi chiari nel viso appuntito e lunghi capelli biondi perfettamente ondulati, una pettinatura da Barbie che in qualunque altra sembrerebbe civetteria. Ma ricadono sulla giacca di un sobrio, elegante tailleur pantalone blu scuro. Non c'è ombra di frivolezza in questa donna. Le ossa, sotto la pelle bianca, probabilmente sono fatte di acciaio temprato. Ci si dimentica che ha trovato anche il tempo di fare un figlio, e di crescerlo. «Mi sono sposata a ventun anni e divorziata dopo tre mesi. E a quel punto ho deciso che dovevo dimostrare qualcosa. Mi sono scoperta dotata di una volontà di ferro, una grande caparbietà.» Chiunque altra si lamenterebbe della fatica, delle notti insonni. Lei pensa di essere stata fortunata, a separarsi così presto, «almeno si è goduta il figlio tutta da sola». A costo, guarda caso, di corse, sfinimenti e organizzazione militare. Andava a casa dal lavoro a metà giornata, faceva i compiti con lui e tornava in ufficio. Lo portava via con sé nei viaggi, anche se duravano un mese, facendosi dare i compiti dagli insegnanti a scuola. Immagino che fossero troppo terrorizzati dalla sua determinazione e ammaliati dal suo carisma per protestare. Lei comunque non dava alternative: «Puoi separarti da tutti, ma non dai figli. Loro ne risentono».

Quando Franca Sozzani è arrivata a «Vogue Italia», non è stato subito un idillio. È lei ad aver introdotto i titoli in inglese nell'edizione italiana, tra molte contestazioni. E a scegliere servizi di costosi fotografi di fama mondiale, tra altre polemiche. Nel primo anno della sua gestione, racconta, i vecchi inserzionisti riducevano gli investimenti, alcuni se ne andavano. E quelli internazionali ancora non arrivavano. «Ogni giorno pensavo di avere sbagliato, ma continuava a sembrarmi l'unica via. Cambiare il linguaggio.» E la sua scommessa ha pagato, se oggi è uno dei nomi più influenti del giornalismo fashion. «Nessuno ha fatto quanto me per la moda italiana» rivendica con orgoglio. «L'ho sprovincializzata. Facendo diventare "Vogue Italia" un punto di riferimento, ho aiutato tutti i marchi nazionali.»

Non posso non chiederle cos'è per lei l'eleganza. Qualcosa, neanche a dirlo, che non si compra, mi risponde. «C'è un'innata eleganza con cui puoi solo nascere. Poi puoi imparare a vestirti bene, crearti uno stile.» Sopra i cinquanta, aggiunge, si possono fare le stesse cose ma con criterio. «Puoi essere altrettanto sensuale, ma in modo diverso. E devi mantenerti magra, se vuoi seguire la moda. Appena una può, è suo dovere tenersi bene, con tutti i mezzi. E se non hai i mezzi, mangia meno!» Terzo aforisma.

Una donna nemica delle donne? Al contrario: ha con loro un ottimo rapporto. Purché siano come lei: «Quelle che lavorano, hanno voglia di fare, di scoprire, hanno curiosità. Ce ne sono alcune che stimo immensamente: persone che si prendono dei rischi, delle responsabilità, che si mettono in discussione». Dal suo punto di osservazione privilegiato le italiane sono cambiate. «Lo vedo da come partecipano agli eventi. Sono molto più coscienti delle loro possibilità. Scelgono molto di più, mentre prima si facevano condizionare.» Se sono più libere, però, sono anche meno dignitose di un tempo. «Oggi fanno di tutto per apparire, senza che dietro ci sia niente. Secondo me abbiamo toccato il fondo: non ci sono solo le veline, poverette. Tutta la televisione, i giornali, sono dominati dal culto dell'apparenza.» È rimasta sconvolta da una trasmissione tv in cui partecipava una giovane pornostar accompagnata dalla madre. «La rovina delle donne italiane sono ancora le mamme. Soprattutto quelle "amiche delle figlie". Non sono tua amica, sono tua madre: certi ruoli vanno conservati.»

Non occorre spiegare a lei, con il suo curriculum sentimentale di uomini splendidi e anche più giovani, che l'equilibrio tra i due sessi è sempre precario. E forse, grazie a donne di potere come lei, sta lentamente cambiando. I maschi però rifuggono ancora dalla troppa emancipazione. «Ma certo» annuisce senza acredine, con una punta di compassione per il vero sesso debole, ovvero quello maschile. «Preferiscono portarsi a casa una che li adora e li sopporta. Le donne emancipate devono imparare il silenzio con il loro uomo. Lui non vuole essere giudicato, vuole essere appoggiato.» Non è per forza una cosa negativa o una fine ingloriosa, accettare un posto in seconda fila nella vita del tuo partner, sottolinea. «Accanto a molti uomini di successo c'è una donna intelligente che ha accettato di assumere una posizione subalterna. Forse bisogna avere la fortuna di incontrare la persona con cui hai voglia di fare questa scelta.» Che lei, peraltro, non ha mai fatto. Neanche io, a dire il vero, sono molto brava a essere sottomessa.

Tra le profonde differenze che dividono «lui» e «lei» c'è anche un diverso approccio alla moda? Ovviamente sì. «Lui trae ispirazione dagli uomini che rappresentano il potere. Guarda l'insieme, non il singolo capo. Noi siamo attente invece al dettaglio.» L'attore con più classe? Sean Penn: «È brutto ma è bello». E anche Jack Nicholson. Valeria Golino, fra le donne. E dei più giovani Louis Garrel. Una scelta netta: neanche una bella faccia senza personalità, neanche una Barbie o un Ken.

Chiedo a questa Giovanna d'Arco della moda, dritta sulla solitudine del suo destriero con in mano le redini di un mondo scintillante e insidioso, un consiglio per le giovani generazioni. Per quelle che hanno voglia di fare la gavetta, si intende.

«Credere sempre in quello che fai.»

Il mercato della moda internazionale vale oltre 80 miliardi di euro l'anno, ultimamente con incrementi di due cifre nel fatturato. Solo in Italia, ogni anno abiti e accessori fanno girare circa 8 miliardi. Dietro a questa enorme domanda ci siamo noi, le eterne ragazze, eroicamente disposte a investire uno stipendio in un paio di scarpe. Ma se noi stiamo *dietro*, *sopra* ci sono sempre loro: ai vertici dei grandi marchi troviamo soprattutto maschi, anche se la presenza femminile è in aumento. Quello degli stilisti resta un mondo maschile, quasi tutto gay. Uomini di enorme successo creati però dalle donne, padrone del giornalismo patinato.

Tra le poche stiliste al top un'italiana, Frida Giannini, è stata inserita nel 2006 nella classifica delle 50 donne più potenti del mondo del «Wall Street Journal». È il numero 43. Conserva la spontaneità e la freschezza di una trentaseienne che non si sente ancora arrivata. Nello splendido palazzo cinquecentesco di proprietà del gruppo Gucci affaccia su piazza della Signoria, osservo il look di una protagonista del fashion system: camicia di seta grigia, pantaloni *ton sur ton* di velluto a zampa d'elefante e sandali dorati con il tacco alto. Pochi i gioielli: un paio di grandi cerchi alle orecchie, orologio d'oro, fede e veretta di brillanti d'ordinanza.

«Quando ho saputo della classifica sono rimasta stupita. Sono consapevole del mio ruolo, ma continuo a sentirmi anzitutto una creativa» esordisce accomodandosi su una poltrona e accavallando le lunghe gambe. Sul tavolino c'è un invitante vassoio di pasticcini, il cui profumo dolce si mischia a quello delle rose arancione.

La maison fiorentina conta oggi una trentina di designer e una decina di addetti tecnici. Frida ne fa parte dal 2002: la sua ascesa ai vertici è stata fulminea. Dopo l'addio del texano Tom Ford e la breve esperienza di Alessandra Facchinetti, oggi stilista di Valentino, nel giro di tre anni Frida diventa direttore creativo di tutte le linee Gucci. Il fatturato della griffe per il 2007 ammonta a oltre 2 miliardi di euro. Lo scorso anno le boutique sono passate da 219 a 233. «Non mi sento una donna di potere, cerco di non lasciarmi ossessionare da questa idea. Nel mio caso il potere ha significato soprattutto una cosa: la libertà creativa.»

Mi guardo intorno. Il suo ufficio è sobrio, a parte l'enorme pelle di zebra per terra. Alle pareti nessuna foto recente con i vip, ma solo ritratti di celebrità del passato, icone di stile immortalate con un accessorio Gucci: Britt Ekland, Peter Sellers, Sophia Loren, Audrey Hepburn. «Ho sempre saputo di voler fare la stilista, ma arrivare in alto non mi è mai interessato. Per me già essere approdata a Londra per collaborare con Tom Ford era una conquista. Alla vigilia di quell'esperienza ero spaventatissima: non parlavo bene l'inglese, temevo di deludere le aspettative e sapevo che gli addetti ai lavori erano pronti a giudicarmi.»

Frida è spesso dipinta come un fiore d'acciaio, che sa quello che vuole. «Ma a prezzo di tante notti insonni, anche se ora va un po' meglio. Quando non dormo cammino al buio per la casa. E penso.» Naturalmente, dietro a tanta determinazione e capacità di mettersi in gioco, c'è la famiglia. Che le ha insegnato a dare sempre il meglio. «Le donne di casa hanno tutte lavorato. Mia nonna aveva un negozio di abbigliamento che ha chiuso pochi anni fa. Ma se sono qui oggi è grazie ai miei sforzi.»

Mi conferma l'opinione di Franca Sozzani sulle giovani generazioni: poco disposte a soffrire. Vogliono tutto e subito. E non è certo una debolezza femminile: «Mi è capitato di fare colloqui con aspiranti stilisti, ragazzi di talento che però prima ancora di cominciare a lavorare si preoccupavano di orari e giorni di ferie. Se ripenso a questi bamboccioni mi arrabbio ancora: io continuo a sentirmi sui carboni ardenti». Mai arrendersi alla fatica e mai sentirsi arrivati: questo è il mantra della ragazza partita da Roma e oggi famosa in tutto il mondo. E che non si sente penalizzata dal sesso a cui appartiene. «Per sfondare nella moda uomini e donne hanno le medesime chance.»

Eppure anche qui sfondano soprattutto i primi. Un motivo ci sarà. Non potrebbe essere il mondo più indicato per introdurre le famose quote? Da colore di stagione, il rosa potrebbe finalmente diventare un classico. Il nuovo nero, come si dice. Ma di questo tipo di aiuto Frida non è convinta: «Mi sembra una forma di autoghettizzazione». Non vede grandi differenze nella gestione femminile del potere. Però la pratica: «Non ricorro alle spalline da generale con i miei collaboratori. Anche se ogni tanto servono pure quelle. Diciamo che mi organizzo per non arrabbiarmi».

Ride, ma conciliare carriera e vita privata non dev'essere facile nemmeno per una efficiente come lei. «Sono sposata dal 2005, ancora non ho figli ma li desidero. Per fortuna mio marito è un uomo indipendente e con una buona dose di ironia: quando abbiamo sottoscritto la promessa di matrimonio gli ho dovuto fare una delega perché ero in partenza per New York.»

Un aereo dopo l'altro, Frida viaggia continuamente per osservare le donne nel mondo, da cui trae ispirazione per le collezioni: «Il mio lavoro è creare i loro sogni, e per capire quali sono le guardo molto». Per esempio, il severo tailleur pantalone di rigore fino a pochi anni fa sta lasciando il passo a un abbigliamento più originale. Le donne, anche nella corsa alle poltrone di comando, vogliono esprimere la propria personalità. Non più camuffarsi da uomo: «Non esiste più il total look, oggi si mescolano capi diversi» dice Frida. Le clienti hanno imparato a fidarsi del loro istinto, del loro gusto, complice anche l'avvento delle marche a basso costo.

Marchio globale dagli impegni globali, anche umanitari, ogni sei mesi Gucci realizza una collezione i cui proventi vengono devoluti all'Unicef. «Così ci togliamo dalla superficialità dei tacchi a spillo» osserva ironica Frida. Non si sente affatto in colpa per il lusso che il suo gruppo rappresenta: «Grazie alla serata dell'8 febbraio con Madonna, a favore del Malawi, abbiamo raccolto cinque milioni di dollari». Tra le dive, la sua cliente più esigente è proprio l'ex *material girl*: «Non sbaglia un colpo, vuole il controllo totale. Ma resta un'icona incontrastata dello stile, anzi, una trend-setter».

E scolpisce ogni giorno il suo fisico con estenuanti sedute in palestra. Ossessionata dalla perfezione, anche nel corpo, come le tante che prendono come ideale di riferimento le modelle. «Sfido chiunque a portarmi una rivista con delle modelle grasse: è come chiedere a un calciatore di fare goal con una palla da rugby» ribatte Frida. Ovviamente non sceglie modelle malate, ma rifiuta di considerare i messaggi della moda gli unici responsabili di tanti problemi alimentari dei giovani: «Pensiamo alla televisione: tutte le donne in circolazione sono magrissime. Perfino il bancone delle farmacie, quando si avvicina l'estate, è letteralmente ricoperto da prodotti per dimagrire. Con questo non voglio scagionare gli stilisti, ma il tema è molto delicato».

La donna Gucci che lei ha reinventato non è affatto anoressica. «È sensuale, femminile, fresca ma un po' rock star.» E l'uomo che vorrebbe avere accanto? «Deve saper stare ai fornelli» è la prima richiesta. «Autonomo, che sia d'aiuto alla famiglia. Gli uomini del 2000 devono trasmettere sicurezza alle proprie compagne ma senza temere di mostrare la loro fragilità.»

Mi sembra la quadratura del cerchio: il famoso macho che ci sa capire. Ma a quanto pare Frida Giannini ce l'ha fatta ad avere tutto: il lavoro che voleva e l'uomo dei sogni. Grazie alle sue indubbie qualità, tra cui la principale, secondo lei, è la generosità. Ma anche un po' grazie a quello che considera il suo maggior difetto: è vendicativa. Puoi fare carriera anche se sei donna, ma forse devi essere una che non perdona?

«Se hai soddisfazione, e finché ce l'hai, le rinunce non pesano.» Già da questa frase secca si capisce la personalità di Maria De Filippi, la donna più potente della tv italiana. Pochi mesi fa il marito Maurizio Costanzo le ha trasferito la propria quota nella società Fascino, che produce programmi come *Amici*, *C'è posta per te*, *Uomini e donne* e *Buon pomeriggio*. Ora la proprietà è divisa in parti uguali tra la signora De Filippi e Fininvest. Un giro d'affari di 41 milioni nel 2007, 190 dipendenti, la Fascino è un piccolo impero televisivo. E *Amici*, la trasmissione per cui De Filippi è più famosa, è arrivata a uno share medio del 29 per cento.

Maria, con i suoi corti capelli biondo platino e l'inconfondibile voce profonda, è nota ovunque come una donna forte, dalla personalità spigolosa e dalla volontà ferrea, che non ha paura dei ritmi lavorativi estenuanti e rifugge le vacanze e la mondanità. In un'intervista ha usato l'espressione «bulimia da lavoro», un buon modo di definire una malattia diffusa fra le donne al vertice. Non ama parlare di sé: «Penso che il pubblico sappia già molto. Lavoro tanto, ma non è vero che non faccio vacanze. Cerco di godermi la vita come posso, con il massimo rispetto verso le responsabilità, che siano lavorative o familiari».

Racconta di quando ha deciso di andare in video per sostituire la conduttrice di *Amici*, incinta. «È stato difficile. All'inizio mi mancava sempre la salivazione, e se oggi credo di essere abbastanza disinvolta, allora ero proprio un po' impacciata.» Ogni trucco era utile per evitare di cedere all'imbarazzo. «Per esempio, ho evitato per anni di fare le entrate a inizio programma, mi facevo trovare sempre già in centro scena. Ho mangiato più caramelle davanti alle telecamere che dietro: all'inizio per mancanza di salivazione, oggi per concentrarmi. Evito i preamboli o gli "ecco a voi" tipici del mio lavoro, proprio perché non mi sentirei me stessa.»

Alle accuse di produrre programmi superficiali e a volte scandalistici risponde netta che è solo intrattenimento. E che non tutto è così sciocco e banale come accusano i suoi detrattori. «Penso per esempio ad alcune storie di *C'è posta per te*. Se fossero viste senza preconcetti darebbero un piccolo spaccato sociale che altrove non vedo. A volte credo che se i politici guardassero un po' di più la tv comprenderebbero meglio la realtà. Ma magari è solo presunzione.»

Piuttosto giustificata, dato che i suoi programmi sono seguiti da schiere di giovani, che li amano fino al divismo. Questo le dà una grossa, anche se non certo esclusiva, responsabilità nel creare modelli di comportamento. Lei però non è d'accordo. Si ritiene piuttosto un'osservatrice. «Penso che i modelli nascano dall'immaginazione di qualcuno capace di cogliere un bisogno collettivo.» Il suo talento, dice, è rendere fedelmente i caratteri, le situazioni così come sono. Sa bene che c'è in mezzo una telecamera. Ma ritiene che pur sapendo di essere esposti all'attenzione del vasto pubblico della tv generalista, i suoi ospiti si comportino secondo la loro «realtà».

In ogni caso secondo lei i ragazzi nei programmi non cercano modelli e quelli che lo fanno, sottolinea, hanno a monte «un vuoto tale che non si può pretendere sia la tv a colmarlo». Però lo occupa, in mancanza di altri educatori. Troppo difficile il mondo della cultura, troppo poco presente la famiglia, il disorientamento dei giovani incontra un universo del piccolo schermo invasivo, mitizzato. Col risultato funesto del culto dell'apparire. «Ma se la tv si arrogasse il diritto di colmare quei vuoti, il rischio inverso sarebbe tale che mi preoccuperei molto di più» dichiara Maria. «Il suo compito è di consegnare al telespettatore la consapevolezza della realtà e della finzione.»

È una teoria che presuppone un utente molto maturo, capace di non lasciarsi solo sollecitare, eccitare, sedurre ma di scegliere e valutare in modo critico quello che vede. È vero che non sono tutti per forza idioti ipnotizzati. Ma è anche vero che nei programmi di oggi, costruiti ad arte con tecniche narrative raffinate, ci vuole un professionista per distinguere realtà e finzione. E i teenager spesso con la realtà hanno poca esperienza. Molte giovanissime sognano di fare le veline e molte meno di diventare pilota di Boeing. E guarda caso la tv di cui si nutrono mostra più veline che pilotesse. Forse un'influenza sul loro immaginario esiste.

«Ma che differenza c'è con le ragazze che si presentavano ai provini cinematografici, come hanno raccontato grandi registi come Fellini, Rossellini, Scola?» protesta Maria De Filippi. «Quelle che si avvicinano al mondo della tv è ovvio che sperino di diventare star, ma non credo che Marilyn Monroe o Sophia Loren abbiano ispirato solo Premi Nobel o Pulitzer. Per tante che sognano di fare dello spettacolo ce ne saranno altrettante che desiderano metter su famiglia. Il dramma è che oggi è forse più difficile questo secondo sogno.»

Ancora più difficile il terzo: costruirsi una carriera. Magari anche fuori dallo schermo. Persino i modelli tradizionali di una volta, il matrimonio con un bravo ragazzo, un lavoro sicuro, non valgono più. Ma secondo lei i giovani sono capaci di affrontare l'insicurezza. «Hanno chiaro che il panorama è cambiato e che il precariato è il destino migliore per molti. Se potessi dare loro un consiglio cercherei di far capire che solo mettendosi all'incrocio delle esigenze nostre e del prossimo è possibile vivere e migliorarsi, crearsi un futuro, rispettare e farsi rispettare.»

I suoi consigli, in genere, i ragazzi li seguono, quindi speriamo in bene. Quelli che incontro, e molto di più quelli che vedo sullo schermo, mi lasciano qualche dubbio. E le giovani ospiti dei programmi di Maria non sembrano avere come obiettivo quello di «rispettare e farsi rispettare». Nelle ultime edizioni di *Amici*, tra veleni, pettegolezzi e rotture, si sono rivelate aggressive quanto e più dei loro coetanei. «Sentono chiara l'esigenza di esprimere il loro punto di vista e a volte di farlo con veemenza. Quando nel '68 le ragazze scendevano in piazza a rivendicare diritti anche sacrosanti, non lo facevano solo innescando cori, ma anche con urla, strepiti e facce feroci. Onestamente non mi sembravano meno dure dei loro coetanei maschi. Penso che la forza che ci si mette per emergere col proprio pensiero sia la stessa, oggi come quarant'anni fa.»

Un paragone molto ardito, quello tra le battaglie dell'emancipazione e le beghe da spogliatoio. Anche perché trent'anni fa, in tv, i giovani c'erano in varie sfumature: non solo quelli che volevano fare spettacolo ma anche chi lavorava nella cultura e chi si impegnava in politica. Oggi sembra che in queste ultime due categorie ci sia sempre meno spazio. Mentre c'è grande richiesta di ventenni e trentenni disposti a scannarsi per il maschio coi bicipiti più sviluppati o per vincere il provino, o a tirarsi cuscinate e gavettoni chiusi in una casa-gabbia. Eppure dal sondaggio Gallup che ho già citato, realizzato su circa 1000 italiani tra i quindici e i trent'anni, i nostri ragazzi escono bene. Rispetto alla media Ue seguono di più la politica nazionale (33 per cento contro una media del 19) e si iscrivono persino ai partiti (11 per cento, 6 punti in più dei coetanei europei). Io stessa, nel mio lavoro, incontro decine di ragazzi che fanno cinema e letteratura, che dedicano ore al volontariato politico e sociale, che si arrabbiano leggendo i giornali e ancora scendono in piazza. Ma non li vedo in tv. Maria non si lascia impressionare: «Guardando i ragazzi di *Amici* credo di aver capito appunto che il senso morale, comunque, sia rimasto simile di generazione in generazione». Probabilmente ha ragione. Ma per capirlo bisogna uscire dal video.

Donne al top come Franca Sozzani, Frida Giannini e Maria De Filippi sono esempi incoraggianti, ma anche eccezioni notevoli. Così come lo sono Emma Marcegaglia e Federica Guidi, dirigenti delle proprie imprese di famiglia, elette quest'anno a capo rispettivamente di Confindustria e dei Giovani imprenditori. La prima, quarantaquattro anni, ha anche marito e figli. Per l'Italia, una rivoluzione.

Ma secondo le statistiche, le donne in Europa ottengono solo l'11 per cento degli incarichi direttivi. In Italia, la percentuale scende al 3, in Norvegia per esempio è al 32. Sotto di noi solo il Lussemburgo, con l'1 per cento dei suoi neanche mezzo milione di abitanti. Abbiamo però anche un primato positivo, non a caso quello delle imprenditrici e lavoratrici autonome: 17,4 sul totale delle occupate, oltre sette punti in più della media. Come dire: se aspetto che un'azienda riconosca i miei talenti forse nell'attesa invecchio, quindi meglio stare in piedi da sola.

L'anno scorso un rapporto di McKinsey & Company ha analizzato la condizione di alcune centinaia di manager del mondo, di entrambi i sessi. Il 30 per cento delle donne ha denunciato pregiudizi e ostacoli nell'ascesa professionale. Eppure il 54 per cento non aveva figli (contro il 29 degli uomini) e il 33 era single (contro il 18 maschile). Sono le cifre di un vero e proprio ritorno a una logica conventuale: *ora et labora*, o almeno *labora*, ma non azzardarti a pretendere una vita privata.

Luisa Todini ha sia una famiglia sia un ufficio dirigenziale, ma afferma anche di essere una privilegiata. Ha goduto, ammette, di un «ascensore sociale» indiscutibile: il fondatore dell'azienda che lei dirige è stato suo padre Franco. Oggi è una multinazionale delle costruzioni, il fatturato quest'anno toccherà i 500 milioni di euro. Nel mondo maschile dell'edilizia non stupisce che solo il 5 per cento sia donna, ma è significativo che la percentuale salga notevolmente se si considerano le sole dipendenti della sede centrale: 32 per cento. Nel 2001, quando Luisa ha preso in mano l'azienda, era l'8.

Luisa è stata parlamentare europea, eletta nelle liste di Forza Italia nel 1994. L'ho reincontrata quest'anno a Venezia a un convegno organizzato dall'Aspen Institute Italia, ma la conoscevo dal 2002. Eravamo a New York, quell'anno sede del famoso World Economic Forum dove si riuniscono i potenti della Terra. Avevamo entrambe perso da poco un padre molto amato. Come spesso accade quando due donne si incontrano, siamo subito entrate in una confidenza che andava al di là dei discorsi sulle nostre carriere e sul futuro economico del pianeta.

Luisa e suo fratello maggiore Stefano sono stati educati «con una grande parità nei ruoli, facendo distinzioni di merito e non di genere». Poi, alla morte del padre nel 2001, lei ha preso in mano l'azienda di costruzioni, mentre il fratello si è dedicato alle attività agricole tra l'Italia e l'Argentina. Luisa la definisce «una scelta partecipata» anche se è stata molto insolita. «La vera difficoltà è l'essermi trovata a gestire grandi responsabilità in maniera imprevista.» L'azionista unico della Todini Finanziaria SpA è alta, molto snella e in forma, ha un caschetto di riccioli scuri e lineamenti fini e regolari. Indossa spesso abiti o gonne che mettono in mostra un paio di gambe fantastiche. Non esattamente l'immagine di un capocantiere. Infatti è laureata in Giurisprudenza, non in Ingegneria, e ammette che le mancano molte competenze tecniche. E siccome non essere preparata al massimo la mette a disagio, cerca soluzioni. «Grazie ai cinque anni di attività politica, credo di aver maturato una buona capacità di composizione della squadra, che mi permette di dialogare bene con tutti i manager.» L'attività professionale la occupa ventiquattr'ore al giorno, almeno come pensiero incessante. «Ma fino a ora» dichiara con la tipica abitudine ai bilanci, «il consuntivo è positivo.»

Non crede che il soffitto di vetro sia più un grave problema, anche per le giovani donne che non hanno avuto la fortuna di nascere nella famiglia «giusta». Gli ostacoli già superati sono moltissimi: «Oggi non è più così strano avere un capo donna o farsi operare da un chirurgo donna. Ma molto spesso sono loro che *scelgono* di non avanzare». Sottolinea il termine "scelgono" perché sa bene che proprio qui si annida la discriminazione più strisciante. Quella della scelta obbligata: dalle circostanze, dalle aspettative sociali, o dal semplice sfinimento. «Ma lo scandalo vero sono le disparità retributive tra i due sessi a parità di mansioni.»

Forse le donne potrebbero avere tutto, o almeno chiederlo, «ma loro stesse non ne sono convinte fino in fondo». La maternità in Italia è molto tutelata, ma gli aiuti si fermano lì. Il bambino insomma puoi farlo e, scapicollandoti un po', riesci ad allattarlo, ma dopo? Senza asili, strutture e servizi, essere mamma si trasforma in un handicap professionale. A volte fatale. «Oggi i figli si fanno dopo i trent'anni» ricorda Luisa, «che sono anche i migliori per dare impulso alla carriera. Nel mondo anglosassone, se non ci sono patologie cliniche, dopo tre mesi la donna torna al lavoro supportata da una rete di servizi, che da noi invece mancano.» Così, le italiane rimandano il più possibile il momento di tornare in ufficio. Per avere la possibilità di lasciare il bambino al nido, il piccolo deve avere almeno sei mesi. Al rientro poi la mamma chiede il part-time o si ritrova in una specie di stagno, popolato quasi esclusivamente da donne, in cui accetta minori responsabilità per avere il tempo necessario a gestire la famiglia.

Luisa ha dato il suo contributo creando nel maggio 2005 un nido aziendale nella sede romana della compagnia. È aperto per tutta la giornata lavorativa e se ne servono anche le dipendenti delle aziende vicine. Risolvendo un problema delle sue impiegate, già che c'era ha fatto un favore alla comunità. «Culturalmente, è ancora la moglie a prendersi cura della casa, infatti i congedi di paternità in Italia non sono praticamente mai usati» osserva. «Bisognerebbe fare un grande investimento, anche mediatico, sulla proposizione di nuovi modelli familiari in cui i ruoli siano condivisi e intercambiabili.»

Le donne insomma più che poter «avere tutto» sono ancora costrette a «fare tutto», anche perché sono molto più portate al multitasking. Un modo moderno di dire che, al contrario dei maschi, riescono a svolgere più di un compito per volta. Luisa ha una figlia, Olimpia, e sa bene di cosa parliamo, anche se si definisce, di nuovo, privilegiata: «Ho possibilità economiche che mi permettono di disporre di molteplici aiuti. Comunque, nonostante mio marito Luca non si tiri indietro, faccio parte di una generazione di passaggio, a cavallo tra teoria e pratica». Nessun quarantenne ammetterà mai che pretende la cena pronta e le camicie stirate, non sa pulire il bagno e ignora in quale antro si nasconda l'aspirapolvere. Ma nella realtà per molti è ancora scontato che sia la partner a occuparsi di questi «dettagli».

«È anche vero che, da una indagine fatta dalla Fondazione Bellisario circa due anni fa, ultimamente se un padre azionista deve lasciare l'azienda a un erede preferisce la femmina al maschio. O almeno non si fa problemi nel caso di figlia unica» mi informa però Luisa, incoraggiante. «Ricordo ancora mio padre che, al termine del mio mandato al Parlamento europeo nel 1999, minacciava: "Se non smetti di fare politica vendo l'azienda di costruzioni". Mio fratello si dedicava ad altro e lui desiderava che fossi io a rappresentare il suo futuro in questo settore.»

E nonostante tutto, quando ha deciso di tornare a lavorare alla Todini, Luisa ha dovuto condurre una vera «trattativa» per essere eletta presidente con deleghe esecutive. «Fu dura, ma mio padre cedette!» Nepotismo, ma non troppo. Persino per le figlie del capo la strada della realizzazione è costellata di battaglie.

Capitolo 13

IL MINISTRO OMBRA E IL MINISTRO FANTASMA

Seria, elegante, inappuntabile, Vittoria Franco, ministro ombra per le Pari opportunità nel Partito democratico, mi aspetta al tavolo di un ristorante romano. Un bel foulard le ripara la gola dalle insidie dell'aria condizionata. Mi ha inserita gentilmente in un'agenda molto piena: per venire a Roma durante la settimana per svolgere il suo lavoro di parlamentare lascia a Firenze casa e marito. A prezzo di un po' di sensi di colpa. «Mi vengono, se sto a Roma due giorni in più. Verso mio marito, i genitori anziani.» Dopo un pomeriggio fitto di incontri stasera andrà alla Casa del Cinema a vedere il film *La vittima e il carnefice*. Hanno invitato sia lei sia il ministro per le Pari opportunità Mara Carfagna. Sarà un'occasione per incontrarla: «Spero di avere con lei un colloquio più generale, il prima possibile. Le ho chiesto un appuntamento e mi ha detto che me lo darà quando sarà pronta».

Al momento in cui ci vediamo, poche settimane dopo le elezioni politiche dell'aprile 2008, ho in agenda un appuntamento con Mara Carfagna. Ovviamente voglio parlare con entrambe le donne che dovrebbero occuparsi di questo tema così delicato, l'una nell'esecutivo e l'altra nell'opposizione. Sarà interessante vedere come si somigliano o differiscono i loro programmi, penso. Quanto mi sbaglio.

Vittoria Franco mi parla della legge sullo *stalking*, cioè le persecuzioni ripetute, che è stata in discussione in Parlamento fino alla legislatura appena conclusa e verrà approvata poco dopo l'insediamento del nuovo governo. Queste persecuzioni – inseguimenti per strada, telefonate, minacce – sono generalmente opera di partner abbandonati. Soprattutto maschi, ovviamente.

«Penso che il femminismo abbia avuto un ruolo enorme nel cambiare buona parte della mentalità. Abbiamo sovvertito la relazione di dipendenza, il rapporto di soggezione. Ma ci siamo fermate nel momento in cui occorreva ricostruire una relazione paritaria. Quello che a me piace chiamare "cooperazione" tra i due generi.» Quando, finite le rivoluzioni degli anni Settanta, le femministe avrebbero voluto passare il testimone, hanno scoperto che non c'erano mani in attesa di afferrarlo. Era arrivato il decennio del riflusso, gli anni Novanta. «È stata l'epoca in cui le nostre armi si sono spuntate. Forse abbiamo pensato che le giovani, che avevamo contribuito a educare, potessero riprendere la lotta e ricostruire.» Ma loro non lo hanno fatto. Sembrava che tutto fosse già stato ottenuto e per sempre. «Io penso che le generazioni abbiano la loro autonomia di elaborazione» dice la parlamentare. «Non sentono il problema della parità come urgente, ora per esempio credo che avvertano molto di più il peso della precarietà.»

Azzardo un'ipotesi diversa. Le cose per cui oggi i giovani si preoccupano, è vero, sono altre. Ma c'è stato anche il problema del linguaggio. Io non sono mai stata una femminista, ma nemmeno una qualunquista. Sono sempre stata consapevole che c'era una tradizione di lotte per i nostri diritti che andava rispettata, e preservata. Ma mi ricordo che quando ero ragazza andavo a sentire i loro comizi e non le capivo. Mi era chiara l'importanza dei temi che trattavano ma il modo astratto con cui lo facevano me le rendeva estranee. Così come mi infastidiva l'uso contundente di termini come «mistificazione», «differenza di genere», «sessualità genitale», «incasellamento» e altre parole con troppe sillabe e poca efficacia pratica. Per tacere degli odiati «un minimo di» e «nella misura in cui», ormai proverbiali. Come me la pensavano molte ragazze. Se era così per noi, figurarsi per la generazione della tv commerciale, e ora quella dell'iPod.

Vittoria Franco annuisce: «Quello del linguaggio è un problema reale. È esistito durante il femminismo e continua ancora oggi». Non solo perché era astratto, aggiunge, ma perché era separatista nei confronti degli uomini. «Io l'ho condiviso anche nel mio percorso di femminista» ammette, «ma ha creato conflittualità con l'altro genere. L'altro maschile è il mio avversario, il mio nemico. Nella realtà invece bisogna costruire azioni comuni. Questa è la fase che ci è mancata e secondo me ci ha impedito anche di educare le giovani.»

Dopo un'analisi così lucida degli errori del passato, le faccio una domanda da ministro, sul futuro: rimetterebbe in campo le quote rosa? Di nuovo, affronta il problema con spirito analitico. «Sono una sostenitrice quasi fanatica delle quote» annuisce. «Con la vecchia legge elettorale, era stata introdotta una modifica che prevedeva l'alternanza uomo-donna nella parte proporzionale. Significava il 50 per cento.» Il sogno durò esattamente per una legislatura, in cui fu raggiunta una quota femminile in Parlamento molto elevata per l'Italia: 14 per cento. Poi la Corte costituzionale dichiarò incostituzionali le quote. Per poterle riportare in campo era necessario cambiare l'articolo 51 della Costituzione. Si cominciò a lavorare in questo senso con il primo governo Prodi e la modifica fu approvata in aula nella legislatura successiva, secondo governo Berlusconi, quando era ministro per le Pari opportunità Stefania Prestigiacomo. «Fu grazie all'alleanza trasversale delle donne» mi ricorda Vittoria Franco. La legge che reintroduceva le quote in Parlamento era diventata possibile. La Prestigiacomo la portò in aula. E allora rialzò la testa la ben più potente e vergognosa alleanza trasversale maschile, da destra a sinistra, votando contro. In cambio i nostri deputati ci avrebbero regalato l'attuale «Porcellum». Tutte ricordiamo le lacrime in aula della ministra, simbolo che le battaglie delle donne, e purtroppo anche le loro sconfitte, travalicano gli schieramenti.

Alle ultime politiche però il Partito democratico ha inserito una norma «rosa» nel suo regolamento per le candidature. L'articolo 9 «assicura una rappresentanza femminile pari almeno a un terzo delle candidature e dei potenzialmente eletti». Non è stato così dappertutto, con regioni virtuose come l'Emilia Romagna, 32 donne su 64 candidati, e altre come il Piemonte dove, tra i 20 eleggibili alla Camera, le donne erano 4. «Abbiamo ottenuto risultati importanti ma la strada è ancora molto lunga. Bisogna anche essere realistiche: il Pd è stato fondato nell'ottobre 2007, siamo andati a votare ad aprile, in questo lasso di tempo non era possibile costruire liste al 50 per cento. Avremmo fatto fuori metà del gruppo dirigente nazionale del partito.»

Appunto. Sarebbe stato un bel segnale di rinnovamento. E avrebbe sfatato il mito che riempirsi la bocca di riformismo per sputar fuori più o meno le stesse discriminazioni sia qualcosa di sinistra. Quando glielo faccio presente, Vittoria sorride e mi ricorda: «Eravamo al 18 per cento di donne di centro-sinistra in Parlamento, abbiamo ottenuto il 30, non mi sembra male». A volte il pragmatismo femminile, temo, è un difetto.

Per la legislatura ha un programma ben preciso: pochissimi punti, dice, ma fondamentali. «Al primo posto ci metto il lavoro femminile, per cui sto studiando un disegno di legge programmatico: se il Paese vuole andare avanti deve investire sulle donne. Su questo mi voglio impegnare al massimo: vuol dire più natalità, più crescita economica, civile e culturale.» Non è solo un fatto di giustizia di genere, afferma, ma una necessità. «Ho molto apprezzato che Emma Marcegaglia, nel suo discorso di insediamento in Confindustria, abbia fatto riferimento alla valorizzazione del lavoro delle donne. Mi piacerebbe chiederle cosa intendono fare le imprese per promuoverlo, soprattutto nei consigli di amministrazione e dove vengono prese le decisioni.»

Secondo punto da affrontare: diritti e democrazia paritaria. «Cioè, tra le altre cose, unioni civili, un tema da cui non possiamo assolutamente recedere, per un fatto di civiltà giuridica, civiltà nelle relazioni, civiltà nel riconoscimento della libertà di ognuno.»

Rientrano tra i diritti per cui combattere anche il divorzio breve e un provvedimento molto simbolico, però importante, per poter trasmettere il cognome della madre ai figli. Adesso si può solo se la mamma, non sposata, è la prima a riconoscere il bambino. Se anche il compagno fa lo stesso, il suo cognome si aggiunge dopo. Su questi ultimi due progetti c'era l'accordo in commissione, ma non sono mai arrivati in aula. «C'è proprio un blocco culturale su quello che riguarda le donne. Finché le si può tenere in posizione di subalternità, sono tutti d'accordo.»

Naturalmente nel progetto per la democrazia paritaria ci sono le quote: «Saranno al 33 per cento, ma c'è di arrivare al 50». Anche, perché no, grazie ad alcuni politici ben disposti. Il più rosa secondo lei è Veltroni. «È stato lui a sbloccare la situazione dichiarandosi favorevole al 50 per cento di donne in lista.» Ma un leader alla Zapatero, le chiedo un po' provocatoria? «Non c'è. Assolutamente.»

Si può contare solo sulle parlamentari. Con qualche speranza di ricreare un accordo femminile che superi gli schieramenti: «Quando passò la legge sulla violenza sessuale qualche anno fa, fu grazie alle donne che si erano unite, anche Alessandra Mussolini». Oggi purtroppo molti processi per i reati di stupro, aggressione, lesioni rientrano tra quelli che, il cosiddetto emendamento «salva-Berlusconi», inserito nel pacchetto sicurezza, sospende per un anno. E molti probabilmente finiranno in nulla, perché quelli commessi prima del 2002 cadranno nel frattempo in prescrizione, ricorda Franco. Nel pacchetto sicurezza, approvato il 5 agosto, non ci sono regali per le donne. E quelle della destra tacciono.

Sulla legge 194 il ministro ombra per le Pari opportunità è ottimista: il movimento che ne chiedeva l'abolizione è stato del tutto minoritario. «La 194 non si cambia, casomai va applicata in tutte le sue parti: sostegno alla famiglia, alla "maternità responsabile". Prevenzione e quindi contraccezione, informazione, educazione. Maggiore efficienza e migliore funzionamento dei consultori.» Sarebbe da modificare, invece, la legge 40 sulla procreazione assistita. «È la peggiore in Europa, del tutto punitiva nei confronti della donna, nel nome di un concetto astratto di vita. Quella tedesca è tra le più restrittive eppure consente la diagnosi preimpianto e selezione dell'embrione per malattie genetiche gravi. Mentre da noi si tenta di ridurre al minimo e addirittura di eliminare la possibilità di fare diagnosi pre-impianto, anche se sarebbe consentita.» Pensa che sarà un percorso lungo e difficile.

È un programma dettagliato e riformista, quello di Vittoria Franco. D'altra parte è arrivata in Parlamento per passione, dopo l'impegno femminista e sette anni di insegnamento di Storia delle dottrine politiche all'Università di Pisa. «La politica è lo strumento: senza di esso, non c'è emancipazione» mi dice. È un mezzo che le donne devono imparare a usare. In modo diverso da quello degli uomini, aggiungerei: facendo finalmente massa critica e difendendo i propri interessi su quello che conta. Ma forse invece sono troppo invidiose, competitive fra loro? «No. Io penso che tra gli uomini si sia storicamente consolidato quello che una studiosa americana chiama "il patto fraterno" per escludere le donne. Hanno un'abitudine storica a solidarizzare tra di loro, anche quando sono avversari. Noi dobbiamo competere su spazi molto limitati. E questo fa la differenza. Se io devo lottare per avere 2 posti in lista su 15, è chiaro che mi metto contro le altre: so che più di due non ne possiamo ottenere, quindi o io o te.»

Il suo consiglio alle giovani: «Essere molto determinate e gelose della vostra libertà. Bisogna svincolarsi dai condizionamenti storici, acquisire autonomia di pensiero e di azione. Siate ambiziose, puntate in alto ma tenete ben presente la cultura del due». Quando durante la campagna elettorale girava per le sedi del Pd, mi racconta, di ragazze giovanissime e impegnate ne ha conosciute molte. Tanti circoli erano già nelle loro mani. «È stata una scoperta. Gli uomini, quando sono stati costretti ad andare a scovare le donne, le hanno trovate.»

Mara Carfagna non ha fatto le battaglie femministe. Nel 1978 aveva tre anni e probabilmente giocava con le bambole. Qualche anno dopo la bambola era lei, nuda sul calendario di «Max». Fotografie che puntualmente sono rimbalzate sui giornali di tutto il mondo quando Berlusconi ha deciso di affidarle il ministero per le Pari opportunità.

Tra i primi gesti politici di Carfagna c'è quello di negare il patrocinio al Gay Pride di Roma. Insorgono le associazioni omosessuali. Poi seguono le dichiarazioni sulle prostitute che dovrebbero riunirsi in cooperative ed esercitare in case isolate. Insorgono gli operatori delle associazioni contro la tratta. Infine le intercettazioni sui suoi rapporti privati con Silvio Berlusconi. Insorge Sabina Guzzanti che la insulta pesantemente da un palco di piazza Navona durante una manifestazione.

Mara Carfagna risponde con frasi sobrie, querele e fedeltà al leader del partito. Ha l'aria di una che combatte in difesa, senza partire all'attacco con progetti e proposte. In Parlamento ha per ora al suo attivo l'approvazione di tre disegni di legge: uno per contrastare la violenza sulle donne, che rafforza la tutela penale in caso di stupro, incluso il processo per direttissima. Non sarà facile conciliare queste tutele con l'emendamento «salva-Berlusconi», che sospende i processi. E con il taglio dei fondi ai centri di sostegno antiviolenza deciso dal governo di cui fa parte, e che ha pensato bene di destinarli all'abolizione dell'Ici. La seconda legge approvata sotto la sua egida è quella sullo *stalking*, di cui è molto fiera, ma non è sua. È quella di cui mi ha parlato Vittoria Franco, ideata e portata avanti dal governo di centro-sinistra. La terza è l'istituzione del garante per l'infanzia e l'adolescenza.

È chiaro che è un po' acerba e qualche passo falso lo fa, penso leggendo certe osservazioni incaute come definire gli omosessuali «costituzionalmente sterili». Ma rifiuto di condannarla senza appello. Intanto, l'elezione di una donna giovane e bella a un posto di responsabilità per me è sempre una buona notizia. E poi nella scorsa legislatura, quando era parlamentare, mi è capitato di sentirla parlare in modo intelligente a un dibattito. Sono fiduciosa anzi, dopo tutte queste polemiche faccio quasi il tifo per lei. Voglio incontrarla e farmi spiegare i suoi programmi, sugli stessi punti di cui ho discusso con Vittoria Franco: occupazione femminile, aborto, procreazione assistita, coppie di fatto, servizi sociali, violenza.

A metà maggio l'ufficio del ministro, al telefono, dice ai miei assistenti che sarò richiamata. Dopo molti tentativi capisco che non sarà così. Provo di persona, non senza irritazione. Finalmente mi passano la ministra che mi fissa un appuntamento per il 12 giugno. È questo che ho in agenda quando incontro Vittoria Franco.

Alle 18.00 dell'11 giugno la segreteria del ministero per le Pari opportunità annulla l'appuntamento. Può capitare, mi dico. La mia assistente Alessandra si riattacca alla cornetta ma trovare la data giusta non è facile. Ottengo infine l'ambìto appuntamento, il 10 luglio alle tre del pomeriggio. Il giorno prima arriva la fatidica telefonata del ministero: Mara Carfagna è stata dirottata su improrogabili impegni istituzionali. Mi rendo conto. Un po' nervosa, decido di impiegare utilmente le ore che avrei passato con lei. Ormai che sono rientrata da Strasburgo, alle tre vado dal parrucchiere.

E mentre mi asciugano i capelli, nel salone entra Mara Carfagna.

Il mio parrucchiere, Roberto D'Antonio, è molto quotato. Lo frequentano personaggi del cinema e della televisione, del giornalismo e naturalmente anche della politica. Ma che sia diventato un impegno istituzionale mi colpisce davvero. Aumenterà anche i prezzi?

Saluto con educazione la ministra. Non mi trattengo dal farle notare, però, che raramente ho avuto tante difficoltà a ottenere un'intervista. Personaggi come Al Gore o il ministro degli Interni dell'Arabia Saudita sono stati una passeggiata, al confronto. Imbarazzata, mi spiega confusamente che stanno ancora rodando l'ufficio. Cioè, suppongo, non ha ancora spiegato a chi le prende gli appuntamenti il significato della parola «istituzionale». Un ministero senza portafoglio, e anche senza vocabolario. Mara Carfagna, dopo mille scuse, mi promette che la sua segretaria richiamerà per fissare una nuova data.

Passano i giorni, le settimane. Silenzio. Ma mi piacerebbe davvero conoscere il suo programma per le donne. Lo ammetto: comincio a pensare che non ne abbia uno, ma decido di fare un ultimo tentativo. Le manderò le domande via e-mail. Senza l'ingombro della mia presenza, nella quiete del suo ufficio, sicuramente potrà scrivere cose interessanti e puntuali.

A questo punto però la stanchezza mi fa un brutto scherzo: a una serata con gli amici mi lascio sfuggire un lamento per le occasioni mancate. Puntuale, Dagospia riporta la notizia. Quando Alessandra richiama, il 24 luglio, le dicono che il ministro dopo aver letto «le mie dichiarazioni» non è più disposta a rilasciarmi l'intervista. Probabilmente, comunque, il gatto le avrebbe mangiato il foglio con le risposte.

Mi arrendo: non sarò io la felice destinataria delle rivelazioni di Mara Carfagna sulle future politiche del suo ministero. Ma nelle settimane successive leggo con interesse le interviste che ha rilasciato a cronisti più fortunati.

Al «Foglio» dichiara che vuole impegnarsi per l'occupazione femminile e la parità sul lavoro: «È inaccettabile che, a parità di funzioni, le donne guadagnino circa il 20 per cento in meno rispetto agli uomini». Soprattutto quando è il 30. Vorrebbe più asili e più centri antiviolenza. «Vorrebbe, certo, vuole, di sicuro, poi si farà quel che è possibile fare» chiosa il giornalista del «Foglio». Io sarei stata più gentile.

Il disegno di legge sulla prostituzione, dichiara al «Giornale», «sarà portato a settembre in Consiglio dei ministri. È un tema che mi fa rabbrividire e mi mortifica come donna». La nuova legge dovrebbe prevedere «che l'esercizio della prostituzione in strada diventi reato punibile attraverso sanzioni amministrative e penali anche nei confronti di chi si avvale della prostituzione in strada e nei luoghi aperti al pubblico». Qui rabbrividisco io: esattamente quello che teme chi con le schiave del sesso ci lavora ogni giorno. «In più saranno previste misure di contrasto alla prostituzione minorile con il rimpatrio assistito che consentirà ai minori di essere riaccompagnati alla loro terra d'origine» e probabilmente lasciati lì a crescere felici. Sulle case chiuse sostiene che non spetta a lei decidere. «Da donna mi è però molto difficile pensare di regolarizzare la prostituzione all'interno di una casa chiusa.» Quindi niente più cooperative del sesso. Per fortuna, tra le sue dichiarazioni al «Giornale» ce n'è una promettente: «Ho fatto la scelta di andare sul campo ogni volta in cui mi trovo ad affrontare un problema». Si divertirà tantissimo, a San Benedetto del Tronto.

Sempre la preziosa intervista al «Giornale», che sono costretta a saccheggiare, rivela idee interessanti «per la conciliazione dei tempi tra famiglia e lavoro per le donne» che spesso si trovano «a curare anziani che non sono autosufficienti e crescere bambini senza strutture adeguate, e quindi diventa difficile, un atto di eroismo, conciliare lavoro e famiglia». Mi sembra una splendida notizia apprendere che ha deciso di investire nelle strutture che permettono di ospitare anziani, disabili, bambini, e in particolare asili nido. Di campagne o studi sull'immagine femminile, che possano combattere lo stereotipo dell'angelo del focolare, altra faccia di questo problema, non se ne parla. Di temi caldi come aborto, divorzio, procreazione assistita e diritti delle coppie di fatto, meno ancora. Mi conforta però vedere qualche progetto pratico. Scorrendo le diverse interviste mi colpisce l'enfasi sull'aspetto collettivo del suo lavoro: da vera donna, dà sempre il merito alla squadra, non a se stessa.

«Ho avviato uno studio con il sottosegretario alla Famiglia, Carlo Giovanardi, per redigere un vero e proprio "pacchetto infanzia"» dichiara all'*house organ* del Telefono Azzurro. «Con Giovanardi stiamo preparando un "pacchetto conciliazione"» promette sempre al «Giornale». E lì capisco dove ho sbagliato: bastava chiedere l'intervista a Carlo Giovanardi.

Capitolo 14

LE PREMIER SEXE

Sono atterrata da poco in una romantica Parigi, profumata di pioggia e di tigli e scendo davanti al Café de Flore. Voglio cominciare il mio viaggio da qui, in un certo senso la radice di uno dei miei primi incontri con il femminismo. Ai fumosi tavolini di questo caffè si radunavano infatti i protagonisti della grande stagione dell'esistenzialismo. Tra gli altri Jean-Paul Sartre e Simone de Beauvoir, Henry Miller e Anaïs Nin, Man Ray e la sua Kiki. E poi Beckett, Hemingway, Modigliani, ma anche Lenin e Trockij.

Basta scorrere questo elenco per chiedersi dove fossero le donne. C'erano, ma un po' in disparte, muse ispiratrici o compagne di scrittori e artisti. Come Consuelo de Saint-Exupéry, il grande amore di Antoine, l'autore del *Piccolo Principe*: spesso la si vedeva al suo fianco nei bistrot di St.-Germain-des-Prés, ma molto più spesso restava a casa, in attesa che Antoine si stancasse della mondanità e delle numerose amanti. Gli apparecchiava lo scrittoio, gli riordinava le carte, la sera si faceva consegnare le pagine che lui aveva prodotto. La rosa da cui il Piccolo Principe vuole tornare è lei: una donna senza la quale, probabilmente, l'autore non avrebbe scritto quasi nulla.

Alice Prin non rimase mai ad aspettare davanti ai fornelli. Fece di tutto affinché la luce puntasse proprio su di lei. Di origini umilissime, arrivò a Parigi da ragazza, negli anni Venti, da un polveroso villaggio della Borgogna, senza un soldo né un mestiere, ma con un'enorme voglia di riscatto. Cominciò a bazzicare i caffè di Montmartre e Montparnasse e da lì agli atelier dei pittori, a cui si concedeva sia per arte che per denaro, il passo fu breve. Posava come modella, la sera si esibiva nei locali come cantante. Fu attrice e cabarettista e regina del quartiere: Kiki de Montparnasse. Aveva modi piuttosto grossolani e una vocazione all'esibizionismo: le piaceva stare nuda e farsi guardare. Conosceva bene il suo potere seduttivo e la bellezza del suo corpo. L'unica cosa per la quale ebbe un vero e proprio complesso era il poco pelo sul pube, che rinfoltiva con tratti di matita, pur di apparire ancora più *donna*. La prima volta che andò nell'atelier del fotografo Man Ray non fece in tempo a spogliarsi che già era diventata la sua amante. E lui le scattò la famosa foto in cui la sua schiena è trasformata nella sagoma di un violoncello.

Kiki la trasgressiva fece del suo fisico un oggetto di culto di massa, si consumò presto negli eccessi e morì giovane nei primi anni Cinquanta. Lo stesso periodo in cui un'altra donna faceva scalpore in città, ma per altri motivi: nel 1949 era uscito in Francia *Il secondo sesso*. L'ondata di critiche era stata impressionante. L'autrice, Simone de Beauvoir, era subito stata attaccata sul piano sentimentale, guarda un po'. I giornalisti l'avevano ribattezzata «la grande Sartreuse» e «Notre Dame de Sartre» per il suo complesso legame col filosofo esistenzialista, al quale la volevano subalterna. Lei rivendicò sempre la sua autonomia come pensatrice, scrittrice e critica. Con Sartre condivise lavoro, sentimenti e amanti. Dichiaratamente bisessuale e disinvolta, pagò cara la sua emancipazione che per i tempi era davvero precoce.

Lei e Jean-Paul non si sposarono né convissero mai. Spesso però frequentavano assieme caffè come il Flore. Nel *Secondo sesso*, lungo saggio sulla condizione femminile, Simone reclamava per le donne il diritto di essere soggetto e non più oggetto. Fece scandalo perché parlò apertamente di difesa dell'aborto, di educazione sessuale femminile, lesbismo, emancipazione. I cattolici, ma anche parte degli intellettuali di sinistra vicini al compagno, l'accusarono di pornografia e di protagonismo. Come se la sua crociata fosse, anziché una battaglia civile, una pura questione di rivincita personale.

Sono passati cinquant'anni dalla pubblicazione di quel libro e cento dalla nascita della sua autrice: entrambi rimangono colonne del femminismo. Anche per me *Il secondo sesso* è stata una lettura fondamentale. Mi ha aiutata a inquadrare in una forma teorica, e quindi a capire meglio, le diverse anime femminili che avevo ereditato dalla mia famiglia. Mia nonna materna Elisabeth era cresciuta in una casa cosmopolita, aperta ai giovani intellettuali austroungarici dell'epoca. A tredici anni già fumava le sue prime sigarette. Mia madre Herlinde, al contrario, unica femmina con tre fratelli, ha ricevuto un'educazione più rigida e protetta. I tempi erano cambiati. Da adulta è stata preziosa nell'azienda del marito, dapprima occupandosi di tutta l'amministrazione e poi gestendo da sola una società. Ma è rimasta sempre in ombra, senza valorizzare tutto quello che sapeva fare. Vittima del conflitto tra le due identità di moglie tradizionale e manager capace, ha cresciuto mia sorella e me esortandoci a stare in piedi da sole, economicamente e psicologicamente. E ha cercato di non caricare su di noi il peso degli stereotipi che lei aveva subìto. Ma come tutte, anche io ho vissuto l'incertezza tra diversi tipi di donna, ed è anche grazie a de Beauvoir e ai divanetti rossi di questo caffè che sono riuscita a conciliarli.

Resta indimenticabile uno scorcio di dibattito familiare che ho ascoltato per caso da adolescente. «Che una ragazza debba arrivare vergine al matrimonio è una vera assurdità» dichiarava mia madre decisa. Questa incauta affermazione, mi tornò assai utile qualche anno dopo, quando leggendo Freud, Moravia, Anaïs Nin, Virginia Woolf e de Beauvoir avrei scoperto un intero mondo. La psiche, le relazioni, le ossessioni, il piacere.

Oggi mi guardo intorno qui nel Café de Flore e mi sento in pace con tutte le mie anime. L'arredamento è rimasto ovviamente quello di allora, con le lampade art déco, i tavolini di legno, la scala che porta al piano superiore. Sulla parete accanto alla cassa, una specie di piccolo tabernacolo espone biglietti, appunti, piccoli memorabilia della Parigi esistenzialista. Il menu mi informa che nei posti accanto all'unica snella colonna centrale sedeva Simone, mentre il tavolino vicino alla cassa era riservato ai politici della sinistra. Oggi nel posto di de Beauvoir c'è un gruppo di sei ragazzi, tre maschi e tre femmine, il cui unico titolo all'esistenzialismo è la giacca di velluto che uno di loro sfoggia assieme alla barba di tre giorni. L'angolo dei politici invece è occupato da tre signori di mezza età e una bella ragazza di colore dai capelli cortissimi. Uno degli uomini tiene un braccio allungato sullo schienale dietro di lei, in atteggiamento di possesso. Poco lontano ci sono un padre e una figlia, almeno spero, e alla mia sinistra una famiglia di turisti americani. Lui indossa una camicia rosa fragola che a Parigi, e contro il rosso di questi divani, credo sia proibita per legge. Lei è di un'eleganza fredda e distaccata. La figlia, forse diciottenne, è bella, cesellata e bionda come fosse una bambola di Marie Antoinette. Alla mia destra un signore d'età, pelato, sorbisce con aria da habitué la sua *soupe à l'oignon.* Forse è l'ultimo esistenzialista rimasto.

«Si vedono molte fanciulle affascinanti ma completamente prive di carattere. Hanno sempre una profonda scollatura, anche se stanno presentando il telegiornale. Perché glielo ordina il capo.»

Da Simone de Beauvoir sono passata direttamente a Christine Ockrent, sessantatré anni portati benissimo, un viso sottile dominato da penetranti occhi azzurri. I capelli biondi sono tagliati corti, non sfiorano nemmeno le spalle della giacca di lana sul prugna, perfettamente intonata all'arredamento del ristorante in cui mi ha dato appuntamento. Le donne francesi non lasciano nulla al caso. Christine è un modello di emancipazione femminile. Negli anni Sessanta e Settanta, mentre Parigi era infiammata dalle rivolte studentesche, si trovava in America dove collaborava al famoso programma *60 Minutes* della Cbs. Tornata in Francia, nel 1981, il nuovo presidente di Antenne 2 la scelse per condurre il telegiornale delle otto di sera: la prima donna nel suo Paese a ricoprire questo ruolo. Nel 1988 scoppiò una polemica sul suo salario «esoso». Ma la bufera mediatica non ha spezzato il carattere indomito di Ockrent. Oggi è una delle donne più potenti del Paese, insignita della Legion d'Onore il 14 luglio 2007.

Nel febbraio di quest'anno il presidente Sarkozy la nomina direttrice generale della holding France Monde, che raggruppa i canali Tv5 Monde, France 24, Rfi. Subito si grida allo scandalo, al conflitto d'interessi, al pericolo mortale per la credibilità della società. Perché il marito di Christine, Bernard Kouchner, è ministro degli Esteri. E Rfi è sotto la sua tutela. Ma Christine rifiuta nettamente di essere considerata «la donna di». La soluzione è semplice, dichiara: basta che Kouchner si dimetta da ministro. Intervistata da «Libération» incalza: «Che volete che faccia? Che divorzi?». Non sono per forza sempre le donne che devono sacrificarsi. Le manifestazioni di solidarietà più rilevanti, triste ma vero, le vengono dagli uomini: Sarkozy afferma che ridurre una donna alla carriera del marito è una mancanza di rispetto, guadagnandosi subito fama di iper-femminista. E Kouchner si comporta in maniera esemplare definendo la moglie «una buona scelta» per il posto affidatole e aggiungendo serafico: «In ventisei anni non mi ha mai intervistato. Non credo che le cose cambieranno». I media francesi continuano a scuotere la testa osservando tra l'altro che non stanno dando un bel segnale agli osservatori stranieri. Dal nostro punto di vista italiano, possiamo rassicurarli: i conflitti d'interesse non ci turbano affatto.

Mi turba molto di più la bella donna decisa seduta accanto a me su questo divano. Ha raggiunto un ruolo che le italiane possono solo sognare. Qual è stato il prezzo? «La salute» risponde senza neanche doverci pensare. «Ho avuto un sacco di malattie psicosomatiche, mi sono sentita vulnerabile, sono stata attaccata dalla stampa. Anche da molte donne» ricorda amaramente. «Ci sono carriere in cui non assumi rischi e hai un percorso senza scosse. Non è il mio caso.»

Nonostante tutto è riuscita anche a diventare madre: nel

1986, a quarantadue anni. Come ha fatto? In Italia chi sceglie la maternità fa fatica a conservare il posto, figuriamoci essere promosse. «È una questione di reddito. Se puoi permetterti qualcuno che si prenda cura dei figli bene, se no devi accettare un part-time.»

È un discorso senza fronzoli: non cerca di fare l'eroina né si atteggia a esempio, e sulla sua vita privata non dice altro. Ma la voce diventa appassionata mentre parla delle nuove leve che vede intorno a sé. «Le ragazze di oggi rifiutano di diventare come le loro madri, vogliono una famiglia, non vogliono divorziare né trovarsi in preda allo stress a cercare di far quadrare il lavoro con la casa, senza riuscirci mai. Ed è per questo che sempre più giovani interrompono il loro percorso. Si chiama *broken career pattern*: cominci tra i venti e i trenta la tua carriera, poco dopo i trent'anni ti viene il panico, fai un figlio, e poi non riesci più a lavorare. Almeno non a certi livelli.»

Eppure la Francia è un'isola relativamente felice, dove l'occupazione femminile ha raggiunto un virtuoso 60 per cento, obiettivo europeo, superandoci di quasi 15 punti. E hanno 7 ministre su 16, oltre il 43 per cento, quasi il doppio rispetto a noi. Terzo posto in Europa per percentuale rosa nel governo. Loro, in politica, hanno le quote. Forse a qualcosa servono, quindi. «La battaglia è stata feroce» ricorda lei. «Anche così, la legge sulla parità e sulle quote rosa riguarda solo la politica. Ed è molto inapplicata.» È vero: i partiti preferiscono pagare la penale piuttosto che alternare nelle liste uomini e donne come vorrebbe la norma. Molte, come in Italia, le oppositrici. «Dicono che è un'offesa, una patente d'inferiorità – e qui in Francia l'ideologia dell'uguaglianza è molto forte. Ma in realtà il problema è psicologico e di sistema: le donne sono talmente oppresse e sminuite che hanno bisogno di essere sostenute.»

È vero. Ormai l'abbiamo capito. Gli uomini sono molto più bravi a crearsi una rete di supporto. Formano una specie di società di mutua ammirazione. «Le donne di potere devono imparare a promuovere le altre. E le sottoposte devono imparare a essere contente di avere un capo femmina. Ma questa solidarietà non è la regola: al contrario.» C'è una differenza anche linguistica e di immagine tra «lei» e «lui», quando arrivano a gestire il potere, mi fa notare. *Lei* viene percepita infatti in modo più caricaturale. «Facciamo caso ai termini usati per descriverla: se lui *ha autorità*, lei *è autoritaria*; lui *ha fascino*, lei *è affascinante*. C'è sempre una sfumatura spregiativa, diminutiva.»

E invece sono molti i talenti femminili, elenca: «Più pragmatiche, più concrete, più capaci di compromessi e meno schiave delle apparenze. Meno attaccate ai titoli e alle onorificenze e più alla qualità del lavoro». Per questo finiscono sempre relegate nei ruoli amministrativi anziché in quelli dirigenziali. E anche perché non fanno carriera se le riunioni cominciano alle sette di sera, quando loro sono dovute uscire per andare a prendere i figli a scuola. «Dovrebbe essere una norma, nelle aziende: niente meeting a tarda ora. Ma gli uomini non ci pensano nemmeno a imporla. Loro hanno altri ritmi.»

Vale a dire che loro hanno altre libertà. La società scuote appena la testa di fronte a un padre che torna a casa quando i figli sono già a letto. Se è una madre a farlo, la censura è fortissima. Sembra non sia cambiato niente, dopo anni di lotta e decenni di progressi. «In un certo senso, si va all'indietro. Non solo i gruppi conservatori e la Chiesa lavorano ai fianchi per regredire. Ma le stesse ragazze che escono dall'università oggi entrano nel mondo del lavoro *meno* delle loro coetanee degli anni Settanta. Le figlie delle donne che si sono battute per poter fare carriera *non vogliono* farla. Le donne in Europa hanno molta libertà, ma sono anche molto condizionate da fattori sociali.» Dunque le nuove generazioni non sono disposte a intraprendere le stesse lotte collettive che hanno fatto le loro antenate. «Nemmeno capiscono che i loro diritti oggi sono in discussione.»

Ma a quelle che volessero provare a scalare le gerarchie, come lei, cosa consiglierebbe? «Essere testarde, testarde, testarde. Il più possibile. Determinate, meno morbide, per non rendersi vulnerabili agli attacchi, che saranno sempre molti, più di quanto si creda. Godere di buona salute. E prepararsi a sopportare la solitudine.»

Christine Ockrent non è affatto tenera. Ma è bella, penso guardandola avvolgersi nella sciarpa di cachemire color prugna, intonata a tutto il resto. Ha un lavoro che l'appassiona, un figlio, un marito che la stima e l'appoggia. È di quella generazione che diceva «Vogliamo tutto» e ha dovuto guadagnarselo. Mi chiedo che effetto faccia alle conduttrici «sempre più scollate» che magari la incontrano sul lavoro. Più giovani, con più possibilità. Infinitamente meno libere.

La libertà femminile può diventare arte. In questi giorni il Centre Pompidou ospita una meravigliosa retrospettiva di Louise Bourgeois, un'artista che ha attraversato quasi un secolo da vera strega, femmina folle e indistruttibile, con grazia e intelligenza incomparabili. Oggi ha novantatré anni e, come mostrano le fotografie all'ingresso, è una splendida signora. Ha la pelle percorsa di rughe come una cartapecora ma gli occhi vivi e brillanti. Per decenni si è interrogata e ha lavorato proprio su questo grande problema femminile: il corpo. Ha dipinto, costruito installazioni, scolpito materiali diversi e vivi come il legno e il marmo. Ha dato forma alle sue ossessioni con una libertà che dovrebbe essere concessa a tutti. Ma che le è costata contestazione e sofferenza, come sempre accade alle pioniere.

Louise si è trasferita a New York con il marito Robert Goldwater nel 1938, e là ha attraversato un'epoca d'oro dell'arte: Andy Warhol, Francis Bacon, Keith Haring, Joan Miró. Ma il suo modo di esprimersi rimane solo suo: intensamente fisico, con il corpo e il tatto come protagonisti assoluti. Corpi nudi inarcati all'indietro su una distesa di *Je t'aime*. Sfingi dal seno di donna e dai piedi di leone. Veneri preistoriche con grandi ventri ed enormi seni penduli. Braccia e gambe staccate dai tronchi; un braccio in bronzo, bellissimo, con una mano a ciascuna estremità: una aperta nell'abbandono e una serrata in una stretta di possesso. Corpi di stoffa avvinghiati e ammucchiati.

La sua mostra non contiene solo immagini e forme, ma anche parole. Louise da quando aveva dodici anni annota i suoi pensieri su diari, agende, fogli volanti. Ha pubblicato volumi di incisioni e poesie, commenti ai cataloghi delle sue esposizioni, discorsi di ringraziamento per i premi, articoli sulle riviste. Le donne lasciano tracce. Lei ne lascia più di altre. Attraversando le sale mi sembra di vederla all'opera, china su queste sculture ossessionate. In molte più rotondeggianti le forme si fondono in modo strano. Potrebbero essere il sesso maschile – molto a riposo – o un seno femminile. Viene voglia di toccarli, quei rigonfiamenti lisci, di marmo o legno o lattice. Maschi o femmine? «Il fatto è che l'interpretazione è privilegio dello spettatore» scrive Louise, e queste opere per lei sono solo «un autoritratto come tanti».

In una sala troneggia una gabbia di metallo con dentro il modellino di una casa. È sovrastata da un enorme ragno le cui zampe sottili la circondano da ogni lato, fino a terra. Mi fa un po' impressione. Ma per Louise la casa è il simbolo della donna e il ragno è la madre, una figura di protezione, indispensabile, paziente, che tesse la tela, la ripara all'infinito. E oltre alle donne-casa ci sono le donne-coltello, che «si trasformano in lame per difendersi. Si identificano con il pene per proteggersi». Nel mito della femminilità manca, per Bourgeois, un elemento fondamentale: la violenza. La lotta per il potere, il bisogno di divorare e consumare sono parte delle donne tanto quanto la capacità di generare e di nutrire. La contraddizione tra queste due tensioni le dilania.

«C'è sempre una parte di collera nella bellezza» scrive l'artista, e infatti per lei creare significa sfogarsi. Le sua opere esprimono tutta la gamma dei sentimenti femminili: il desiderio e la colpa, il possesso e l'abnegazione, la sfida, la depressione, la fragilità e l'ostinazione. Le femministe l'hanno adottata come un modello, ma lei rifiuta. «Non mi interessa essere una madre» scrive. Non crede che esista un'estetica femminista. «Le donne si sono ritrovate assieme non perché abbiano delle cose in comune, ma perché ci sono molte cose che non hanno.»

Una foto di Robert Mapplethorpe la ritrae, già anziana, con

uno strano giaccone di pelo e un enorme fallo di bronzo sottobraccio. Gli occhi stretti in un'espressione ironica e un po' viziosa, sorride. Chissà a chi l'ha portato via. Nel 1996, su un canovaccio quadrato da cucina ricama, in educate maiuscole azzurre: «Sono stata fino all'inferno e ritorno. E lasciatelo dire: è stato splendido».

Arte e trasgressione sono la cifra di un'altra signora della cultura parigina. Catherine Millet. Il marito, con cui è sposata da trent'anni, ha pubblicato un libro di sue foto nuda, corredate da amorevoli commenti. E lei stessa è autrice di un romanzo-scandalo, uscito nel 2001 e pubblicato in Italia con il titolo *La vita sessuale di Catherine M.* Descrive la sua educazione al piacere negli anni Settanta, avventure trasgressive ed estreme: sesso di gruppo con gli amici, rapporti nei luoghi pubblici più impensati (metrò, musei, muretti nel parco), orge con sconosciuti, fino a tre contemporaneamente. Per finire nel retro di un furgoncino parcheggiato su uno dei viali del Bois de Boulogne, con un amico che faceva entrare gli uomini pronti ad approfittare del suo corpo riverso. Fuori uno, dentro l'altro. In questi anni vissuti pericolosamente, e prima che cominciasse l'incubo dell'Aids, con quanti ha fatto sesso?

«Non so, non li ho certo contati. Molti non li ho nemmeno visti in faccia.» Sorride un po' rigida, ironica: questa domanda gliel'hanno posta in tanti. A vederla, non si direbbe affatto una mangiatrice d'uomini: minuta, con i capelli scuri severamente tagliati corti, ha fianchi ben modellati ma poco seno. In un bizzarro gioco di rimandi, sposto lo sguardo da lei alla libreria dove troneggia un'edizione spagnola del libro di suo marito. In copertina, un nudo di donna visto da dietro: immagino sia lei. Capisco perché lui ha scritto poesie sul sedere della moglie. Oggi però Catherine è molto castigata, indossa pantaloni e camicia nera, semitrasparente, unica concessione alla seduzione, che lascia intravedere il reggiseno, nero anche quello. Faccio fatica a pensarla sul retro di quel furgone e le chiedo cosa si prova.

«Facendo sesso in pubblico, o in gruppo, si prova una grande libertà, la sensazione che tutto è possibile.» Non credo che sia questa la libertà, ma è vero che il rapporto con la propria fisicità, con il proprio piacere, spesso per le donne è difficile. «Gli uomini possono identificarsi con il loro sesso, è una cosa che fin da piccoli sono abituati a vedere e a toccare. Fa parte della loro identità. Per questo devono averlo più grosso, più performante, capace di soddisfare molte donne. Le quali invece sono alla ricerca della qualità perché per loro è tutto più misterioso. La scoperta di come venire è più complicata.»

Tanto è vero che il piacere più grande secondo lei è «la masturbazione». Una conclusione che mi sembra deludente, dopo un percorso sessuale così promiscuo e scatenato. «È quello che si controlla meglio, che si ottiene con più certezza. Credo che per le donne sia molto importante perché possono governarlo.»

Catherine non è solo, e nemmeno principalmente, una scrittrice erotica. Dal 1972 dirige la rivista di arte contemporanea «Art Press». Mentre si prepara un caffè e mi versa un succo di frutta nell'angolo cucina con gesti secchi e sicuri, mi guardo attorno in questo suo bel soggiorno alto-borghese, dove sono seduta a un grande tavolo ovale. Una parete è tappezzata di libri. Su quella di fronte riproduzioni di arte contemporanea e una foto di esterno metropolitano in cui, su un enorme cartellone murale, è spalmata *L'origine del mondo* di Courbet. Quella con una rigogliosa vagina nera in primo piano. La donna vista da un uomo. Ma oggi, puntualizza la mia ospite, sono le artiste a dire le cose più interessanti sulla sessualità, un argomento di cui finalmente si sono appropriate.

«Sono più pragmatiche» dichiara, un giudizio che ormai mi hanno dato in molte. «Non è un caso se tendono a usare molto il mezzo cinematografico. E non solo, l'espressione artistica femminile negli ultimi tempi è molto narcisista: sia nelle arti figurative, sia nella letteratura. Esibiscono il proprio corpo, ma mettono in pratica anche una forma positiva di narcisismo, che consiste nell'accordare agli altri la stessa estrema attenzione che si dedica a se stessi. Ho fatto così anch'io. Ho scritto un libro in cui mi mettevo a nudo. Mi ha divertito scriverlo. Ma mi divertono ancora di più le reazioni delle donne alle presentazioni.» Nonostante la sua opera sia stata accusata di pornografia, Catherine non è mai stata aggredita, né dal pubblico né per strada, neanche nei primi tempi della polemica, quando era spesso ospite in televisione. E la sua esperienza di accoglienza da parte del pubblico le fa pensare che la società sia pronta ad accettare senza giudicarle le scelte sessuali personali. Anche, per esempio, il sesso a pagamento? «Oggi vi ricorrono anche le donne» annuisce. «Ma devono affrontare l'opposizione interna del proprio narcisismo: è umiliante per loro dover pagare, perché significa che il loro corpo non è desiderabile. Quindi in realtà le modalità di fruizione della prostituzione non cambieranno, resteranno maschili.»

Il narcisismo impedisce alle donne di raggiungere il potere, non solo in camera da letto, perché una donna che lo esercita deve usare i codici dell'autorità, in contrasto con quelli della seduzione. Per diventare dei veri capi, da cosa devono liberarsi allora le donne?

«Dalla maternità.»

Mi va di traverso un po' di succo di frutta, è davvero una risposta netta.

«Non nel senso medico» puntualizza Catherine, «per quello c'è la contraccezione. Ma devono liberarsi dall'idea che la donna è necessariamente madre. In questo senso la mentalità generale non è cambiata e anzi stiamo tornando indietro: c'è ancora una forte pressione sociale per avere figli.» Lei non ne ha avuti. «Intorno ai trent'anni mi sono posta questo problema. Ho deciso di no. Non rimpiango niente. E sto con lo stesso uomo da trent'anni.»

Un uomo assai tollerante, se ha potuto sopportare che sua moglie andasse con centinaia di altri senza soffrire di gelosia. Ma ormai è chiaro che Catherine è destinata a sorprendermi in ogni risposta, perché ammette di essere lei quella gelosa. Sul suo viso compare quel mezzo sorriso sexy, che la fa sembrare una ragazza. «Non è razionale, ma soffro di attacchi di gelosia terribili, devastanti. Riesco a capire come si sentono le persone che commettono crimini passionali.» Proprio di questo parla il suo nuovo libro, *Jour de souffrance*, appena uscito in Francia. «Non so se sopporterei che mio marito facesse quello che ho fatto io. Ha avuto le sue avventure, ma niente del genere.»

Il marito avventuroso scende ora gli scalini in legno chiaro che portano a una sorta di soppalco. È un ometto dai capelli bianchi e dal naso gallico, che mi stringe la mano con decisione. Mi scuso per il tempo che ho portato via a sua moglie. Lei mi accompagna alla porta con un ultimo monito: «Mai rinunciare alla lotta per i diritti. Si può ancora tornare indietro: nessuna conquista è garantita per sempre».

E proprio «Nessuna conquista è per sempre» potrebbe essere il titolo della mostra di Sophie Calle che sto andando a vedere, alla Bibliothèque nationale de France, site Richelieu. Invece si chiama *Abbiate cura di Voi*.

L'origine è un'e-mail d'addio, che si conclude con quelle esatte parole. Una volta gli uomini sparivano senza spiegazione. Oggi, nell'era delle nuove tecnologie, ci mollano in mille altri modi: telefonate, fax, sms. A Sophie, cinquantacinque anni, artista concettuale, è successo per posta elettronica. Ma lei non si è limitata a leggere, rileggere, piangere, ripiangere e magari formattare il disco rigido del computer in un accesso di collera, come avrebbe fatto chiunque altra. Lei ha spedito la lettera a 107 donne: attrici, psichiatre, semiologhe, avvocate, cantanti, detenute, poetesse e una bambina di neanche dieci anni. Le ha pregate di inviarle un commento, in qualsiasi forma, e una foto di sé durante la lettura della lettera. E le risposte sono diventate questa mostra, portata con successo alla Biennale di Venezia nel 2007 e oggi arrivata a colpire dritto al cuore la città dell'amore.

L'ambiente è suggestivo. La sala di lettura della biblioteca è diventata uno spazio espositivo. A distanze regolari sui lunghi banchi di legno sono disposti schermi, dai quali donne d'ogni genere cantano e suonano le loro impressioni via video. Quelle scritte sono sistemate sui leggii nei passaggi laterali. Alle pareti, alcuni messaggi sono stati ingranditi su pannelli ben leggibili anche da lontano. E sopra di essi le foto, gigantografie di donne che leggono in ogni luogo possibile: cucine e garage, letti, bar, auto, parchi, gradinate di anfiteatri.

Mi fermo in mezzo al corridoio centrale. Da ogni parte, le voci e le musiche che arrivano dagli schermi, nel silenzio della biblioteca, sembrano una conversazione continua. Come se decine di donne stessero parlando tutte insieme. O tutte con te. E siccome la curiosità è femmina, come prima cosa devo andare a leggere l'e-mail incriminata.

È lunga, formale, complicata. Il succo: lui comunica alla sua amante che, visto che non riesce più a non tradirla, deve lasciarla. Le dà del «*Vous*», una specie di «Lei» un po' meno formale. Fa appello a «condizioni» fissate da lei nei primi tempi della loro relazione. Sophie aveva chiesto di non diventare mai «la quarta»: dunque, facendo due conti, da qualche parte deve esserci una moglie. Il suo amante si appiglia a quelle «condizioni» e ne fa il motivo per l'abbandono: «Non Le ho mai mentito e non comincerò certo oggi a farlo» scrive, e «sono pronto a piegarmi alla Sua volontà». E conclude: «Avrei voluto che le cose andassero diversamente». Sembra un cavaliere dei tempi andati. Ma è solo un uomo tronfio e infantile che probabilmente ha già due donne in più di quelle che si merita, e ne ha adocchiata una terza. Guardandomi attorno, penso che nessuna vendetta potrebbe essere più completa di quella perpetrata da Sophie. Mai nessuno è stato ridicolizzato così completamente e da così tante. Ma è anche una vendetta patetica, struggente, che innalza un qualunque amante infedele a opera d'arte. E mostra quale importanza abbiano sempre e comunque le parole, i tradimenti, gli abbandoni dei maschi.

Una correttrice di bozze ha fatto un editing crudele, evidenziando refusi e ripetizioni, errori di grammatica e sintassi della lettera. Una linguista ne ha messo a nudo gli artifici retorici. A pochi pannelli di distanza, una chiromante e una psichiatra arrivano alla stessa conclusione: un intellettuale narciso e ipocrita, da cui stare alla larga. Altre hanno «tradotto» l'e-mail in arabo e fonetica, istogrammi, parole crociate, geometria, poesia, scacchi, codici a barre. Una contabile ha calcolato gli attivi («Non smetterò mai di amarLa») e i passivi («Non sarò mai Suo amico»). Leila Shahid, diplomatico palestinese, descrive l'uomo come «turbato dalla propria decisione, ma incapace di negoziare nuove condizioni per il contratto sentimentale». Françoise Gaspard, che si occupa di diritti delle donne all'Onu, è spietata: «I vecchi stratagemmi della dominazione maschile, mal celati sotto una tristezza di facciata, alimentano la buona coscienza di questo macho da quattro soldi, categoria sempre attuale: è facile atteggiarsi a vittima, colpevolizzare la donna che si sta lasciando rimproverandole la sua mancanza di comprensione».

Amen.

Mi fermo davanti alla lettera di Ambre, nove anni e mezzo e una larga grafia infantile: «Lui le scrive per dirle che l'amerà anche se si lasciano. Ci sono molte parole difficili». Brava Ambre, hai descritto in poche righe una storia universale di relazioni sentimentali. Poco lontano, una dottoressa dell'ospedale di Parigi commenta secca: «Non c'è motivo di prescriverle antidepressivi. Lei è semplicemente triste».

Semplicemente triste, anche questa è una buona descrizione. Ma la mostra di Sophie Calle è un esempio della capacità che a volte abbiamo di non fare le vittime, di reagire, combattere. Sophie, da vittima di un abbandono, è diventata l'angelo della vendetta. E per farlo, ha chiamato a raccolta le altre. Nel XXI secolo, dicono alcuni, la solidarietà tra «sorelle» non esiste più, e ciascuna è pronta a pugnalare alle spalle le altre per amore o per guerra. Magari invece non è vero. Forse la solidarietà è così difficile che è diventata arte concettuale.

Davanti all'ingresso si sta già formando una fila. Di nuovo sono soprattutto donne, di ogni età, forma e dimensione. Le guardo, mentre lascio il bozzolo confortante del brusio di voci e musiche femminili ed esco.

Abbiate cura di voi.

Tra i posti migliori per aver cura di sé c'è rue du Faubourg St.-Honoré, sede di tutti i grandi marchi della moda europea e ovvia tappa successiva anche per riprendersi un po' dalla tristezza di quest'artista dal cuore spezzato. In fondo se siamo belle, magre, lisce, curate e sempre all'ultima moda «loro» non ci lasciano, no? Almeno così dice chi vuole venderci una tunica di lino bianco con il collo alla coreana per soli 4000 euro, o l'ultima crema al botulino garantita per spianare anche le fronti più avanti negli «anta». Per essere belle non c'è nulla di meglio che Parigi. Perché, come sostiene il titolo di un recente libro di successo di Mireille Guiliano, *Le francesi non ingrassano.* Non hanno la cellulite, né il doppio mento, né le occhiaie, dato che abitano nella patria della cosmetica. Non hanno i calli, almeno non se possono permettersi quelle scarpe nella vetrina di Roger Vivier, eleganti come il peccato e comode come un guanto. Non hanno nemmeno il senso del ridicolo, però, se riescono a uscire con un uomo intabarrato in un trench di Hermès in pelle di coccodrillo.

Al di là degli scherzi, il fascino della moda francese ha una storia lunga e nobile, a partire dall'immortale sentenza di Coco Chanel: «La moda passa, lo stile resta». Era la secondogenita illegittima di un venditore ambulante povero da generazioni, orfana di madre. Crebbe in un austero convento della Francia centrale. E rivoluzionò il concetto di femminilità. Fu lei infatti a imporre al mondo intero «la nuova uniforme della donna moderna»: il look alla *garçonne* negli anni Venti e, trent'anni dopo, il suo celebre tailleur senza collo.

Il suo vero nome era Gabrielle. Era troppo magra per un'epoca che apprezzava le bellezze floride, troppo povera per potersi permettere i costosi abiti delle dame dell'alta società. E armata di un ago da sarta dichiarò guerra alla moda del suo tempo e a tutti gli orpelli che snaturavano il corpo delle donne: bustini asfissianti, cappelli iper-decorati, gonne *entravées* che stringevano le ginocchia rendendo impossibile qualsiasi movimento.

Coco è il nome d'arte che si sarebbe portata dietro per tutta la vita, dopo aver tentato di sfondare in un paio di *café-chantant*. Coco, nome semplice, amava le linee pulite, il bianco e il nero, le forme morbide. E riusciva a captare le nuove tendenze prima di tutti gli altri. «La moda è nell'aria» avrebbe svelato tempo dopo. Nel 1917 si tagliò i capelli corti, emulata poi da tutte le signore di Parigi, quando il bon ton li imponeva lunghi. Lanciò la moda dell'abbronzatura, le scarpe bicolore col tallone scoperto, il jersey (fino ad allora usato solo per la biancheria intima), la bigiotteria al posto dei gioielli veri e nel 1921 il leggendario Chanel N° 5, il primo profumo sintetico della storia.

Molti suoi colleghi sembravano indifferenti al vento di novità che spirava sulla moda francese: i nostalgici erano sempre in agguato. Per tutta la prima parte della sua carriera il più accanito avversario di Gabrielle fu Paul Poiret, che aveva liberato le donne da busti, stecche e sottogonne a favore di una silhouette più sensuale e sciolta, ma insisteva in eccessi decorativi e orientalismi esasperati. Poi le rubò la scena Christian Dior con il suo new look, lanciato nel 1947: la sua linea a corolla, con il ritorno delle gonne lunghe e vaporose, a venti centimetri da terra, rappresentava tutto ciò che Mademoiselle odiava della Belle Epoque. Il punto vita, che Coco aveva fatto scivolare lungo i fianchi con il suo famoso «*chemise dress*», tornava strizzato fino all'inverosimile. Lontana anni luce la semplicità della sua «*petite robe noir*», che il numero del primo ottobre 1926 di «Vogue America» aveva paragonato all'ultimo modello della Ford per la popolarità riscossa tra le clienti. «Gli stilisti si sono dimenticati che ci sono le donne dentro i vestiti!» protestò Gabrielle. Gli uomini, sosteneva, non le amano se «invece di vestirle le travestono, propongono loro delle gabbie per scimmie con cui non si può né camminare né correre». Chissé cos'avrebbe detto di certe creazioni odierne.

Gabrielle «Coco» Chanel morì, sola, nel suo lussuoso appartamento del Ritz, l'11 gennaio 1971. Aveva ottantasette anni e aveva sognato per tutta la vita la donna perfetta.

Io conosco una donna perfetta: Carole Bouquet. Infatti è stata modella per Chanel, oltre che Bond girl e compagna di Gérard Depardieu. «Soffrivo di una sindrome tipicamente femminile, l'"io ti salverò", ma a quarantacinque anni sono rinsavita» dice scoppiando in una risata Carole Bouquet. Ha deciso di chiudere con gli uomini difficili e autodistruttivi e si è fidanzata con il mio amico Claudio Costamagna, posato e avvenente banchiere. Oggi ha cinquantun anni, due figli adulti, decine di film alle spalle, amori burrascosi da digerire e imprese agricole da sviluppare. Perché ormai, da quando è proprietaria terriera sull'isola di Pantelleria, ha una doppia vita: attrice ed enologa. Tre anni fa ha prodotto la sua prima bottiglia di passito «sangue d'oro». «Mi dicevano, sei pazza, non puoi occuparti di vino, è un mondo di uomini e non ne sai nulla. E io ho risposto: "Allora imparo!".» E poi si pensa che le donne belle debbano essere decorative e basta.

«Belle e brave ci fanno paura» ammette Claudio, ma sorridendo.

Snella, senza un filo di trucco sulla pelle trasparente, Carole Bouquet ha sempre dovuto farsi perdonare la bellezza. Invece che renderla orgogliosa, racconta, l'attenzione dei suoi coetanei aggravava la sua timidezza. Non riusciva ad accettarsi. E aveva l'impressione di dover essere più intelligente, per contrastare lo stereotipo negativo. «Sono stata cresciuta da un uomo, mio padre» dice. La madre dopo il divorzio non ha ottenuto la custodia di Carole e della sorella. «Mi è quindi mancato totalmente un modello femminile. Questo mi ha dato una grande libertà.» Ha dovuto decidere da sola che tipo di donna diventare e forse non è un caso se ne ha scelto uno dalle mille personalità: l'attrice. L'Accademia di arte drammatica di Parigi la avvierà a una carriera cinematografica di successo. A partire da *Quell'oscuro oggetto del desiderio* di Luis Buñuel che appena ventenne l'ha resa celebre nel mondo: è proprio lei l'oggetto del desiderio.

Una vita costellata di rapporti complessi e dolorosi, ma anche di una energia e gioia di vivere che la portano a impegnarsi in battaglie per i senzatetto, per gli immigrati, per i diritti umani, per le donne. «Se ci fosse un attacco ai nostri diritti acquisiti con anni di lotte scenderei in piazza subito» dichiara combattiva. «Sono molto femminista.» Carole ha sempre vissuto a cavallo tra Francia e Italia. Le chiedo in cosa sono diverse le donne d'Oltralpe da quelle del Belpaese. «Voi sapete giocare molto meglio con la vostra sensualità, sapete essere femmine, si vede anche quando camminate per strada» dice lasciandomi stupita. Noi pensiamo lo stesso delle francesi. «Gli uomini da voi sono più maschilisti ma le regole sono anche più chiare.» Sarà per questo che io invece ho deciso di sposare un francese sregolato ma femminista, penso tra me e me.

Il modello latino, comunque, secondo Carole ha una base comune: l'influenza ingombrante delle icone femminili che ci vengono dalla religione. «Da bravi cattolici, per noi le donne sono o madonne o puttane. Oggi sembra che abbiamo trovato un equilibrio, ma non sarà così per sempre.»

È convinta del contrario Hafsia Herzi, una delle rappresentanti della giovane generazione di donne «naturalmente» liberate. Quelle che nemmeno si pongono il problema. Per lei, i diritti sono nostri per sempre, eccome. Eppure Hafsia non ha avuto vita facile. Viene da una famiglia musulmana e poco abbiente. Ha lavorato fin dall'età di tredici anni, prima di diventare un'icona sexy con il suo ruolo nel film *Cous Cous* del regista Abdellatif Kechiche. Ha compiuto da poco ventun anni, è nata nel 1987 in Francia da madre algerina e padre tunisino. Per la scena di danza del ventre che è il punto clou del film, ha dovuto ingrassare di quindici chili: «Ballavo, e dimagrivo. Poi dovevo abbuffarmi». Seduta davanti a me a un tavolino di Carette, una delle pasticcerie migliori della città, proprio ai piedi della Tour Eiffel, ora continua ad abbuffarsi: ha ordinato ben due delle celebri (ed enormi) paste che fanno qui. Ma i quindici chili li ha persi ed è snella nei suoi jeans a vita bassa e maglia blu. Le chiedo se sia stata dura, si stringe nelle spalle: «Non sono ossessionata dalla linea. Certo è stato difficile vedere il mio corpo trasformarsi».

Ma perché ha dovuto ingrassare? La danza del ventre non è certo questione di taglia. Oggi è popolarissima anche tra le magrissime e nervose manager milanesi. «La donna orientale è forte, generosa, energica. Quella dovevo rappresentare, in positivo.» La combinazione dell'aggettivo «energica» con l'immagine di una signora quindici chili in sovrappeso mi suona strana, soprattutto nella città della bellezza e dell'eleganza – e delle taglie quaranta. Forse c'è qualcosa che non ho ancora capito nel concetto di «donna orientale»? «Non fanno la dieta, non si truccano, hanno una cultura diversa» le descrive Hafsia tra un boccone e l'altro. «La loro generosità si riflette anche nella cucina, che è ricca, piena di spezie, di aromi. È molto buona e testimonia la gioia di vivere. In questo è molto simile a quella italiana.»

Chissà se sua madre ha apprezzato quella scena del film. Vedere sua figlia ballare quella danza sinuosa ed eccitante, pensare che uomini di tutto il mondo l'avrebbero desiderata. «Le è piaciuta molto. Mia madre è una donna ben lontana dal cliché della moglie sottomessa. È venuta dall'Algeria senza conoscere la Francia, ha affrontato il cambiamento e anche il razzismo di quei tempi, ha cresciuto sei figli.» Il padre di Hafsia è morto quando lei aveva appena due anni, la madre ha sempre insistito che studiasse. «È un esempio per me: una donna forte, retta, combattiva.» Ma per ora non segue i suoi consigli, visto che non pensa di continuare gli studi, a parte l'inglese che le servirà per la carriera. Si troverà di fronte colleghe molto agguerrite, come sono negli stereotipi che circolano nel mondo arabo. Anche l'occidentale liberata, infatti, è un cliché quanto la musulmana sottomessa. «Lo stereotipo dell'occidentale è la libertà» risponde dopo averci pensato un po'. «Che ha due facce. Più divertimento ma anche troppa disinvoltura.»

Le chiedo se è vero, come ho letto in un'intervista, che il ruolo che più desidererebbe interpretare è quello di Mata Hari. Annuisce con vigore facendo tintinnare i campanelli argentati degli orecchini. «Mi piacerebbe perché è una donna che aveva potere sugli uomini, sapeva manipolarli per impossessarsi dei loro segreti. Sapeva usare il proprio corpo, ne era padrona.» Però poi alla fine gli uomini la uccidono: Mata Hari viene fucilata. D'altra parte non è la famosa spia il suo modello: «Non ci sono più modelli, e non mi aspetto certo di diventarlo io». L'idea di usare la sua popolarità per far passare messaggi positivi, per cambiare le cose, non la sfiora nemmeno: non si prende così sul serio, dice. L'eroina vuol farla solo sullo schermo, questa ragazza molto giovane e molto bella con la bocca sensuale e vellutata cosparsa di briciole della pasta. Conquistare il potere sugli uomini per lei non dovrebbe essere un problema. Le racconto di un conoscente, serio, posato e padre di famiglia, che dopo aver visto la sua danza nel film ha sospirato: «Ho visto la donna più sexy del mondo». Le brillano gli occhi neri e sorride. Le chiedo se ha il fidanzato.

«Non ancora, anche se mi piacerebbe avere una famiglia. A questo punto magari vengo a cercarmelo in Italia.»

La sto mettendo in guardia dal machismo degli italiani quando si avvicina una signora sui cinquanta, bionda, per stringerle la mano e farle i complimenti. Ha visto *Cous Cous* due volte, racconta entusiasta, prima da sola e poi ci ha portato i suoi figli. Ne approfitto per interrogarla, dato che mi trovo di fronte due francesi così diverse. La battaglia per i diritti delle donne, in un contesto multietnico, non passa forse per una nuova alleanza con le donne immigrate? La signora annuisce.

«Assolutamente sì. Guarda *Cous Cous*, guarda *Caramel*, ma anche le donne che vivono qui, con noi. Le francesi e le immigrate hanno gli stessi problemi. Non c'è più molta differenza!»

«E la mia generazione sta conquistando più libertà, cambiando la mentalità delle donne» aggiunge Hafsia, ottimista.

Mentre prendo congedo da lei penso alle ragazze picchiate e traumatizzate che ho incontrato nei Paesi dove si trovano le sue stesse radici. Penso all'affollata solitudine di Catherine Millet. Al tormento artistico di Louise Bourgeois e alla solitudine astiosa di Sophie Calle. Ma non ho intenzione di fare la vecchia befana e ricordarle che la battaglia è ben lungi dall'essere vinta. Hafsia lascia la seconda pasta a metà e si allontana con passo elastico, la coda di capelli nerissimi che sobbalza sulla schiena snella, in direzione della Tour Eiffel. Sorrido. L'Anna Magnani francese del nuovo millennio che avanza fiduciosa verso un simbolo fallico in metallo mi sembra una degna conclusione per il mio viaggio tra le femmine di Francia.

Capitolo 15

I MASCHI DI SAN VITTORE

Entrando in galera in questa già torrida mattina di giugno, provo una sensazione insolita per chi varca questa soglia. Mi sento sollevata. Perché fa fresco, tra queste vecchie mura. La direttrice, Gloria Manzelli, viene ad accogliermi fin sulla porta, sia per gentilezza sia per farmi passare senza problemi sotto gli occhi delle guardie.

Le avranno già detto in molti che somiglia a Fiorella Mannoia: sono i capelli, ovviamente. Lunghi, rossicci, a riccioli fitti tirati indietro sulla fronte alta. Mi aspetto da un momento all'altro di sentirla intonare *Quello che le donne non dicono.* Indossa un semplice vestito nero, orecchini a fiore con brillante, al collo una catena con un onice. Il suo viso lungo e pulito, con appena un'ombra di rossetto rosso chiaro, è dominato da due begli occhi verdi. Ha un'aria serena e amichevole per una donna che sta in carcere, letteralmente. Abita qui: è un po' come dormire in azienda ma, considerato l'ambiente, molto peggio.

Alle 7.30 di mattina scende nel suo ufficio, sempre che nella notte non l'abbia svegliata qualche imprevisto. Come l'evasione, il suicidio, il decesso di un detenuto. Il caso più grave che ha dovuto fronteggiare è stato un omicidio, un uomo malmenato e ucciso dai suoi compagni di cella. Più tardi, quando mi accompagneranno a vedere quei corridoi, quelle stanze dove sono stipati maschi pericolosi e frustrati, l'immagine diventerà orribilmente reale.

Ci sono oltre 1400 uomini e un centinaio di donne, in questa struttura che potrebbe ospitare al massimo 7-800 persone. La media degli arresti è di 30-35 al giorno, di cui quasi l'80 per cento stranieri che non capiscono bene la lingua. I 760 agenti, di cui 170 assegnati alle scorte, dovrebbero essere triplicati per poter garantire un servizio efficiente. Ma non è così.

Gloria Manzelli siede in un ufficio da uomo. Qualche tocco di femminilità si rivela negli oggetti affastellati al centro del grande tavolo: fiori di pesco finti in una piccola borsa di tela, candele ornamentali verdi. Ma il resto è un arredo severo in legno scuro e cuoio, sedie dallo schienale alto, la foto del presidente Napolitano. E alle spalle della scrivania a cui lei lavora ogni giorno, una grande pergamena incorniciata porta i nomi dei precedenti direttori, dalla fondazione a oggi. Il suo è attaccato con una strisciolina di carta come ventiquattresima voce di un lungo elenco maschile. Oggi molte carceri italiane hanno una direttrice, in controtendenza rispetto all'Italia dei poteri. Qui i maschi hanno ceduto le leve di comando con prontezza sospetta. Come se scottassero. Non sarà che quando il gioco si fa duro improvvisamente diventano femministi?

Gloria annuisce con uno scintillio di umorismo negli occhi. «Può darsi» ammette. «Non c'è competizione. È anche vero che le donne sono molto più precise e pignole, in questo senso molto più adatte.» La direttrice di un carcere è praticamente un sindaco che amministra una piccola città. Non ci sono soltanto gli arrivi e i trasferimenti dei detenuti, anche i loro conti in banca, i posti di lavoro, un sistema sanitario, manutenzione ordinaria e straordinaria e mille altre cose. La precisione qui salva la vita. E te la cambia, ammette Gloria che ha un compagno ma non dei figli.

«Non ho mai avuto inclinazione alla maternità. Poi c'è stato un periodo in cui ho avuto problemi di salute, aggravati dalla tensione, nel 2003. Mi ero ridotta pelle e ossa.» Concorda con me che è una grossa differenza rispetto agli uomini, questa tendenza ad autodistruggerci quando le cose non vanno bene. Forse la cosiddetta «fragilità femminile» non è affatto un problema di muscoli o di nervi, quanto proprio di aggressività mal riposta. Visto che il mondo esterno non infierisce abbastanza, quando ci sono dei problemi ce la prendiamo anche con noi stesse. Il lavoro le ha insegnato la paura. «Oggi quando viaggio in treno cerco uno scompartimento in cui ci siano delle altre persone, soprattutto donne. Vent'anni fa non me ne preoccupavo» riflette Gloria. Ma anche la flessibilità: «Sono diventata molto più malleabile rispetto a quando ero giovane».

Le manca la sua famiglia, che però non vorrebbe vicina perché sarebbe pericoloso, la renderebbe più distratta e più ricattabile. Le manca non poter uscire dall'ufficio e chiudere una finestra mentale, come tanti altri. Le manca non poter guardare il telegiornale quando è in ferie senza l'incubo di sentire che è evaso qualche detenuto. Le manca una vita normale. L'unica distrazione sono i libri, la musica, qualche passeggiata e una scorta sostanziosa di fiori di Bach. Per attenuare le angosce, i brutti pensieri che ti assalgono soprattutto di notte, quando dopotutto sei sdraiata al buio nel bel mezzo di un carcere. Silenzioso. Per quanto?

«Agli imprevisti non ci si abitua: il fattore umano sconcerta sempre e fa saltare i piani.» Ha vissuto il periodo delle rivolte, una ventina di anni fa. Dirigeva il carcere di Brescia, una struttura in cui era stato difficile farsi accettare per via della tradizione molto maschilista del luogo: al contrario di San Vittore, di funzionari donna non ne avevano mai avuti. Ma non sarebbe cambiato niente, sottolinea, se ci fosse stato un uomo quando sono cominciati i guai. «Si aspettava un indulto, i detenuti erano impazienti. È scoppiata la rivolta. Davano fuoco a tutto, lanciavano molotov, stracci incendiati, mobilio nei corridoi. E l'indulto non arrivava. La tensione cresceva, certo che avevo la pelle d'oca.» Il tutto per meno di 1300 euro al mese, all'epoca. A chi dice che le donne sono deboli di nervi vorrei presentare Gloria Manzelli, e quest'immagine di una giovane donna in piedi in mezzo a un corridoio in cui alcune centinaia di maschi inferociti stanno scatenando l'inferno. Certo, mi ricorda, c'erano le guardie. «La polizia penitenziaria ha fatto un enorme lavoro di mediazione.»

Per quanto riguarda le guardie carcerarie, la prevalenza maschile è sempre schiacciante. «Non è un lavoro per donne» dichiara Gloria. Ma qui ce ne sono una settantina, che si occupano solo delle detenute. Più tardi incontrerò un'eccezione notevole a questa regola: una colonna delle forze di sorveglianza di San Vittore, la vicecomandante dottoressa Federico, che mi scorterà nella mia visita. Alta, bella e decisa è la prova che anche una donna può farcela, arrivando a essere persino più autorevole ed efficace di un collega maschio. «Sappiamo mediare» mi dirà più tardi. «Ma anche farci ascoltare. L'importante è non promettere ciò che non si può mantenere, e viceversa. E far capire che non accetteremo nessun comportamento irrispettoso o scorretto.»

Immagino che ci sia una differenza tra i detenuti dei due sessi. Infatti. Ma non è quella che penso. «I maschi sono più vulnerabili» mi spiega Gloria. «Forti nella logica del branco, si prostrano quando sono soli. E infatti sono più inclini all'autolesionismo.» Descrive invece le donne come più resistenti, volitive, dignitose. «Dai maschi, sia colleghi sia detenuti, ho imparato la fragilità» afferma la direttrice. Che solo in una cosa conferma i luoghi comuni: le donne sono più problematiche. Anche perché si portano dietro un bagaglio affettivo maggiore e più sensi di colpa: se loro vengono incarcerate, la famiglia si sfascia sicuramente. Difficile che succeda quando è lui ad andare in galera.

Ci sono anche detenuti eccezionali, a quanto vedo dall'enorme quadro che occupa gran parte della parete a sinistra della scrivania di Gloria. È un bellissimo disegno, una veduta di San Vittore dall'alto. I tetti dei sei bracci spiccano come una grande stella rossa dietro al quadrilatero principale. Attorno, piccoli riquadri presentano particolari degli interni e degli esterni: le cucine, la navata della cappella, le scale, i cortili. L'opera, dice l'intestazione in bella calligrafia, è stata realizzata nel 1950 da un detenuto e offerta al direttore di allora, Gino Borgioli.

Oggi non ci sono molti artisti, a San Vittore. La maggior parte è dentro per droga, ma anche favoreggiamento e sfruttamento della prostituzione. Ci sono differenze secondo la nazionalità: gli italiani finiscono in prigione per omicidio, furto e rapina. I marocchini per rapina e ricettazione. Gli argentini per violenza sessuale. E le donne? Anche loro detenzione e traffico di stupefacenti. Quando chiedo a Gloria se non ci sia forse qualcosa che non va nella legge sulla droga fa una smorfia, ovviamente nella sua veste ufficiale non può dire né sì né no. L'ultima modifica, voluta dal governo di centrodestra, con un decreto-legge del 2005 ha abbassato, la «modica quantità», oltre la quale si può essere arrestati. E l'arresto causa un ricambio dei detenuti enorme, e pesantissimo per la struttura carceraria. «Vengono presi, trasferiti, scarcerati di continuo. Questo comporta per ognuno immatricolazione, visita medica, psicologica, psichiatrica, raggi X per evitare epidemie di tubercolosi, assegnazione di una cella, e a volte il trasferimento in tribunale per cui in teoria ci vorrebbero tre guardie di scorta. Poi magari li rilasciano il giorno dopo. Sarebbe meglio non mandarceli nemmeno.»

I casi peggiori secondo lei sono quelli delle madri che uccidono i figli, o i mariti assassini delle mogli. «Per un raptus all'improvviso la famiglia collassa» dice. «Poi a margine della scarcerazione noi dobbiamo garantire il reinserimento ed è terribile, con traumi enormi da affrontare.» E la violenza sulle donne, sessuale e non, è in aumento, come pure le denunce: «La donna è diventata più autonoma e certe cose non le accetta più».

Infatti i tre detenuti che sto andando a incontrare sono colpevoli proprio di questo: violenza sulle donne. In forme molto diverse, tutte terribili.

Mi prendono in consegna gli assistenti sociali che hanno preparato i miei incontri con i detenuti. Ci accompagna anche la dottoressa Federico, accanto alla quale mi sento davvero sicura, per la sua aria seria e decisa, seppure sorridente, e anche perché è alta il doppio di me.

Mi portano nel cuore di San Vittore, l'anticamera da cui si

dipartono i sei raggi di detenzione. La luce filtra dalle finestrelle in alto, c'è un'atmosfera da chiesa, o da cripta. Anche per via delle statue di legno di Gesù e della Madonna nelle nicchie. Mi si aprono i cancelli del VI raggio, uno di quelli non ristrutturati. Fa un po' impressione entrarci scortata da un'agente, anche perché è un'area di detenzione maschile. Oltre quelle prime sbarre, l'atmosfera cambia di nuovo, e da quella quasi sacrale di poco fa si passa a larghi corridoi dalla vernice scrostata, pavimenti in graniglia bianca e nera, infissi verniciati di un azzurro lucido. Potrebbe essere un istituto tecnico. Se non fosse per tutte queste guardie. E per le sbarre da cui spuntano braccia.

Mi avvicino a guardare in una delle celle. È piccolissima, circa nove metri quadrati. Un lato occupato dalla porta, due quasi interamente da letti a castello a tre posti in legno chiaro, il quarto da un mobile sgangherato, che contiene tra l'altro un vecchio televisore, e da un enorme collage di fotografie di donne discinte. La stanzetta, peraltro, è affollata di uomini discinti: pari opportunità. Dei quattro occupanti della stanza due sono sdraiati sui letti più alti – di uno riesco a vedere solo i piedi che spuntano da un lenzuolo leggero – uno sta dritto nel piccolo quadrato di pavimento calpestabile, e il quarto è appoggiato alle sbarre della porta e ci fissa.

Nonostante il lavoro che faccio, che comporta vedere e testimoniare realtà anche difficili, sono molto a disagio, come una turista importuna in uno zoo di miserie umane. La scena si ripete quasi identica per tutte le celle allineate lungo il corridoio. Alcune hanno quattro, altre sei letti. In nessuna c'è posto per stare in piedi tutti assieme. Molte sono attraversate da cavi volanti tirati dai prigionieri per migliorare il segnale del televisore o della radio. Tutte sono affollate di corpi seminudi, sudati, tatuati. Corpi buttati sui letti, corpi che ciondolano senza uno scopo, corpi accasciati contro le sbarre a guardarci passare. Fa caldo, nonostante le vecchie mura, un caldo opprimente. Dopo un po' non riesco quasi a distinguere una persona dall'altra, qui non c'è posto nemmeno per l'identità. Solo un uomo mi colpisce, avrà sessant'anni, i capelli bianchi, sembra il classico negoziante storico di quartiere, di quelli che regalano la ciliegia o il pezzettino di formaggio ai bambini delle clienti. In cella assieme a cinque ragazzi rumeni in calzoncini e torso nudo, spicca per la sua camicia a quadretti, l'aria rispettabile. Chiedo chi sia.

«È un pedofilo» mi informa la dottoressa Federico senza emozione. I bambini, le ciliegie.

I più «infami», i detenuti per violenze contro donne e minori, e i transessuali vengono isolati per evitare aggressioni da parte degli altri. In questo momento un gruppo di trans sta rientrando dall'ora d'aria. Dato che si svolge in un cortile di cemento col sole a picco, di aria non ne avranno trovata molta. Semisvestiti e arroganti, i trans camminano a testa alta. Uno di loro, in un abitino nero, mi riconosce e mi fa un cenno di saluto attraverso le sbarre. Ripenso alle mie amiche di San Benedetto del Tronto, il mio fan club di donne perdute, e mi si scalda un po' il cuore.

Per fortuna, perché il prossimo incontro è di quelli che deprimono: Livio, un rumeno in carcere per violenza sessuale di gruppo e rapina. Sembra un attore ingaggiato apposta per la parte: un ragazzone alto con enormi braccia coperte di peli, radi ricci nerissimi, lucidi di gel, che ricadono fino alle spalle. L'unica nota stonata è la bocca morbida, da adolescente. È in Italia da quattro anni, di cui tre trascorsi in prigione.

«Ci siamo ubriacati e abbiamo fatto una stronzata» è la sua sintesi della notte in cui ha riempito di incubi la vita di una donna. «I miei amici hanno cominciato a litigare con il fidanzato di una signora» racconta in un italiano stentato. «E poi... Poi non mi ricordo più.»

La storia continua con il fidanzato della signora malmenato e rapinato, e lei stuprata. «Non da tutti» protesta Livio. «È stato solo uno e hanno accusato tutti.» Si sente davvero vittima di un errore giudiziario. Ma l'assistente sociale mi rivelerà, raggelandomi, che è vero. «Solo» uno del gruppo ha violentato la donna. Ma era proprio lui, quell'uno. Il processo, la punizione, a cosa sono serviti se non fa che rimuovere il ricordo di quello che ha fatto? Gli hanno dato sei anni, anche perché non era incensurato. «Avevo precedenti per rapina» ammette laconico. «Ma io in Romania non ho mai fatto reati. Ho due bambini, ho sbagliato solo una volta e mi vergogno molto, non lo farò mai più.» Gli chiedo che cosa pensa di questa storia sua moglie, che è venuta assieme al padre dalla Romania quando ha scoperto cosa aveva combinato il marito. Era incinta.

«Ha capito che ho fatto un errore e non voglio più sbagliare.» Dà voce al suo pentimento con insistenza, in tono lamentoso. Sembra quasi convinto che non sia colpa sua. Mi fa una gran pena e insieme una gran rabbia. Penso a quella donna, a quante volte si sarà svegliata urlando di notte, al rapporto col fidanzato, con gli uomini, chissà come sarà ora. «Un errore», per questa montagna d'uomo dalla bocca di bambino. Ma so bene che se non lo avessero preso e messo in prigione, forse sarebbe «una prodezza», invece. Gli chiedo di che cosa sono accusati i suoi compagni di cella.

«Maltrattamenti» risponde. «Non violenza eh. Maltrattamenti.» Mi illustra la differenza con un ragionamento ingenuo e raccapricciante. «Quando hai una moglie da quindici anni, magari una volta le parli brutto e lei si arrabbia. E allora va a denunciarti per farti un dispetto. E i carabinieri le dicono cosa scrivere per farti arrestare.»

Capisco la mentalità diversa, ma davvero questi ragazzi, nati a poche centinaia di chilometri da qui, vedono così la loro vita in Italia? Donne dispettose e carabinieri ansiosi di riempire le patrie galere? E noi pensiamo di risolvere il problema prendendo le impronte digitali. Forse sarebbe il caso di provare, almeno, a fare in modo che rispettino le donne: le loro mogli, e le altre.

Ma la mancanza di rispetto non è solo un problema culturale. Il prossimo intervistato, Matteo, è italiano. Ha trentacinque anni ed è anche sorprendentemente carino. A parte l'unica nota originale dei capelli raccolti in una coda, ha l'aria del classico ragazzo perbene. Indossa una camicia di jeans pulita, con le maniche lunghe malgrado il caldo soffocante. Gli occhi verdi sono belli, quasi trasparenti, il sorriso pronto, la stretta di mano sicura. Conosce la mia faccia dai tempi del Tg1 ed è contento di parlarmi. È laureato in Scienze ambientali, stava facendo un master a Trieste. Qualunque mamma, a vederlo fuori di qui, sarebbe lieta di saperlo assieme alla propria figlia. E forse sbaglierebbe. Matteo è in prigione dal febbraio del 2006 per violenza sulla fidanzata con cui stava da quattro anni. Gliene hanno dati sei, meno sette mesi condonati dall'indulto. Naturalmente, è vittima di un errore giudiziario.

«Mi ha accusato di averla costretta a un rapporto sessuale non proprio consenziente, ma non era così. Il giorno dopo, il giorno prima abbiamo avuto rapporti. Siamo andati assieme a fare lo shopping di Natale, abbiamo fatto piani per la vacanza. Poi, a gennaio, all'improvviso decide che quella sera là non era consenziente.»

A sentire lui, sembra una normale storia d'amore, con un po' di crisi e un po' di corna, come tutte. La ragazza ne emerge come la classica femmina isterica, per di più distrutta dalla recente morte del padre. Matteo sostiene che lo aveva scelto come figura paterna sostitutiva, che si appoggiava a lui, che aveva persino dovuto salvarla una sera che stava per tagliarsi le vene con un coccio di bottiglia. Ma allora lui perché la picchiava? Non lo faceva, ribatte. Eppure secondo l'assistente sociale la ragazza era «ridotta proprio male» dalle attenzioni del fidanzato. Provo a indagare sulla causa più ovvia: era geloso di lei?

«Lei era ossessiva, mi controllava anche il telefonino.» La difesa di Matteo è di nuovo l'attacco. «E forse un po' mi ha trasmesso questa cosa. Io volevo solo un rapporto con un po' di onestà.» Però ammette che l'ha tradita con la sua amica. «Poi lei ha detto che voleva i suoi spazi, e io invece volevo starle vicino. Mi ha confuso, le donne sono complicate.»

Come ho già visto in Spagna, è così difficile essere obiettivi in questi casi. Forse lei era davvero confusa, ambivalente. Ma Matteo ha ammesso di essere in cura, in carcere, per «una personalità un po' *borderline*». E soprattutto l'equazione tra uomini e donne non può essere: «Non ti capisco, quindi ti riempio di botte». Chiedo a Matteo, che sostiene di «non aver mai avuto difficoltà a trovare una ragazza», se pensa che il problema siamo noi. «È un po' difficile il rapporto, perché la donna ormai ha la sua vita» annuisce, sempre con quella sua aria un po' supponente. «Riesce meglio nel lavoro. E allora ti senti inutile.»

Mentre lascio il parlatoio ho un nodo alla gola, perché l'ultima frase di Matteo non è affatto *borderline*. È quello che pensano in molti, fuori da San Vittore.

Il terzo detenuto lo incontro a un piano superiore, nel call center che è uno dei posti di lavoro all'interno del carcere. Sulle prime quando mi accoglie e stringe la mano penso che sia un altro assistente sociale, poi scopro che invece è con lui che ho appuntamento. Islam, di origini egiziane ma in Italia da trent'anni, da quando ne aveva tre, parla italiano come me, senza l'ombra di un accento a parte una lieve inflessione milanese. Non molto alto e dal fisico asciutto, ha i capelli corti e l'aria matura e affidabile. Gli occhi, dal bel taglio tipicamente egizio, sono grandi e vivaci, l'atteggiamento amichevole. Ha strangolato sua moglie, due anni fa.

«Voleva una vita che non mi sarei mai potuto permettere» racconta. Lui aveva ben quattro lavori: segretario in un albergo, benzinaio, pony express e la sera cameriere. Non stava tanto a casa ma guadagnava 3300 euro al mese. Circa 800 in più dell'attuale stipendio della direttrice del carcere che lo ospita. Ma la moglie non era felice. Secondo lui, perché i soldi non bastavano per i lussi che avrebbe voluto, e in più si sentiva trascurata e sacrificata. Aveva un lavoro e una figlia di un anno e mezzo. Il marito, non praticante nonostante il nome, le lasciava piena libertà di vestirsi e comportarsi come voleva, all'occidentale, e insisteva solo che si vestisse «con una certa decenza. Se c'è una con la minigonna che le arriva, mi scusi, alle chiappe, è chiaro che guardo anch'io. Ma se poi è la tua...».

Se «è la tua» darle troppa libertà evidentemente è un errore. Islam mi racconta che lei aveva ben quattro amanti. Mi sembrano molti. Anche lui, dice, per un po' non ha voluto crederci, non sapeva che fare. Uno era il vicino. Un altro il datore di lavoro, sposato. Sui restanti due è più vago. «Stavo male, avevo perso quindici chili in pochi mesi, non mangiavo. Speravo di sbagliarmi. Avevo paura a stare da solo per timore di farmi del male.»

Finché una sera l'ha affrontata con la verità. «Lei ha reagito con un atteggiamento aggressivo, minaccioso e offensivo, ha fatto gesti volgari che non le avevo mai visto. Ho minacciato di dire tutto alla moglie del suo capo, e di toglierle la bambina. E lei ha detto una cosa che non avrebbe dovuto dire.» I grandi occhi scuri si rabbuiano. «"Perché ti preoccupi tanto della bambina?" ha chiesto. "Sei sicuro che sia tua?"»

Islam tace un momento. «C'è stata una colluttazione terminata in uno strangolamento» racconta, e per un attimo suona come un verbale di polizia. Ma poi torna umano. «Non so neanche dirmi quando sia stato il suo ultimo respiro, quale la sua ultima parola.»

Racconta in modo calmo, composto, riflessivo. Non è ignorante, come Livio, né ha disturbi *borderline*, come Matteo. Questo è chiaramente un uomo intelligente e a prima vista sembra persino sensibile. Ho i brividi lungo la schiena. Dopo averla uccisa l'ha trascinata ai giardinetti sotto casa, e l'ha lasciata lì. Sostiene che pensava fosse ancora viva e si fingesse svenuta. «Volevo solo buttarla via, fuori di casa. Lungo la strada le parlavo, rimproverandola. L'ho lasciata dicendo: "Se vuoi tornare la strada la sai. Se no, dimenticami".» Sembra così lucido che facendomi forza gli chiedo perché, come si arriva a uccidere una donna?

«In quel momento la testa dice: "Risolvi questo problema e il resto si vedrà". Vuoi semplicemente liberarti di qualcosa che ti sta facendo del male. Nella stessa situazione, probabilmente rifarei la stessa cosa.» Per un attimo resto basita.

Anche Islam ammette che esiste una generica crisi del maschio, responsabile in parte di queste violenze. «A livello psicologico ci si sente più deboli» mi spiega, «e l'unico modo per dimostrare la propria forza personale è esibire quella sul piano fisico.» Uccidere è tanto più facile di quanto immaginiamo, è chiaro. Ma questa tragedia non poteva essere evitata?

«Se ci fosse stata almeno un po' di verità» sospira Islam, e mi sembra l'eco delle parole di Matteo sull'«onestà». «Se solo ci fossimo parlati.»

Alla fine c'è la stessa logica strisciante, dietro a queste aggressioni. C'è una donna che confonde, tradisce, provoca. E un uomo che prima colpisce, e solo dopo chiede spiegazioni. Per fortuna, questa abissale mancanza di comunicazione non si può generalizzare. Ma visto che sono in aumento anche le crisi di coppia, i divorzi, viene da pensare: a livello logico, quanto è lungo il passo fatale da «Non ti capisco, quindi ti lascio» a «Non ti capisco, quindi ti uccido»? Quanto male riusciremmo a non farci, «se solo ci parlassimo»?

Chiedo a Islam quali sogni ha per il giorno in cui uscirà dal carcere. Sono molto semplici: lavorare, fare l'amore, passeggiare, la vita normale. «Ma mi domando sempre: sapendo quello che ho fatto, quale donna avrà mai il coraggio di darmi le spalle?»

Io ce l'ho, questo coraggio, mentre esco. Ma sono scortata da un'agente.

Sono passati esattamente trent'anni dallo schiaffo del più famoso *Processo per stupro* del Paese. Il documentario omonimo, per la regia di Loredana Dordi, mostra quasi tutto il dibattimento in aula. Fu la prima pellicola su un processo per questo reato trasmessa dalla televisione italiana: 9 milioni di spettatori. La causa è contro i tre uomini che hanno stuprato Fiorella, ma la vera imputata sembra lei. Gli avvocati che difendono i suoi aguzzini sono spregiudicati e arroganti nel farle domande tendenziose. Cercano di dimostrare al giudice che è chiaramente una donna facile, che se l'è cercata. Di più: se lo meritava. Eppure non stupisce tanto questo, quanto le interviste alle madri e mogli dei stupratori: difendono i loro uomini, arrivano perfino a dire che un maschio ha diritto a qualche sfogo sessuale. Purtroppo la legge Merlin ha chiuso i bordelli e i poverini, in preda alle fregole, si arrangiano come possono.

L'avvocato di Loredana, Tina Lagostena Bassi, che tutta Italia ricorda come giudice di un programma televisivo dove i vicini di casa litigano per un orto condominiale, nelle immagini del film ha gli occhi della furia. Ha cinquant'anni, ma dimostra il vigore e la tenacia di una ragazzina: le trema la voce quando rifiuta i due milioni di lire proposti come risarcimento. Li chiama «mazzetta». Non può tollerare il maschilismo dei colleghi che difendono gli stupratori e lo dice apertamente. Combatte come una leonessa.

«Questa è una prassi costante: il processo alla donna» insorge. «È solidarietà maschilista, perché solo se la donna viene trasformata in un'imputata, solo così si ottiene che non si facciano denunce per violenza carnale. [...] Una donna ha il diritto di essere quello che vuole, senza bisogno di difensori.»

Il documento, che è parzialmente visibile su YouTube, è impressionante, andrebbe mostrato nelle scuole: gli imputati per tutto il tempo hanno espressioni di un'insolenza intollerabile. I loro avvocati sono anche peggio: si danno di gomito, cercano il clima da barzelletta, cameratismo da bar. «Sono loro passivi, inermi, abbandonati, nelle fauci di costei!» arriva a dire il difensore Giorgio Zeppieri.

Il processo termina: gli stupratori si prendono poco più di un anno e vengono rilasciati con la condizionale. Però la condanna è effettiva, lo stupro, almeno sulla carta, punito. Ed è la prima volta che si dà ragione a una donna.

Tina Lagostena Bassi scompare, senza il cordoglio nazionale che avrebbe meritato, il 4 marzo 2008. In tempo per risparmiarsi una tra le Feste della donna più deprimenti di tutti i tempi.

Fresca della visione di questo sconvolgente documento, vado dritta al Soccorso violenza sessuale, Svs, della clinica Mangiagalli di Milano, fondato e diretto da Alessandra Kustermann. Da trent'anni ginecologa alla Mangiagalli, è stata in prima linea nelle lotte femministe del nostro Paese e oggi, a cinquantaquattro anni, ci si ritrova di nuovo. È insorta contro l'ondata antiabortista che ha spazzato l'Italia questa primavera, ed è tra le sostenitrici della tanto demonizzata pillola Ru486. Il suo centro antiviolenza è il primo aperto in un ospedale pubblico italiano. È responsabile del reparto di patologia fetale e dice con ironia: «Anche far nascere l'Svs è stato un parto. Ma ne è valsa la pena».

Dalla fondazione nel 1996 a oggi le vittime soccorse dall'Svs sono oltre 2200. Solo nel 37 per cento dei casi l'aggressore è uno sconosciuto, mentre in oltre il 50 per cento è un conoscente. Dato l'aumento preoccupante dei maltrattamenti tra le mura di casa, nel dicembre 2007 Kustermann e il suo gruppo hanno inaugurato il Soccorso violenza domestica, Svd. Assistenti sociali e psicologhe, su segnalazione dei medici e degli infermieri, vanno al pronto soccorso e cercano di stabilire un contatto con le vittime. Che in genere non sono pronte a considerarsi tali e spesso non vogliono essere aiutate. «La famiglia è sacra, impone il silenzio» mi spiega la dottoressa. E il sommerso resta moltissimo: si stima che le denunce rappresentino in Italia solo il 5 per cento, per esempio, dei reati di stupro. Per paura della vendetta di lui, che nel 70 per cento dei casi è il partner. Ma anche per la vergogna di non essersi sapute difendere, per l'imbarazzo, per il timore di non essere creduta, soprattutto di fronte a un iter giudiziario in cui tutto diventerà pubblico.

Secondo un'indagine Istat del 2006 in Italia quasi una donna su tre tra i sedici e i settant'anni ha subìto violenza nel corso della vita. Un dato molto grave riguarda il «passaggio del testimone»: oltre il 58 per cento delle ragazze che prima dell'adolescenza ha visto maltrattare la madre finisce per subire a sua volta. La dimostrazione che ci troviamo di fronte a un contagio da fermare. Mentre società e istituzioni ignorano i sintomi e nascondono le vittime. L'anno scorso in Italia abbiamo avuto 141 tentati omicidi e 62, invece, riusciti: un femminicidio, lo chiamava l'articolo su «la Repubblica» che nel novembre 2007 denunciava l'entità del fenomeno violenza, cresciuto nel giro di un anno del 22 per cento. È la prima causa di morte per le più giovani.

Alessandra Kustermann mi snocciola questi e altri dati

con la precisione di chi li conosce a memoria, ma senza freddezza. Dopo tante battaglie, si vede che questa donna appassionata e tenace ancora ci crede. La guardo nel suo camice bianco su cui ricadono i capelli castani. Trent'anni di cicatrici non hanno lasciato segni sul viso e gli occhi ardono ancora. Contesta la retorica della famiglia, che in Italia più che altrove genera mostri. «La violenza è scritta nel lessico familiare» mi dice. «Difficilissimo neutralizzarlo. Non solo gli uomini sono convinti di dover essere *pater familias*, ma a loro volta le donne hanno introiettato il modello di uomo forte. Se togli questo ruolo, non scopano nemmeno più.»

Per tacere del delirio di onnipotenza: «È difficilissimo sconfiggere la mistica della madre italiana. Vogliono primeggiare anche nella maternità». Le capita molto più che in passato di vedere giovani donne che allattano per un anno e oltre: un eccesso, trova, che non solo tiene la madre più legata ma implica un'esclusione del padre. L'iperprotettività delle super mamme si estende dai figli ai mariti, facendo danni a entrambi. «Le tedesche, per esempio, sono molto meno indulgenti verso gli errori dei figli e le mancanze dei partner» racconta.

Siamo sedute nel suo regno, il centro Svs. Dopo il lungo corridoio di ospedale che abbiamo percorso scansando il traffico di medici e infermieri, qui regna una calma quasi irreale. È un piccolo spazio di serenità, caldo e accogliente. In un angolo, alcuni giochi per i bambini. Ci sono due ragazze venute a chiedere aiuto: un'ecuadoriana e una rumena. La prima è piccola di statura, con la pelle olivastra e grandi occhi neri. La guardo con la coda dell'occhio per non metterla in imbarazzo. Le manca la punta del naso. Ma non è una malattia: mi spiegheranno che gliel'ha strappata con un morso il suo partner in un accesso d'ira. Lei fa la donna di servizio mentre la ragazza rumena, che non ha segni fisici così clamorosi ma è paurosamente smunta, fa la badante. Le sento chiacchierare in italiano mentre aspetto che la dottoressa Kustermann finisca una delle mille telefonate dal reparto di Neonatologia. La ragazza rumena nel suo Paese faceva la sarta, e l'altra le sta proponendo di insegnarle, per mettere su un piccolo laboratorio.

«Sono un tipo pratico» insiste. «Posso imparare.» Micro-imprenditrici crescono.

Le straniere sono circa il 50 per cento delle vittime di violenza e anche per loro, come per le italiane, il problema è in aumento. I guai nel loro caso si moltiplicano: non conoscono il Paese, le sue possibilità e le sue strutture. Non sanno chi chiamare. E spesso non sanno nemmeno di aver diritto a essere aiutate: vengono da culture in cui uno schiaffo ogni tanto non è poi così grave. Ma anche da noi il fenomeno si sta estendendo, mi assicura Alessandra: «Soprattutto nei ceti sociali medio-bassi. E con un enorme sommerso. Il classico è la donna che arriva dicendo di essere caduta dalle scale. Quando vengono maltrattate al punto da dover andare in ospedale, prima mentono».

Uno dei compiti più importanti di questo centro è la formazione di figure professionali come infermieri, poliziotti, dottori. Si calcola infatti che la violenza sia 10 volte più frequente di quella percepita dai medici. Non perché siano ottusi di testa o di cuore, ma perché non è facile interpretare i segnali che la persona non esprime e che, anzi, sta cercando disperatamente di nascondere. «Le donne maltrattate sono psicologicamente del tutto dipendenti dai loro uomini. Pensano che la gelosia, anche così violenta, sia amore» mi spiega la dottoressa.

Il primo passo, quindi, è il più difficile: convincere le vittime ad ammettere che hanno un problema e a denunciare. Anche così, spesso ritirano la denuncia. Per questo il centro fornisce assistenza non solo psicologica, ma anche legale, e le sue dottoresse vengono chiamate a testimoniare ai processi. «Ci ritroviamo in situazioni primitive» dice severa Alessandra Kustermann. «Solo l'aggressore ha il diritto di parola, non ci sono testimoni a parte noi. E sotto accusa, paradossalmente, ci finisce la vittima.» Si respira un'aria di caccia alle streghe: alla fine, l'idea che serpeggia persino nelle aule dei tribunali è il tradizionale giudizio che colpisce ogni donna violata: «Se l'è cercato lei». Sempre più uomini negano che ci sia stato stupro. Sembrano perfino convinti quando affermano che «lei ci stava» e forse, pensando ai miei intervistati di San Vittore, lo sono.

Uno dei processi a cui la mia interlocutrice è intervenuta di recente vedeva accusato un uomo appena uscito di prigione, dove era entrato per furto. Tornato a casa, aveva violentato l'ex fidanzata. Solo che durante il soggiorno in carcere aveva seguito la moda dei galeotti e si era fatto fare quattro piercing sul pene. Il dolore deve essere stato tremendo. «Lui sosteneva che è solo un aumento del piacere, per lei» racconta Kustermann. E comunque non è stato possibile fargli capire che non aveva «il diritto di possedere la sua donna» senza il suo consenso. È tornato in prigione per quattro anni, ma dubito che servirà a rieducarlo.

E il problema è che come lui ce ne sono molti, non solo tra gli stranieri. «Aumentano le aggressioni di ex partner quando le separazioni sono conflittuali» dice Alessandra. «Mentre tra le italiane quelle più a rischio di violenza sono tra i diciotto e i venticinque anni. In questi casi i violentatori sono in genere conoscenti occasionali. Peggiorano la situazione l'alcol, che sempre più le giovanissime consumano in modo pesante, e le cosiddette droghe dello stupro. In particolare il Gbh, uno stupefacente molto volatile, dà amnesia retroattiva.» La ragazza si sveglia pesta e lacera, per tacere del resto, e non sa perché. Non si tratta di provocazioni e tentazioni a cui non è possibile resistere, non c'entrano niente le minigonne e gli ombelichi al vento, dichiara con foga. «Bisogna capire che alla radice non c'è desiderio sessuale, ma istinto di sopraffazione.» È un «mercato dei sentimenti» ormai più frenetico della Borsa di Tokyo. «Il tempo del corteggiamento è praticamente inesistente» mi ricorda, e la donna diventa un qualunque oggetto di consumo. E c'è anche la reazione a giovani sempre più emancipate e assertive, con cui non è facile avere a che fare. «Il prezzo dell'emancipazione femminile è un aumento dell'aggressività maschile» è l'inquietante conclusione.

E risuona il telefono. La chiamano in reparto per una delle mille emergenze che costellano come mine la sua giornata. La clinica Mangiagalli si occupa anche di aborti, e non a caso lei è stata tra quelle che sono intervenute con più forza nel dibattito sulla 194. Con posizioni molto pragmatiche: ricalibrare le regole è necessario. Non a caso gli ospedali lombardi, per esempio, hanno già un accordo: il limite per praticare l'aborto terapeutico sono 22 settimane, e non 24 come nell'interpretazione corrente dalla legge. «Nel 1978 era difficilissimo che un feto di 24 settimane potesse sopravvivere. Oggi è possibile già a 23» mi dice. D'altra parte, secondo la norma il limite è «la possibilità di vita autonoma del feto». Che comincia prima, tanto è vero che in alcuni ospedali le settimane sono 21. Il criterio è la vitalità del singolo neonato, e l'unico possibile giudice è il medico, anche se i genitori possono chiedere di evitare l'accanimento terapeutico. Una responsabilità enorme, che in parte può spiegare l'aumento dell'obiezione di coscienza negli ospedali italiani.

Al San Paolo di Milano, mi racconta, gli anestesisti sono tutti obiettori, e la struttura può fare solo aborti in anestesia locale. Che comunque sono la maggioranza anche alla Mangiagalli. Ogni anno la clinica pratica circa 1700 interruzioni di gravidanza, di cui 150 terapeutiche. Sono 19 i medici abortisti, 5 sedute la settimana, quindi una al mese per ciascuno. Sembra poco ma in realtà implica una grande fatica, soprattutto dal punto di vista psicologico. «A 5 settimane vedi il cuore che batte con l'ecografia. A 10, sgambettano» mi racconta. «Dalle 12 alle 16 settimane l'aborto viene fatto per svuotamento, e quindi escono proprio dei pezzi: le braccia, le gambe.» Posso solo immaginare l'orrore.

I disservizi sono tantissimi in ospedali intasati e poco efficienti, per questo come per tanti altri interventi. E quando una settimana può fare la differenza, sentirsi rimandare un appuntamento perché manca il medico vuol dire altri sette giorni d'inferno. Per questo, secondo Alessandra Kustermann, bisogna snellire le procedure di diagnosi prenatale e sveltire il lavoro delle strutture per cercare di intervenire prima. Lei sa di cosa parla: quando era incinta di suo figlio la diagnosi aveva rivelato una malformazione, probabilmente mortale. Ha scelto di non abortire. E la diagnosi si è rivelata sbagliata. Ma il suo caso, lo sa bene, non è generalizzabile: le situazioni, le disperazioni sono per ognuna troppo diverse.

Questa è una donna eroica che non impone eroismo alle altre, al contrario di tanti uomini che non lo sono, ma predicano a gran voce il sacrificio. Alessandra Kustermann chiede solo che l'iter venga velocizzato per facilitare chi si trova di fronte a una scelta difficile: «Da queste esperienze escono devastate» mi dice seria, e per un momento nei suoi occhi vedo tutte le cicatrici di questi trent'anni di lotta.

CAPITOLO 16

COSÌ PARLARONO I LEADER

Mi sarebbe piaciuto incontrarlo di persona. In tante, in questo libro, mi hanno parlato di lui, in fondo. Purtroppo il presidente del Consiglio Silvio Berlusconi è un uomo molto impegnato e tutto quello che riesco a ottenere è di poter inviare le mie domande via mail, e ricevere risposte scritte. E devo dargli atto che, dopo qualche telefonata di richiamo dell'ottimo Gianni Letta, al lavoro nel suo ufficio di Montecitorio anche nella calura agostana, le risposte arrivano puntuali nella mia casella di posta elettronica. Tra una telefonata con Putin e una cena con gli ospiti della sua villa sarda, Berlusconi ha avuto la cortesia di pensare anche alle donne d'Italia. Leggendo, mi dispiacerà ancora di più non aver avuto la possibilità di un vero contraddittorio, ma spero nel futuro. Per ora, devo limitarmi a riportare le risposte del premier senza commenti. Anche se per esempio ci sarebbe da discutere sulla «tradizione di impegno politico in Italia», che a quanto ne so esiste eccome.

Esistono stereotipi della figura femminile nella cultura italiana che vanno sradicati?
«Ne esistono moltissimi, e di tipo diverso o opposto. Esistono stereotipi antichi, come la donna "angelo del focolare", che può essere solo moglie e madre, che non ha un'autonomia né

un'individualità al di fuori del mondo di riferimento creato dagli uomini. Ma questa visione della donna appartiene al passato. Esistono però anche stereotipi di segno opposto in base ai quali la donna è costretta a rinnegare la propria femminilità per raggiungere l'eguaglianza con l'uomo. Per fare un esempio, la maternità non può e non deve essere accantonata come un peso per lo sviluppo della carriera, come oggi purtroppo spesso accade. Al contrario è una straordinaria esperienza. La donna vive la maternità a un livello così profondo, così organico, che nessun altro rapporto, neppure quello d'amore più intenso, può essere equiparato. Certo, non sempre sacrificare la maternità alla carriera è una libera scelta, spesso è una condizione obbligata che molte vivono con dolore. E su questo è necessario che siano le leggi a garantire i diritti delle donne. Ma esiste uno stereotipo, caro ad una certa ideologia femminista come a un certo tipo di "donna in carriera", secondo il quale vederla come moglie e madre è riduttivo, quasi umiliante; secondo il quale deve annullare, nelle scelte di vita, negli atteggiamenti, anche nel modo di vestire o di esprimersi, la sua specificità femminile. Questo io credo che non arricchisca le donne, ma al contrario impoverisca tutti.»

Da imprenditore, ritiene che le risorse e i talenti delle donne nell'economia italiana siano adeguatamente sfruttati?

«No, ed è uno spreco che il nostro Paese non può permettersi. Da un punto di vista economico e produttivo, le donne sono una riserva inesauribile di capacità, di professionalità, di idee, un patrimonio prezioso che non viene valorizzato come dovrebbe e che, anzi, è spesso sottoutilizzato. Purtroppo non è un problema solo italiano, se è vero che anche nei Paesi nei quali l'integrazione femminile è più avanzata, per esempio i Paesi scandinavi, la presenza femminile nel top management delle imprese private è generalmente modesta. Ma questa non è una consolazione: la più preziosa risorsa delle economie occidentali sono i cervelli. Non possiamo permetterci di non utilizzarne una parte così importante.»

A che tipo di donna pensa, quando propone politiche in loro favore?

«Non credo che esista un “tipo” di donna. È sbagliata, ed estranea alla mia cultura, ogni divisione della società in gruppi, con interessi ed esigenze omogenei al proprio interno e distinti dagli altri. È lo stesso motivo per il quale non ho mai creduto nell'idea marxista della società divisa in classi. La società è fatta di individui, ognuno diverso dall'altro. Penso a un mondo fatto di uomini e di donne, dove queste ultime hanno incontrato, per problemi oggettivi, per retaggi storici e culturali, fino a non molto tempo fa anche per ragioni legislative, difficoltà, ostacoli, resistenze maggiori rispetto agli uomini. Questa è una condizione che una società liberale non può e non deve accettare e che va superata, sia eliminando barriere, sia con interventi positivi espliciti *ad adiuvandum*.»

Quali politiche ha intenzione di attuare per aiutare le donne a essere più presenti nella vita pubblica senza rinunciare alla dimensione della famiglia?

«Si devono potenziare le strutture che aiutano la donna a conciliare il suo ruolo di madre con l'impegno lavorativo e formativo: asili nido, fiscalità di vantaggio, quoziente familiare. E potremmo trovarne altri compatibilmente con i problemi attuali della finanza pubblica. Ci stiamo lavorando.»

Come si può intervenire sulla cultura maschilista, affinché le donne capaci siano accettate nel mondo del lavoro in posizioni di comando?

«È forse la scommessa più difficile che richiede tempi più lunghi di quelli necessari per cambiare una legge. In realtà quella maschilista non è una cultura, ma un insieme di pregiudizi, di abitudini e di pigrizie mentali. Io credo che tanto più la nostra società sarà aperta, competitiva, in definitiva “libera”, tanto più le capacità delle donne saranno destinate a emergere e ad affermarsi. Non credo che un'azienda possa continuare a trascurare le persone più capaci al proprio interno per una discriminazione di genere. Sarebbe autolesionista. Le giovani generazioni di imprenditori, da questo punto di vista, sono fortunatamente molto più avanti della nostra.»

Secondo lei le donne sono sufficientemente rappresentate in politica?

«Evidentemente no, e le ragioni sono anch'esse evidenti: non esiste in Italia una tradizione di impegno politico femminile, e la politica è un'attività difficile da conciliare con la vita familiare.»

È favorevole alle quote rosa?

«Sono contrario. E lo sono per rispetto nei confronti delle donne. Sono favorevole ad azioni concrete, positive, sistematiche e durature, non occasionali e sporadiche per favorire la parità fra i generi, ma il sistema delle quote è profondamente illiberale, annulla il concetto stesso di individuo, che è invece fondamentale. Ogni essere umano, uomo o donna, è una persona con pari dignità e con lo stesso diritto alle stesse opportunità. Il fatto più importante per un governo e per un Parlamento sarà che ne facciano parte le persone più adatte e capaci, secondo il giudizio degli elettori, indipendentemente dal genere. Ancora una considerazione. Spesso si dice che l'elettorato femminile non vota le candidate donne, e si indica questo come un difetto o un problema. In verità è proprio il contrario. È una dimostrazione della maturità delle donne, che non scelgono in base a una distinzione di genere, ma in base alla proprie convinzioni politiche.»

Tutto il mondo indica la figura della «velina» televisiva (nelle sue varie declinazioni di «letterina» eccetera) come una peculiarità italiana. Lei, che ha portato in Italia la televisione commerciale, pensa che di questa figura professionale ci sia ancora bisogno?

«Mi pare si sopravvaluti la portata reale della questione, e nello stesso tempo la si fraintenda. Le cosiddette "veline" sono ragazze che svolgono un compito molto meno facile di quello che si crede. Devono avere, oltre a un bell'aspetto, anche talenti che spesso si sottovalutano. Devono saper ballare, saper stare sulla scena, saper trasmettere simpatia e anche, anzi soprattutto, molta ironia e autoironia. Non per caso molte protagoniste del mondo dello spettacolo hanno cominciato proprio facendo le "veline". Nell'accezione corrente il termine "veline" è denigratorio, ha un sottinteso discriminatorio e un po' razzista, e ben poco femminista, secondo il quale una bella ragazza dovrebbe essere necessariamente sciocca o incolta. In realtà, questo atteggiamento è offensivo non solo per le ragazze, ma anche per i milioni di italiani che seguono con piacere e con interesse gli spettacoli della televisione.»

Sua figlia Marina è una delle donne più potenti del mondo, secondo la rivista «Forbes». Eppure è un modello di donna molto diverso da quello che lei dice di prediligere. Che rapporto ha con le sue figlie e cosa spera per il loro futuro?

«Le ripeto che non prediligo affatto un "modello" di donna. Sono convinto che ognuna, come ogni uomo, debba fare il proprio percorso mettendo a frutto i propri talenti. Sono molto orgoglioso delle capacità professionali di mia figlia Marina, che si è rivelata una manager eccellente. E sono altrettanto orgoglioso delle altre mie figlie – e naturalmente dei miei figli maschi – ciascuno dei quali è perfettamente in grado di trovare, dentro o fuori le aziende del gruppo che ho fondato, il ruolo più consono alle proprie inclinazioni. Non sarò certo io a indicarglielo: non ne hanno bisogno. Sono stati educati alla responsabilità e alla consapevolezza. A loro mi lega una grande stima, ma soprattutto un affetto profondo, reciproco, un legame intenso che resiste alle mie forzate lontananze.»

Lei è stato molto legato a sua madre, una figura che le ha sempre dato appoggio e incoraggiamento. Qual è la cosa più importante che ha imparato da lei?

«Solo chi ha perso la madre può rendersi conto del vuoto che si avverte. E in effetti, per rispondere alla sua domanda, mia madre è ancora profondamente presente nella mia vita, e lo sarà sempre. Ricordo che quando decisi di entrare in politica, fu una delle persone che tentarono fino all'ultimo di farmi cambiare idea. Prevedeva l'aggressione giudiziaria e mediatica della quale sarei stato oggetto. Ne discutemmo per una serata intera, ad Arcore, poi lei mi lasciò per tornare nella sua casa di Milano. Ciascuno era rimasto della sua opinione. A un certo punto, a metà strada, disse all'autista che la stava accompagnando di tornare indietro. Mi raggiunse in camera mia, mi guardò dritto negli occhi e mi disse poche, semplici parole: "Io resto contraria. Ma se senti il dovere di farlo, devi trovare il coraggio di farlo".»

Pensa che la legge 194 sull'aborto vada cambiata? La decisione di abortire non deve essere lasciata più soltanto alle donne?

«Non credo che sia utile a nessuno riaprire uno scontro doloroso su questo tema. Non si deve pensare, oggi, a cambiare la 194, si deve pensare ad applicarla meglio. Credo che su una cosa si sia tutti d'accordo: l'aborto, ogni aborto, è una sconfitta, per tutti. Per la donna, per la società, per l'idea stessa di vita. E quindi tutto quello che si può fare perché sempre meno donne siano costrette a ricorrere a questa pratica, perché un giorno nessuna debba più abortire, merita di essere fatto.»

Quali politiche pensa di attuare per intervenire sulla tratta delle donne che vengono portate in Italia e costrette a prostituirsi? È favorevole ai quartieri a luci rosse, alle case chiuse o esiste una terza soluzione?

«La prostituzione è un fenomeno doppiamente grave: perché mortifica la donna, e spesso si traduce in una vera schiavitù, e anche perché è normalmente parte di processi criminali più ampi. Il controllo della prostituzione è in molti casi un'attività collaterale di bande dedite al traffico di droga o ad altri comportamenti criminali. Le leggi più severe che abbiamo appena votato contro la criminalità e l'immigrazione clandestina, e anche i maggiori poteri che abbiamo conferito ai sindaci, si riveleranno strumenti efficaci per controllare il fenomeno del sesso lungo le strade, che è indecoroso e pericoloso. In sé, non ci sarebbe ragione di vietare a una donna – o a un uomo – di avere rapporti sessuali a pagamento, purché questa sia una libera scelta dell'interessata, naturalmente maggiorenne. È una scelta moralmente discutibile, ma legittima in uno Stato liberale. Di fatto, credo che siano rari i casi nei quali una donna si prostituisce senza esservi costretta, o direttamente dalla malavita, o indirettamente dalla fame, dal bisogno, dalla disperazione. Credo che la cosa davvero importante da fare sia cercare di rimuovere queste cause, prima di parlare di case chiuse, di quartieri a luci rosse o altro.»

Crede nella famiglia tradizionale o anche in altre forme di famiglia?

«Credo nella famiglia costituita da un uomo e una donna che abbia come prospettiva anche quella di generare dei figli. Questo non significa che io non abbia rispetto per chi faccia liberamente una scelta diversa e cerchi altre forme di convivenza. Ma occorre distinguere questi rapporti dalla famiglia, dal punto di vista lessicale e giuridico. La famiglia gode di particolari tutele previste dalla Costituzione perché i costituenti erano consapevoli del fatto che l'istituto familiare svolge anche una funzione di coesione sociale fondamentale. È un impegno reciproco, orientato ai figli e quindi al futuro. Questo giustifica il fatto che goda di particolari guarentigie.»

Cosa intendeva dire quando ha affermato che Zapatero avrebbe avuto problemi a gestire il suo governo «rosa»?

«Era solo una battuta scherzosa. Ho sempre pensato che un atteggiamento serioso, incapace di ironia, appartenga agli ipocriti e ai presuntuosi. La dittatura linguistica del "*politically correct*" è una forma neanche raffinata di ipocrisia. Io non ne sento il bisogno e credo che gli italiani non se lo aspettino da me. Detto questo, io rispetto il governo spagnolo e tutti i suoi membri, e sono convinto che il presidente Zapatero abbia saputo scegliere, per ogni incarico ministeriale, le persone più adatte. Mi sono comportato allo stesso modo, quando ho costituito il governo della Repubblica.»

Si dice che dietro a ogni grande uomo c'è sempre una donna molto in gamba. Crede che abbiano una dote particolare in questo senso?

«Senza dubbio, per mille motivi. Fra questi, il fatto che stare accanto a un uomo che ricopre incarichi istituzionali è difficile: richiede intelligenza, sensibilità, pazienza, tolleranza. E richiede anche la capacità di essergli vicino con discrezione nei momenti più difficili. Anche per questo, sono grato a mia moglie per la sua riservatezza.»

Che modello di donna proporrebbe alle donne di oggi?

«Ogni donna è diversa. Ognuna deve cercare di essere se stessa fino in fondo. E soprattutto deve essere indulgente nei nostri confronti sapendoci perdonare i nostri troppi difetti.»

«Uno dei fattori dell'arretratezza economica, sociale e civile del Paese si chiama "livello di occupazione femminile"» esordisce Walter Veltroni. Pur essendo anche lui molto occupato, è stato così gentile da ricevermi di persona. Ho attraversato il chiaro corridoio circolare della sede romana della Margherita, dove ora si è trasferito il Pd, e sono arrivata nell'ufficio del capo. Come lui è semplice, senza pretese. Uno spazio di lavoro aperto e ordinato, con un angolo-salotto in cui ci sediamo. «E non è solo un problema di quantità, ma anche di qualità» aggiunge Veltroni gettandosi a testa bassa nell'argomento che evidentemente gli sta a cuore. «Le donne sono prevalentemente insegnanti, segretarie, cioè hanno funzioni che sono le stesse da cinquant'anni, salvo poche eccezioni.»

Nel corridoio, fuori, ho incontrato per la maggior parte uomini in giacca e cravatta dall'aria molto importante e impegnata, e signore e signorine vestite in modo comodo, che invece stringevano una cartellina. Chiedo a Veltroni se devo preoccuparmi: non sarà che anche nel suo ufficio gli uomini sono tutti decisori e le donne tutte segretarie?

«No, qui no» nega un po' indignato. «Una delle cose di cui sono più orgoglioso, anche personalmente, è che, nella nascita di questo partito nuovo, le nostre parlamentari sono raddoppiate. Gli organismi direttivi sono per metà femminili.» Vero: l'esecutivo nazionale del partito è virtuosissimo, con ben 9 donne su 17 membri: una percentuale zapateriana. Ma la fascia più alta – ruoli come vicesegretario e tesoriere – è sempre colorata di azzurro, e sono maschi per esempio 17 segretari regionali su 20. «Non è stata una passeggiata spiegare agli uomini che devono stare a casa perché bisogna mettere più donne» si giustifica. Di questo bisogna dargli atto. Un passo lo ha fatto, piccolo ma significativo. Anche da sindaco, mi ricorda, aveva una vicesindaco e molte donne in giunta. «Mi trovo meravigliosamente a lavorare con loro, perché hanno una concretezza che nasce dalla condivisione della vita reale degli esseri umani, dal non essere fuori dalla realtà della vita e dei sentimenti. E al tempo stesso però hanno un ancoraggio a un sistema di valori spesso più forte di quello dei maschi.»

Concorda con me che il mondo del lavoro, purtroppo, non mostra di dare molta importanza a queste qualità. «La struttura sociale del Paese è conformata a un modello maschile. E l'occupazione femminile ha bisogno di una società capace di accompagnare la donna nelle sue diverse funzioni. Invece da noi gli asili nido, per fare un esempio, non sono considerati un servizio essenziale, ma a domanda individuale. E la donna si trova di fronte all'alternativa tra il lavoro e varie funzioni di cura: nei confronti di figli, padri, madri.» Già, perché i maschietti, rampolli di serie A per tutta l'infanzia e l'adolescenza, improvvisamente quando c'è da invertire le parti si ritirano nell'ombra. Ci sono casi eccellenti del comportamento opposto però ammettiamolo, i vecchi genitori in genere toccano di più alle figlie. «La quantità di stress, di sovraccarico che pesa sulle italiane non è paragonabile con quella di nessun'altra, in nessuna parte d'Europa.» Veltroni parla con molta decisione e gli chiedo cosa farebbe, se fosse al governo, per cambiare la situazione. «Il mio primo intervento sarebbe sul precariato, non a caso in larghissima parte femminile. Occorre spingere le aziende a riorganizzare i cicli produttivi sulla base della consapevolezza che esiste una differenza di genere.» Infatti nel suo programma elettorale, oltre alle quote in politica, c'erano anche quelle nei consigli d'amministrazione. Come in Norvegia, che nel 2004 ha varato una legge in cui si impone alle aziende un 40 per cento di donne nel management. La presenza femminile negli organismi direttivi del Paese, che era al 15 per cento nel 2003, è schizzata al 35 per cento, record europeo. La Norvegia distacca di quasi 10 punti la pur virtuosissima Svezia e di 30 l'Italia. E quanto a tasso di occupazione femminile, con più del 70 per cento, è seconda solo all'Islanda che supera l'81.

Ma i Paesi scandinavi hanno un welfare che funziona.

Anche perché, bisogna ammetterlo, sono molto ricchi. In Italia, se nel 2008 stiamo ancora discutendo della necessità di offrire alle donne più servizi, come gli asili nido, è anche perché non ci sono i soldi, mi fa notare Veltroni, pragmatico. «Il Paese ha fattori strutturali devastanti, uno dei quali si chiama debito pubblico al 106 per cento. È chiaro che i margini di utilizzazione delle risorse, per finalità di crescita o sociali, sono ridotti. Secondo: ha una spesa pubblica assolutamente abnorme. Terzo: è completamente fermo, bloccato. Si regge su una piccola e media impresa che ha continua a tirare persino eroicamente.» Riprende l'esempio, molto pratico, degli asili nido. Gli accordi di Lisbona stabiliscono che entro il 2010 tutti i Paesi dell'Ue dovrebbero arrivare ad avere posto per il 33 per cento dei bambini. «Noi siamo lontanissimi. Quand'ero sindaco, una delle cose di cui ero più orgoglioso era di aver più che raddoppiato il numero dei posti: da 8000, che avevo trovato nel 2001, a circa 17.000 di quando ho lasciato. Eravamo al 24 per cento.»

Ma, mi ripete, le istituzioni italiane sono incapaci di fare le scelte nette che occorrono per riavviare la crescita nazionale. «Non ci sono meccanismi di decisione rapidi: fare una legge in Italia è come mettere un messaggio in una bottiglia. Diciamo che il Paese politico non è mai stato particolarmente proteso verso l'innovazione. E tutti questi fattori determinano una condizione per la quale adesso il governo si propone di tagliare che cosa? La scuola» spalanca le braccia. È così evidente che se non si vuole andare alla deriva l'unica cosa su cui fare uno sforzo è l'istruzione.

Le competenze sono importanti. Anche in Parlamento, gli faccio notare con una punta di polemica. Ma lui parte subito in difesa delle candidature, molto discusse, delle sue liste elettorali: l'artigiano, l'operaio della Thyssen, la precaria, Marianna Madia... «Portarli in Parlamento, secondo me, era fare irrompere la società dove non c'era più, o per lo meno ce n'era solo una parte» mi spiega. Sulla necessità di coinvolgere la società civile sono d'accordo, ma durante i miei anni al Parlamento europeo ho potuto apprezzare l'importanza della competenza politica. Ci vuole un equilibrio: come in qualunque lavoro, i tecnici servono eccome. Fare, disfare, cambiare le leggi è un mestiere, e va imparato. E partiti che diventano sempre più «fluidi» e leggeri non lo insegnano più.

Una legge particolarmente difficile da elaborare, in discussione ormai da mesi non solo nell'ambito del pacchetto sicurezza, è quella sulla prostituzione. Cosa farebbe Veltroni, se andasse al governo, per risolvere questo problema? È contrario allo *zoning*, ai quartieri a luci rosse. «Non mi piace l'idea che ci siano aree dove si passeggia per strada e si vedono le ragazze nude nelle vetrine, come se fosse una macelleria. Non mi piace» scuote la testa. Nessuna fa i salti di gioia. «Preferisco altre soluzioni, cioè che queste persone esercitino il loro lavoro nella loro casa.» Lo fermo subito. Se non hanno una casa? L'unica soluzione è dargliene una. Non chiamiamole case chiuse, ma quello sono. Però almeno con servizi igienici, assistenza medica, controlli della polizia, supporto psicologico e la possibilità di uscirne, se vogliono. «Può darsi che questa sia la soluzione» annuisce poco convinto. I casi sono tre: strada selvaggia, zone protette, case chiuse. «Tolte le due cose che secondo me non vanno bene, cioè le strade e la macelleria, cerchiamo dentro quell'ambito delle terze soluzioni» risponde. «E cerchiamole, se è possibile, anche ascoltando l'opinione di chi si trova in questa condizione. Facendo magari anche un doppio lavoro: da un lato di riduzione del traffico, l'orrendo mercato che riguarda spesso anche bambine, e dall'altro un'opera culturale diretta ai consumatori.» Forse la più vasta della storia d'Italia dopo l'alfabetizzazione: gli ricordo che si tratta di educare un uomo su tre. E che comunque nulla potrà mai cancellare del tutto un fenomeno vecchio come il mondo. Mi viene in mente un amico che commentando la proposta di sanzioni civili e penali ai clienti ha esclamato ironicamente: «Vietare di andare a puttane? Non possono farlo. È lesivo dei diritti dell'uomo».

«Può darsi che queste case possano essere un'idea. Però non riesco a considerare Amsterdam un modello.» Allora case chiuse senza vetrine? «Sì, ma anche l'idea che c'è una sottile linea oltre la quale c'è questo mondo perduto mi lascia abbastanza perplesso.» Non è un po' ipocrita? «Però allora bisogna metabolizzare: che ci sia dove c'è.»

Su questo argomento non si riesce a ottenere una proposta concreta né da destra né da sinistra, insomma. Da una parte, si pensa di risolvere la questione mettendo una stella da sceriffo ai sindaci. Dall'altra, si parla vagamente di «metabolizzare». Peraltro Veltroni non è il tipo da fare scelte poco ponderate: il «modello Rocky» del decisionismo maschile non gli piace, afferma. «L'idea di non dover mai mostrare le proprie debolezze. E perché mai?» Preferisce l'approccio femminile, le donne che sanno valorizzare la propria sensibilità, la propria differenza. Come sa fare lui. È fiero del suo lato morbido, che pensa gli derivi dall'essere cresciuto avendo in casa solo una donna, e non suo padre. «Ho imparato a convivere con la dimensione femminile molto più agevolmente e poi ho un *côté* di sensibilità, di attenzione, di condivisione della sofferenza, di concretezza della vita, che considero una virtù forse tra le migliori della mia esperienza umana.»

Si ricorda gli anniversari, i compleanni, le piccole ricorrenze. Per molte l'uomo dei sogni. E si sente più portato per il fare che per l'apparire, un'altra qualità che attribuisce alle donne. «Ma non mi piacciono le macchine, i produttori algidi di decisioni. Avevo un fantastico assessore donna che si occupava dei problemi della scuola, e mostrava una sensibilità umana, un elemento virtuoso che non avrei ritrovato in un uomo. E quando questo si sposa alla concretezza, alla capacità, alla preparazione, diventa un mix imbattibile.»

Tra i produttori algidi mette quelle che hanno introiettato il modello Rocky. Personalmente, trovo che una certa grinta, un certo piglio decisionale siano anche femminili. Fuori dallo stereotipo ci sono diverse sfumature di donne: anche quelle, come si diceva con Luciana Littizzetto, che spezzano le noci con le gengive. Secondo Veltroni invece è solo un'armatura che siamo costrette a indossare per combattere alla pari con chi ci aggredisce.

«Ma mi auguro di costruire una civiltà nella quale questo non sia necessario. Per me la determinazione è figlia della dolcezza. Solo le persone dolci sono determinate, e viceversa. Quelle aggressive sono insicure, fragili e spesso non sufficientemente motivate.»

Per le sue figlie di diciotto e vent'anni, che studiano in America, ha un solo ma grande desiderio: «Che possano fare quello che vogliono». Un consiglio per le altre ragazze che vorrebbero far carriera in un Paese difficile come l'Italia? «Il consiglio non è a loro, è a noi: facciamogliela fare. Perché non si può solo invitarle a conciliare cura, carriera, figli, nonni, burocrazia, casa eccetera: è come camminare su un filo in mezzo a due grattacieli a New York. È così oggi la vita delle donne.»

Quindi in realtà è agli uomini che bisognerebbe rivolgersi, per convincerli a darci davvero una mano. Dato che, come abbiamo visto, anche come aiuto domestico alla partner siamo tra gli ultimi in Europa. «Gli uomini non fanno niente dentro casa e hanno spesso pretese insopportabili. Lo stereotipo di "Che c'è stasera a cena?".» Lui mette in ordine, se ha tempo. Fa la spesa, sparecchia. Ma la moglie fatica molto più di lui, ammette. «Io faccio una vita di lavoro un po' particolare, nel senso che torno a casa alle undici. Però, per la parte che posso, non sono uno che si tira indietro.» Lo dicono un po' tutti: faccio quello che posso, ma lavoro troppo. È vero che per la carriera bisogna ormai adattarsi a orari incompatibili con una vita privata. Ma allora forse bisognerebbe fare a turno. Un paio d'anni corri tu, poi ti fermi per occuparti della casa e corro io. Lui starebbe fermo un giro per permettere a sua moglie di avanzare? No. «Faccio un lavoro in cui non rispondo solo a me stesso. Se il funzionario di banca sta fermo un giro, la banca va avanti ugualmente. Se facessi il giornalista, ti direi di sì. Ma io faccio un lavoro in cui rispondo ad alcuni milioni di persone.»

Che strano. Tutti sono sostituibili, tranne i politici. I due capi dei nostri maggiori schieramenti nazionali, naturalmente, in testa. E se ciascuno di loro si facesse da parte per lasciare il posto a una donna?

CAPITOLO 17

DUE DONNE CON LE GENGIVE

LE DONNE, SI SA, SONO DEBOLI. Inadatte a certi mestieri. In generale, non sono abbastanza dure né fisicamente forti per fare tutto quello che fanno gli uomini. Caterina Zanghi, con cui ho appuntamento all'autogrill dell'uscita per Termini Imerese in Sicilia, fa eccezione. Non ci siamo mai viste prima, ma so che riuscirò a riconoscerla: difficile che una donna alla guida di un camion con tanto di rimorchio di sedici metri e mezzo passi inosservata. Quando fa il suo ingresso nell'area di servizio, tra i vapori che salgono dall'asfalto bollente, il suo tir grigio e bianco sembra quasi un'apparizione: è ancora più grande di quanto immaginassi. Caterina lo parcheggia con disinvoltura, come fosse un'utilitaria, e mi invita a prendere un caffè prima di cominciare la nostra avventura in autostrada.

Ha capelli nerissimi a spazzola, una lunga fila di brillantini sulle orecchie, jeans scuri e le immancabili Crocs, gli zoccoli di gomma colorata considerati all'ultimo grido per l'estate. Mentre chiacchieriamo appoggiate al bancone come Thelma e Louise, mi chiedo se per fare il suo mestiere serva il cosiddetto *physique du rôle*: dall'alto del suo metro e settanta abbondante Caterina dice di no. Primo mito da sfatare. Non riesco a immaginarmi mentre cambio una gomma alta come me, ma mi assicura che con il dovuto allenamento e le attrezzature giuste ce la farei. Sono contenta che non mi chieda di provare.

Una volta «scalati» i gradini laterali mi siedo finalmente in cabina: il mondo di Caterina è tutto qui. Mi tolgo subito le scarpe per esplorare il letto che si apre sopra le nostre teste e che non ha nulla da invidiare a quello di una camera d'albergo. Caterina ci dorme durante le trasferte dal Sud al Nord dell'Italia. Ci sono anche due piccoli televisori, lo stereo, il frigorifero, il navigatore satellitare e naturalmente il baracchino per parlare con i colleghi, rigorosamente rosa. Gli avvolgenti sedili di pelle chiara sono comodi come poltrone. E noto un lucidalabbra rosa che fa capolino da una borsa nera davvero grande.

«Questo è il mio beautycase. C'è tutto quello che mi può servire: contorno occhi, trucchi, smalti, medicine, gel per i capelli, deodoranti, profumi... Non potrei mai viaggiare senza.» Seconda leggenda da depennare: le camioniste non sono donne spartane e mascoline.

«Nel 1988, lasciate le magistrali, ho cominciato a guidare il camion per le Poste, quasi per gioco. Un incidente in motocicletta mi ha costretta a stare ferma per quasi un anno e quando sono tornata in forma mi sono messa a lavorare per la ditta di trasporti di mio padre. Il mio primo viaggio da sola l'ho fatto da Barcellona, in provincia di Messina, fino a Treviso e poi Trento. Mia madre era spaventatissima, i cellulari non c'erano ancora, ma mio padre la rassicurò: "Io so quello che faccio".»

Al volante di un tir tutto assume una prospettiva diversa: ci si sente invincibili, al centro del mondo. Caterina conosce bene questa sensazione: «Sono più di vent'anni che viaggio. Fin da piccola giravo l'Italia con mio padre: da allora non mi sono più fermata. Sono sempre stata uno spirito libero. L'unico altro lavoro che avrei voluto fare è il pilota di elicotteri. Era il sogno di papà, ma sarebbe stato troppo complicato per me».

Da otto anni questa infaticabile autotrasportatrice lavora come dipendente. Trasporta generi alimentari, un grande impegno perché tutto deve arrivare a destinazione ancora fresco. «Pochi giorni fa sono stata per un carico al mercato generale di Genova: tutti mi dicevano che era un posto pericoloso di notte, ma quando ho visto la polizia mi sono tranquillizzata. Ho dormito a Novi Ligure e poi finalmente sono arrivata a Bergamo. Nello stesso viaggio ho fatto anche tappa a Vercelli per prendere il riso.»

Queste maratone su e giù per lo Stivale devono essere estenuanti: «Ci sono giorni in cui i camion stanno in fila anche due o tre ore prima di prendere il traghetto che da Messina attraversa lo stretto. Per legge non si dovrebbe rimanere alla guida per più di nove ore consecutive, ma quando c'è fretta di consegnare a volte si sfora. C'è stato un periodo durante il quale, dal lunedì al venerdì, arrivavo a fare 17.000 chilometri. Non è roba da poco!». Mi spiega che ogni camion ha un tachigrafo, ovvero un dischetto sul quale si registrano le ore di viaggio e la velocità, che non potrebbe comunque oltrepassare i 90 chilometri orari. Sui tir più nuovi, aggiunge, c'è una scheda che una volta superati i limiti, fa fermare il mezzo e costringe alla sosta. La fase più delicata dei suoi viaggi.

Dopo anni sulle autostrade Caterina conosce ormai a menadito tutte le aree di servizio e i trucchi da adottare per evitare brutte sorprese. «Milano ormai è diventata peggio di Napoli: di notte c'è chi ti ruba la merce e perfino il gasolio, magari mentre stai facendo la doccia. Sono arrivati a far passare sostanze soporifere attraverso i tubi del riscaldamento: ti stordiscono e ti prosciugano il serbatoio. È un danno enorme: io ne ho due da cinquecento litri ciascuno, circa millecinquecento euro di valore, stando ai prezzi di oggi. Non è che se ne approfittano perché sono una donna, lo fanno con chiunque. Anzi, io ho messo il mio nome luminoso sul cruscotto proprio per farmi riconoscere. Gli amici mi salutano, scambiano due parole prima di ripartire. Mi hanno ribattezzata "la sicula".»

Nome a parte, quello di Caterina è un camion femminile in ogni dettaglio: oltre alla sagoma «unisex» di una pin-up che svetta sul muso, sul vetro del parabrezza spicca il gagliardetto delle «Lady Truck Driver Team», l'associazione della quale fa parte assieme a più di altre cento colleghe. Le ragazze hanno già all'attivo diverse iniziative benefiche, come il calendario 2009. Sono 56 foto di camioniste e viene venduto per sostenere l'associazione «Noi per loro» di Parma, che si occupa dei bambini oncoemopatici. Sul loro blog si alternano i racconti di viaggio e le foto dei raduni.

Le italiane si sono messe al volante fin dagli anni Sessanta, guidando automezzi molto più faticosi di quelli di oggi, senza nessun comfort e soprattutto senza servo sterzo. La prima è stata l'ormai leggendaria signora Nora Pizzati di Governolo, in provincia di Mantova, madrina del gruppo di Caterina e compagne, che ha cominciato nel 1947 con un Dodge made in Usa. Tra donne non c'è invidia né cattiveria, ci si aiuta e ci si rispetta.

E se un domani volessi sposarti e avere dei bambini? chiedo a Caterina. «Per ora non ci penso proprio, anche se ho quarantadue anni. Certo, i primi anni mi potrebbe aiutare mia madre, ma non per sempre. Quelle che fanno questo lavoro sono single oppure hanno i ragazzi già grandi. Alcune, una volta diventate mamme, smettono ma è un vero peccato. Io il camion non lo lascerei volentieri.»

Dunque il suo automezzo è una specie di figlio? Lei ride di gusto: «No, la mia bambina è la mia cagnolina Peggy! Ogni tanto la porto con me nei viaggi brevi: è una camionista anche lei». Mi mostra orgogliosa la foto della sua piccola amica. Non deve essere facile avere a che fare con la solitudine di questi faticosi tragitti, magari di notte, in cammino con i propri pensieri. Ma anche stavolta vengo smentita. «Mi viene in mente un po' di tutto, ma non mi sono mai sentita sola. Dopo tre giorni che sono a casa scalpito perché voglio ripartire. Quando salgo quassù divento un'altra: metto lo stereo ad alto volume e vado.» Me ne dà un assaggio facendo scaturire dalle casse un'esplosione di dance anni Ottanta, la sua preferita.

Mentre parla, continuo a studiare i dettagli della sua cabina. Ormai sono perfettamente a mio agio. Una motrice come la sua costa ben 110.000 euro e un rimorchio di sedici metri può arrivare anche a 60.000. Difficile che un dipendente possa comprarsene uno tutto suo. «Oltre allo stipendio base prendo i soldi per i giorni di trasferta, e i festivi sono pagati il doppio. Si può arrivare fino a 2500 euro, anche 2800 al mese. Se poi si viaggia pure all'estero si guadagna di più. Non avendo famiglia a me lo stipendio basta, anzi riesco a togliermi anche qualche sfizio: sono una patita dello shopping, mi piacciono i vestiti firmati. E poi non torno mai da un viaggio senza un regalo per la mamma.»

In vent'anni è capitato che qualcuno dei colleghi più maschilisti le abbia detto «Vai a fare la calza», ma lei ha sempre risposto prontamente che l'unica cosa che sa fare a maglia sono le sciarpe, per abbinarle alle calzature. Altre volte uno dei più intraprendenti ha provato a darle fastidio, ma col suo piglio schietto Caterina è sempre riuscita a rimetterlo al suo posto. «Di notte evito sempre i posti isolati, mi fermo in zone illuminate, davanti alle pompe di benzina. Ma ormai, anche nelle piazzole si incontra di tutto: colleghi in cerca di avventure e trans che ti mostrano le loro grazie. A chi pensa che sia una di facili costumi rispondo sempre: è vero, lavoro per strada, ma sulle ruote!»

Nulla sembra scoraggiarla: dal cambio delle gomme alla rimozione della centinatura tutto è fattibile per lei. E per le tante altre sue compagne, efficienti e professionali come i maschi. I suoi datori di lavoro lo sanno bene: «Quando c'è da scherzare si scherza, ma sul camion io sono peggio di un maresciallo» ribadisce. Dunque per fare bene questo lavoro bisogna per forza assumere un piglio da uomo? «No, la differenza tra maschi e femmine c'è. Le donne sono più attente, guidano meglio.»

Ci fermiamo a mangiare un pezzo di pizza in una tavola calda lungo la strada: non riesco a credere che questa donna così solare non trovi neanche un difetto nel suo mestiere, che non senta la solitudine o la fatica. «Un sogno ce l'ho: guidare un Kenworth, uno di quei grossi tir americani con il muso lunghissimo. Sono fantastici, a casa ho anche un modellino.»

All'area di parcheggio dove ci salutiamo viene a prendermi un autista. «È davvero forte» commenta sbirciando Caterina. «Non avevo mai conosciuto una camionista. Colleghe autiste invece ne ho, in gamba e molto professionali. Peccato che tolgano il lavoro ai padri di famiglia.»

Sobbalzo sul sedile: è un ragazzo giovane e sveglio ma potrebbe aver parlato Matusalemme. Perché alle madri e a chi una famiglia non ce l'ha lo stipendio non serve? Non sembra convinto. Le donne possono anche essere lanciate verso l'emancipazione alla guida di un tir, ma con compagni di viaggio come questo la strada da fare è sempre troppo lunga.

«Io la messa non la direi mai. Gesù ha dato questo mandato agli uomini, dicendo a Pietro: "Va' e pascola il mio gregge"» dichiara suor Paola. Un'altra donna che ha fatto una scelta alternativa. Ma, al contrario di quella di Caterina, tipicamente femminile. Però, le ragioni per cui guidare un camion è considerato un «mestiere da uomo» sono abbastanza chiare. Quelle per cui alle donne deve essere negato il sacerdozio, molto meno. Secondo me, si tratta solo di una barriera che, come tante, va superata. Secondo suor Paola, no.

Se speravo mi dicesse che le donne della Chiesa sono stufe di essere subalterne, mi sbagliavo. Il divieto di accedere alle alte gerarchie ecclesiastiche non le pesa. Inutile ricordarle che, proprio come il Corano, anche la Bibbia può essere reinterpretata. E che dopo aver chiesto all'Islam di rileggere i suoi testi sacri alla luce della modernità, potremmo riconsiderare anche quelli cristiani. Suor Paola è irremovibile, anche sulla possibilità che i preti si sposino: «La famiglia è faticosa, si finirebbe per essere distratti. Io so cosa vuol dire: sono stata innamorata, due volte, prima di farmi suora. Anche dopo aver preso i voti non ho smesso di provare sentimenti: mi è capitato di avere simpatie».

E moltissimi hanno provato simpatia per lei, diventata famosa qualche anno fa come sfegatata tifosa laziale nella trasmissione domenicale *Quelli che il calcio* di Fabio Fazio. Non senza problemi: mi racconta che ogni domenica il Vicariato chiamava la sua madre generale chiedendo che lei lasciasse il programma. Ma la risposta era sempre la stessa: la mia suora di calcio se ne intende, e non c'è niente di male se va in tv. «Sapevo che il calcio era uno strumento prezioso per avvicinare molti fedeli» racconta ora suor Paola, «quindi ho chiesto a Dio un segno: continuare o no? Puntualmente è arrivato: quella stessa settimana mi contattò un prete abruzzese, cercando aiuto per un ragazzo malato di tumore che non aveva più voglia di vivere. È stata la promessa di fargli incontrare i beniamini della sua squadra a dargli il coraggio di continuare a lottare. Grazie a quella trasmissione ho dimostrato che il pallone non allontana la gente dalla messa, anzi. E i calciatori in particolare mi hanno aiutata moltissimo per i miei progetti.» Come la «So.Spe.», l'associazione di volontariato «Solidarietà e speranza» per mamme e bambini in difficoltà, che ha fondato qualche anno fa qui alla periferia ovest di Roma.

È quando si pensa ai religiosi attivi nel sociale come lei che dispiace per la crisi delle vocazioni. Secondo le cifre diffuse dalla Santa Sede, negli ultimi venticinque anni i sacerdoti in Europa sono diminuiti di oltre il 20 per cento. In Canada e negli Stati Uniti lo scandalo della pedofilia è stato un colpo durissimo, e anche l'Australia registra un forte calo. I preti invecchiano: la maggior parte sono ultrasessantenni. Anche i conventi si vuotano: dal 1978 al 2004 le suore sono diminuite del 22 per cento, i frati del 27. «Ma le vocazioni di oggi sono più meditate, più forti» ribatte suor Paola. «Non vorrei essere banale, ma il problema è che si stanno perdendo i cosiddetti "valori". Si dà la vita per scontata, si vuole tutto e subito, non si è più capaci di aspettare. Pensiamo allo scandalo di Vallettopoli: se tutte le ragazze fossero educate a dire "no", gli uomini non si permetterebbero di chiedere certe cose.»

Uno strano miscuglio di severità e apertura, questa suora dal viso largo e allegro sotto il velo. Il simbolo vivente della difficile conciliazione della Chiesa del Terzo millennio: una tradizione maschilista e spesso retrograda e la necessità di viverla in una società moderna e complessa. Prendiamo la verginità: come si fa a convincere i giovani ad aspettare? Suor Paola segue anche le coppie che si preparano al matrimonio: sono pochissime quelle che scelgono la castità. «In ogni caso io rispetto la volontà di ciascuno. Nella vita bisogna essere elastici. Come per il mio velo: è inutile ostinarsi a indossarlo sempre e comunque. Quando porto i ragazzi a sciare do molto meno nell'occhio se mi metto un paio di pantaloni e un berretto di lana.»

Insomma si fissano delle regole, ma se i fedeli non le rispettano fa lo stesso. Forse sarebbe più intelligente diminuire i divieti ed essere però intransigenti su quello che conta. Comandamenti come «non uccidere» non sono mai abbastanza ribaditi, e hanno il vantaggio di essere chiarissimi, trovo. Sugli atti impuri c'è molto più da discutere. E non di rado la conclusione è a sfavore delle donne, che per di più, quando sono religiose, lo sono spesso in maniera totalizzante. «Diciamo che per noi la religiosità è il frutto di tutto ciò che siamo e che siamo state, a cominciare dal nostro passato. E poi siamo più forti interiormente perché l'indole femminile ha molto spirito di sopportazione: non a caso Dio ha dato a noi la possibilità di procreare.» Delle vere privilegiate.

D'accordo, non sarà lei a battersi perché le donne possano aspirare al papato, però è una vera lottatrice, inarrestabile: come tante altre sue consorelle in giro per il mondo, fa un lavoro imprenditoriale. Nelle sue strutture lavorano sessanta persone, anche se gli unici che riesce a pagare con uno stipendio minimo sono gli psicologi e gli operatori sociali. Mi tornano in mente tutte le volte che ho sentito dire che spesso ci accontentiamo di essere buone amministratrici, senza chiedere gli onori e le gratificazioni tangibili che meritiamo. In questo caso è più che mai vero. Ma scrolla le spalle: le donne hanno sempre contato moltissimo anche senza essere cardinali, e tanto le basta. Ammette solo un problema di immagine: «Il nostro operato non è mai stato messo debitamente in luce. Molte sono state consigliere di pontefici poi diventate sante, come Caterina da Siena. Nelle camere dei papi ci sono le suore, non i preti: si sono prese cura di Giovanni Paolo II fino agli ultimi istanti della sua vita».

Nel mio piccolo, anch'io ne ho avute accanto per lunghi anni. In effetti, modestamente, di suore me ne intendo: fino alle medie ho frequentato le Piccole Figlie di san Giuseppe a Verona, dove la mia famiglia risiedeva in quel periodo. Poi il liceo dalle suore Marcelline a Bolzano. Ho affrontato la prima elementare senza quasi sapere l'italiano e per fortuna ho incontrato suor Rosita, la classica maestra severa e bravissima. Mi diceva: «Gruber, vuoi sempre stare su, come l'olio». Ma avevo già sei anni, troppo tardi per cambiare carattere.

Molti anni dopo, quando ero in Rai, un giorno squillò il telefono. Era un centralinista preoccupato che mi disse: «C'è una strana donna che dice di chiamarsi suor Rosita e vuole parlare con lei». La voce grondava disapprovazione. Evidentemente pensava che gli stratagemmi dei giornalisti scandalistici avessero passato ogni limite: anche da suora si travestivano. Ma con mia grande sorpresa era proprio lei, suor Rosita: aveva urgenza di parlarmi, disse. Ci incontrammo a pranzo. Seria, mi prese una mano. Era il periodo in cui la bellissima soubrette Lola Falana, quella che negli anni Sessanta cantava *Stasera mi butto* con Rocky Roberts, aveva deciso di entrare in convento. Suor Rosita mi citò questo precedente. Voleva convincermi a uscire, come Lola, dal mondo dissoluto della televisione e prendere i voti. Ci misi un po' a spiegarle che apparivo sì sul piccolo schermo, ma completamente vestita e con tutt'altro ruolo. Infine si rassicurò al punto che quattro anni fa, al lancio della mia campagna per le Europee in Campo dei Fiori a Roma, volle essere al mio fianco. Ebbene sì: mi sono presentata agli elettori accompagnata dalla suora delle elementari.

Sono molto affezionata a suor Rosita, che continuo a considerare una donna straordinaria. Oltre ad avere educato migliaia di bambini durante le vacanze estive si è sempre dedicata agli ultimi, assistendo senzatetto e tossicodipendenti nei centri di accoglienza delle stazioni ferroviarie. La chiamata di Dio lei l'ha interpretata così. Ma ancora, o forse proprio per questo, mi chiedo: perché, a fronte di tante rinunce, una donna intelligente oggi dovrebbe scegliere di consacrare la propria vita a Dio?

«Posso dirti perché l'ho fatto io» mi risponde suor Paola.

«Sono sempre stata una ragazza espansiva e piena di amici. Poi, improvvisamente, mi sono sentita vuota e infelice. Dopo l'incontro con alcune suore francescane austriache, a vent'anni ho deciso di fare il grande passo. Ma a quell'epoca la maggiore età si raggiungeva a ventuno, serviva il benestare della mia famiglia. Mia madre mi portò in tribunale, accusando di circonvenzione di incapace la comunità religiosa che mi aveva accolto. Era il 12 novembre 1967.» Aveva ben altri progetti per la figlia: l'istruzione, anzitutto, e poi un buon matrimonio con un medico amico di famiglia. «Ma il giudice stabilì che avrei potuto prendere i voti una volta divenuta maggiorenne, dopo un anno di noviziato. E così è stato. Per due anni mia madre ha rimandato indietro tutte le mie lettere chiuse. Ci siamo riconciliate solo alla morte del papà.»

Si è fatta sera. Avviandomi verso l'uscita sento in lontananza il vociare allegro dei piccoli ospiti dell'associazione: è ora di cena e nell'aria c'è un buon profumo di pastasciutta. Prima di salutarmi suor Paola mi mostra il suo ultimo ambizioso progetto in costruzione: un centro per i bambini sieropositivi che sorgerà proprio accanto al villaggio «So.Spe.». «Con i lavori siamo ancora in alto mare» mi dice guardando tra le grate che delimitano il cantiere. «E ci vorranno molti soldi, ma io sono un'ottimista di natura. Vedrai: anche per le donne qualcosa si muoverà.»

Aspettare e sperare però non basta. Vorrei che le cose cominciassero a muoversi ora, e vorrei che chi ha il potere si adoperasse per farle muovere. Non c'è, per esempio, un messaggio che le piacerebbe far arrivare al papa?

«Di stare un po' di più tra la gente. E di mettere le donne nei posti che contano.» Non mi è chiaro con che ruolo, ma secondo suor Paola «schiuderanno nuovi orizzonti: loro aprono sempre tutte e due le ante della propria finestra sul mondo, gli uomini una sola!».

Capitolo 18

MATERIA GRIGIA E MATERIA ROSA

«La sera in cui ricevetti il Nobel lo speaker disse distintamente "Lady and Gentlemen" invece di "Ladies", perché ero l'unica signora in sala in un mare di uomini.» Rita Levi-Montalcini, decana della scienza italiana ancora oggi attivamente impegnata in politica, ha ricevuto il Premio Nobel per la Medicina nel 1986. Uno dei pochi: dal 1901 a oggi, su 741 premi assegnati soltanto 35 sono andati a rappresentanti del gentil sesso. Su 521 Nobel complessivi per la Chimica, la Medicina e la Fisica, inoltre, solo 12 sono donne. I 16 componenti dei comitati che designano i premiati per queste tre discipline sono tutti maschi.

Quando entro in casa della professoressa Montalcini è il profumo dei fiori ad accogliermi. È passata già una settimana dal suo compleanno, ma l'appartamento è ancora invaso dai bouquet e dalle piante che parenti, amici, colleghi e istituzioni da tutto il mondo hanno voluto mandarle per festeggiare i suoi novantanove anni. Mi viene incontro sorridente lungo un corridoio pieno di libri e mi stringe la mano. È elegantissima: indossa un abito grigio dal sapore un po' vittoriano, che sottolinea la sua figura esile, e scarpe in tinta, con una fibbia brunita. Sul colletto alla coreana, che le incornicia il volto e i lucenti capelli bianchi, una delicata spilla antica.

Arriviamo in salotto: ancora libri, fotografie tra le quali

spicca quella della notte del Nobel a Stoccolma. E molti quadri dell'amata gemella Paola, scomparsa pochi anni fa, che viveva sul suo stesso pianerottolo.

La mia ospite, che ha combattuto tutta la vita per essere accettata negli ambienti scientifici più esclusivi, sul presente delle donne è ottimista: «L'Europa sta facendo grandi progressi in questo senso. Perfino in Cina le cose stanno migliorando. Ma resta il fatto che le donne, da noi, non lottano per veder riconosciuti i loro meriti. E in Africa devono combattere anche per poter semplicemente studiare». Al diritto all'istruzione per le africane la scienziata ha dedicato molte energie e fondi in questi ultimi anni. Grazie alla Fondazione che porta il suo nome è riuscita a finanziare corsi e borse di studio: «Queste ragazze hanno più fame di conoscenza che di cibo. E sono molto più determinate degli uomini: quando possono istruirsi i risultati sono davvero sorprendenti».

È favorevole al sistema delle quote rosa, che spesso è l'unica possibilità per garantire pari opportunità. «In Spagna, per esempio, Zapatero sta facendo grandi progressi. Le donne devono godere degli stessi diritti, e potersi assumere gli stessi doveri degli uomini. E invece, fare un figlio mette comunque a rischio il loro lavoro, almeno qui in Italia.» Per quanto la riguarda, però, la famiglia non è stata un'opzione. Non ha mai pensato di sposarsi: «L'ho deciso quando avevo tre anni. I miei genitori erano persone colte: sono loro ad aver trasmesso a noi figli l'amore per lo studio. Però, anche se mio padre Adamo era un uomo istruito, nella sua idea di famiglia la moglie stava a casa. E le femmine dovevano essere educate per diventare a loro volta buone spose e madri». Per questo in teoria l'unico a poter andare all'università sarebbe dovuto essere il maschio di casa, Gino. Ma Adele, la madre di Rita e Paola, sposandosi aveva dovuto rinunciare a una parte di sé: la passione e il talento di pittrice. Fu lei a spingere la figlia a giurare di non commettere mai lo stesso errore.

«La donna bisogna che la piasa, che la tasa, che la staga in casa, diceva papa Pio X» ricorda divertita la professoressa. «Per me è stato diverso: io sono sposata con la scienza, non ho mai sentito la mancanza di un figlio o il bisogno di legarmi a un uomo. Sono felice così. E se in passato sono stata corteggiata da qualche collega non me ne sono proprio accorta. L'amore su di me ha l'effetto dell'acqua sulle piume di un'anatra: sono totalmente impermeabile.»

Un'immagine che è quasi un aforisma. Lei è però anche molto affettuosa, e indagatrice. Mentre parliamo ogni tanto mi prende la mano e mi sottopone a una specie di contro-intervista: «Ma lei, dottoressa, è sposata?». Curiosità scientifica, forse. Perché la famosa emotività femminile nel suo caso non esiste. Ridotti al minimo anche gli altrettanto donneschi piaceri della cucina: «Non ho mai bevuto alcol in vita mia, ho sempre dormito poco e mangiato ancora meno: la sera mai più di una minestra e un frutto». Una vita monacale. E un po' come una suora, ha saputo dedicare tutta la sua passione e dedizione a qualcosa di astratto: la scienza. Afferma che questo è, nientemeno, l'unico segreto del suo successo: l'ostinazione con cui ha rincorso i suoi obiettivi. «Le dirò» mi rivela, disarmante, «non ho mai pensato di essere particolarmente intelligente: la mia è un'intelligenza mediocre. Ma ogni volta che ho incontrato una difficoltà mi sono sforzata di trovare una soluzione alternativa.»

Esercitare il cervello è un imperativo categorico, sia per gli uomini sia per le donne. Per quanto riguarda le infinite polemiche sulle differenze di peso, dimensioni e funzionamento tra la materia grigia maschile e femminile mi rassicura: non siamo sostanzialmente diversi, da un punto di vista biologico, e possiamo competere alla pari. Al di là dei geni, sono fondamentali i primi tre anni di vita, le esperienze e le conoscenze che contribuiscono a definire la nostra identità. «Per questo» aggiunge «bisogna continuare a pensare.» Lei lo fa soprattutto di notte, l'unico tempo libero in giornate passate tra laboratorio, fondazione, Senato e altri appuntamenti. «Dopo qualche ora di sonno puntualmente mi sveglio: davanti ai miei occhi si aprono scenari sconosciuti, soluzioni nuove per problemi scientifici ai quali sto lavorando da tempo. E siccome, a novantanove anni, non so per quanto ancora resterò lucida, di solito alzo il telefono e ne parlo con i miei collaboratori. Ormai sanno bene che sono io, se all'alba il loro cellulare squilla.»

Giovani probabilmente un po' assonnati ma fortunati, quelli che hanno la possibilità di collaborare con una donna simile. Che futuro vede per loro, soprattutto per le ragazze, la pioniera Montalcini? «Il mio intuito è di natura scientifica, non sono una veggente» scuote la testa sorridendo, «ma quello che consiglierei è di puntare sull'istruzione, di studiare e andare avanti. La scienza è stata a servizio dell'umanità, ma l'umanità non ha ancora imparato dalla scienza, in cui l'apporto delle donne è fondamentale. Il futuro è nelle loro mani.»

Parlando di futuro, le chiedo del suo: novantanove anni e nessuna intenzione di andare in pensione. Sta lavorando sulle patologie neurovegetative, mi risponde col tono noncurante con cui altre anziane signore parlano del corso di valzer. «Purtroppo i miei problemi di vista mi rendono difficile studiare come facevo un tempo, ma riesco comunque, anche se più lentamente, grazie a un lettore ottico. Anche l'udito non mi assiste granché, ma vado avanti.»

A una donna di questa tempra oso chiedere se ha paura di morire. «Niente affatto» mi risponde tranquilla. «Semplicemente non ci penso, non me ne occupo. Sono felice della mia vita e rifarei tutto.»

A ventidue anni dal Nobel a Rita Levi-Montalcini, la scienza rimane una cosa da uomini. Troppo emotive, non abbastanza razionali, le femmine non sono adatte alla ricerca. Nel mondo accademico italiano, in generale, sono poco rappresentate: il 31 per cento degli associati, il 16 degli ordinari, solo quattro le «magnifiche rettrici», su 80 capi d'ateneo. La più giovane di loro è Maria Chiara Carrozza, eletta a quarantadue anni alla guida della scuola superiore Sant'Anna di Pisa.

Nel mondo scientifico i numeri sono altrettanto desolanti. Una recente indagine dell'associazione culturale «Observa –

Science in Society» restituisce una fotografia alquanto cupa del nostro Paese: anche qui, sono in poche ai microscopi di comando. Nei comitati scientifici le donne sono solo il 12 per cento, contro il 30 del Regno Unito e quasi il 50 in Norvegia. Eppure sono femmine, in Italia, almeno il 60 per cento dei laureati in Medicina e Farmacia e più della metà in Biologia, Fisica e Agraria. Senza contare che abbiamo quasi il record europeo per disparità di trattamento economico: le ricercatrici guadagnano, rispetto ai colleghi maschi, in media il 33 per cento in meno. Qualche successo internazionale forse è l'eccezione che conferma la regola: la fisica italiana Fabiola Gianotti coordinerà un team di 2500 scienziati per un esperimento sul nuovissimo acceleratore di particelle al Cern di Ginevra.

Sicuramente, il successo di Rita Levi-Montalcini è un esempio e un incoraggiamento per le poche che si avvicinano a questo difficile mondo. Nel suo blog Ocasapiens, la giornalista scientifica Sylvie Coyaud da anni fa il punto sulla situazione della ricerca al femminile. E fin dal 2006 ha dato molto spazio al caso di Federica Migliardo, una giovane ricercatrice laureata con lode all'Università di Messina a ventidue anni. Nel 2001 è diventata dottore di ricerca in Fisica e negli anni successivi ha ricevuto numerosi riconoscimenti internazionali. Tra cui, nel marzo 2008, il prestigioso premio Unesco-L'Oréal, che ogni anno viene assegnato a cinque scienziate di particolare talento. Eppure la sua università, che l'ha premiata come ricercatore con il maggior numero di pubblicazioni, non la ritiene idonea a un posto fisso. L'ultimo concorso è stato vinto da un maschio, con meno scritti in curriculum. La polemica sul caso è stata accesa. Si è detto di Federica che è stata aiutata dal padre, accademico nella stessa università – strano tipo di aiuto, far bocciare la figlia. Che ha «rubato» i risultati delle sue ricerche al suo professore, Salvatore Magazù – ma questi, che firma con lei numerose pubblicazioni, non sembra per niente la vittima di un furto.

Oggi, proprio grazie al premio Unesco-L'Oréal, Federica lavora a Lille, in Francia, e decidiamo di incontrarci a Bruxelles. È una ragazza minuta, con capelli lunghi, occhi scuri e una carica da gigante. Come ama far notare lei stessa, non rispecchia affatto lo stereotipo dello scienziato trasandato, spettinato e col camice macchiato di strane sostanze. Indossa un tailleur pantalone nero e scarpe con tacco.

Tra i suoi molti successi ha depositato un brevetto, non ancora registrato, sul trealosio come conservante naturale. Si tratta di uno zucchero di cui è stata scoperta l'efficacia bioprotettiva. Mi faccio spiegare da lei cosa significa, quanto ad applicazioni pratiche. «La ricerca su questo zucchero» risponde, «nasce dall'osservazione che alcuni organismi in condizioni di stress, come disidratazione e congelamento, sono in grado di sopravvivere attraverso la sintesi del disaccaride, che permette loro di entrare in uno stato di "vita nascosta", e di ripristinare le funzioni vitali quando le condizioni esterne tornano favorevoli.»

Si è scoperto, quindi, che il trealosio può essere usato come agente stabilizzante e conservante di prodotti di interesse biomedico, farmaceutico, alimentare e cosmetico. «Ma una delle applicazioni più importanti riguarda la conservazione del plasma in polvere, che può essere conservato a temperatura ambiente ed essere utilizzato aggiungendo acqua, proprio come il caffè istantaneo. Cosa straordinariamente utile, ad esempio, per intervenire sui militari feriti per cui non sempre c'è sangue disponibile.»

Non è affatto vero, secondo Federica, che le materie scientifiche sono «roba da maschi»: «Intuito, ragionamento e precisione, fondamentali per un buon ricercatore, sono tipici delle donne». In questo caso si spiega ancora meno perché in così poche vengano ammesse nel gotha della scienza. «È perché sottovalutiamo le nostre capacità» sostiene la mia interlocutrice. «Proprio per questo vado spesso a parlare nelle università, cercando di incoraggiare le altre. Quando ero studentessa, al corso di Fisica eravamo solo due o tre ragazze. Il problema è che bisogna cambiare immagine, eliminare lo stereotipo dello scienziato alienato dal resto del mondo. Dobbiamo imparare a comunicare meglio.»

E in questo le donne non hanno rivali. Ma cadono vittime di luoghi comuni che le vogliono inadatte alle complessità della vita in laboratorio. Federica è fatta di tutt'altra pasta: «Ho sempre voluto dimostrare che potevo dare il meglio di me. Studiavo moltissimo, anche perché ho uno spirito competitivo innato. E credo che i limiti concreti non esistano: non capire per me significa una sconfitta, quindi più una materia è ostica più mi accanisco tentando di comprenderla fino in fondo».

Un bel caratterino. E genitori molto incoraggianti. Una madre insegnante di matematica, che è il suo modello e il suo «centro di gravità permanente», e il padre accademico che l'ha sempre spronata. C'è anche un fidanzato di lunga data, a Messina. «È un sant'uomo. Sa appoggiarmi e sostenermi. Capisce che adesso sto vivendo un momento delicato dove non posso programmare nulla.» Federica non pensa ancora a una famiglia e non sa se vorrà avere figli, ma si pone il problema se sia possibile conciliare il suo lavoro e una vita di relazione. «Credo di sì» dice, «ma è necessario un aiuto e un cambio radicale di mentalità. In Italia siamo considerate soprattutto potenziali madri. Anche la politica deve fare passi avanti. In Francia, ad esempio, ha avuto molto successo il congedo di paternità.»

Nelle nostre accademie, al maschilismo si aggiunge la mancanza di meritocrazia: le procedure per l'assunzione e la carriera sono stabilite sulla carta, ma vanificate dalla mancanza di trasparenza. Federica non ha problemi a dichiarare che la sua situazione è vergognosa. «Io sono ancora precaria, eppure so quanto valgo» afferma con una sicurezza che mi piace molto. «Tutti mi dicono che non mi devo lamentare perché sono giovanissima, ma non è vero. Il precariato è umiliante anche perché solitamente è donna. Si traduce in più anni di lavoro e salari più bassi: all'università, a parità di status, 25.000 euro all'anno contro i 38.000 dei colleghi.»

La lucidità con cui ragiona è ammirevole. Peccato che non sia condivisa dalla classe politica del nostro Paese. Ricordo che nel 2006, durante la campagna elettorale, intervistai in un Palasport il candidato premier del centro-sinistra, Romano Prodi. Le due domande che infiammarono letteralmente il pubblico, soprattutto giovane, riguardavano proprio la meritocrazia e la partecipazione femminile. Cosa intendete fare per costruire una cultura delle regole in Italia? Quali saranno i programmi per favorire le donne nel mondo del lavoro? Ma contro questi problemi ancora oggi continuano a combattere, sul campo, giovani come Federica Migliardo. Il Parlamento no.

Così in un ambiente opaco come quello accademico, con criteri oggettivi scavalcati dai favori e dalle baronie, ancora una volta le donne sono le prime vittime. La carriera è questione di network, di scambi di favori e di influenza. E nella gestione del potere gli uomini vincono sempre. Potrebbe servire, secondo Federica, «un sistema di quote per le nomine politiche. A parità di qualifiche deve essere scelta la persona del sesso più svantaggiato». Come esperienza positiva cita il programma «For Women in Science» creato dal partenariato Unesco-L'Oréal, che le ha appena assegnato il premio. «Mira proprio a creare una comunità di donne che si aiutino a vicenda. In questo caso, il network funziona perché non c'è competizione, come invece accade sul posto di lavoro.»

Un consiglio alle altre che, come lei, lottano per emergere: «Come dice Rita Levi-Montalcini, bisogna credere in quello che si fa. Ci vuole impegno, ma se l'impegno porta ai risultati, aiuta ad accrescere l'autostima e spinge ad andare avanti. E incoraggerei le donne a lavorare nella scienza, un settore molto adatto a loro, perché hanno flessibilità di pensiero».

Non sa se rimarrà a Messina, il precariato pesa come il piombo. Come borsista, guadagna 850 euro al mese e oltre alle difficoltà economiche c'è la frustrazione di sentirsi sottovalutata. Ma le piace il gruppo con cui fa ricerca e i progetti in corso sono tanti, anche grazie ai fondi internazionali che proprio lei ha portato. Come, ahimè, molti brillanti giovani italiani, è possibilista sul fatto di lasciare il Paese: «Io vado dove mi porta la ricerca. Come mi ha insegnato il mio professore, bisogna essere transnazionali e spostarsi verso i laboratori e i fondi. Sicuramente la vita personale ne risente un po', ma per ora non è un problema».

La storia della discriminazione delle donne in campo scientifico è lunga e passa per alcune «vittime» di grosso calibro. Come Rosalind Franklin, una dei primi ricercatori che fotografarono ai raggi X il codice genetico, e ne scoprirono la struttura a elica. Oggi si dice che fu lei la vera scopritrice, ma non ne avremo mai la certezza. Altri sostengono che fu il suo collega Raymond Gosling. Rosalind aveva completato gli studi nel 1941 a Cambridge, dove all'epoca le donne non potevano ottenere la laurea. Le cronache la descrivono come brutta, inacidita, scorbutica e gelosa del suo lavoro. Chissà perché.

Rosalind non poté ricevere il Nobel – che sarebbe poi andato agli scopritori «definitivi» della struttura a elica del Dna, James Dewey Watson e Francis Crick – anche perché morì di cancro a soli trentasette anni. La stessa sorte toccata pochi decenni prima a Henrietta Swan Leavitt, in un'altra Cambridge: l'americana sede di Harvard. Henrietta faceva parte di un gruppo che l'astronomo Edward Charles Pickering aveva costituito per analizzare le fotografie dell'Osservatorio, e misurare e catalogare la luminosità delle stelle. Erano tutte donne, subito ribattezzate con caratteristico umorismo «l'harem di Pickering». I ricercatori maschi, probabilmente, avevano rifiutato quel lavoro ripetitivo e noioso. Passare ore e ore a rovinarsi gli occhi su quelle foto non poteva essere molto gratificante per Henrietta. Ma le scoperte che fece, lei semplice «membro dell'harem», sulla relazione tra luminosità e periodo delle stelle variabili furono importantissime per capire la nostra galassia. Tanto che al suo nome sono intitolati un asteroide e un cratere lunare. Il cratere Leavitt, sul pianeta che è un po' il simbolo dell'altra metà del cielo.

«Le donne hanno qualità intellettuali e di morale collettiva più elevate degli uomini» esordisce Umberto Veronesi, parlando delle ricercatrici, tenaci e spesso sottovalutate, che oggi hanno raccolto l'eredità di Rosalind, Henrietta e le altre. Siamo nel sobrio e luminoso ufficio del professore al Senato, due scrivanie molto ordinate, mobili di legno. Sediamo in un angolo con due poltrone color senape e una bottiglia d'acqua per far fronte al caldo torrido.

Ho deciso di intervistare quest'uomo, pioniere della ricerca oncologica, ex ministro della Sanità e senatore della Repubblica, per due motivi. Il primo è che non si fa scrupolo a definirsi femminista. E infatti, alla mia domanda se esista uno Zapatero nella politica italiana, risponde con una luce ribalda negli occhi: «Se avessi trent'anni di meno, sarei io». La seconda ragione, ben più seria, è che Umberto Veronesi ha fatto moltissimo per le donne: lo ha fatto a rischio della sua carriera, e lo ha fatto perché le ama. Quasi quarant'anni fa, è stato il primo a proporre un intervento alternativo alla mastectomia per le malate di cancro al seno.

«Soffrivo nel mutilarle, mentre molti miei colleghi no. Forse è per via di un mio particolare amore per il mondo femminile.» Il professore ha perso il padre a sei anni ed è stato allevato dalla madre. La definisce una donna straordinaria, è stata lei a insegnargli che «Se qualcosa non va, devi cercarne le cause». E così lui ha fatto. Nel 1969, quando l'asportazione della mammella era ancora un dogma, a un convegno internazionale dell'Organizzazione mondiale della sanità, Veronesi presentò uno studio comparativo tra la mastectomia e la quadrantectomia, un intervento alternativo molto meno invasivo da lui ideato. Che funzionava. Ma gli interessi in gioco erano grossissimi e la comunità scientifica fece muro contro di lui.

«Sono andato avanti» mi racconta soddisfatto. Così ha scoperto che non solo i casi di guarigione si equivalevano, ma le pazienti erano molto più motivate alla prevenzione. Col risultato che oggi lui può sostenere che, migliorando la diagnosi precoce, di cancro al seno tra dieci anni non si morirà più.

«Le donne mi portano in palma di mano perché ho pensato a loro» spiega. «Il prossimo traguardo da raggiungere è una chemioterapia più attenta alla qualità di vita, che per esempio non faccia cadere i capelli, se possibile. Non è solo la ricerca il problema, ma anche gli interessi di certe case farmaceutiche.»

Insomma la sua battaglia per il benessere delle donne continua. Anche perché è convinto che saranno loro a «prendere il sopravvento, in un mondo in cui l'aggressività non serve più. Gli ormoni maschili, essenziali nelle società arcaiche, oggi sono la causa dell'infelicità degli uomini».

Una teoria che fa molto discutere fin da quando per la prima volta, pochi anni fa, Veronesi ha dichiarato che andiamo verso un mondo bisessuale. Me lo rispiega in termini estremamente chiari: «Tutti abbiamo caratteristiche di entrambi i generi. Il feto cresce femmina e solo a un certo punto si differenzia in maschio. Una differenziazione funzionale ai diversi compiti da svolgere, perché nessun organismo può cacciare il cibo e lottare e intanto allevare otto o dieci figli allattandoli per un paio d'anni ciascuno». Fino a poco tempo fa, mi ricorda, i piccoli non allattati morivano. Per questo c'erano le balie. Oggi però non è più così, i bambini da fare sono molti meno e la caccia si è trasformata in attività d'ufficio. E l'organismo si adegua perché sono le abitudini sociali a creare l'abito ormonale. «L'ipofisi, che organizza le attività di tutte le ghiandole ormonali, riceve i suoi messaggi dal cervello. Che le chiede testosterone per l'uomo che deve andare in battaglia, estrogeni per la donna che deve essere sessualmente attraente ed efficiente nella procreazione.»

Ma compilare presentazioni in PowerPoint non richiede molto testosterone, e viceversa il maschio oggi deve prendersi cura della prole. «Allora gli servono più estrogeni e l'ipofisi glieli manda. Una prova: la dimensione delle mammelle maschili sta aumentando.» Mentre cala il desiderio. «Con ruoli meno differenziati l'attrazione sessuale è più debole.» Ecco spiegato il grande interrogativo di tutte: perché noi donne diciamo di volere l'uomo «soft», che ci capisce e ci sa ascoltare, ma in realtà perdiamo la testa per il bastardo di turno, che ci capisce solo dalla vita in giù. «Un grande amante non è mai un buon marito» annuisce il professore utilizzando per la verità tutt'altro termine al posto di «amante». Non indagherò se parli della sua solida fama di dongiovanni. Mi sembra però di intravedere un futuro in cui di «grandi amanti» ce ne saranno sempre meno. E lui conferma: «Per ragioni bio-storiche le donne oggi vanno a lavorare, il che significa raddoppiare in un colpo solo la disponibilità di cervelli. Quindi più spinta al progresso, più lavoro, più donne in ufficio, meno figli e sempre più fecondazione assistita».

Un altro punto dolente. In occasione del referendum del giugno 2005 sulla legge 40, poi fallito per mancanza del quorum, Umberto Veronesi si è schierato con decisione a favore del sì. La consultazione popolare chiedeva l'abrogazione di una legge secondo molti restrittiva della ricerca scientifica e della libertà delle coppie. Sull'«Espresso» Veronesi dichiarò: «Confesso un disagio: quando penso alla legge 40 del 2004, che introduce tanti divieti per le coppie infertili che vorrebbero avere un figlio, mi vengono in mente i roghi che dal XIV al XVII secolo uccisero donne di cui si diceva che fossero streghe». Appunto. Anche lui è stato messo al rogo, o almeno alla gogna mediatica: lo hanno accusato di essere favorevole all'eugenetica, ovvero di volere un mondo in cui si può decidere di avere solo figli sani.

«Sono sciocchezze» replica, duro. «L'eugenetica è uno spettro che viene evocato per difendere posizioni antiscientifiche. Ma la procreazione assistita è una necessità.» Dal momento che il cervello chiede meno testosterone all'ipofisi, i maschi producono meno spermatozoi, che per di più sono meno efficienti. Nel frattempo, per tutte le ragioni sociali che ben conosciamo, le donne scelgono la maternità sempre più tardi. «Vecchiette loro, vecchietto il marito, la capacità procreativa crolla» conclude Veronesi. «Tantissime coppie sono sterili. E aumenta anche la possibilità che i bambini nascano con malformazioni.» Mi fa l'esempio della sindrome di Down, cento volte superiore nei figli delle quarantenni rispetto alle diciottenni. In Inghilterra infatti per le future madri «attempate» l'amniocentesi è a spese dello Stato. «E per questo avevamo proposto la diagnosi pre-impianto. Far nascere bambini senza una gamba o con tre occhi è una crudeltà.»

Ma non c'è il rischio di far nascere solo bambini biondi e/o con un quoziente intellettivo elevato? Il professore scuote la testa, divertito ma anche esasperato. «Non esiste il gene della bellezza» mi ricorda. «Né quello dell'intelligenza. L'eugenetica a livello di genoma è impossibile, sarebbe troppo elevata la quantità di variabili da controllare. Per non parlare delle circostanze esistenziali. No, quello che la scienza può fare è solo individuare i geni malati ed eliminarli. Che male c'è in questo?» Aggiunge, provocatorio, che la vera eugenetica è il matrimonio. «Una donna sceglie un uomo bello e non brutto, intelligente e non scemo.» La sua fiducia nel buonsenso e nell'acume femminile è davvero confortante. Dopo aver incontrato la sua collega senatrice Montalcini e la giovane dottoressa Federica Migliardo, gli chiedo se pensa che anche le scienziate sapranno conquistarsi un posto al sole. Annuisce convinto. «Le mie ricercatrici sono migliori dei maschi. Più concentrate e più motivate. Fruiscono cultura: cinema, teatro, mostre, libri. I maschi vanno allo stadio, cercano uno sfogo alla loro aggressività, agiscono in base a una misteriosa fede sportiva che non ha fondamento. E dimostrano di essere molto meno razionali.»

Però hanno ancora in pugno le leve del potere, gli faccio notare. Dobbiamo aspettare che il testosterone scenda a livelli ancora più bassi per potergliele strappare di mano? A sorpresa mi spiega che il rischio per le sue bravissime ricercatrici sta nel privilegiare troppo l'emisfero sinistro, quello della razionalità. Proprio quello che renderebbe gli uomini così «adatti» per la scienza. Il suo consiglio è quello di costruirsi una vita ricca di emozioni e di cultura. «Non ci si può concentrare solo sulla logica, sulla carriera, sul pensiero: bisogna far vivere il cervello in tutte le sue funzioni.» Solo così si può affrontare la sfida, che è ancora aperta, per il proprio posto nella stanza dei bottoni. «Che gli uomini abbiano paura e vogliano tenersi stretto il loro potere è comprensibile. Ma le cose stanno cambiando» mi assicura. «Le donne hanno preso in mano la scuola, la sanità, la giustizia. In questi settori sono già la maggioranza. E presto saranno loro a comandare.»

Nel 1969 aveva visto giusto, e l'altra metà del cielo ci ha guadagnato una migliore qualità di vita e la possibilità di non veder mutilato il corpo. Speriamo che le capacità profetiche di Umberto Veronesi siano rimaste le stesse.

Capitolo 19

SEX IN LONDON CITY

La sera di pioggia fa luccicare l'acciottolato e svuota le strade dai turisti. Al riparo dell'ombrello, guardando solo le luci gialle riflesse sul bagnato, mi sembra che potrei essere in qualunque epoca. Nella seconda metà dell'Ottocento, per esempio, quando nella Londra vittoriana questo quartiere, Soho, ospitava teatri e prostitute. E fiorivano i locali di burlesque come quello in cui sto entrando.

Sensualità e ironia: ecco gli ingredienti del burlesque. Era un misto tra ballo, spettacolo comico e spogliarello, molto popolare presso le classi sociali meno ricche. Il successo europeo venne poi ripreso dagli Stati Uniti. Le protagoniste più famose: Dixie Evans, Gipsy Rose Lee, e anche Bettie Page, la più famosa pin-up degli anni Cinquanta, che però non si esibì mai sul palco.

Insomma uno strip-tease intelligente, in cui invece di strofinarsi contro un palo la donna racconta con il proprio balletto una storia, intrattiene il pubblico con battute e intermezzi satirici. Oggi è tornato di moda presso i giovani, sulle due sponde dell'Atlantico, e ha formato una piccola subcultura di intenditori. Un revival di nicchia, anche in Italia. Ma perché queste ragazze hanno ripreso a godere nel vestirsi in modo complicato – reggicalze e giarrettiere, bustini ed elaborate pettinature? Mi stupisce anche che gli uomini tornino a lasciarsi affascinare da spettacoli di spogliarello così retró e tutto sommato casti, rispetto a quelli molto più espliciti che ormai possono godersi ovunque, da internet ai locali di provincia.

«Questi show sanno trasportare le persone oltre quello che conoscono» mi spiega Paloma Faith. Il bar-cabaret Black Gardenia in cui mi ha dato appuntamento è in effetti al di là di tutto quello che conosco. Tra i cinquanta e gli ottant'anni indietro, per la precisione. Si tratta di una cantina sommariamente arredata con velluto rosso, passamanerie, lampade e specchi. Un pianoforte suona sommesso, un ragazzo e una ragazza si baciano su un divanetto. Il locale ha due sole stanze, di una abbiamo ottenuto l'uso esclusivo per questa intervista. Appollaiata su uno sgabello accanto all'unico tavolo, in un forte odore di muffa, la sensazione di viaggio nel tempo è sempre più intensa. Anche perché Paloma indossa un abito al ginocchio di velluto bianco, che fascia un corpo sinuoso, e stupefacenti calze verdi che finora avevo visto solo nel film *Irma la dolce*. I lunghi capelli neri sono pettinati in un'onda così perfetta che sembra scolpita, tenuti alti sulla fronte da una gardenia finta, bianca. Gli occhi sono allungati da un deciso tratto di matita e il rossetto risalta color fuoco sulla bocca generosa. Che ride spesso.

«La mia generazione è un po' frivola» dichiara. «E gli uomini stanno andando a pezzi. Non ce la fanno a sopportare la paura del cambiamento. Si muovono senza meta tra un lavoro e l'altro. Sono a-direzionali.»

La strada per i suoi spettacoli però la trovano. Paloma, che è venuta in tournée anche in Italia, canta e danza accompagnata da una piccola orchestra, balletti provocanti in originali costumi vintage che a quanto pare fanno impazzire i maschi. «Perché tornano a partecipare» dice Paloma. «Per generazioni hanno avuto la vita facile e si sono adagiati sugli allori. Poi all'improvviso la parità, almeno qui a Londra: al doposcuola a me facevano fare i lavori da muratore come ai ragazzi. Così noi abbiamo rinunciato a qualcosa, al piacere della femminilità. Forse anche al piacere della compagnia maschile!»

Getta la testa all'indietro e ride come chi questa compagnia se la gode senza problemi. Le sue canzoni parlano di relazioni, con qualche tentativo di profondità. «Uomini e donne si cercano, ma non si trovano» continua. «Si muovono ciecamente, non riescono a capirsi.» Aggiunge, e le credo senza bisogno di prove, che nelle sue storie d'amore comanda sempre lei. Ma che sa anche compiacere il partner e farlo sentire importante. Si facevano gli stessi discorsi negli anni Quaranta, quando è stato fabbricato il vestito che indossa. Il nuovo modello di donna insomma è quello vecchio? Forse bisogna travestirsi per avere successo. E per aiutare gli uomini a ritrovarsi, le nuove generazioni di ragazze devono per forza perdersi in un'altra epoca. Per un momento, sarà anche l'odore di muffa, mi viene lo sconforto. Ma poi penso che seduzione non equivale per forza a sottomissione, e che le attuali ventenni potrebbero essere le prime a capirlo fino in fondo.

«Le donne, anche in musica, devono tornare a essere drammatiche, capaci di ispirare.» Paloma ride di nuovo, con quella sua bocca scarlatta, al riparo dell'ala perfetta dei capelli. Sarà anche una showgirl retró ma non ha rinunciato a nulla, per ora: fa quello che le piace, gira l'Europa, ha, come dice lei, «una direzione». A suo modo, potrebbe anche diventare una donna di potere. E allora perché prendersela se è una delle poche ventenni moderne capaci di allacciare un reggicalze?

Il seno imponente di Clarissa Smith prorompe dalla scollatura poco casta della maglia. Una frangetta nera da brava scolaretta le accarezza il viso rotondo. Dietro le lenti spesse degli occhiali, gli occhi azzurri hanno qualcosa di malizioso. «La pornografia ha certamente aiutato l'emancipazione femminile, perché ha aperto nuove possibilità» esordisce Clarissa, professoressa dell'Università di Sunderland. Come sociologa si occupa da molti anni di pornografia e rappresentazione della donna. Ha iniziato con una ricerca su «For Women», una specie di «Playboy» per il gentil sesso. Lo vendevano nelle edicole. Ebbe una sua stagione di successo. Poi però internet rese tutto più accessibile, anche per le donne. Che smisero di doversi esporre socialmente andando al chiosco dei giornali anche solo per soddisfare una loro curiosità.

«Se le donne sono sempre più interessate al porno, è anche grazie al femminismo. Ma c'è un'ambiguità. Da un lato le femministe gli si sono scagliate contro perché ci rappresenta come un semplice oggetto di piacere. Dall'altro, però, ci hanno esortato a vivere più attivamente la sessualità. Pornografia compresa.» Parità dei diritti di consumo.

La dottoressa Smith racconta scegliendo le parole come se stesse camminando sul filo di un rasoio. Non sembra particolarmente a suo agio a parlare di sesso, anche se lo studia da vent'anni. «La pornografia non è soltanto sesso. In fondo, funziona come una specie di sintomo: più una società è repressa, più materiale porno è in circolazione. D'altronde è stato anche dimostrato che le società più aperte sono meno sessiste.»

Si tocca nervosamente i capelli, tormenta dolcemente le mani. Ha l'aria di una brava parrocchiana che sa di fare una marachella. Immagino il tavolo del suo studio, pieno di volumi, appunti e pile di riviste hard. Dev'essere bizzarro, in una casa dove circolano due bambini. «Mia figlia più grande, che oggi ha dodici anni, conosce il mio lavoro. Ne aveva quattro quando una volta ho dovuto portarmela a lezione. Quando ho chiesto a chi era capitato di leggere la rivista "For Women", tutti gli studenti hanno abbassato gli occhi imbarazzati. Si è alzata una sola mano. Era quella di mia figlia» e finalmente si scioglie in una risata. Clarissa è un buon esempio del rapporto tra donne e sesso: curiosità, un po' di imbarazzo, e a volte provvidenziale ironia.

«Il pubblico femminile del porno è molto variegato. Non sono affatto persone sole e disperate. Tra le intervistate del mio libro *One for the Girls!* c'erano una madre, una signora con una vita sessuale molto intensa, ma anche una ragazza ancora vergine che sosteneva di servirsene per la sua "formazione". E non è così strano. Vogliamo che anche il sesso, come molti altri aspetti della nostra vita, funzioni bene. E siamo grandi consumatrici di racconti erotici o pornografici: rappresentiamo il 60 per cento dei frequentatori abituali dei siti internet di letteratura di argomento sessuale.»

C'è ovviamente anche un aspetto commerciale. Se un mercato dell'erotismo è sempre esistito, quello femminile è oggi in crescita esponenziale. I *sex toys* sono diventati una moda. Dopo sei stagioni di *Sex and the City*, le riviste femminili scrivono che il vibratore è considerato la nuova pashmina. «Sarà, ma ci sono anche un sacco di donne che non hanno la pashmina» commenta Clarissa divertita.

Prendiamo un taxi per andare a visitare con lei alcuni di questi «negozi di pashmine». Il tassista è un ragazzone loquace. Non fa una piega quando le due signore distinte che ha appena caricato gli chiedono di essere portate al più vicino sex shop. Resta invece basito quando gli rivolgo una serie di domande decisamente personali. «Sì, be', certo. Ho comprato qualche giornaletto porno e visto qualche film hard. Ma più che altro quando ero giovane.» Billy ha trentatré anni. E una compagna. Appena capisce che non siamo minacciose, inizia a parlare più apertamente. «Capita di vedere un film porno con gli amici. Le donne invece in genere li trovano disgustosi.» Arrivate a destinazione, prima di scendere, butto l'occhio sulle riviste che Billy tiene sul sedile di fianco: un paio di magazine per uomini. Donne seminude, sport e automobili. Tutto regolare.

Il negozio Ann Summers è in Oxford Street, una delle vie più affollate di Londra. Le porte sono spalancate per invitare i clienti a entrare senza esitazioni. C'è un gran viavai di persone. In vetrina completi di pizzo rosa, giarrettiere nere, guêpière rosso fuoco decorate con piume di struzzo. Da fuori sembra un negozio di lingerie, semplicemente più aggressiva. Dentro, in fondo alla boutique, si trovano gadget di piccole dimensioni: preservativi, portachiavi, copricapezzoli in strass. Piccoli oggetti a basso costo. Clarissa passa oltre con fare esperto da padrona di casa e mi indica le scale che scendono al piano di sotto. Qui c'è la parte più interessante della mercanzia, quella che non si può esporre in vetrina per ovvie ragioni. Le pareti sono scure, ma il colore dominante è il porpora. Le luci sono ammiccanti, la musica un pop martellante.

I *sex toys* risaltano nei loro colori sgargianti e spericolati: blu, giallo, verde, un po' di rosa – gli oggetti color carne sono pochissimi. Le scaffalature sono piene di confezioni allineate: giocattoli per adulti, ma sempre giocattoli. Non come nella boutique vicina, Harmony, dove in un'atmosfera molto più hard si vendono articoli per pratiche decisamente estreme: bambole gonfiabili assai realistiche, selezioni di anatomia femminile e maschile, comode forse da portare in viaggio o da nascondere in un cassetto, oggetti dalle forme e soprattutto dalle dimensioni spaventose nell'angolo gay. Le donne di lattice, a pezzi o intere, raffigurate sulle copertine dei dvd sugli scaffali di Harmony, sono solo oggetti. E la clientela è quasi esclusivamente maschile.

Qui da Ann Summers si aggirano invece, sole o in coppia, le stesse ragazze che appena uscite entreranno nel negozio successivo: quello di una catena francese di abbigliamento casual a buon mercato. Jeans, maglietta, scarpe da ginnastica e viso acqua e sapone. Afferrano un vibratore, lo studiano da vicino, a volte lo accendono. Si lasciano scappare qualche commento e una risata. Nessuna dimostra imbarazzo. Studiano le caratteristiche dei prodotti leggendo il retro delle confezioni e controllano i prezzi, da brave massaie. Sfiorano i tessuti dei costumi appesi alle pareti: un completo da infermiera, tute in latex, un grembiule da cameriera con tanto di crestina. Costano 50 sterline.

«Il modello più venduto è il costume da infermiera, un grande classico. Ma va molto anche la divisa militare o da poliziotto» spiega didattica la commessa, una giovane di colore dal corpo minuto. «Quello che piace dell'uniforme è l'idea della punizione corporale» aggiunge Clarissa, con tono distaccato. Con disinvoltura afferra dallo scaffale un «coniglio». È di questo oggetto che nella serie *Sex and the City* parlano come di un pezzo indispensabile del guardaroba. È il vibratore attualmente più in voga. Assomiglia a uno di quei cactus che si vedono nei deserti americani. Un corpo centrale della forma e delle dimensioni di un pene, con un secondo braccio più piccolo che parte dalla stessa base, fatto apposta per la stimolazione del clitoride. Clarissa preme i pulsanti e l'aggeggio si mette in movimento. È di silicone trasparente: al suo interno un sistema di palline rotanti e meccanismi metallici comincia a girare come una giostra. Un secondo pulsante accende anche il braccio più piccolo. L'arnese si divincola nelle mani di Clarissa che, nel tentativo di spegnerlo, ne aumenta la velocità. La commessa accorre per salvarci dal giocattolo impazzito. Immagino che le capiti spesso. «Questo è il modello più venduto» ci spiega. «Costa 44 sterline. Ha sette velocità e assicura un orgasmo travolgente.» Dice proprio così: travolgente. Un termine tecnico come un altro per un godimento da neanche 70 euro. Ancora più popolare è il vibratore da borsetta, che va regolarmente esaurito in ogni stagione festiva, san Valentino in testa. Ha le dimensioni di un rossetto e può accompagnarti ovunque. C'è un metodo per capire se funziona, mi spiegano: bisogna accenderlo e appoggiarlo alla punta del naso. Se ti viene da starnutire, l'effetto è garantito anche in altre posizioni. Lo provo – funziona – ma non lo compro.

In un altro negozio del genere, ma più chic, poco lontano, Coco de Mer, c'è anche uno scaffale di libri in brossura. Niente materiale pornografico, solo racconti erotici. «Le donne vogliono storie elaborate» spiega Clarissa prendendo in mano un volume. «Come quelle di Nancy Friday, per esempio.» La principale differenza con gli uomini sembrerebbe la solita questione di romanticismo: «Le donne amano che le protagoniste facciano sesso non solo fine a se stesso, e che vivano i loro stessi dubbi. Tipo: gli piacerò ancora il giorno dopo?».

A questo proposito, un grande responsabile delle nostre sciagure potrebbe essere l'ormone del giorno dopo, l'ossitocina. Da sempre si sa che induce le contrazioni dell'utero durante il parto, ma da ricerche recenti pare che, tra le altre cose, favorisca la formazione di un legame emotivo. E siccome viene prodotta durante il rapporto sessuale, essendo tra le sostanze chimiche responsabili dell'orgasmo, ecco che il mattino dopo l'avventura di una notte ci ritroviamo a guardare il partner occasionale con occhi più teneri. E cominciano i guai. Speriamo che si trovi presto l'antidoto. Nonostante le sostanze chimiche dell'attaccamento, le preferenze erotiche femminili sono molto varie. Un grande favorito, mi dice Clarissa, è il bondage: «Farsi legare, essere prese con violenza, essere sottomesse. Sono le fantasie più diffuse, tra le donne».

La prima a rendersi conto che c'era uno spazio anche cinematografico per il porno al femminile è stata Anna Span, la prima regista di film hard «per lei». «I suoi attori sono persone normali, non esseri sovrannaturali. È una scelta stilistica: vuole che ci sia immedesimazione perfetta tra il pubblico e i protagonisti della storia» mi spiega Clarissa. «I porno classici al contrario propongono modelli irraggiungibili, di perfezione fisica e di performance. Cose che gli esseri umani normali non faranno mai.»

La casa di produzione di Anna Span è un ex panificio a Ashley Gardens, un minuscolo agglomerato di case a un'ora di strada da Londra. È una piacevole domenica inglese quando ci arrivo in auto e mi sembra di entrare in un libro di Agatha Christie. C'è il pub, la chiesa, le casette a due piani con gli infissi colorati, le stradine acciottolate e vegetazione dappertutto. Sullo sfondo, dolci colline e nuvole morbide. Arrivo davanti all'edificio dipinto di verde, suono ma non mi risponde nessuno. Sentendomi più che mai Miss Marple, sbircio dalla finestra ma non vedo nulla. E comincio a indagare tra i pochi passanti. Dov'è finita la regista porno? Un giovanotto dall'aria imbarazzata mi dice vago che secondo lui se n'è andata per sempre.

Decido di rivolgermi a colui che nei libri sa sempre tutto: il locandiere. Quando entro nel pub in legno scuro tutti i presenti si voltano a guardarmi e cala il silenzio. Sono l'unica donna. Una pinta di birra viene appoggiata su un tavolo con un rumore secco. Chiedo all'uomo dietro al bancone se conosce Anna Span e annuisce strizzando gli occhi: «Io conosco tutti. Lei però non abita qui. Lavora nell'ex panificio». Ma non sa dove possa trovarsi ora. «Va e viene» mi dice in tono definitivo. L'atmosfera intorno a me è decisamente ostile. In questo paesino che conterà in tutto tredici anime, la giovane signora non è molto popolare.

Esco senza aver risolto niente, ormai convinta che troverò il suo cadavere dietro a un cespuglio. Ma finalmente i miei ripetuti tentativi di chiamarla al cellulare hanno successo. Aveva solo sbagliato orario, e mi raggiunge profondendosi in scuse. Piuttosto alta, formosa, con lunghi capelli bruni, è vestita sportiva e ha l'aria spigliata, non sembra affatto la regina del porno. Mi porta nel suo ufficio-studio, il famoso ex panificio. Dvd e riviste ovunque, alcune per sole donne altre no. In un angolo un computer, che suo padre usa per occuparsi dell'amministrazione.

Anna sta per sposarsi. Da quando si è innamorata, ha abbandonato l'idea di recitare nei propri film. Ex femminista, ha studiato arte e filosofia e si interessava al cinema sperimentale. È sempre stata violentemente contraria alla pornografia. Quando un giorno, camminando in Compton Street, che a fine anni Ottanta era la strada dei negozi hard, è stata colta da un attacco di invidia: «*Loro* hanno tutto quello che vogliono per soddisfare i loro desideri sessuali. E noi?». Così ha deciso di insegnare alle donne come eccitarsi. «Mi sono ricordata di quello che diceva il grande psicoanalista Jacques Lacan: ciò che ti dà piacere, ti dà potere.»

Mi sono preparata per questa intervista con la solita diligenza. Stavolta, si è trattato di passare una serata in casa della mia amica Mimma a guardare un'avvincente pellicola dal titolo *Do the business.* Suppongo che in italiano potrebbe chiamarsi, con traduzione un po' libera, «Fammi un servizietto». Sono cinque episodi in cui una donna di un'altra epoca viaggia inavvertitamente nel tempo, si ritrova in una cittadina inglese contemporanea e guarda caso va a bussare alla porta del maschione del paese. Lui è stravaccato sul divano e la accoglie a braccia aperte. Segue una parte di dialogo, devo dire piuttosto lunga, in cui lei, che ovviamente ha studiato da brava signora del maniero, lo sgrida perché non ha la cravatta o il soggiorno è in disordine. A questo punto lui le spiega come godersi la vita. Questa trama di base è arricchita da altri personaggi e piccoli eventi collaterali, più o meno porno. Le protagoniste mi sono sembrate incredibilmente rompiscatole: arrivi in casa di qualcuno e ti lamenti? I maschi, bellissimi, si davano tantissimo da fare per soddisfarle, pensando prima al loro piacere che al proprio. Ammetto che da un certo punto in poi ho mandato avanti veloce. D'accordo, qui non ci sono donne umiliate e sottomesse. Se mai il contrario. Ma continua a sembrarmi un genere cinematografico un po' squallido, oltre che noioso. E non sono affatto certa che sia questa la via verso l'emancipazione.

Non mi stupisce ora apprendere che Anna ha studiato a lungo il porno maschile e i gusti narrativi femminili, e ha deciso che i suoi film avrebbero avuto alcune particolarità. Tanto per cominciare, protagonisti avvenenti. In secondo luogo, storie molto più elaborate di quelle offerte di solito. Le donne vogliono la realtà incorniciata in modo piacevole, trasfigurata un po' come una soap-opera perché ci sia il sogno, ma anche la possibilità di identificazione. Terzo: personaggi con un carattere, spesso forte e assertivo nel caso di lei. Quarto: durante il sesso si parla e ci si guarda, e gli zoom non sono solo sui genitali femminili bensì anche su quelli maschili. In definitiva è tutto molto realistico e curato: viso e trucco, ambientazione, vicende. «Alle donne piacciono la varietà e la realtà» mi spiega. «I maschi si focalizzano solo sul corpo femminile, le ragazze vogliono tutto il contesto. Fino al colore giusto delle tende.»

Con il film che sta girando ora vuole infrangere l'ultimo tabù: che una donna possa avere un partner più giovane. Si intitolerà *My Toy Boy*. Ma in generale nelle sue pellicole l'immagine dell'uomo è classica, con protagonisti molto macho. Intellettuali con gli occhiali che ti intrattengono sull'ultimo film vincitore di Cannes non ne compaiono. Però non c'è violenza, e in compenso molti più preliminari e più sesso orale. Si è posta anche limiti precisi: niente bambini, animali, escrementi, sadomasochismo e strangolamento. Discutere di queste cose con il tono da studiose a un convegno che stiamo usando mi sembra surreale. Ma si capisce che per Anna è un lavoro serio, e soprattutto redditizio.

Le chiedo se non si sente un po' a disagio, da ex femminista, a contribuire alla mercificazione del corpo femminile che vediamo già ovunque. No, risponde. «Io vendo sesso, senza finzioni.» I pubblicitari invece vendono prodotti quotidiani sfruttando corpi femminili. «E allora come fa una ragazza a non pensare di dover essere sexy anche a un colloquio di lavoro, se persino un bicchier d'acqua è erotizzato sui cartelloni?» I suoi film, aggiunge, almeno hanno un uso didattico. «Insegno alle donne che cosa può dar loro piacere, e a non aver paura di chiederlo. E gli uomini, soprattutto giovani, imparano qualcosa sul corpo femminile. Alcuni hanno scoperto dov'è il clitoride, per esempio.»

Mi ha convinto: proiettiamoli nelle scuole.

Chiedo al tassista di portarmi alla cattedrale. «Quale cattedrale?» domanda lui. Si chiama Khalid, è pakistano musulmano. È arrivato otto anni fa a Leicester, dove vive con sua moglie e tre figli. «Se mi chiede di portarla alla moschea, le domando a quale delle sedici.» In effetti non può sapere che di cattedrale ce n'è una sola, come in ogni città. St. Martin è un elaborato edificio gotico costruito tra il 1200 e il 1400. Dal 2000 a guidare la parrocchia con l'incarico di prevosto c'è una donna, il reverendo Vivienne Faull.

A luglio si è tenuta la Conferenza di Lambeth, che ogni dieci anni riunisce i 650 vescovi anglicani a Canterbury. L'atmosfera è calda perché si discutono questioni importanti: in Canada e Stati Uniti hanno deciso di ordinare sacerdoti gay e benedire le unioni omosessuali. Ma è per una storia di donne che si rischia lo scisma: la Chiesa anglicana riunita in sinodo a York ha deciso di ammettere alla carica vescovile, in Inghilterra, le donne. Molti membri del clero hanno minacciato di andarsene. Come se non bastasse, ne va delle buone relazioni col Vaticano. Già le prime donne sacerdote, ordinate nel 1994, a Roma non erano piaciute. Stavolta, la reazione è stata durissima. La decisione, scrive in una nota il Pontificio Consiglio per la Promozione dell'Unità dei Cristiani, «significa uno strappo alla tradizione apostolica mantenuta da tutte le Chiese del Primo millennio, ed è perciò un ulteriore ostacolo per la riconciliazione tra la Chiesa cattolica e la Chiesa d'Inghilterra».

Il reverendo Vivienne commenta così, spalancando i suoi scintillanti occhi azzurri: «Il papa era contrario all'idea di vescovi donna. Quando gli hanno chiesto perché, lui ha risposto che non esisteva nessuna tradizione. Dunque, dato che non c'era un precedente, non si poteva fare e basta». Vivienne ha uno sguardo intenso, con lampi di umorismo. Un caschetto di capelli neri con qualche filo bianco le incornicia il viso dalle guance rosee. È vestita completamente di nero, in pantaloni; fa un po' impressione veder spuntare da sotto il cardigan il colletto bianco, rigido, tipico del clero. Segue la direzione del mio sguardo e annuisce: «Per l'abito non ci sono regole precise. Oggi porto i pantaloni per una questione di comodità, ma di solito indosso la gonna. All'inizio i preti donna non dovevano mettere orecchini, smalto, tacchi. Adesso le nuove generazioni stanno cambiando. Di recente ho visto una collega con una gonna abbastanza corta e scarpe coi tacchi alti. Io ho una passione per i braccialetti, ma sono troppo scomodi per dire messa». Ha una risata cristallina, da ragazza.

È stata un'apripista nella battaglia legale per il sacerdozio alle donne: «C'è un complesso iter da seguire. Il sinodo prende una decisione, che deve passare prima al vaglio della Camera dei Comuni e poi dell'intero Parlamento, e infine va approvata e sottoscritta dalla regina, che è il capo effettivo della Chiesa. Se tutto va bene, e andrà bene, le prime donne vescovo le vedremo nel 2014. Farò come Mosè, che la Terra Promessa l'ha solo vista da lontano ma non ci è entrato mai».

Vivienne è considerata un buon prete, lo dicono i suoi fedeli e anche il capo-sagrestano. Alle sue dipendenze ha anche tre sacerdoti, maschi, e questo non le crea problemi. «Solo una volta un mio collega anziano si rifiutò di ricevere la comunione da me.» Anche con le altre comunità religiose intrattiene buoni rapporti.

Leicester è una grande città, 440.000 abitanti e con una forte immigrazione. I primi sono arrivati ottant'anni fa. Venivano soprattutto da Africa Orientale e Pakistan. Molti musulmani. «Le relazioni tra le comunità sono sempre state buone, fin dall'inizio» racconta Vivienne. «Da ventun anni abbiamo un Consiglio generale delle religioni, che raccoglie tutti i rappresentanti dei vari culti. Non ci sono donne fra i capi delle altre comunità, ma vado molto d'accordo con le islamiche e sono amica dell'imam.»

Quando nel 2000 divenne parroco di Leicester, era già sacerdote da sei anni. Ma come decide una donna di diventare prete? Lei ha ricevuto la vocazione nei primi anni Settanta mentre ancora studiava a Oxford. Per le donne della Chiesa anglicana erano previsti ruoli professionali come la *parish worker* (una specie di perpetua) e la diaconessa (un'assistente religiosa). «Le diaconesse sono come le suore cattoliche, ma possono sposarsi.» A ventun anni Vivienne si rese conto che invece voleva fare il prete, ma non era permesso. «Pur di restare dentro la Chiesa mi accontentai di diventare diaconessa, molto criticata da mia madre: pensava che stessi buttando via tutti i miei studi, legge e musica. Ma sono stati utili: conoscere il diritto mi ha aiutata a portare avanti il processo di apertura alle donne. All'epoca però tutti mi dicevano: "Sei sicura di voler intraprendere la vita religiosa? Rimarrai sempre in secondo piano".»

Nel 1978 fu una delle prime a ricevere una borsa di studio in Teologia dalla Chiesa anglicana. Cinque anni dopo si laureò in Teologia. «Nel 1994 vennero ordinate le prime mille donne sacerdote. Io ero una di quelle.» Non è difficile immaginare la reazione di Roma: «Il papa, Giovanni Paolo II disse che era fuori discussione». Per gli italiani cattolici l'idea di una donna prete, e figurarsi vescovo, è inconcepibile: «Ci piace pensare che potremmo aiutare la vostra Chiesa ad aprirsi. Noi abbiamo fatto molti passi avanti, rispetto non solo alla questione femminile, ma anche alla contraccezione, all'omosessualità. Il Vaticano potrebbe prendere atto che è possibile. Un prete può essere un buon pastore ed essere sposato, per esempio». Il contagioso ottimismo del reverendo Faull riesce quasi a convincermi. Ma le faccio notare che sembra difficile guidare verso la modernità una Chiesa il cui attuale pontefice, Benedetto XVI, ha segnato una svolta conservatrice. «Be', d'altronde prima Ratzinger era a capo della Congregazione per la Dottrina della Fede, la stessa che secoli fa cacciava le streghe» Vivienne strizza l'occhio ed esplode in una risata squillante. Poi torna seria: «Anche se il Vaticano non cambierà mai idea, è importante vedere che si sta muovendo qualcosa, perché siamo in un momento di svolte epocali. È questo l'unico messaggio che conta».

Attualmente la Chiesa anglicana, 77 milioni di fedeli al mondo, conta circa 3000 donne prete. A minacciare lo scisma a Lambeth sono soprattutto gli anglicani di Asia, Africa, Australia e Sudamerica, circa 35 milioni. Vivienne commenta tutta la questione con serenità perché ritiene che l'accesso delle donne all'episcopato migliorerà di molto la leadership della sua Chiesa: «Dio non è un uomo seduto su una nuvola nell'alto dei cieli. Non è né maschio né femmina. È entrambi. Mary Daly, filosofa e teologa femminista degli anni Cinquanta, ha scritto: "Se Dio è maschio, allora il maschio è dio. Se crediamo che uomini e donne sono uguali, bisogna cambiare anche la rappresentazione di Dio"».

Ma come Lo immagina, il reverendo Faull? «Cerco di pensarlo come uno spirito, che nella tradizione ebraica è un'entità femminile. Dunque forse Dio è in qualche modo una donna» ammicca. Mentre la tradizionale rappresentazione maschile, storicamente, ha danneggiato moltissimo l'immagine femminile: «Da qui si è generato il mito della nostra inferiorità, l'impotenza nei confronti della violenza contro di noi, il fatto che non abbiamo diritto a decidere in piena autonomia su una questione importante come la maternità». La Chiesa anglicana, ammette, non è immune dagli stereotipi. Anche loro sono tentati di mettere la donna su un piedistallo. Ma non è la perfezione della Madonna l'esempio da seguire. «È un po' improbabile l'idea di una madre vergine, no? Eppure questo è il vostro modello di riferimento. Per gli anglicani è Maria Maddalena. Una donna straordinaria. È a lei che

Gesù ha detto: "Vai e annuncia ai miei fratelli che sono risorto". È il primo apostolo, la prima donna incaricata di annunciare il Vangelo agli uomini.»

A noi, al catechismo, hanno sempre insegnato che la Maddalena era una prostituta redenta, una peccatrice. «È la prima donna guarita da Gesù, ma questo non c'entra coi peccati. Nella percezione popolare si sono mescolate diverse figure: Maria di Betania, la sorella di Marta che unge i piedi di Gesù; la peccatrice adultera che la folla vuole lapidare e la donna che viene guarita. C'è stata una confusione sui nomi e sui gesti, che però ha prodotto un risultato interessante: un'icona di donna che si pente e si redime.» Che sbaglia e si corregge, cade e si rialza, e insomma lotta. Se la Madonna è un modello irraggiungibile, la Maddalena è forse troppo simile alla realtà. Faticosa.

Le donne sono preti migliori degli uomini? «Dipende. Hanno forse una predisposizione maggiore all'ascolto, all'accoglienza. Penso che possano essere ottimi pastori.» Ma anche se il 60 per cento dei nuovi preti è donna, non è questa la soluzione alla crisi delle vocazioni, di cui ci lamentiamo tanto in Italia. «In ogni professione, comprese quelle legate alla Chiesa, più donne significa meno importanza» mi spiega il reverendo. «Mia madre fa sempre l'esempio delle banche: un secolo fa i cassieri erano tutti uomini ed era una professione prestigiosa; adesso che sono quasi tutte donne, è un mestiere declassato. Per la Chiesa è lo stesso: sta diventando un'istituzione sempre meno potente e quindi per gli uomini non è più interessante come carriera. Ma è un bene: solo l'avvento delle donne può modernizzarla.»

«Molti anni fa facevo formazione per il governo. Durante una lezione tra gli studenti c'era un professore, grande e grosso quanto io sono piccola. Si è alzato e torreggiando su di me ha tuonato: "Guardami bene e poi guardati: pensi davvero che starò qui a sentire quello che hai da dire?". Mi ha ferita, ma non ho nemmeno risposto. Ho girato i tacchi e me ne sono andata.» Traduzione dell'aneddoto: per essere un capo devi essere maschio, alto, largo e avere il vocione.

Non c'è traccia di rabbia, nel tono di Hilarie Owen. Sorride quasi timidamente quando ci presentiamo. Hilarie è in effetti una donna minuta: tiene le mani fra le ginocchia, si stringe nelle spalle, sembra che sprofondi nel divanetto. Me l'aspettavo più agguerrita, dal curriculum: nel 2000 ha fondato l'Institute for Leadership e si batte per più donne nei posti di comando dell'economia. Non è facile anche perché sono proprio loro, spesso, a rifiutare gli aiuti. «Pensano sempre di poter fare da sole» sorride Hilarie. «Eppure quello delle quote è un sistema che produce risultati. Una soluzione da mantenere solo fin quando le donne non ottengono il giusto peso e spazio. La gente non è abituata a vederle ricoprire ruoli di potere. Quando nel 1997 nel nostro Parlamento ne furono elette 120, il doppio di cinque anni prima, i giornali subito le bollarono come le "bambole di Blair".» Oggi però l'Inghilterra è all'undicesimo posto tra i Paesi che stanno colmando il baratro nelle pari opportunità, il cosiddetto «*gender gap*». La famosa lista in cui l'Italia è all'ottantaquattresimo posto, ultima fra gli europei. Dopo di noi il Malawi, il Nicaragua, il Burkina Faso, l'India e altri. E il tasso di occupazione femminile in Gran Bretagna supera il 67 per cento.

Ma secondo Hilarie, la strada è ancora lunga. Le potenti dell'economia e della politica mondiale sono troppo poche. Soprattutto perché porterebbero un cambiamento radicale nella struttura del potere: «Sanno essere leader diversi. Sono più portate per il lavoro di squadra. Più interessate a imparare che a fare carriera». Lei ha lavorato molto nelle scuole chiedendo ai ragazzi quali fossero le caratteristiche di un capo. Per i maschietti: forte, sicuro di sé e capace di comandare. Per le femminucce: attento, intelligente, leale. «È questo modo diverso di concepire la leadership che può fare la differenza. Però non dobbiamo avere paura di proporre le caratteristiche dello stile femminile.»

Per costruire questo modello occorre creare una rete di donne. E per favorire la carriera delle più giovani. «Ai vertici di qualsiasi organizzazione una non basta, due nemmeno, più di tre cominciano a fare la differenza. Perché allora smettono di essere competitive tra loro e fanno squadra.» Sembra facile ma c'è un altro problema: spesso, quando raggiungono i vertici, è grazie a compromessi con il potere maschile. Anche solo nei comportamenti. E dopo è difficile liberarsene: «Molte donne in posizioni di comando avrebbero bisogno di riconnettersi al loro lato femminile. Non solo per dare più qualità al loro lavoro, ma anche per essere semplicemente più felici». Hilarie annuisce nel suo modo mite: «Anche noi siamo capaci di essere competitive, arroganti talvolta. Ma non mi piace quando ci si accanisce le une contro le altre».

Autrice di sei libri sulla leadership, da giovane ha compiuto studi politici, affascinata da personalità di grandi trascinatori come Kennedy: «Volevo capire cosa spingesse alcune persone a mettersi alla guida delle altre. Credo sia il desiderio di *fare* qualcosa di grande. Il problema è che spesso trasformiamo i leader in eroi, irreali, sovrumani, mentre la gente sente di non avere voce. Invece tutti abbiamo potenzialità. Tutti dobbiamo essere coinvolti nel processo di cambiamento».

Dunque è un problema di coscienza civile collettiva. Ma è proprio l'approccio femminile che potrebbe contribuire a risolverlo: «Le donne hanno un particolare modo di vivere, per esempio, un successo: è sempre la squadra che ha fatto un buon lavoro, non loro in quanto capi». Parla una che quando era nel management della International Publishing Company ha aumentato il profitto del 600 per cento. «L'azienda andava bene, ma io pensavo che potesse andare meglio, lavorando sulla comunicazione tra le persone. Incoraggiando i diversi dipartimenti ad avere scambi frequenti, tutto è diventato più efficiente.»

Ci voleva evidentemente una manager, per capire che la soluzione era così elementare. In Italia si dicono tutte molto stanche di non avere una voce, ma anche loro hanno smesso di farsi sentire, dopo il femminismo. Come si fa a recuperare la voglia di combattere? «Un'idea è costruire una rete, in cui si possano confrontare e scambiare opinioni. È stata una reazione al femminismo, chiudersi nell'isolamento. La nostra generazione ha combattuto ma non ha saputo comunicare. Servono più libri scritti dalle donne per le altre. E soprattutto televisione. È il mezzo più potente per trasmettere un'idea, compresa quella di leadership. Raccontate storie divertenti» insiste Hilarie con decisione. «Usate l'ironia. Funziona più di qualunque altra cosa.»

Riacquistare la capacità di sorridere potrebbe essere una chiave. Anche perché gli uomini paiono sempre più spaventati dalle virago da combattimento che hanno sostituito le rassicuranti casalinghe di un tempo. «Sostenere che una partner forte danneggia l'uomo è un modo classico per rimetterla al suo posto. Ma non sono solo i maschi a essere più spaventati: semplicemente, il mondo è diventato un posto più difficile per tutti.»

Lo è stato anche per lei. Anni fa, in seguito a una malattia, le avevano detto che avrebbe perso l'uso delle gambe. Hilarie ha rifiutato di arrendersi e ha combattuto fino alla completa riabilitazione. Ma nel frattempo, suo marito se n'era andato. «Non ha resistito, non accettava il fatto che non fossi perfetta.» Lo dice col tono di chi ha dovuto scusarsi molte volte. Poi ritrova il suo ampio sorriso: «Adesso sono molto più forte. Ho un compagno che sa stare al mio fianco. Avere qualcuno accanto con cui condividere le esperienze è fondamentale».

Nessun leader ce la fa da solo.

Nessuno tranne Mimma Viglezio. I capelli corti, chiarissimi, il corpo snello rilassato su una poltrona nella sua casa londinese di Notting Hill: sembra un elfo. Invece è una donna di potere e di successo e vive in un mondo molto reale. Che non le ha regalato niente, anche se in un certo senso l'ha sorpresa.

«Non volevo fare carriera. Volevo essere libera e avere un marito in ogni capitale» mi racconta allegra. «Ma per essere economicamente e professionalmente indipendente devi raggiungere un certo livello.»

Lei l'ha raggiunto. È vicepresidente esecutivo del Gucci Group, si occupa di tutti gli otto marchi del gruppo per quanto riguarda la comunicazione economico-finanziaria: l'acquisto degli spazi sui media, la gestione dell'agenzia creativa, le ricerche di mercato fanno capo a lei. In più cura l'immagine del presidente. Ed è membro del comitato esecutivo. Ci è voluto, dice, soprattutto coraggio: «Ho seguito un cacciatore di teste dalla Svizzera a Milano, per lavorare a metà della paga in un'agenzia sconosciuta. Ci vuole fegato per cambiare casa e vita». Poi è finita a Roma, ma anche quella non poteva essere l'ultima tappa: «Stavo bene, ma ho capito che mi stavo un po' rinchiudendo. E ho accettato il lavoro a Parigi».

È andandosene che ha fatto il grande salto, e non crede sia un caso. Mimma è di Lugano, ma ha lavorato a lungo in Italia. Come tanti cervelli promettenti che, per mantenere le promesse, hanno dovuto fare le valigie, ha per il nostro Paese molto affetto, buoni ricordi ma pochi rimpianti. «È l'unico posto al mondo in cui mi è stato chiesto se pensavo di fare dei figli.» In Francia, dove il tasso di natalità è più elevato, le donne partoriscono e poi tornano al lavoro, mi fa notare. In Italia esiste ancora un peso sociale della famiglia. La mamma che va in ufficio deve sempre dimostrare che non sta «togliendo» qualcosa ai suoi cari. E i servizi sono quelli che sono. Lei però ci tiene a precisare che, se non ha avuto bambini, non è stato per la carriera. Anche questo è un pregiudizio: «Non è vero: non li volevo» dichiara, secca.

Parla rapidamente e senza esitazione. La sua grande passione è *Diabolik* e la sua eroina Eva Kant: «Bella, giovane, intelligente e innamorata. Di un bel maschio, per di più». Le chiedo, e so già la risposta, se anche lei sia vittima degli stereotipi della donna di potere: fredda e aggressiva. Annuisce. «È uno dei prezzi da pagare. La donna di potere viene giudicata per forza arrogante.» Con gli inevitabili problemi sentimentali: i maschi della sua generazione, ammette equa, sono più abituati ad avere a che fare con donne emancipate. Ma per le ragazze intelligenti la via al loro cuore è sempre un po' meno diretta. «Preferiscono quelle che li guardano con gli occhi da cerbiatta qualunque stronzata dicano» sospira. Agli uomini, ahinoi, non si può rinunciare, ma qualche soddisfazione la danno anche le amiche. «Con le donne puoi piangere, essere fragile, dire sciocchezze», insomma tutti i veri lussi delle femmine acute e di potere.

A proposito di lusso, Mimma è stata al centro di polemiche sui prezzi dei prodotti di alta moda. L'industria, e più che mai in tempi di crisi, deve difendersi dall'accusa di aver rinunciato alla qualità del Made in Italy, di sfruttare i meccanismi della globalizzazione per produrre altrove a basso costo per poi vendere a prezzi esorbitanti, che non hanno nulla a che vedere con il valore d'uso. Il problema è complicato e Mimma, da donna d'immagine, ci si è ritrovata giusto in mezzo. Ha portato i dati che dimostrano come ci sia un'etica anche nell'industria del frivolo. Ora che la battaglia è finita può scrollare le spalle: «Il lusso è diventato molto più democratico, oggi chiunque può avere il suo pezzettino di sogno». E le modelle magrissime, obiettivi inarrivabili per le ragazze? Il mondo patinato della moda è in parte responsabile di molti complessi, per tacere dei disturbi alimentari. Ma di nuovo Mimma scuote il capo. «I problemi sono altri» afferma. «Tra un paio d'anni le modelle torneranno paffute, vedrai.»

Come molte donne brillanti della sua generazione si considera post-femminista. Sto scoprendo che è un modo per dire: femminista ma senza essere ideologica. «Credo che le donne abbiano smesso di lottare» dice. «Ci sono quelle che non si pongono il problema, come me, lo ammetto, e quelle che non combattono perché hanno paura di perdere la loro femminilità. Che invece è un valore da reclamare. Quando incontro il sessismo rido, perché mi sembra così fuori moda.» Può prenderla con tanta serenità anche perché da dodici anni fa meditazione: «Mi arrabbio di meno» spiega. È co-fondatrice del ramo italiano della Prasad, una onlus indiana che lavora per aiutare le persone di una piccola zona del nord-ovest dell'India, soprattutto i bambini, a costruirsi una vita e un'indipendenza economica.

Non le dispiace dare qualche consiglio, con il beneficio

della sua esperienza, alla generazione che la seguirà. «Tre requisiti» elenca decisa. «Il coraggio, innanzitutto di cambiare. La sopportazione: i calci nei denti ci sono, vai a casa, piangi e tieni duro. La determinazione. E poi» gli ammalianti occhi verdi brillano mentre sorride, «mai, mai scopare per fare carriera. Padrini e madrine fanno più male che altro.»

Magari non è la ricetta del successo per tutti – si è dimenticata di menzionare il suo ingrediente segreto, il talento – ma sembra un buon manuale di istruzioni, non solo per la carriera. Nella sua vita, i risultati si sono visti. «Se non ti lasci legare dal potere, dal rango, dal denaro, se sei capace di dire basta, allora sei libera» si guarda attorno nella stanza ampia, chiara, discretamente lussuosa. Il folto tappeto bianco, i libri d'arte sul tavolino basso, pochi quadri moderni scelti con gusto ma dalla simbologia inquietante. Per esempio sulla parete di fronte a me, avvolge le sue spire un grande serpente albino. Poi lancia un'occhiata all'orologio e si alza, deve andare a prendere l'aereo per la Cina. «Io credo di avere la vita che volevo» conclude, senza mezzi termini.

Per arrivare a un'emancipazione come quella di cui gode Mimma, le donne hanno dovuto sputare sangue. In Inghilterra, fra le prime d'Europa.

Emmeline Pankhurst nasce esattamente centocinquanta anni fa, nel 1858, in una famiglia borghese di Manchester. Viene mandata a studiare alla École Normale di Parigi, cosa eccezionale per una ragazza dell'epoca. Quando torna a Manchester incontra il dottor Richard Marsden Pankhurst. Rick è un giovane e promettente avvocato e ha una strana fissazione: vuole che alle donne del Regno Unito sia concesso il diritto di voto. Emmeline ha ventun anni: sposa lui e la sua causa. Di più: ne diventa paladina. Fonda la Lega per il diritto di voto alle donne che porta avanti per una decina di anni con grande impegno. Nel frattempo dà alla luce cinque figli.

Nel 1898 Rick muore e Emmeline abbandona la scena politica. Ma cinque anni dopo ha elaborato il lutto o semplicemente ritrovato le energie: le sue figlie sono ormai giovani donne. Nel 1903, quarantacinquenne, battezza il movimento per cui passerà alla storia: le suffragette. La politica ufficiale si guarda bene dal riconoscere un gruppo di donne che avanza richieste inopportune come quella di partecipare alla vita pubblica. Ma presto, loro si faranno notare.

Al 159 di Knightsbridge c'è casa Pankhurst. Oggi poco distante c'è la London School of Economics: su un muro esterno, una targa ricorda il primo raduno delle suffragette. C'è un disegno con una fiamma tricolore: rosso per la dignità, bianco per l'innocenza e verde per il futuro. Mamma Pankhurst, le tre figlie e molte altre che nel frattempo si sono unite a loro cominciano ad alzare la voce nell'ottobre del 1905. Due suffragette interrompono un incontro pubblico del Partito liberale per chiedere direttamente a Churchill se ritiene che le donne abbiano o no diritto al voto. Lui non risponde. Le ragazze si mettono a gridare: le arrestano. Una di loro è Christabel, la primogenita di Emmeline. Quando esce di galera, due settimane dopo, è una celebrità. È l'inizio della battaglia ufficiale. Tre anni più tardi arrivano le vere azioni dimostrative: due donne scagliano sassi contro il numero 10 di Downing Street. «La prossima volta saranno bombe» è il messaggio che lasciano. È una reazione alla dichiarazione del nuovo primo ministro Herbert Henry Asquith sul suffragio femminile: «Le donne non sono assolutamente adatte alla politica».

Dal 1908 al 1914 Emmeline riesce a farsi arrestare ben tredici volte. Rinchiusa nel carcere femminile di Holloway, mette in atto l'unica forma di protesta consentita e silenziosa: lo sciopero della fame. A lei tuttavia nessuno impone la dolorosa pratica dell'alimentazione forzata: è pur sempre una borghese. È alle militanti della classe operaia che viene infilato un tubo in gola perché smettano di puntare i piedi. Far tacere le donne, fuori come dentro al carcere, sembra ormai un'impresa impossibile.

Nel frattempo le sorelle Pankhurst non mollano. Nei tre anni successivi viene presentato al Parlamento per ben tre volte il Conciliation Bill. È una specie di proposta di tregua da parte del movimento: noi smettiamo di darvi il tormento se concedete, per ora, il diritto di voto ad almeno un milione di donne, di ceto alto, nel Regno Unito e in Irlanda. In Parlamento l'opposizione è trasversale. Tutti gli uomini, di qualunque partito, concordano sul no.

Così nel 1912 la battaglia comincia a prendere un tono violento: 60.000 donne marciano su Trafalgar Square. Emmeline e Christabel vengono nuovamente arrestate. Appena fuori, convocano da Simpson's, sullo Strand, la stampa e soprattutto i fotografi: vogliono finire sulle prime pagine dei giornali. La strategia è cambiata: per scuotere l'opinione pubblica, contano più le dichiarazioni che la violenza. Le Pankhurst si sanno muovere bene, ma Christabel ha troppe pendenze legali e va in esilio a Parigi. Sua madre, dal canto proprio, decide che è meglio tentare di non farsi più incarcerare: il movimento ha bisogno di lei, libera.

Alcune donne si organizzano anche da sole, e non fanno una bella fine. In particolare Emily Wilding Davison: ha quarantun anni quando muore, l'8 giugno del 1913, schiacciata dal cavallo di re Giorgio V. Stava cercando di attaccargli alla coda la bandiera delle suffragette, affinché sventolasse dietro la sua schiena, al taglio del traguardo alle corse. Mary Richardson invece si guadagna sul campo il nome d'arte di «Mary la Squartatrice». Armata di un coltello da macellaio, prende di mira la *Venere allo specchio* di Velázquez e la sfregia. La tela è un grande olio appeso in una delle sale della National Gallery. La ferita, a guardare bene, si vede ancora, sebbene sia stata ricucita. Il corpo di Venere è morbido, lezioso e abbandonato: tutto quello che le donne non vogliono più essere.

È alla fine della Prima guerra mondiale che le donne, dopo aver dimostrato di servire la patria quanto i loro compagni, ottengono i primi risultati: nel marzo del 1918 viene concesso il diritto di voto alle maggiori di trent'anni. Tutti i maschi sopra i ventuno lo possiedono già, ma sembra lo stesso una grande vittoria. Otto mesi dopo, un colpo di scena: la legge sancisce il diritto delle donne sopra i ventuno anni a essere elette membro del Parlamento. Si tratta di un'incongruenza legale, alla quale le militanti si appellano per dieci anni, fino a vincere davvero. Nel luglio del 1928, diciotto anni prima dell'Italia, tutte le donne maggiorenni hanno diritto di voto. Emmeline Pankhurst è morta un mese prima, in povertà.

Fa un certo effetto venire accolti all'interno del terzo college più antico di Cambridge, il Pembroke, da una padrona di casa che parla italiano. Chissà perché l'erba dei giardini inglesi è sempre più verde della nostra: quella delle corti interne di Pembroke è di un colore brillante che contrasta con l'ocra della pietra degli edifici medievali. Sembra una cittadella fortificata del sapere: barricata come un piccolo paradiso protetto. Fontane e siepi perfette, aiuole curatissime piene di fiori. La mia guida si muove con sicurezza lungo i vialetti del campus. Sara Silvestri, trentatreenne romana dal viso acqua e sapone, qui insegna Politica internazionale: «Non mi sento affatto esiliata. Anzi questo Paese mi ha dato l'opportunità di esprimermi e realizzarmi al meglio».

Ha un sorriso dolce, Sara: i suoi occhi luminosi conservano un entusiasmo di bambina, eppure si percepisce subito che è una giovane donna molto determinata. Dopo la laurea in Lettere alla Sapienza è venuta a Cambridge per un master in Politica europea, e ha proseguito col dottorato sulla politica dell'Islam. «In Italia non c'è mai stato molto interesse per quello che faccio. Credo che in ambito universitario forse prima o poi potrei anche rientrare, accontentandomi del salario e delle strutture assai più limitate. Ma il problema è la mentalità clientelare e la scarsa responsabilità di chi lavora per il pubblico. La mancanza di meritocrazia. Certo, qui lavoro moltissimo, ma in compenso se scrivo un articolo, se preparo un progetto per dei fondi di ricerca la firma è la mia, non di un barone.»

La pensano come lei anche gli altri otto «italiani a Cambridge» che ha riunito per farmeli conoscere. Sono bei visi, quelli dei ragazzi seduti attorno al grande tavolo di un'aula che si apre per un'intera parete sui giardini. Facce di un'Italia energica, sorridente e curiosa. Sono anche visi seri: non bamboccioni ma adulti che mettono grande impegno nel loro lavoro. Parlano dell'Italia con una vena di malinconia: è il posto dove avrebbero preferito stare. Ma che non li vuole. «De Benedetti è stato in visita qui, poco tempo fa. Ha fatto un intervento sugli italiani all'estero e ha detto, testuale: "Rimaneteci. Se venisse lo tsunami, in Italia, e portasse via tutto, si dispiacerebbero solo gli archeologi". Un inglese non parlerebbe mai così del suo Paese» racconta con tono amaramente ironico Francesco Anesi, il più giovane, ventisei anni e un dottorato in Relazioni internazionali.

I nove cervelli in fuga che ho davanti annuiscono: il più anziano di loro non ha nemmeno quarant'anni. Alcuni si sono già distinti vincendo premi significativi, come il Marie Curie Award, una specie di Oscar per le eccellenze nella ricerca scientifica a livello europeo. Luisa Corrado lo ha ottenuto per le sue ricerche in campo economico. Ha un accento del Sud, tratti mediterranei, una folta chioma nera. I risultati del suo studio sulla felicità sono finiti anche sui nostri giornali. L'Italia è uno dei Paesi più infelici, assieme a Grecia e Portogallo. Pare che il fattore determinante per essere popoli gioiosi sia la fiducia nella società in cui si vive. Da noi, come ha verificato Luisa, non ce n'è abbastanza.

«Qui ci sono condizioni economiche eccellenti per proseguire gli studi» dice Eleonora Carinci, trentatré anni, che è venuta a seguire un dottorato in Letteratura italiana. Un paradosso: «Non esiste luogo migliore di questo per studiare le nostre poetesse del Cinquecento. Io mi occupo di una scrittrice veneziana, Moderata Fonte. Le sue opere sono state pubblicate nel XVI secolo e mai più. In Inghilterra invece sono tradotte e ristampate». Eleonora, viso delicato da ritratto preraffaellita, lavorava già in patria su temi legati alle donne: «La scrittura femminile è importante, sebbene così trascurata, perché rappresenta un punto di vista diverso sul mondo». Seduta accanto a lei Alessia Ronchetti, stessa età e sua vecchia compagna di università, annuisce: «Le studentesse di letteratura italiana sono sparse per le accademie europee. Da noi per le donne è impossibile andare oltre un certo livello». Alessia infatti è qui per il dottorato in Letteratura rinascimentale. «Affrontata secondo un approccio femminista» specifica. Ha l'aria battagliera, occhi scuri sottolineati da un trucco che trasfigura i suoi lineamenti con un tocco quasi orientale. «Molte intellettuali femministe italiane hanno capito che la nostra università è rigida e gerontocratica. Si sono create spazi fuori dai canali istituzionali, per poter continuare a lavorare. La professoressa con cui ho fatto la tesi era una di queste. È stata trascinante. Il lavoro con lei mi ha aperto un mondo. E dire che ero arrivata a ventisette anni pensando che essere donna fosse un dettaglio!»

Eleonora sorride: le autrici che studia da anni sono state forse le prime a pensarla come Alessia. Peccato che in Italia nessuno ne sappia niente. «Si studiano Ariosto, Tasso, Bembo, ma avete mai sentito parlare di Arcangela Tarabotti, tanto per fare un nome? Le donne scrivevano eccome, già nel Cinquecento. Si inserivano in una tradizione di opere in versi, spesso a carattere religioso. Arcangela Tarabotti, veneziana, era una monaca, ma forzata. Suo padre l'aveva rinchiusa in convento perché era una personalità piuttosto indomabile. E lei denunciava la tirannia paterna, scriveva cose terribili sugli uomini, esaltava la figura della Vergine per lanciare un messaggio preciso: "Ce l'avete tanto con le donne ma Maria, che pure venerate come la più grande delle sante, era una di loro".» Il viso delicato di Eleonora si accende, mentre racconta delle «sue» autrici. Dietro gli occhiali da studiosa, gli occhi brillano.

Siccome parliamo dell'altra metà del cielo, sono curiosa di sapere cosa ne pensano anche loro delle quote rosa. Vedo che una ragazza finora silenziosa si anima all'improvviso. Ha un viso da studentessa del liceo, lunghe gambe magre fasciate dai jeans che terminano in un paio di scarponcini da montagna. Ha tenuto per tutto il tempo le braccia incrociate strette al petto ma lo sguardo era attento. «Col 50 per cento di posti riservati alle donne magari qualcosa cambierebbe anche in Italia. Qui all'estero, per ristabilire un po' di equilibrio, potremmo invece fare le quote delle oche. In Europa non se ne vedono tante. C'è la donna del tabloid, ma l'oca, la velina alle otto della sera, qui mica si vede.» Caterina Ducati ha la lingua affilata. Trentatré anni, ricercatrice in Fisica, è a suo modo un'eccezione nell'eccezione: del gruppo è l'unica sposata con due figli. «Tutte quelle donne nude che si vedono ovunque nei media italiani ci tolgono dignità» dichiara, tornando a incrociare le braccia.

Luisa, l'economista studiosa della felicità, comincia a snocciolare alcuni dati inquietanti: da uno studio della Comunità europea risulta che solo l'8 per cento delle donne rappresentate nella pubblicità italiana sono lavoratrici. Il restante 92 per cento, presumibilmente, ricade sotto la categorie «oche» proposta dalla sua collega. «Nell'Europa del Nord, in Svezia e Finlandia, per esempio, esiste una commissione di vigilanza sui contenuti televisivi: fanno da filtro rispetto alle rappresentazioni, per evitare appunto che ci siano sproporzioni come queste rispetto alla società reale. Del resto, in quei Paesi un'alta percentuale dei parlamentari è femmina. Mentre in Italia, alle ultime elezioni, è calata ancora.»

«Io sono abbastanza perplesso sulla questione delle quote» la corregge Andrea Ferrari, ingegnere dei nanomateriali. «Qui vige un rigoroso *politically correct*, ma si è finito per discriminare al contrario. Le donne vengono preferite, per esempio, quando si selezionano gli studenti. Se una candidata piange, è anche meglio: fa più effetto.»

Caterina insorge: «Se ci sono delle quote anche all'università, è segno che servono. Altrimenti passerebbero solo i maschi. Come mai non ci sono donne nelle posizioni di potere del tuo dipartimento?».

«Per una questione soprattutto di tempi, oltre che di curriculum» cerca di difendersi Andrea. «Non c'è una cospirazione maschile contro di voi. Bisogna ricordarsi che le prime, qui a Cambridge, sono state ammesse trent'anni fa: ci vuole tempo per formare una classe di docenti al femminile.»

Tra i diritti che una giovane può reclamare in questo Paese c'è prima di tutto quello alla maternità. Caterina è l'unica che ha esperienza diretta: «Se fossi in Italia, sarei nella stessa situazione in cui sono ora, ossia due figli e un lavoro da ricercatrice, però senza stipendio. Non mi sembra che le italiane lottino molto per fare bambini. Magari poi ci arrivano tardi e se ne pentono.» C'è un filo di orgoglio nella sua voce. «Le ragazze madri in Inghilterra hanno diritto alla casa, al sussidio mensile, ai prodotti per il bambino per tutto il primo anno di vita; le analisi mediche durante la gravidanza sono gratis. Finché non andranno in Parlamento, non ci saranno anche da noi leggi che tutelano la maternità. Per questo sono convinta che le quote servano.»

Il college di Pembroke è stato voluto proprio da una donna: la contessa Mary de St Pol. Il suo ritratto, nel refettorio, è illuminato da un raggio di sole che entra da una delle ampie finestre. Mary, secondo la leggenda, fu moglie e vedova nello stesso giorno, perché l'uomo che aveva appena sposato fu ucciso in un torneo nel giorno delle nozze. È invece storicamente documentato che nel 1347 ottenne da Edoardo III il permesso di aprire un college a Cambridge, il terzo di una città che oggi ne conta trentuno.

«Fino alla fine dell'Ottocento le donne qui non ci potevano proprio mettere piede» mi racconta Sara, in conclusione della nostra visita. «È stato il Churchill College il primo a consentire loro di laurearsi, negli anni Sessanta. Nei vent'anni successivi hanno ceduto praticamente tutti: tre sono ancora oggi solo femminili. Mentre anche quelli che fino agli anni Ottanta erano rimasti esclusivamente maschili hanno dovuto aprire le porte alle studentesse, per alzare il livello: man mano che cresceva il numero delle donne, aumentava anche la qualità dello studio» sottolinea Sara con un sorriso soddisfatto. «Oggi noi ragazze qui a Cambridge siamo il 50 per cento degli studenti.»

Finalmente entrate nelle fortificazioni maschili del sapere, le donne tolgono le ragnatele.

CAPITOLO 20

FERRARI O CINQUECENTO?

ALESSANDRA GRAZIOTTIN entra dalla porta del suo studio come sparata da un cannone. Camice bianco svolazzante, comode scarpe da ginnastica e una leggera, femminile sciarpa rosa. Praticamente prima che io abbia fatto in tempo ad alzarmi per salutarla mi ha raggiunta, mi ha stretto la mano e si è già seduta dietro la sua scrivania. Solo ora capisco il significato dell'espressione «sprizzare energia». E se fossero le nove del mattino sarei meno stupita. Ma sono le otto e mezza di sera e la sessuologa più famosa d'Italia ha lavorato almeno undici ore, dopo essersi alzata alle sei ed essere andata a cavallo.

«Sono una Ferrari, se devo andare come una Cinquecento mi ingolfo» mi spiega allegramente. «Arrivo sempre a quest'ora sorridente, disponibile, con molta energia da dare e voglia di ascoltare.»

Una donna così infaticabile sarà senz'altro un'altra sostenitrice della teoria secondo cui possiamo avere tutto, se ci impegniamo abbastanza. Ma lei mi sorprende scuotendo risolutamente il capo: «Niente affatto. Non puoi avere tutto se non sei "figlia di", "moglie di", "amante di". Sostenere il contrario è offensivo per tutte le donne normali».

Lei sulle donne normali è un'autorità, nel suo ambulatorio ne sono passate tante. E ha condotto molte ricerche sulla specificità del dolore femminile. È uno dei motivi per cui ho voluto incontrarla, dopo aver letto che gli studi sui farmaci, compresi i test sugli animali, vengono condotti quasi solo su maschi. Per cui, per ogni medicina che esce sul mercato, degli effetti collaterali sulle donne si sa in realtà molto poco. Le stesse sostanze hanno invece effetti diversissimi sui due sessi. Gli ormoni femminili, ho scoperto sul ricchissimo e aggiornato sito di Graziottin – una vera e propria miniera di informazioni mediche – «contribuiscono a mantenere una maggiore efficacia comunicativa fra le cellule nervose». Ovvero, nelle donne c'è una relazione più forte tra disturbi dell'umore e disturbi fisici. Un esempio: bassi livelli di estrogeni comportano bassi livelli di serotonina, l'ormone in parte responsabile delle lenti rosa, o nere, con cui vediamo la vita. Ma che regola anche in parte gli organi gastrointestinali. Quindi si digerisce male, ci si gonfia o si aumenta di peso.

La dottoressa mi ricorda che i mali «in rosa», mestruazioni dolorose prime fra tutti, vengono liquidati da secoli come «fantasie», «paturnie», quando non sono addirittura considerate scuse da fumetto per sottrarsi ai doveri coniugali. Mentre si sta scoprendo che sono molto reali. Per esempio, dopo la pubertà le femmine hanno il triplo delle possibilità di soffrire di depressione rispetto ai maschi.

«Ritengo drammaticamente non etico che alle donne si dica sempre che il dolore lo hanno in testa» afferma. «Particolarmente il dolore viscerale, fino a poco tempo fa considerato come un sintomo di stress. Così che una povera crista è stressata per i suoi motivi; ancora più stressata perché ha il dolore; non può avere rapporti con conseguenti fuochi d'artificio in famiglia; è assente al lavoro e quindi diventa una dipendente scomoda. Un disastro.» Ricorda la frase bellissima e malinconica di una paziente: *Tra me e mio marito si è stesa una ragnatela di tristezza*.

I dolori viscerali, mi spiega, sono una delle tre tipologie tipicamente femminili e comprendono sindrome del colon irritabile, endometriosi, cistite e dolori pelvici tra cui il dolore da penetrazione. Il secondo gruppo è la cefalea, e il terzo sono le grandi malattie autoimmuni. Ma allora è vero che le donne soffrono di più? «Hanno molte più possibilità che il sistema immunitario produca anticorpi contro se stesso piuttosto che contro le malattie.» Mi conferma l'idea che avevo parlando con Gloria Manzelli: non è vero che siamo più deboli degli uomini. È che siamo infinitamente più brave a farci del male. «E di questo dolore viene negata la verità biologica» aggiunge la mia interlocutrice. «Infatti la seconda metà della mia vita è dedicata a mettere il know-how accumulato in questi anni al servizio delle altre, con cui mi sento profondamente solidale.»

E sta facendo un lavoro egregio: la sezione «schede mediche» del suo sito contiene risposte concrete alle domande sulla salute tipiche delle donne: dalla contraccezione (divisa per fasce d'età) alla depressione post partum, e dai disturbi dell'orgasmo a quelli del sonno. Senza trascurare nemmeno un argomento apparentemente frivolo, ma importante per le adolescenti, come i risvolti medici del piercing. Mi sento sollevata al pensiero di questa alleata così pragmatica e decisa nella battaglia femminile. In grado anche di suonare una nota di ottimismo. «Abbiamo alcune vulnerabilità importanti ma anche grandissime ricchezze. Abbiamo una rete affettiva molto più solida, profonda, confortante di quella dei maschi. La nostra capacità di accogliere e prenderci cura ha una reciprocità. E per questo le donne, con tutte le loro magagne, vivono in media sette anni più degli uomini.» Amare e sentirsi amate, in altre parole, allunga la vita ed è una risorsa che non si può sostituire con alcun farmaco. «La positività promuove un effetto placebo che alza il sistema dopaminergico e le endorfine, e diminuisce gli effetti collaterali dei farmaci» mi spiega, tecnica. Forse è per questo che siamo riuscite a sopravvivere tanto a lungo a intrugli chimici sperimentati solo sui maschi. Come in un romanzo, ci ha salvate l'amore. E proprio per questo è un dramma, secondo Alessandra Graziottin, che acquisendo stereotipi virili perdiamo la capacità di confortare. «Il femminile sano» sostiene «esprime elementi tradizionalmente maschili, come l'assertività, il pragmatismo, la disponibilità economica. Ma non rinuncia alla capacità di prendersi cura. Donne così acquisiscono una grande solidità e armonia che vengono dal non aver tradito la propria natura, dal non aver dovuto amputare parte della propria anima.»

Queste donne in genere hanno avuto nell'infanzia e nell'adolescenza un ottimo rapporto con il proprio padre. «È lui la figura che riconosce la tua femminilità, ma nello stesso tempo ti dà gli strumenti per affrontare il mondo, ti incoraggia a esprimere talenti tradizionalmente maschili, ti dà un baricentro per tutta la vita.» Si vede benissimo, mentre mi descrive questo rapporto, che parla per esperienza personale. Gli occhi nocciola brillano.

La capisco. Con mio padre ho avuto un rapporto straordinario, anche se molto conflittuale negli anni delle turbolenze giovanili. È stato Alfred, quando abbiamo avuto l'età di capire, a impartire a me e a mia sorella i primi elementi di educazione sessuale. Quando era uscito *Helga*, film scandalo in cui per la prima volta si mostrava un parto, eravamo andati tutti insieme a vederlo. Era seguito il dibattito. Non sarebbe stato bene per noi, pensavano i miei genitori, imparare certe cose, male, dai giornaletti o dalle idee confuse dei nostri coetanei. Quindi un giorno papà ci ha prese da parte e con l'aiuto di carta, matita e diagrammi degli apparati riproduttivi maschile e femminile ci ha spiegato l'essenziale. Ricordo ancora quanto mi impressionò l'idea che, su milioni di spermatozoi, solo uno riuscisse a fecondare l'ovulo. L'idea di questa lotta senza quartiere che si sarebbe potuta svolgere dentro al mio corpo mi sembrava intrigante e barbarica al tempo stesso. Qualche anno prima mia madre si è incaricata invece di chiarirmi il meccanismo delle mestruazioni e del parto. Un altro fenomeno abbastanza cruento. Delle spiegazioni dei miei genitori non capii esattamente tutto, devo ammettere, e molti dettagli mi sarebbero risultati chiari soltanto più tardi. Ma sono sempre stata grata alla mia famiglia di essersi assunta questa responsabilità mentre tante altre, per un malriposto senso del pudore, non lo fanno nemmeno oggi.

La famiglia, mi conferma Alessandra, non è solo un elemento fondamentale nella crescita di ragazze sicure di sé, capaci di prendersi cura del proprio corpo e di rispettarsi utilizzando una contraccezione efficace. È anche un grosso fattore nel successo di una donna, in un Paese in cui l'assistenza pubblica funziona a singhiozzo. Ma lo stesso ci si ritrova a essere mogli, amanti, badanti, lavoratrici, asilo nido e chissà che altro, con conseguenze drammatiche. Tra cui per esempio il calo del desiderio. «La donna che vuol far tutto toglie tempo al sonno» e questo si ripercuote sulla libido. «E non è un caso per esempio se la sindrome premestruale è in spaventoso aumento, soprattutto tra i venticinque e i quarant'anni.» I disturbi del desiderio sono due volte più frequenti nelle donne, ma è perché i maschi hanno dieci volte più testosterone, mi spiega. In compenso, uno su tre soffre di eiaculazione precoce.

Un campo di battaglia disseminato di vittime, la vita sessuale delle coppie moderne. E se fosse anche perché restiamo aggrappati a un modello di famiglia, di ruoli, di spartizione poco equa dei compiti che in realtà non va bene più a nessuno? È possibile, ammette la dottoressa, e la condivisione dei lavori domestici dovrebbe cominciare dall'infanzia. Tra le prime colpevoli dello sfascio di tante giovani coppie secondo lei ci sono le famigerate mamme italiane, che non hanno educato i maschi – ormai nemmeno più le femmine – a darsi da fare, a organizzare una casa. «C'è un analfabetismo sui fondamenti dell'autonomia che all'estero non troviamo. E questo è il difetto dell'educazione italiana.» All'uomo di casa, però, non si può chiedere più di tanto, sostiene, con un giudizio tradizionalista che mi stupisce. Per lei è insostituibile il rapporto con la madre. Per questo considera la figura del «mammo», dell'uomo casalingo che si prende cura dei figli, un'impossibilità sociale: che lui stia a casa e lei faccia carriera è un'eccezione più unica che rara. «Può farlo per un anno. Ma non per tutta la vita, dovrebbe avere un'autostima incredibile per sopportare di essere guardato da tutti come un poveretto. E poi le donne non reggono il casalingo come modello erotico, non sul lungo periodo.»

Come diceva Veronesi, un bravo amante non è mai un buon marito. E coerentemente con le teorie del professore, il calo del desiderio è un problema in crescita fra i giovani maschi. «Da un lato per via dell'iperstimolazione erotica: sono bombardati da ogni parte, internet, televisione, persino per strada. Dall'altro per la banalizzazione del desiderio, che non è più fatto di divieti, regole, misteri» dice Graziottin. E cominciano ad accorgersene persino gli uomini, così «tradizionalmente» poligami, dato che il *drop out*, ovvero il tasso di abbandono, dei farmaci per l'erezione è tra il 60 e l'80 per cento. Non si usa più il Viagra, in una parola. «Persino la scienza si sta accorgendo che conta anche *con chi* si fa l'amore» conclude soddisfatta.

Nonostante questo viviamo in una società sempre più promiscua. È in aumento la monogamia seriale: legami stabili, esclusivi, ma brevi. «Gli indici di promiscuità sono saliti in modo vertiginoso per le donne rispetto agli uomini» mi spiega, «e virus sessuali come il papillomavirus, virus oncogeni, incidono molto di più su di noi.» Ma in Italia, anche se è in discussione la vaccinazione gratuita per tutte contro il papillomavirus, le campagne per una corretta contraccezione sono poche e osteggiate da molti, Chiesa in testa. Anche questo a scapito soprattutto di una metà del cielo che non è quella di cui fanno parte i vescovi. L'Olanda, mi racconta, ha organizzato una formidabile campagna di formazione sulla contraccezione, tra i giovani: la chiamano Double Dutch, per i maschi *sempre* il preservativo e per le femmine *sempre* le terapie ormonali. Risultato: caduta a picco sia delle malattie sessualmente trasmessibili sia delle gravidanze indesiderate. Ma in Italia devono aver deciso che invece Aids e aborti ce li meritiamo.

«Azzerare l'aborto dovrebbe essere un obiettivo comune a laici e cattolici» protesta invece la dottoressa. «Non con i divieti ma incoraggiando il senso di responsabilità: verso se stessi, verso gli altri e verso quel terzo che è il figlio.» Non c'è informazione, afferma, nessuno dice alle ragazze che le infezioni riducono sensibilmente la fertilità femminile. Così come il fumo. Il tasso di alcolismo e di tabagismo tra le giovani sta crescendo più rapidamente che nei maschi.

L'assenza di conoscenza, è vero, è una forma di discriminazione che ci perseguita da secoli. Da quando le madri ci iniziavano più coi silenzi che con le parole ai misteri del letto coniugale. Su un punto però le nostre opinioni divergono: secondo Graziottin non dobbiamo per forza lottare per conquistare una rappresentanza politica, e cambiare finalmente le cose. Se uscissimo tutte di casa metteremmo in pericolo, sostiene, un modello di struttura familiare che in Italia ancora funziona bene, mentre altrove è collassato. «I Paesi del Nord hanno più donne in Parlamento ma un tasso di suicidi giovanili altissimo» mi ricorda. «Se il prezzo dev'essere questo, allora sto fuori dal Parlamento e mi curo i figli.»

Non sono d'accordo sulla necessità di questo sacrificio. Basterebbe, come abbiamo visto, organizzare meglio i servizi necessari a permetterci di lavorare e crescere lo stesso i nostri figli. Ma apprezzo la sua coerenza. Lei ha pagato la carriera con la rinuncia alla maternità, anche se il suo stesso ufficio riflette una capacità di cura e di attenzione al prossimo che ne avrebbe fatto sicuramente una buona madre. I kleenex nella scatola d'argento sul tavolo. Le caramelle nella ciotola lì accanto. Nell'angolo, foto incorniciate. Le pareti di un vivace giallo chiaro e il grande accogliente tappeto persiano sui toni dell'azzurro e del grigio. E il profumo dolce, gelsomino o caprifoglio bagnato in questa notte di pioggia, che arriva dalla portafinestra aperta sul balcone.

Dichiara di essere una persona serena. Le credo. Ed è anche la dimostrazione che possiamo essere forti, ben più di un uomo, senza tradire quello che siamo. Gli occhi le brillano in un sorriso mentre mi recita l'epigrafe che vuole incisa sulla sua tomba: «Grazie di tutto, baci, arrivederci».

Santa Maria dello Spasimo. Una chiesa che fin dal nome evoca il dolore femminile. Si trova nel quartiere della Kalsa, una delle zone più antiche di Palermo. Si chiama così perché nel 1520 ospitava un capolavoro di valore inestimabile: lo *Spasimo di Sicilia* dipinto da Raffaello, oggi conservato al Prado di Madrid, che raffigura lo sgomento di Maria dinanzi al Cristo crollato sotto il peso della croce. Nel 1600, durante l'epidemia di peste che devastò l'Europa intera, fu adibita a lazzaretto e poi a granaio e magazzino. La volta della navata centrale crollò nel Settecento e non fu mai più ricostruita.

Sono le due di un caldissimo pomeriggio di luglio e l'atmosfera è da realismo magico. Uno spazio scenografico e un silenzio inquietante. Qui Vanessa Beecroft, una delle artiste italiane contemporanee più famose nel mondo, ha deciso di mettere in scena la sua ultima performance, *VB62*. Il colpo d'occhio è impressionante: nell'abside gotica, disposte in una raggiera perfettamente simmetrica su basi di gesso, riposano trenta statue di un bianco accecante. Sembrano sculture mortuarie. La luce abbagliante ne dissolve i contorni.

Dopo interminabili minuti di immobilità, alcune delle statue cominciano ad animarsi, lentamente, come se si risvegliassero da un sonno eterno. Sono modelle completamente nude e ricoperte di pittura bianca, dalla testa ai piedi, capelli compresi: il loro sguardo è perso nel vuoto, distante, come se venissero da un'altra realtà. Lo scenario si è trasformato, i piani si mescolano: improvvisamente anche le statue di gesso, nella loro fissità, sembrano persone vere.

Attorno a me lavorano assistenti, fotografi, cameraman, tutti religiosamente in silenzio. Vanessa mi viene incontro: anche lei è vestita tutta di bianco, il viso struccato e i capelli lunghi raccolti dietro la nuca. È molto bella, emana un fascino magnetico, ma scoprirò presto che dietro al suo aspetto così etereo si cela una personalità complessa e tormentata, alla costante ricerca di un equilibrio che continua a sfuggirle.

Ci salutiamo a bassa voce: parlare sembra fuori luogo.

Vanessa Beecroft è figlia di padre inglese e madre italiana: con lei ha trascorso parte della sua infanzia a Malcesine, sul lago di Garda. «Sono stati anni molto strani. Mia madre era un'insegnante di Lettere. Amava scrivere e disegnare ma mio padre ha sempre soffocato questi suoi talenti. Dopo qualche anno è scappata portandomi con sé, mentre mio fratello è cresciuto con la nonna, in Liguria.»

La mamma di Vanessa era una vera alternativa: vegetariana, non guidava la macchina e a casa sua non esistevano né televisione né telefono. Portava la figlia all'arena di Verona ad ascoltare l'opera e al cinema a vedere i film di Bergman e Buñuel. «I contadini del posto ci chiamavano "le forestiere": ci hanno sempre guardate con un misto di simpatia e curiosità. Si domandavano cosa accadesse in quella casa di femmine un po' strane, senza marito né padre.»

In Italia è sempre stata a disagio, così come in Inghilterra: è negli Stati Uniti che si è sentita veramente accolta. E anche in Sudan. «Ci sono andata per girare un documentario, *VB South Sudan*, che ha partecipato al Sundance Film Festival, e sono tornata quattro volte di seguito: non volevo più ripartire.» I suoi occhi si illuminano quando ripensa a Madit e Mongor, i due orfani che ha allattato al seno e che voleva adottare a ogni costo. Ma suo marito ha rifiutato di sradicarli dalla loro terra. Quello è stato il primo scossone che ha turbato il loro matrimonio.

Lo staff si muove con discrezione intorno a noi. Le modelle possono finalmente fare una pausa nelle prove dell'evento in programma per la sera. Approfitto per chiederle il senso di questa sua ultima opera. *VB62*, concepita in due settimane, è una riflessione sull'arte, tra passato e presente. Un omaggio all'immenso patrimonio storico della Sicilia. «È una sorta di risveglio dal sacro al profano: quando cominciano a muoversi nello spazio le ragazze lasciano intravedere alcune parti del corpo non dipinte, chiaramente riconoscibili, come il seno o il sedere. Ma non si possono toccare, sono opere d'arte.»

Nelle performance di Vanessa, tutte con un fondo autobiografico, è il corpo femminile il vero protagonista. Spogliato, fisicamente e idealmente, di tutti i suoi involucri, l'artista lo sottopone allo sguardo del pubblico, che ben presto si riscopre disorientato dall'immagine seriale di queste donne nude, tutte uguali con lo stesso trucco. Non c'è niente di erotico: idealmente i corpi ripetono all'infinito la stessa immagine. Vanessa sfida il suo pubblico, che reagisce come può, alla noia o al disagio, fino all'irritazione. Vuole spiazzarlo, anche se mai apertamente.

«Pavese diceva: "Perché non posso trattare io delle rocce

rosse lunari?”. Per me invece rappresentare qualcosa di diverso dall’universo femminile, l’unico che conosco, sarebbe impossibile.» Tra le donne di oggi quelle della televisione, e in generale dello show-business, non le piacciono. «Preferisco quelle un po’ malinconiche e misteriose. E le africane, che in un certo senso sono più simili agli uomini. La sessualizzazione delle donne, invece, che sono sottoposte a continue pressioni e devono faticare ancora moltissimo per emanciparsi, proprio non mi va giù. È anche questo che cerco di raccontare con i miei lavori.»

Il mondo dell’arte è, dice, ancora profondamente maschilista. Il mito dell’artista squattrinato, idealista e bohémien è tramontato per lasciare il posto a macchine da guerra competitive e organizzatissime. In genere i direttori dei musei tendono a promuovere i maschi, con qualche eccezione come Jeffrey Deitch, che ha insistito perché Vanessa sbarcasse negli Stati Uniti. «In questo senso il sogno americano esiste davvero: le mie opere, che in Italia erano ghettizzate nel mondo della cultura, lì sono diventate un business. Qui se non conosci nessuno è difficile fare strada, negli Usa è diverso. E l’arte ha un valore sociale, si può veramente tentare di scuotere il sistema.»

Nella sua prima performance *VB01*, del 1993, accanto ai suoi disegni aveva esposto il suo *Libro del cibo*, iniziato dieci anni prima. Questo ha fatto nascere voci sulla sua anoressia, o bulimia. «Ho un rapporto conflittuale col cibo, ma il mio disturbo è molto più sottile e articolato. Sono letteralmente estenuata dal costante pensiero del mangiare. Per esempio, non vado a trovare mia madre per non mangiare il pane che fa in casa, evito di andare a cena dagli amici perché non posso controllare cosa è stato cucinato, compro solo cibi organici e faccio digiuni depurativi. Allora il mio corpo non mi pesa, finalmente riesco a concentrarmi su altre cose.»

Mi colpisce la tranquillità con cui racconta una situazione così angosciante. È come se la sua straordinaria nevrosi creativa l’aiutasse a vedere anche se stessa come un oggetto artistico. Considerando con distacco e ironia le sue manifestazioni patologiche della quotidiana femminile fatica di vivere. Fa yoga kundalini, è in cura con un medico indiano sikh e si sottopone continuamente a controlli, analisi e radiografie. Sua madre l'ha fatta vivere senza regole e lei se n'è imposta troppe, che non riesce a rispettare, il che le fa sviluppare grandi sensi di colpa. A farle paura non sono le grandi sfide, ma le piccole cose di ogni giorno, la routine: andare al supermercato, pagare una bolletta del telefono, fare la spesa. Anche a causa di questa costante inquietudine suo marito Greg da un anno si è trasferito nel cottage del giardino della loro casa: non è riuscito a contenere l'ansia e l'insofferenza di Vanessa per la dimensione domestica della vita familiare

«Cercherò di ridimensionarmi, di dargli costanza e tolleranza. Lui è l'unico che non mi ha mai trattata da artista: la nostra relazione è preziosa e io non la voglio buttare via come ha fatto mia madre con suo marito.» Vanessa ha tentato anche la carta dell'analisi, ma senza costanza: soffre di malinconia e di depressione, solo quando è con i suoi due figli riesce a tenerle a bada. Li porta con sé ogni volta che è possibile. «Il periodo della gravidanza è stato uno dei più felici della mia vita: ero in pace con me stessa perché sentivo che il mio corpo aveva una funzione, uno scopo. Fosse stato per me, avrei fatto altri dieci figli.»

Con gli anni ha acquisito molta più consapevolezza di sé ma allo stesso tempo l'invecchiamento del corpo la mortifica. Dunque neanche il successo, il denaro, la notorietà sono riusciti a infonderle un po' di fiducia in se stessa? «In fondo la miseria, la malinconia della mia giovinezza non sono mutate. Il denaro è una cosa passeggera, il successo è effimero, anche la gratificazione del rapporto con mio marito è qualcosa di transitorio.» Dice queste cose terrribili con serenità surreale, le mani sottili che si muovono in ampi gesti, il viso sorridente.

Non sente di aver pagato un prezzo per la sua carriera artistica. «Credo di aver avuto tutto ciò che era possibile ottenere. Qualunque altra cosa avessi fatto nella vita, la solitudine me la sarei portata comunque dietro.» Il suo consiglio alle giovani donne di oggi: «Ribellarsi alla sistematica volgarizzazione del corpo femminile».

Capitolo 21

«UNA VITA IN VETRINA E UNA VITA NASCOSTA»

«La pubblicità non inventa storie e miti: impacchetta l'esistente.» A dirlo è una grande creatrice di storie e miti, Annamaria Testa. Ha cominciato come copywriter pubblicitaria a Milano nel 1974 e nove anni dopo ha fondato la propria agenzia. Giornalista pubblicista dal 1988 e autrice di molti saggi, dal 2007 insegna all'Università Bocconi. Sono suoi il famoso tormentone «Liscia, gassata o Ferrarelle?» e il surreale «Sfrizzola il velopendulo» della Golia Bianca, rimasti nella storia del costume. E mille altre campagne sia commerciali sia di comunicazione politica: dalla Fiat 126 al settimanale satirico «Cuore», dal Parlamento europeo al caffè Illy.

Il fatto che questa maestra della creatività mi dica che la pubblicità si limita a rispecchiare quel che già esiste mi preoccupa, visto che tende a proporci modelli femminili ben poco emancipati. Massaie ossessionate dal bucato più bianco della vicina, mogliettine che scolano la pasta, amanti che aspettano l'Uomo vestite solo di un orologio, gruppetti di lolite da spiaggia disposte a tutto per un gelato. Indimenticabile una pubblicità che anni fa promuoveva in tv un chewingum per rinfrescare l'alito. Una segretaria usciva sconvolta dall'ufficio del direttore, ovviamente maschio. La sua collega, comprensiva: «Il capoufficio ha mangiato pesante?». E armata del magico prodotto entrava nella tana del leone. La storiella si concludeva con la segretaria che, di traverso sulle ginocchia del suo capo, faceva un segno di vittoria alle spettatrici. Una pubblicità che riusciva a offendere in un colpo solo le donne, le segretarie, i dirigenti d'azienda e in generale il buongusto. Poi abbiamo avuto la ragazza che a una cert'ora senza la sua merendina si sentiva svenire: «Non ci vedo più dalla fame», e via il blackout – a un uomo non sarebbe mai successo. La testimonial degli assorbenti paracadutista era già un passo avanti, ma altre varianti e marche di prodotti femminili recitavano con imbarazzo «In quei giorni...» come se le mestruazioni fossero una specie di handicap da compatire.

Il prestigio femminile in pubblicità a un certo punto era così basso che fece scalpore lo spot «ultrafemminista», in cui a un'ora stabilita le colleghe dell'ufficio si precipitavano alla finestra per vedere il muratore fusto che si versava in gola la sua bibita ghiacciata. Finalmente l'uomo oggetto. Peccato che le signore – profilo professionale non identificato – dimostrassero il quoziente intellettivo di un pollaio. E comunque il maschio lo guardavano e basta. Inutile indignarsi sui giochetti del marketing, i problemi delle donne sono ben altri. Però quando quest'anno mi è caduto l'occhio su una campagna estiva dei prodotti da bagno, spalmata su un tram milanese, ho quasi sussultato di gioia. «Ragazze, non c'è bisogno di un uomo per avere i brividi» recitava lo slogan. Una pubblicità che potrebbe ricevere la benedizione del Vaticano: basta sesso, fatevi una bella doccia.

Tutto questo può sembrare solo un gioco, o sterile polemica. Ma le invenzioni dei pubblicitari fanno leva, come dice Annamaria Testa, su concetti e sistemi di valori già presenti nel pubblico. «È un grande specchio che riflette e restituisce ciò che una società pensa, spera e desidera» afferma la mia ospite. «È un effetto, non una causa. In questo Paese conservatore, superficiale e sempre più ignorante, sbalordirsi perché la pubblicità mostra donne scosciate è ingenuo.»

Sono venuta a trovarla per scoprire qualche retroscena della rappresentazione della donna nei media, e subito conferma il mio sospetto che non siano i «pubblicitari cattivi» il problema. Loro, che hanno pochi secondi per raggiungere l'obiettivo, sfruttano i luoghi comuni. E se ne rendono complici. Ma se possono farlo vuol dire che gli stereotipi ci sono, e fortissimi.

«La nostra è una società bloccata, in cui i ruoli decisionali sono in mano a maschi anziani» sostiene decisa. «Sono loro a scegliere le campagne pubblicitarie, dato che costituiscono quasi il 100 per cento dei consigli d'amministrazione delle aziende. Ma anche nelle università, nei giornali, nelle case editrici, i luoghi dove si producono sistemi di valori e narrazioni, le donne al comando sono poche.» Si trovano più che altro nei quadri intermedi e solo tra una ventina d'anni, pronostica, arriveranno ai vertici. «La loro incidenza seguirà una curva esponenziale, perché una donna al potere fa squadra.» E infatti quando le parlo di quote si dimostra entusiasta, più di qualsiasi altra mia intervistata. «Quote rosa sì: subito, subito, subito» si infiamma. «Nei CdA, in università, in politica.» Certo, sono l'ammissione di una sconfitta, lo pensa anche lei. Ma ammetterla è l'unica strada per superarla.

Sono sorpresa dalla passione con cui parla delle battaglie femminili. Da un pubblicitario ci si aspetta sempre un certo cinismo. Invece Annamaria, snella e pragmatica, scarpe da ginnastica, pochi fili grigi nei corti capelli scuri e ardenti occhi nocciola, mi stupisce con la sua indignazione e le sue idee molto concrete.

«L'immagine della donna in Italia è peggiorata. Una campagna come quella della Tim che ha scandalizzato il "Financial Times" la scorsa estate sarebbe stata impensabile negli anni Ottanta.» Si riferisce a una delle tante ragazze scollate e scosciate della nostra cartellonistica, che ha fornito agli osservatori britannici il destro per commentare, in un lungo articolo, l'abuso tutto italiano del corpo femminile. «La pubblicità è diventata sempre più esplicita: c'è modo e modo di presentare la gnocca.»

Il motivo principale di questo crollo verticale è, secondo lei, la televisione. In un Paese che ha smesso di leggere, è il principale sistema che fornisce valori e modelli. «Per questo la tv berlusconiana è una disgrazia per l'Italia. Dal punto di vista femminile, si è velinizzata. E le persone sognano i sogni che vengono loro proposti. Il padrone dei canali commerciali è il signore che ha invitato le elettrici a portare le crostate ai seggi. E ce ne sono tante che lo votano comunque.»

Quindi anche le donne hanno delle responsabilità? Soprattutto una, grandissima: «Quella di allevare figli maschi deficienti». Dalle figlie ci si aspetta di più: orari di rientro anticipati, maggiore partecipazione ai lavori di casa, prestazioni scolastiche eccellenti come se dovessero meritarsi la possibilità di studiare. I fratelli, sostiene, vengono cresciuti nella bambagia da madri orgogliose dei loro giovanotti un po' bulli e molto ignoranti. Lei, che ha un maschio, sta cercando di non commettere gli stessi errori ma la società intera rema contro. Perché, da pubblicitaria, non può non tenere presente la questione dei consumi. Mi ricorda che i trentenni di oggi sono i primi bambini cresciuti con la televisione privata, con una dose sostanziosa di réclame, con sollecitazioni continue all'acquisto. «Spot pieni di donne bellissime e felici perché hanno l'ultimo prodotto di moda.»

Ma quindi come se ne esce? Sono contraria a ogni forma di censura, inutile pensare di reintrodurla. Ma in Italia l'uso del piccolo schermo come palcoscenico per promuovere ogni genere di prodotto è ormai invasivo. E nel duopolio Rai-Mediaset sembra impossibile varare una riforma del sistema radiotelevisivo. Annamaria mi conferma che non si può invertire la tendenza solo con i divieti. Bisogna piuttosto saper creare nel Paese un nuovo desiderio, una tensione profonda verso il cambiamento. Da donna pragmatica qual è, avanza una proposta: «La strada giusta è ricostruire attraverso le storie modelli positivi e vincenti di donna. Per esempio mediante programmi o serie tv. Perché percepiamo come attraenti George Clooney che ha i capelli brizzolati, Harrison Ford che ha più di sessant'anni, Hugh Laurie che nel ruolo del dottor House è pure zoppo? Perché sono protagonisti di narrazioni costruite per farceli piacere. Perché l'equivalente femminile non c'è? Perché mancano le storie.»

Annamaria è anche una veterana di campagne politiche – ne ha curata una per i Ds e una per i Verdi, ma disse no al Psi di Craxi – e sa come si costruisce un messaggio sociale. «Ci vuole un *call for action*, un invito ad agire. Occorre descrivere la situazione sbagliata, quella giusta, e gli step A, B e C per andare da una all'altra. Proporre comportamenti.» Solo così, mi assicura, si mobilita la gente, e non con discorsi astratti. Quindi per migliorare l'immagine disastrosa delle donne in televisione non resta che impossessarsi, come avrebbe detto Marx, dei mezzi di produzione. «Sai cosa dovremmo fare? Cominciare prendendoci Rai Due.»

Mi immagino un esercito di donne che prende d'assalto il secondo canale di Stato come se fosse il Palazzo d'Inverno, instaura la dittatura femminista e si mette a produrre finalmente programmi senza veline. Serie televisive con donne in carriera che non debbano per forza essere acide, malvagie e sole. Pubblicità con maschi che si preoccupano del bianco più bianco. Storie d'amore che vanno a finir bene anche se lei si è dimenticata di comprare la crema rassodante per il collo. È un pensiero quasi esaltante. Per il momento, seduta nel suo luminoso studio da cui un po' si fa e un po' si subisce l'immaginario collettivo della nazione, Annamaria Testa si offre di occuparsi della prossima pubblicità-progresso per la promozione delle donne. Forse allora ci ritroveremo a fare zapping per cercare gli spot, invece che per evitarli.

Il bombardamento di modelli femminili praticamente perfetti produce un gigantesco giro d'affari. Prodotti per dimagrire, cosmetici di ogni genere, abiti e accessori, parrucchieri, beauty farm, terme, l'industria della bellezza non sembra conoscere crisi. E poi c'è l'ultimo gradino nella ricerca della perfezione: il bisturi. In Italia la chirurgia estetica non ha ancora raggiunto, se mai lo raggiungerà, il suo momento d'oro. Ma negli Stati Uniti sta vivendo un boom senza eguali. Non posso quindi non interpellare il mio vecchio amico Renato Calabria, chirurgo plastico che ha costruito la sua fortuna – e la felicità coniugale – in California. Renato, che ho ritrovato in occasione del mio viaggio in America, è un esempio lampante di italiano emigrato con successo. È l'inventore del *vertical face lift* e la sua lista di pazienti include molte celebrità di Hollywood. Il suo punto di vista su pregi e difetti del corpo femminile è proprio quello che mi serve. Un'idea di cos'è quella caratteristica sfuggente che chiamiamo «bellezza», che noi donne inseguiamo continuamente e troppo spesso ci condiziona.

«Il concetto occidentale di avvenenza si è ormai globalizzato e con quello, anche il desiderio della donna di avvicinarsi alla chirurgia plastica» dice Renato, sicuro. «Ma in Italia c'è meno la cultura della bellezza.»

Un'affermazione un po' forte, parlando della terra del Rinascimento. Ma lui si riferisce solo al diverso approccio che hanno le abitanti dei suoi due Paesi, quello d'origine e quello d'adozione. «Per la donna americana migliorarsi attraverso il bisturi è un diritto ottenuto grazie a decenni di battaglie: ha un atteggiamento positivo, sente meno il bisogno di nasconderlo ed è molto informata. L'italiana è arrivata a questa conquista più tardi, lo sente come un piegarsi alle esigenze maschili, ha un profondo senso di colpa nel farlo, tende a celarlo anche con le amiche più strette e spesso non conosce le varie opzioni.»

Naturalmente anche lui sottolinea che tante copertine patinate hanno una responsabilità. Quella di convincere le donne che devono assomigliare a una foto ritoccata. Gli interventi più richiesti: rinoplastica, aumento delle labbra, liposuzione. E tra le giovanissime l'aumento del seno, che ormai è diventato un regalo per la maturità. Sarà che non ho una cultura della bellezza, ma questo spostamento all'indietro dell'età per gli interventi mi sembra un po' preoccupante. Tutto in famiglia comunque: lei vuole il naso e le labbra di Angelina Jolie, lui il naso e la mascella di Brad Pitt. Su che tipo di faccia, non importa. Anche gli uomini infatti finiscono sotto i ferri, sempre più spesso. Di molte perfette «tartarughe» addominali è responsabile la liposuzione, non solo lunghe ore di allenamento in palestra. Anche lui fa molto esercizio: alto, in forma, non un filo di pancia né un capello grigio, per Renato un corpo curato è in fondo uno strumento di lavoro.

La nostra società ancora maschilista, mi dice, lancia degli ultimatum alle donne: o sei bella e giovane o non sei considerata. «Purtroppo dobbiamo ammettere che la bellezza in genere è un vantaggio» aggiunge pragmatico. «E quindi è una scelta, ma non molto libera, quella della chirurgia estetica.» Una tra le tante: diete, massaggi, trucchi, ginnastica. Fino a un certo punto, mantenersi in forma fa bene all'autostima e alla salute. Oltre, diventa ossessione. Perché il modello rimane irraggiungibile: nemmeno un mago del bisturi potrà mai renderti simile alle foto di copertina di «Vanity Fair». «In studio arrivano donne con meno di trent'anni che vogliono fare sparire anche la più piccola imperfezione» racconta Renato. «Si dovrebbe lavorare insieme per creare un'immagine più realistica. Si sta facendo qualcosa con le modelle cercando di combattere l'anoressia ma è ancora troppo poco. Non sarebbe male se le celebrità ammettessero i loro piccoli difetti, rivelando che il loro look sempre giovane non è solo il frutto di creme di bellezza o di vitamine. Ma credo che questo non avverrà mai.» Di recente, perlomeno, alcune attrici, tra cui Keira Knightley, hanno detto basta al fotoritocco con cui le riviste eliminano al computer ogni difetto rendendo del tutto inaccessibile, e irreale, l'immagine di donne già bellissime.

Alla domanda sul perché abbia scelto questo mestiere, Renato dà una risposta molto ironica: «Ogni tanto mi sento un po' Jesse James, che quando gli chiedevano perché svaligiava le banche rispondeva: "Perché è lì che ci sono i soldi. Ma non è per soldi"». Poi ritorna serio e puntualizza: «Un bravo chirurgo dice spesso di no». E una donna intelligente, è sottinteso, deve capire quando è ora di smettere di chiedere.

> «S'un medesimo ardor, s'un disir pare
> inchina e sforza l'uno e l'altro sesso
> a quel soave fin d'amor, che pare
> all'ignorante vulgo un grave eccesso;

perché si de' punir donna o biasmare,
che con uno o più d'uno abbia commesso
quel che l'uom fa con quante n'ha appetito,
e lodato ne va, non che impunito?
  Son fatti in questa legge disuguale
veramente alle donne espressi torti,
e spero in Dio mostrar che gli è gran male
che tanto lungamente si comporti.»

«Ho imparato questi versi dell'*Orlando furioso* quando ero alle superiori. E non li ho mai dimenticati. Ho sempre amato l'Ariosto: era un poeta lungimirante e femminista già nel Cinquecento.»

Laura Morante è una donna piena di sorprese. Tanto intelligente quanto bella. Ci incontriamo in un caldo pomeriggio di giugno: a fare gli onori della sua casa romana ci sono anche il suo amato cane, Ciccio Salame, e due gatti, che mi scortano fino al salone. Si respira un'atmosfera serena e rilassata, la luce è soffusa e dalle finestre si scorge un bel giardino fiorito. Dev'essere su questi grandi divani che Laura studia i copioni o legge i libri disseminati in tutto l'appartamento.

Studio il volto della donna, unica italiana oltre a Isabella Rossellini e per di più cinquantenne, che è stata scelta dal colosso della cosmesi francese Lancôme come testimonial per la sua ultima linea di creme antirughe. Laura indossa una maglietta nera e un paio di pantaloni sportivi, porta i capelli raccolti e non ha un filo di trucco, ma è più affascinante che mai.

«Fumo, bevo, non dormo mai e piango molto per amore» mi confida ridendo. «Rispondo così ogni volta che mi chiedono come faccio a mantenermi giovane. In realtà cerco di non lasciarmi ossessionare dall'aspetto fisico e dal tempo che passa: credo che la paura di sfiorire finisca per farci sembrare più vecchie.» Lei, per esempio, non ricorrerebbe mai ai servizi del mio amico Renato o dei suoi colleghi: «Alterare i lineamenti del volto per me è come recidere le proprie radici. Si butta via l'ultima possibilità di accettarsi per come si è».

Però ha scelto di fare l'attrice, un mestiere in cui soprattutto agli inizi la bellezza non è certo un handicap. «Non ero brutta, ma ho incontrato anche molti registi che mi hanno osteggiata: il mio fisico non conquistava, non avevo appeal. Piacevo più agli attori, che con gli anni diventano sentimentali. Ricordo che una volta Jean-Louis Trintignant mi chiese: "Perché vivi come una donna brutta?".»

Laura ha trovato una risposta solo parziale a questa domanda: «Sono cresciuta negli anni Sessanta, quando i bambini belli erano quelli biondi e paffuti, come mia sorella, mentre io ero bruna e magra. Da ragazza ero piena di complessi, ora mi piaccio di più». Non è stato l'aspetto fisico a crearle problemi, però. È stata l'intelligenza. «I maschi uscivano sempre volentieri con una donna piacente, meno con una donna pensante e magari anche parlante.» Così negli anni ha sviluppato una raffinata tecnica di dissimulazione. Bisogna essere due volte più intelligenti per far finta di essere stupida ed evitare certi incidenti. «Ricordo che una volta un regista mi diede appuntamento al Louvre di Parigi per parlare di un film. Strano luogo per un incontro di lavoro, pensai domandandomi se lo avesse scelto per impressionarmi. Sta di fatto che uscimmo dal quel museo più nemici che mai, e non lavorammo assieme. Si era offeso perché, amando la pittura, avevo passato parte del tempo ad ammirare i quadri invece di pendere dalle sue labbra!»

Ma è stato solo un minuscolo inciampo nella carriera internazionale di questa vibrante attrice. «Sono stata diretta anche da Cristina Comencini, Danièle Thompson e Francesca Archibugi e non credo che la differenza sia tra regista uomo o donna, ma tra persone sensibili o insensibili.»

Un esempio? Le scene di sesso, che a Laura non piacciono molto e che spesso non c'entrano nulla con la storia. Molti registi non ne possono proprio fare a meno, mentre gli attori le vivono sempre con imbarazzo. «Personalmente» sottolinea, «le approvo se servono a qualcosa nell'economia del film.» Ma il vero erotismo raramente è veicolato dal sesso esplicito. Trova che la passione amorosa sia molto più sensuale delle prestazioni ginniche. E a proposito dell'ossessione per il corpo, ricorda una frase di sua madre: un uomo è inversamente proporzionale al tempo che ha passato davanti allo specchio.

«Mia madre, per esempio, era una donna molto bella, una persona unica anche se sostanzialmente disadattata» racconta Laura. «Ha messo al mondo otto figli cui ha dato tutta se stessa e ha sofferto molto per la separazione tardiva da mio padre, dalla quale non si è mai ripresa. È morta nel 2006.»

Arrotolandosi con calma una sigaretta, mentre Ciccio Salame si accoccola ai suoi piedi, Laura tratteggia un ritratto della mamma degno di una sceneggiatura. «È sempre stata dalla parte dei perdenti e disprezzava profondamente il successo. Questo mi ha condizionata molto, soprattutto agli esordi della carriera: da una parte avevo una gran voglia di trovare la mia strada, ma dall'altra avevo quasi paura di riuscirci. Lei aveva un'idea del mondo completamente rovesciata: non riusciva a capire, per esempio, perché bisognasse fare regali ai bambini promossi invece di riservarli a quelli bocciati, che andavano consolati.» Tutt'altra personalità quella del padre, fratello della celebre scrittrice Elsa Morante: avvocato penalista, amava la pittura e la letteratura, il teatro e la politica. Era tanto brillante a livello sociale quanto avaro di affetti in famiglia. Ma è lui ad aver insegnato a Laura l'amore per la vita e per i propri sogni.

Oggi lei sprona le sue due figlie a non vergognarsi di essere ambiziose o di voler raggiungere un traguardo. «Anche se è triste vedere i giovani attori che pensano solo alla carriera, senza un briciolo di interesse per questo mestiere o la voglia di imparare e migliorare davvero. Non sono preparati al fallimento, non possono concedersi il tempo per vivere un insuccesso, con il quale invece tutti prima o poi finiamo per confrontarci.»

Lei è convinta che sia necessaria una nuova ondata di femminismo. Era riuscito, sostiene, ad affrancare le donne dall'idea di dover essere, nella migliore delle ipotesi, oggetti d'amore e, nella peggiore, solo di desiderio e possesso. «Anche se solo per un breve periodo, eravamo tornate padrone di noi stesse. Invece ora nelle donne percepisco uno strisciante timore di non essere amate, di non piacere. Questo mi preoccupa molto, e soprattutto mi fa sentire a disagio. Credo che in Italia si sia tornati indietro da questo punto di vista, ma non tutto è perduto per sempre.»

Per spiegare la necessità delle quote usa una efficace similitudine medica. «Le considero come l'antibiotico quando si ha l'influenza: non ne sono felice ma capisco che non c'è altro rimedio» precisa. «Ma siccome il nostro è un mondo imperfetto, ritengo che servano ad arginare il disastro. Le donne devono ripartire dalla percezione di sé, consapevoli dei meccanismi che le stritolano, come ad esempio la pressione esercitata dai media, che distorcono sistematicamente la realtà. Anche i maschi sono vittime di questo lavaggio del cervello più o meno subliminale: le aggressioni in branco che riempiono i giornali non sono certo un caso.»

Laura ammette con amarezza che sì, l'Italia è un Paese ancora sostanzialmente maschilista. «Ricordo quando nacque la mia prima figlia. Ero sulle scale dell'ospedale con la mia piccola e una signora anziana mi chiese se era maschio o femmina. "Femmina!" risposi orgogliosa. Si sentì in dovere di consolarmi: "Almeno avrà sempre un aiuto in casa". Ecco, questa mentalità da noi è ancora radicata. Per questo mi sono sempre sforzata di far ragionare le mie ragazze sugli stereotipi e sui condizionamenti culturali. Tanto che Eugenia, la grande, una volta mi chiese se era possibile avere un babbo femmina mentre Agnese, la piccola, mi chiese a cosa servissero gli uomini.»

Laura Morante è una donna emancipata in modo sano, senza eccessi o furia ideologica. Serena con se stessa e con la propria vita. Mentre ci salutiamo rientra suo marito Francesco Gianmatteo, un bell'uomo bruno, più giovane di lei, con una stretta di mano decisa e un sorriso rilassato e amichevole. Il loro primo appuntamento è stato in un bar discreto, per non essere riconosciuti, il bar dell'Orologio a Monte Mario. Lì, lui ha incontrato però un amico che accennando discretamente con il capo alla sua accompagnatrice gli ha chiesto, in un sussurro complice: «Ma chi è quella bellissima cubana?». Non tutte le donne con una forte personalità devono essere per forza racchie.

Un altro testimonial del fascino delle italiane nel mondo, che veste tra le altre Laura Morante, è Giorgio Armani. Io l'ho scoperto agli inizi della mia carriera, quando ancora lavoravo in Alto Adige. È sua la prima giacca che ho indossato in video, uno spigato grigio tortora con le spalline imbottite che andavano di moda allora. Non ero un'esperta, ma mi sembrava perfetta: mi faceva sentire autorevole e insieme protetta, come un'armatura.

Le giacche da donna di Armani nascono nel 1975, un anno dopo la sua prima collezione da uomo. È stato lui a «destrutturare» questo capo di abbigliamento tipico del potere maschile per vestire la donna in carriera. Oggi, dice Giorgio, la «musa» che incarna meglio la sua maison è l'attrice Cate Blanchett. «È perfetta in Armani» dichiara soddisfatto. Alla fine degli anni Settanta però questo modello di donna decisa e potente lottava per emergere. E la moda, nella sua apparente frivolezza, ha aiutato il processo. «Mi ero reso conto che le donne avevano bisogno di un modo di vestire equivalente a quello degli uomini» mi spiega. «Chi aveva detto che non era possibile? Che non si poteva trovare qualcosa che desse loro una dignità, un atteggiamento che le aiutasse a vivere una vita di lavoro senza rinunciare alla femminilità?» E così «re Giorgio» ha inventato una nuova eleganza, fatta di semplicità, rigore, sobrietà della bellezza, pacatezza dei colori. E ha creato uno stile. Da allora la linea di fondo non è cambiata molto: «Una femminilità non troppo sottolineata, non insistita, che non ha bisogno di trucchetti e di ammiccamenti. Così forte da non doversi dichiarare in ogni momento».

Quando ho presentato Giorgio Armani a mia madre, nella sua boutique di Roma, l'ha sedotta in due modi. Innanzitutto facendo un complimento alla figlia. E in secondo luogo con il suo fascino, così lontano dai vezzi e dalle mollezze di tanti protagonisti dell'alta moda. Quando siamo uscite Herlinde mi ha sussurrato il giudizio più lusinghiero che una mamma possa dare di un maschio, in qualunque parte del mondo: «Ma è un uomo da sposare! È già impegnato?». Non mi sono stupita. Giorgio ha un corpo perfetto, modi impeccabili, un'eleganza sommessa ed essenziale e gli stessi brillanti occhi azzurri di mio padre. Mia madre si è consolata quando ho scelto il secondo miglior maschio del pianeta e cioè Jacques. E col fatto che il mio abito da sposa era, comunque, disegnato da Armani apposta per il gran giorno.

Un regalo che sognano in molte. Il fattore lusso è uno di quelli che rendono il rapporto delle donne con la moda, in questo momento, molto complesso: «Vogliono l'impossibile e nello stesso tempo ciò che è più accessibile, più sensato, meno caro. Al vestito si chiede di creare sensualità, togliere anni, trasformare la personalità. Ma contemporaneamente deve rispondere a criteri di praticità». Giorgio mette il dito nella piaga delle donne, come uno che le capisce. Conosce il nostro eterno conflitto tra l'ambizione di essere perfette e il bisogno di essere noi stesse: cioè imperfette. Con debolezze e fragilità, dentro. E fuori magari con sederi bassi, spalle curve, seno cadente e tutte le altre sfighe della nostra quotidianità. «È come se queste esigenze fossero contrapposte: una vita in vetrina e una vita nascosta» osserva Armani, acuto. Ma critica anche il sistema: «Se il mondo è pieno di *fashion victims*, schiavi della moda, è anche responsabilità dei media che enfatizzano tendenze sempre nuove».

Sulle passerelle, dice, spesso ci si adegua al vizio di mostrare, con qualunque pretesto, il corpo femminile: «E questo sta a indicare un basso livello culturale, messo in risalto soprattutto dalla tv. Inutile offendersi se i giornali stranieri ironizzano sulle ragazze semisvestite che a tutte le ore del giorno affollano le nostre trasmissioni».

Anche l'alta moda sembra voglia sempre meno bene alle donne. «Qualche volta» ammette Armani, «sembra ignorarle o renderle caricature, con una particolare propensione per il genere pornostar o certi ruoli fissi – la bambina, l'etnica, l'amante dei revival – magari deliziosi, ma sconcertanti. Invece la moda non serve a far sognare, serve a far vivere. È qualcosa di profondamente diverso.»

Quale mito della *haute couture* gli piacerebbe sfatare? La domanda pecca per difetto: ce ne sono almeno tre. «Che essere sexy equivalga a spogliarsi, mostrare, esibire: troppo plateale e scontato. Che in passerella si debba sempre esagerare fino ad arrivare a una specie di circo dove si ricevono gli applausi in base ai lustrini e alle acrobazie. E che io sarei un classico. Se nel mio lavoro parto dalle regole della tradizione, lo faccio perché sono convinto che soltanto conoscendole posso cambiarle fino a mutarne radicalmente la forma.»

Gli chiedo un consiglio per le giovani in carriera. Come possono usare l'abbigliamento per sottolineare la propria autorevolezza e competenza? «Non dovrebbero dimenticare il proprio ruolo. Dunque, non ci si agghinda come se si andasse in vacanza, a una festa o a un aperitivo con gli amici. C'è una differenza, tra momenti e occasioni diverse, che è fondamentale rispettare e che contribuisce a definire i rapporti tra le persone.» Un consiglio che mostra la qualità migliore del suo stile, personale e professionale: il senso della misura e la discrezione. E d'altra parte quando gli chiedo quale sia l'eredità di sua madre mi risponde che è stata il «decoro»: «Riusciva a essere dolce e forte. Era vanitosa, come dovrebbero essere tutte le donne, ma disponibile e sollecita. Con quel rispetto verso il prossimo che ha fatto di me una persona attenta a non imporsi a ogni costo».

«Decoro» è una parola talmente fuori moda che mi viene da sorridere, come si fa per un cappellino retró o una gonna a ruota. Ma tutto sommato nel corso degli anni ci sono stati revival anche più strani: i pantaloni a zampa d'elefante, i cerchietti. Che stia per tornare persino il decoro?

Capitolo 22

CENERENTOLA 2008

Mi ha molto divertita leggere i commenti della stampa sulla mia presenza alle nozze di Elisabetta Gregoraci con Flavio Briatore. Ciascuno aveva da dire la propria, da «Oggi» che ammirava il mio collier al solito Dagospia che mi accusava di essere andata per abbordare Berlusconi. E tra parentesi, si può pensare che una parlamentare europea per parlare con un premier debba andare alle nozze di Briatore?

Comunque, di tutte le signore e signori della stampa nessuno ha avanzato l'ipotesi più logica: che io sia andata a vedere di persona quello che la sposa stessa, al banchetto e non solo, ha definito «un matrimonio da fiaba». Certo, in molti hanno detto che questa Cenerentola non sia arrivata a quel magico giorno spazzando i camini. E il principe indossa strani occhiali azzurri e ha la pancia. Ma il successo delle commedie di Hollywood e dell'industria dei romanzi Harmony testimonia che di favole c'è bisogno. E quella di Elisabetta quest'anno è la più amata d'Italia.

Riassumiamola. Elisabetta è una bella ragazza che come tante sogna un futuro in tv. Dopo la fascia di Miss Sorriso a Salsomaggiore e qualche esperienza come valletta, la presentano a Salvo Sottile, all'epoca portavoce di Gianfranco Fini, nella speranza di una segnalazione mirata. E Sottile parla di lei a Giuseppe Sangiovanni, vicedirettore delle risorse Rai. Le telefonate vengono però intercettate dalla procura di Potenza, nell'ambito di tutt'altra inchiesta, e scoppia lo scandalo Vallettopoli. Il pm Henry John Woodcock accusa Sottile di aver richiesto favori sessuali in cambio della raccomandazione. Elisabetta prima ammette di aver concesso «bacini», effusioni e altro: «Io volevo sfondare in Rai. Sapevo che per raggiungere quell'obiettivo dovevo dare qualcosa in cambio». Poi ritratta: «Non ho avuto nessun rapporto sessuale con Salvatore Sottile. Le uniche pressioni che ho subìto le ho ricevute dal pm Woodcock».

Sottile dal canto suo sminuisce le proprie dichiarazioni telefoniche come «vanterie, discorsi di uomini che eccedono nei loro racconti quando parlano di rapporti con donne». I colleghi intervengono a suo favore. Daniela Santanchè dichiara: «Non va in galera chi uccide e deve andarci lui che, nel peggiore dei casi, può aver raccomandato qualche valletta?». Al fianco di Elisabetta, bersaglio del moralismo dell'Italia intera, resta solo Briatore, pronto a difenderla a spada tratta: «Non l'abbandono di certo, tutti noi abbiamo un passato, tutti noi abbiamo commesso errori». La tempesta mediatica, come sempre accade, fatti i suoi danni si allontana. Elisabetta rimane a leccarsi le ferite nel paese dove è nata, Soverato, in Calabria. Nel febbraio 2008, le accuse di «concussione sessuale» contro Salvo Sottile vengono archiviate. Rimane in piedi quella di peculato per aver utilizzato un'auto blu della Farnesina – Fini era allora ministro degli Esteri – per accompagnare la ragazza.

Ora è vero che non stiamo parlando di Premi Nobel né di salvatrici del mondo, ma di vallette. Un mestiere in cui dev'essere facile cedere alla tentazione della strada più agevole. Ma il trattamento riservato a Elisabetta mi ha sempre un po' indignata. Mi sembrano più da censurare potenti come Salvo Sottile: abbia o no ottenuto favori sessuali, ha comunque fatto un uso improprio del suo status e anche delle risorse pubbliche. A lui però, nel dubbio, nessuno ha dato della puttana negli aeroporti. Come dai tempi di Eva, è la donna tentatrice la «cattiva», quando un uomo viene cacciato dall'Eden.

Intervisto un'incredula Elisabetta Gregoraci a Roma in una bella giornata di sole. Non capisce perché voglia parlare con lei della condizione femminile. Il fatto di essere una donna presa a modello da tante ragazze italiane, e per di più sulla soglia del matrimonio dell'anno, per me basta. Continuo a essere convinta che i modelli debbano essere altri. Che il successo migliore sia quello conquistato con l'impegno e le competenze. Ma non voglio fare del moralismo senza conoscere la protagonista della storia. Forse Elisabetta ha da dirmi qualcosa sulla nostra doppia anima: quella della principessa a caccia del sogno, e quella della strega pronta a sabotarglielo.

La mia intervistata si sta preparando a una cerimonia con trecento invitati, e quando hai venduto l'esclusiva a un rotocalco come «Hello!» non puoi fare passi falsi. Ha un anello di fidanzamento abbagliante, con un brillante grande come un uovo di struzzo, ma quando le chiedo quanti carati siano mi dà una risposta da liceale interrogata alla lavagna: «Tanti. Se te li devo dire perfettamente, non me li ricordo».

La prima favola della sua vita è la storia d'amore dei genitori, molto diversa dalla sua. Sua madre aveva sedici anni quando ha incontrato suo padre, diciotto quando l'ha sposato, venti quando è nata lei. Sono insieme da trent'anni: «Sembrano fidanzati» racconta lei, «stanno mano nella mano, lui le porta il caffè alla mattina, e fanno i viaggi insieme. Sono una coppia fantastica». Una storia antica come la sua terra, la Calabria, su cui diventa romantica: «È un luogo meraviglioso, con i tramonti, il mare stupendo e anche la montagna, tutto. Ma purtroppo non sono l'unica che ha dovuto abbandonare il paese per cercare lavoro fuori. È difficile trovarlo, soprattutto il mio, il sogno che avevo fin da bambina».

Per le italiane che vorrebbero imitarla, questo è il vero lieto fine. Lei, come molte altre, aspirava a comparire sullo schermo che guardava tutti i giorni. Modelli professionali, la Carrà e la Cuccarini: «I suoi balletti, le sue canzoni, ancora me le ricordo. Tornavo a casa dal doposcuola e prendevo i tacchi della mamma, mi inventavo davanti allo specchio un programma di cui ero la presentatrice. E quando in sovrimpressione scorrevano i numeri per partecipare, puntualmente prendevo carta e penna. Mia madre mi stracciava tutti i fogli. Non perché fosse contraria, ma perché ero una ragazzina di quindici anni e voleva che completassi gli studi, e solo dopo decidessi cosa fare della mia vita».

Insegnamenti importanti. Mia nipote Greta aveva sedici anni quando le ho chiesto se voleva fare la velina. Mi ha letteralmente assalita: «Non accetterei mai un ruolo così degradante». Mia sorella Micki l'ha cresciuta con l'idea che le qualità su cui puntare sono altre. Trasmettendole autostima e senso delle proprie capacità, e il valore dello studio.

«Sarà banale, ma la bellezza non è veramente tutto» annuisce Elisabetta. «Io sono fortunata perché sono nata carina, divoro chili di cioccolato al giorno ma finora non ho la cellulite. La bellezza deve essere supportata da altre cose, devi avere un cervello, tante altre qualità, perché se no cosa te ne fai?»

Spero che questa frase le aspiranti showgirl se la scrivano nel diario. O nel blog. Assieme all'informazione che Elisabetta non è ossessionata né dalle diete né dalla palestra. Se vogliono prenderla a modello, dovranno fare una vita sana.

Mentre mamma Gregoraci, accettata la scelta di carriera della figlia, la accompagnava a scattare le prime fotografie per le agenzie e i provini, il padre le insegnava un'arte assai utile per le donne moderne: il karate. Che Elisabetta ha praticato per sedici anni, diventando cintura nera. È sportiva senza allenarsi, dice lei: fino a poco tempo fa deteneva il record calabrese di salto in lungo, 5 metri e 70. Ma sembra timorosa che la consideri troppo attenta all'aspetto fisico, e durante la nostra chiacchierata mi ripeterà diverse volte di non essere stupida: legge, tiene un diario, era brava a scuola, e avrebbe potuto continuare a studiare, ma voleva fare televisione.

Io ho compiuto il percorso opposto: tutto avrei pensato di fare nella vita, *meno* che finire in televisione. Avevo scelto il giornalismo come mestiere intellettuale, approvato dalla mia famiglia borghese, ed ero entrata nell'albo dei professionisti.

Così, quando mi proposero l'assunzione alla tv del Trentino Alto Adige, e contemporaneamente nel quotidiano locale «Alto Adige», passai una notte insonne. Io in video? Ma il giornalismo vero, importante, non era solo quello della carta stampata? Glielo racconto senza ombra di ironia, e mi risponde seria: «Io sono consapevole che questo lavoro oggi c'è e domani non più, e anche del fatto che non sono una cretina. Sono in grado secondo me di reinventarmi. Non devi stare per forza davanti alla telecamera». Le basta muoversi, fare e disfare per sentirsi viva. Quindi non è per lei la vita della moglie che sta a casa coi piccoli? Certo che sì: i bambini le piacciono e non ha nessuna intenzione di affidare i suoi a una tata. «Sono molto tradizionale, mio figlio devo crescerlo io, deve stare con la mamma. Quindi, se dovesse arrivare un bambino, gli dedicherò molto tempo.»

Le faccio notare che la ragazza che parte dal Sud con una valigia di cartone e tanta determinazione, il successo, il matrimonio con un miliardario, i figli... Una storia quasi troppo bella per essere vera. «Sai quante notti ho passato piangendo, dicendo chi me lo fa fare, i provini che andavano male, la mancanza della mamma, della famiglia, delle amiche... Ma mi è servito a diventare adulta. Ho capito che la vita non è solo rose e fiori. Ero cresciuta sotto una campana di vetro dove è tutto bello e giusto e invece la vita purtroppo ti riserva anche cose negative.»

La invidio un po'. In casa mia andava la linea asburgica: ti buttano in acqua e se impari a nuotare non anneghi. Campane di vetro non ne ho mai frequentate. Lei invece mi racconta con disarmante sincerità che a diciotto anni, quando è arrivata a Roma, non sapeva come si pagasse una bolletta. «Ero un po' addormentatella» sorride.

Le letture di Elisabetta sono i romanzi femminili di Sophie Kinsella, popolarissima autrice del ciclo *I love shopping*, ma anche Paulo Coelho e un po' tutto quello che la incuriosisce. Nei film ha gusti romantici, da *Via col vento* a *Pretty Woman*, a *Titanic*. Anche lei ha visto il film di *Sex and the City*, nonostante non sia proprio quello ideale da scegliere la settimana prima di sposarsi, dato che Big non si presenta all'altare. Ma è riuscita a ridere lo stesso. Di Flavio non dubita: i fatti le daranno ragione.

Ecco, Flavio. Ma perché? Fermo restando che un uomo di potere pare abbia sempre un suo fascino, davvero ha potuto innamorarsi di uno che ha esattamente trent'anni più di lei? Per di più la storia del loro corteggiamento sembra la trama di uno di quei romanzoni sentimentali in cui lui e lei prima si odiano e poi si amano.

«Neanche a farlo apposta ho ritrovato delle interviste dove dichiaravo che Flavio non mi faceva tanta simpatia.» Non le piaceva la sua fama di playboy, e nemmeno il fatto che fosse più vecchio. Lei aveva sempre avuto storie con coetanei o addirittura uomini più giovani. «Quando l'ho conosciuto in un locale a Milano ero lì per caso, perché vivevo a Roma e preferisco sempre ritornare a dormire nel mio letto. Ma siccome il giorno dopo dovevo fare un altro lavoro a Milano, quella sera sono uscita con un'amica anche se non ne avevo molta voglia.» Un altro classico: so che esistono mille manuali per trovare l'uomo ideale e ammetto di non averne mai letti, ma credo che in prima pagina ci sia la regola d'oro: «Uscite la sera con l'amica *soprattutto* se non ne avete molta voglia». Per dare al destino la possibilità di sorprendervi. E infatti ecco il principe azzurro. «C'era lui con dieci donne e io ho detto, eccolo lì, non si smentisce mai. Invece è venuto accanto a me a parlare. E lui è interessante, ti affascina, è un uomo molto intelligente, e neanche a farlo apposta dormivamo nello stesso hotel. Tu guarda il destino, a Milano.»

L'hotel, per la cronaca, è il Park Hyatt in Galleria, dove scendo sempre anch'io. Non ci ho trovato marito, mi è toccato andare fino a Baghdad. Per Elisabetta, invece, la famosa hall con il soffitto di vetro a cupola è stata galeotta. Ha chiacchierato con Flavio per un'ora e mezza, scambi di numeri di telefono, casta buonanotte e ognuno per la sua strada. «Poi lui ha cominciato a chiamarmi, a cercarmi, mi incuriosiva molto perché pensavo: "Avrà tanto da fare, ha mille donne, cosa vuole da me?".»

Voleva la famiglia. Secondo Elisabetta è stato attratto dalla sua abitudine di chiamare la madre più volte al giorno. Strano: per altri uomini è un motivo di divorzio. Ma forse ha contato anche il *timing*, arrivare al momento giusto nella vita di lui, le faccio notare, e annuisce. E pensa che sia stato cruciale anche il suo approccio alla relazione: «Quando sto con una persona io mi dedico molto. Non mi annullo, attenzione, però faccio sentire importante il mio uomo. Forse questa cosa gli è piaciuta, perché secondo me ha sempre avuto donne bellissime, molto impegnate, che badavano troppo a sé e poco a lui. E viceversa lui ha sempre pensato solo al lavoro».

Alla fine, da brava principessa di questa favola italiana, sostiene la teoria che l'uomo va incantato e coccolato. Possibile però che i cinquantotto anni di lui non siano affatto un problema? «Un uomo più grande conosce il mondo, ti insegna tante cose.»

Elisabetta comunque è ben decisa a far cambiare idea al suo nuovo sposo su alcuni dettagli, come il senso della vita.

«Quello che ho sempre rimproverato a Flavio è di essere diventato quello che è perché ha pensato soprattutto a se stesso. Io cerco di fargli capire che le cose importanti sono altre, che puoi avere anche tre castelli e due barche ma se poi sei da solo, se non ti circondi di persone che ti vogliono bene, tutto il resto non ha senso. Forse nessun'altra glielo aveva saputo spiegare.»

Insomma, la famiglia d'origine è un idillio, la sua storia d'amore pure, la notorietà è venuta grazie al carattere e alla forza di volontà, il matrimonio con un uomo che tra le sue ex conta Naomi Campbell non la preoccupa. Elisabetta è in tutto e per tutto la Cenerentola dei nostri giorni, e non capita spesso di poter chiedere alla protagonista di una favola cosa pensa del mondo reale. Se ritiene che le italiane, anche quelle senza principe, debbano smettere di spazzare il camino. Che sia ora di alzare la testa, tirar fuori le idee che abbiamo dentro, e realizzarle.

«In generale credo che siamo molto determinate, però forse non fino in fondo. Mi arrabbio anch'io quando vedo che le persone ci giudicano sottomesse, lo trovo assurdo. Siamo come gli uomini, siamo sicuramente in grado di fare bene il nostro lavoro. Ma in Italia quando sei donna devi faticare un po' di più. Nel mio lavoro come nel tuo e in tanti altri. All'estero c'è più rispetto.»

E ci sono meno veline. Ma, anche per via di Vallettopoli, di cui comunque non vuole parlare, sull'argomento non si sente di essere moralista. Con grande onestà mi fa notare che non posso aspettarmi una risposta diversa da una che ha fatto delle foto sexy. Le viene da sorridere ricordando che da ragazzina in spiaggia non osava nemmeno mettersi in topless, anche se non c'era nessuno attorno. Sorrido anch'io, che in topless ci ho passato praticamente tutte le mie estati.

Mi cita anche lei il famoso articolo del «Financial Times» dell'estate scorsa, che accusava l'Italia di usare donne nude per pubblicizzare più o meno qualsiasi cosa, e per abbellire ogni tipo di programma. Trova che la televisione inglese non sia molto più pudica, in fondo. E rivendica il diritto a indossare quel che le pare. Non a caso poco dopo il matrimonio poserà per la rivista «Max» in canottiera trasparente nera, microslip e parigine. «Non puoi metterti nella testa di ogni donna e decidere qual è la cosa giusta o sbagliata, ognuna usa il suo corpo un po' come vuole. Ci sono giorni che indosso la minigonna più corta, anche in tv: se ti far star bene, perché no?»

Questa versione pop dello slogan veterofemminista «l'utero è mio e me lo gestisco io» mi incoraggia a chiederle che cosa ne pensa delle nuove ministre. Politicamente non si sbilancia, ma le piace la Meloni: «Mi sembra in gamba, una donna determinata». E non ha paura di ammettere che il dibattito italiano la scoraggia. «Fanno quattro passi avanti e cinque indietro, a volte, e questa è la cosa imbarazzante. In Inghilterra ragionano sui massimi sistemi e noi ci occupiamo della spazzatura. Anche il dibattito sull'aborto mi fa paura, è grave che in un Paese come il nostro ancora dobbiamo discutere di queste cose.» Se le italiane si trovano, a distanza di decenni, a dover ribadire vecchie conquiste forse è anche perché hanno mancato di coraggio. «Mi fa arrabbiare quando una persona getta subito la spugna. Ora non dico che ci siamo arrese, ma ci siamo un po' spaventate. E invece bisogna stringere i denti e far sentire la propria voce, sempre e comunque. Insieme.»

Però non siamo le uniche responsabili: i maschi latini hanno le loro colpe: «Sono molto mammoni, stanno ancora a casa di mamma fino ai quarant'anni. Trovo che sia assurdo, la famiglia è una cosa bella però gli uomini si devono anche svegliare. Non uscire di casa li rende molto insicuri, tra l'altro». Insicuri, dopo tutte le cose ascoltate in questa inchiesta, è uno dei problemi minori, ma lascio correre e le chiedo di assumersi le sue responsabilità di modello di vita. Che consiglio darebbe alle ragazze che vogliono intraprendere il suo percorso?

«Non perdere mai di vista la propria famiglia, i propri valori. Capire che la vita è dura e ti riserva sempre tante cose negative, mentre quelle positive spesso finiscono presto, e quindi devi essere comunque forte. E nei momenti in cui ti sembra tutto buio, tutto triste, tutto tremendo, devi aver la forza di rialzarti da sola. È importante avere persone accanto che ti danno una mano, certo, però la forza devi averla tu. L'unico consiglio che mi sento di dare è sorridere, perché a prescindere da tutto la vita è bella.»

Ha orecchio per i finali. E infatti il suo matrimonio, a cui mi invita gentilmente dopo aver chiesto il parere dello sposo, sarà un perfetto «happy end».

La chiesa di Santo Spirito in Sassia, in centro a Roma, è transennata e guardata a vista da decine di agenti di polizia. Dietro le barriere, si accalca una folla festante e curiosa: sembra l'ingresso dei cantanti a Sanremo. Per ogni invitato eccellente si scatenano urla, fischi, applausi, flash dei paparazzi e richiami di cronisti in cerca di dichiarazioni. Ricevo la stessa accoglienza, con una sfumatura di stupore: che ci faccio lì? Scendo dall'auto ed entro nella scena finale della favola. Come leggerò sui giornali i festeggiamenti sono costati, con i loro 270 invitati, un milione e mezzo di euro.

Sul portone mi accoglie una hostess ma mi inoltro da sola nella navata. Mi sistemo nel corridoio laterale, sulla sinistra, accanto ai banchi della famiglia di lei e dietro ai testimoni. Mi guardo attorno: per il matrimonio di Cenerentola-Elisabetta le altre principesse del regno si sono agghindate con grande senso scenografico. Mara Venier è avvolta in fluttuanti stoffe blu elettrico. Simona Ventura sfoggia un tailleur di un audace color canarino. Valeria Marini è coperta da poca stoffa rosa antico. Iva Zanicchi è sobria, in pantaloni bianchi. Una ragazza poco distante da me è singolarmente poco coperta: indossa un succinto tubino candido da cui spunta un enorme fiore rosa, e scarpe bianco e fucsia tacco quindici. C'è una fanciulla che non riconosco con orecchini a cerchio e una bandana in testa, forse una comparsa dei *Pirati dei Caraibi.* Mi guardo intorno speranzosa ma Johnny Depp invece non c'è. L'aria freme di chiacchiere e risate sommesse, sotto le luci violente della ribalta, accese per illuminare la scena alle quattro telecamere e ai fotografi. Fa caldo come sul set di un programma televisivo. I ventagli con le iniziali dei due protagonisti, messi a disposizione sui banchi, si agitano nell'aria ovunque, come ali in una voliera.

La famiglia della sposa è emozionata, felice e un po' frastornata. Le favole le hanno sempre lette e basta, e piombarci dentro fa un certo effetto. La mamma di Elisabetta, Melina, mi dice con un sorriso: «Non me lo sarei mai aspettato. Noi volevamo che facesse l'università, ma lei da sempre voleva andare in tv». Proprio come mi ha raccontato sua figlia. La sorella Marzia, nel suo tubino grigio perla molto scollato, e la zia annuiscono, anche loro raggianti. Posso solo immaginare cosa pensino i nonni, dietro di loro: dignitosi signori calabresi, incongrui in un simile sfoggio di piume e lustrini.

Scambio due parole con la sorella dello sposo, emozionatissima. Gli occhi le diventano lucidi di commozione alla sola menzione della cerimonia imminente. Suo fratello attende all'altare nel tight foderato di rosso e immancabili occhiali azzurri. È in pantofole: ricamate con le iniziali «F» ed «E», ma pur sempre scarpe da casa.

Seduta sull'inginocchiatoio laterale, prendo appunti. In piedi accanto a me c'è una splendida ventisettenne bionda di nome Francesca, una delle hostess. È pubblicista e fa questo mestiere per arrotondare. Le chiedo che ne pensa di tutto ciò: Elisabetta è il suo modello? Spalanca gli occhi. «No» risponde con una certa veemenza. «Per me può essere un modello una che ha fatto carriera studiando e impegnandosi.»

La sposa come da tradizione si fa attendere. Berlusconi, seduto in primo banco, non riesce a trattenersi e chiede scusa per il suo ritardo: «Come sempre è attribuibile soltanto al governo». Tutti ridono e decido di andare a salutarlo. Scatta in piedi. Non ci siamo mai visti di persona. Scavalca le nostre differenze politiche nel suo solito modo. «Lei è bravissima e anche bellissima» si complimenta nel caratteristico accento brianzolo. Approfitterò dell'incontro per chiedergli di rispondere a qualche domanda per questo mio nuovo libro. Sulle prime a dire il vero cerca di sfuggire adducendo i suoi mille impegni ma poi si decide: «Mi mandi le domande». E sarà di parola.

Finalmente ci siamo. Briatore alza il pollice. Entrano le damigelle e poi la sposa, al braccio del padre, un signore alto, bello e distinto. Sfilano in mezzo agli applausi e ai commenti, Elisabetta saluta e strizza un po' l'occhio a destra e a sinistra. I sette metri del velo devono innanzitutto coprire un po' la scollatura generosa, attraversata da due spalline quasi invisibili. La tiara è proprio da principessa. Durante la cerimonia c'è in giro una certa commozione, qualche fazzoletto. Per il resto, tutti sono ben consapevoli di trovarsi sotto l'occhio indiscreto delle telecamere e si comportano di conseguenza. Il signor Gregoraci merita l'Oscar per il miglior attore non protagonista: immobile e dritto, la mascella forte irrigidita in un'espressione seria, è il padre della sposa perfetto. Mi torna in mente lei che racconta di come, ancora dopo tanti anni, lui ama e vizia sua moglie e quasi vorrei cambiare favola e aver visto il loro, di matrimonio.

L'altra invasione della realtà in questa brillante scenografia sono le parole del cardinal Poupard, chiamato a officinare. «Quando ci si sposa in età matura è una decisione ragionata, sorgente di grande pace interiore» ricorda ai due coniugi. «L'amore è un dono di Dio e perché cresca è importante restare legati a Dio. E la fedeltà non è solo esteriore ma un movimento interiore.» A suo modo anche questo è un classico. Ma ci possono stare anche le sue parole, oltre alle infinite chiacchiere degli invitati, sotto le volte della grande chiesa. Silenziosamente faccio i miei auguri alla neo-principessa Briatore. Le storie migliori hanno pur sempre una morale.

Al matrimonio dell'anno non mi sono commossa. Ma era un modo come un altro di essere solidale con un'altra donna. Che più diversa da me non potrebbe essere e ha una fiaba lontanissima dalle mie. Ma che se ha dato da sognare a tante altre, meritava almeno che io cercassi di capire il perché. Magari è vero che di lieto fine, anche sciocchi, anche kitsch, abbiamo bisogno di più noi ragazze. E se anche fosse? È un mondo davvero maschilista quello in cui si nega il diritto alla favola. Già che ci siamo, riprendiamoci anche quello.

Conclusione

NÉ ANGELI, NÉ DIAVOLI

Nell'agosto del 2008, in un cantone svizzero, una storia di streghe che risaliva a quasi tre secoli fa ha trovato un lieto fine. Anna Göldi è stata riabilitata. Era stata decapitata a quarantotto anni, sulla pubblica piazza di Glarus, nel 1782. L'accusa: aver stregato una bambina di otto anni che le era stata affidata causandone la morte. Sui giornali leggo che le autorità locali, all'unanimità e senza dibattito, hanno stabilito che «era stata condannata a torto in un processo oltretutto risultato illegale».

In questo piccolo cantone di 38.000 abitanti, la popolazione si era da tempo riappacificata con l'ultima strega giustiziata in Svizzera. Anna Göldi era diventata un simbolo dell'ingiustizia che regnava a quell'epoca. Su di lei sono stati scritti libri e un film ha riportato alla vita il suo terribile destino. Eppure, secondo alcuni non poteva finire così. La Chiesa protestante che l'aveva condannata 226 anni prima si è opposta alla sua riabilitazione, come pure il partito di destra populista, l'Unione democratica di centro. Secondo loro, era inutile ritornare su un passato in cui gli inquisitori cattolici o protestanti e i signori feudali avevano imposto il terrore sui propri sudditi. Inutile condannare l'oscurantismo, la manipolazione, l'odio, che hanno condotto decine di migliaia di donne tra le mani del boia.

Da secoli in Europa non veniamo più accusate di stregoneria. In Svizzera, in Polonia o altrove, il tempo dei roghi è finito. Tuttavia, come ha dimostrato il caso di Anna Göldi, la controversia non è chiusa: le donne, streghe o meno, morte da secoli o ancora vive, continuano a suscitare la diffidenza dei poteri – politici, giudiziari o religiosi – dominati dagli uomini. No, non era affatto inutile riabilitare l'ultima strega elvetica. Forse è un segno che stanno per rialzare la testa anche le sue eredi: le donne di oggi.

Quando ero adolescente, imperversava in televisione con grande successo un telefilm americano che da noi si chiamava *Vita da strega*. La protagonista è una splendida strega bionda, Samantha, che arriva nel mondo degli umani. Si innamora del pubblicitario Darrin Stephens e lo sposa. La sera delle nozze gli dice di avere poteri soprannaturali: le basta arricciare il naso per scagliare un sortilegio. Di fronte alla perplessità del marito, gli promette che non utilizzerà le sue doti magiche e che vivrà come una donna normale. Ma Samantha si trova presto a dover fare ricorso alla stregoneria per salvare il suo uomo da una serie di passi falsi e di insuccessi. Spesso provocati dalla madre, una vera strega di suocera, per la quale è inaccettabile che la figlia abbia legato il proprio destino a quello di un semplice mortale. Ricordo bene che alla fine di ogni episodio questa coppia quasi perfetta, immagine del sogno americano realizzato, si scambiava un tenero bacio a fior di labbra.

Sono sicura che gli autori della serie volevano soltanto intrattenere e divertire il pubblico. E ci sono perfettamente riusciti: è stata un successo in America sul canale Abc per quasi dieci anni e in Italia a volte si replica ancora. Tuttavia non posso impedirmi di leggere, tra le righe dei dialoghi leggeri, dietro le situazioni comiche e i finali sempre lieti, un messaggio in qualche modo avvilente: se una donna non è dotata di poteri soprannaturali, non ce la può fare. Se li ha, deve comunque tenerli nascosti per non umiliare il suo uomo. Che sebbene palesemente poco brillante, è comunque il perno attorno a cui ruota tutto il suo mondo. Fatta la tara dell'ideologia dell'epoca, la riflessione oggi si allarga: tutte le Samantha del mondo hanno bisogno di qualcosa di straordinario per essere ammesse tra gli uomini.

Ma il mio viaggio tra le donne italiane ed europee mi ha insegnato che non hanno bisogno di essere streghe per assumere le responsabilità e i poteri che spettano loro di diritto. Né angeli, né diavoli, hanno abbandonato le rappresentazioni idealizzate e oggi lottano per emergere nella loro identità: persone vere, con i loro bisogni e potenzialità e la quotidiana fatica di vivere, proprio come gli uomini. Pronte a rivendicare un posto in una società che non può fare a meno di loro.

Tuttavia ho scoperto anche che il traguardo è lontano: socialmente, economicamente e politicamente, la metà femminile del nostro Paese rimane ancora nell'ombra. È un fallimento per una nazione moderna, un grave handicap, ma è anche un errore che può essere corretto. Non c'è nessuna fatalità nella discriminazione. Non siamo più al tempo di Barbara Zdunk, di Anna Göldi o persino di Samantha. Oggi abbiamo il dovere di applicare i meccanismi grazie ai quali sarà possibile mettere pienamente a frutto la forza delle donne.

Nel corso delle mie interviste ho avanzato, fino alla raucedine e forse alla noia, la questione delle cosiddette «quote rosa». È perché io stessa sono una «pentita»: ferocemente contraria quando ne sentii parlare la prima volta ritenevo, come molte pensano ancora oggi, che fossero un modo per ammettere la propria inferiorità e ghettizzarsi da sole. Oggi penso che sia stato un grave errore non averle pretese con la forza necessaria. So che sono una via, forse l'unica, per mettere in risalto le competenze femminili in un mondo che tende a disprezzarle. E per correggere, come rilevava Chiara Saraceno, una distorsione del mercato del lavoro: il monopolio maschile del potere decisionale.

Le riforme non sono difficili come alcuni vorrebbero lasciarci pensare. Prendiamo la Francia, Paese latino e con un governo di destra. Il 31 gennaio 2007 il Parlamento francese ha approvato una legge che prevede la presenza, negli organi esecutivi comunali delle città con più di 3500 abitanti, di un numero uguale di uomini e di donne. Ha così completato la norma che prevedeva la parità tra i sessi anche all'interno dei consigli comunali. Un anno dopo, nel marzo del 2008, le elezioni municipali hanno sancito la quasi parità tra i sessi nei comuni interessati dalla legge: 42.650 donne sono state elette sugli 87.873 incarichi da coprire. Ovvero il 48,5 per cento delle poltrone sono state rifoderate di rosa. La ripartizione degli assessorati lascia ancora a desiderare, con le donne spesso incaricare di gestire ambiti considerati secondari, ma il progresso è innegabile e il potere locale è diventato un altro fronte della battaglia per la parità politica in Francia.

In Italia, siamo molto lontani dai nostri vicini d'Oltralpe: le donne rappresentano solo il 17,6 per cento dei consiglieri comunali e meno del 9,7 per cento dei sindaci. Questo squilibrio è il sintomo di una grave mancanza di democrazia. Smentisce, fin dal primo livello di rappresentanza politica, il principio di uguaglianza tra i sessi che pure è tra i fondamenti teorici dell'Italia repubblicana. È una vera e propria ingiustizia che racchiude una grave accusa contro i responsabili del perpetuarsi di questa situazione: i partiti politici. Sono loro che devono dare l'esempio, non solo con le pennellate di rosa in campagna elettorale, ma promuovendo norme e leggi che consentano di rompere davvero il soffitto di cristallo.

Questo è vero riformismo. Libererebbe molti talenti preziosi per la gestione di realtà locali sempre più complesse e conflittuali. Aprirebbe la strada alla creazione di una nuova classe dirigente politica femminile sul territorio. Preparerebbe la costituzione di un Parlamento nazionale con davvero pari opportunità, responsabilità, rappresentanza. Possiamo chiedere questo ai partiti che da troppo tempo si sono arrogati il diritto di parlare per noi. Sono pronti oppure no a presentare in tutte le città italiane lo stesso numero di donne e di uomini per coprire gli incarichi dei consigli comunali?

Questo non è che uno dei fronti che si possono e devono aprire. C'è la battaglia contro gli stereotipi del femminile nei media che ha evocato Annamaria Testa. C'è l'emergenza violenza da affrontare come da anni fa Alessandra Kustermann. C'è da riconquistare persino il diritto al proprio specifico, riconosciuto dolore, come testimonia Alessandra Graziottin. E mentre si affrontano le lotte del domani per la rappresentanza in politica e la parità nelle professioni, non ci si può permettere di perdere di vista le conquiste di ieri, continuamente minacciate da chi – uomini e donne – auspica un rassicurante, ma impraticabile, ritorno al passato.

La prima cosa da fare è ricostruire un dialogo femminile che fino a pochi anni fa era vivo e fecondo. E che oggi non è certo spento, ma offuscato dalle emergenze del presente. Donne con diverse fedi politiche, credi religiosi, professioni, vite, devono tornare a parlarsi di quello che veramente serve a tutte quante. Ovvero il diritto a essere cittadine, lavoratrici, mogli, madri o nessuna di queste cose se lo desiderano, ma anche tutte, se ne sentono il bisogno. Accanto a uomini che finalmente accettino di rimettersi in discussione. Smettendola di fingersi ignari che anche per loro il mondo è cambiato.

Per questo la battaglia va condotta in parte contro coloro che non vogliono cedere, e non cederanno spontaneamente, le leve del potere. Non si tratta di intraprendere una campagna per l'annientamento dei maschi, bensì di lavorare per la piena realizzazione delle potenzialità di ognuno. E non solo perché una piena partecipazione femminile alla politica e all'economia porta, come abbiamo visto, più ricchezza e più figli. Ma anche perché una vita migliore per le donne significa meno frustrazione, relazioni meno conflittuali, una quotidianità più serena. E forse persino un nuovo approccio al potere che potrebbe fermare la deriva del pianeta.

Non è un'utopia: le utopie nei secoli si sono sempre dimostrate pericolose. È, credo, un'opportunità da cogliere, ricongiungendo nell'impresa comune le due metà del cielo. Vogliamo tutto. Stavolta dobbiamo volerlo tutti assieme.

RINGRAZIAMENTI

Il primo grazie è sempre per mio marito Jacques Charmelot, a cui né i chilometri, né le frontiere né gli impegni impediscono di compiere la sua personalissima magia: essermi sempre indispensabile, ed essere sempre presente.

Il secondo grazie è per la Rizzoli, con il suo multiforme e solido appoggio, da Roma a Milano a Soho e oltre. In particolare a Michela Gallio, inesorabile Circe della pagina scritta.

E poi ci sono le mie insostituibili streghe, che hanno messo ciascuna il suo ingrediente nel filtro di questo libro: Caterina Borelli, Alessandra Scotacci, Paola Roli, Ester Mazzoni, Gaia Sinnona e Uwe Staffler (sì, è un uomo: strega onoraria per la bisogna).

Grazie infinite a tutte quelle che, interpellate per questo libro, mi hanno regalato pezzetti della loro vita e dei loro pensieri, tempo, consigli e idee. Per loro, oltre a «grazie», il messaggio è: a presto.

Un sincero grazie ai lettori delle prime stesure, ai commentatori, ai censori, e soprattutto a Michela Cosili e alle sue indefesse lavoratrici, Sara Grazioli, la veterana, in testa.

INDICE

Finito di stampare
nel mese di novembre 2008 presso
Nuovo Istituto Italiano d'Arti Grafiche - Bergamo

Printed in Italy